चिंता छोड़ो सुख से जियो

चिंता छोड़ो सुख से जियो

डेल कारनेगी

अनुवाद : डॉ. सुधीर दीक्षित

MANJUL

मंजुल पब्लिशिंग हाउस

MANJUL
मंजुल पब्लिशिंग हाउस
कॉरपोरेट एवं संपादकीय कार्यालय
• द्वितीय तल, उषा प्रीत कॉम्प्लेक्स, 42 मालवीय नगर, भोपाल-462 003
विक्रय एवं विपणन कार्यालय
• सी-16, सेक्टर 3, नोएडा, उत्तर प्रदेश - 201301, इंडिया
वेबसाइट : www.manjulindia.com
वितरण केन्द्र
अहमदाबाद, बेंगलुरु, कोच्चि, कोलकाता, चेन्नई,
हैदराबाद, मुम्बई, नई दिल्ली, पुणे

डेल कारनेगी द्वारा लिखित मूल अंग्रेजी पुस्तक
हाउ टु स्टॉप वरिंग ऐंड स्टार्ट लिविंग का हिन्दी अनुवाद

यह हिन्दी संस्करण 2004 में पहली बार प्रकाशित
22वीं आवृत्ति 2025

ISBN 978-81-8322-743-8

हिन्दी अनुवाद : डॉ. सुधीर दीक्षित

मुद्रण व जिल्दसाज़ी : रेप्रो इंडिया लिमिटेड

यह पुस्तक एक ऐसे आदमी को समर्पित है
जिसको इसे पढने की ज़रूरत ही नहीं है

• लॉवेल थॉमस को

विषय–सूची

खंड तीन

इससे पहले कि चिंता आपको ख़त्म करे, आप चिंता को ख़त्म कर दें

खंड चार

सुख–शांति का मानसिक नज़रिया पैदा करने के सात तरीक़े

खंड पाँच

चिंता को जीतने का आदर्श तरीक़ा

खंड छह

आलोचना की चिंता से कैसे बचा जाये

खंड सात

थकान व चिंता रोकने और जोश व ऊर्जा बढ़ाने के छह तरीक़े

प्रस्तावना

यह पुस्तक क्यों – और कैसे लिखी गयी

1909 में, मैं न्यूयॉर्क के सबसे दुखी युवकों में से एक था। मैं मोटर ट्रक बेचकर अपनी रोज़ी-रोटी चलाता था, परंतु मैं नहीं जानता था कि मोटर ट्रक को कौन सी चीज़ चलाती है। यही नहीं, मैं यह जानना भी नहीं चाहता था। मैं अपने काम से नफ़रत करता था। मैं वेस्ट फिफ्टी सिक्स्थ स्ट्रीट पर सस्ते तरीक़े से सजे कमरे में रहने से नफ़रत करता था - वह कमरा जिसमें कॉकरोच भरे थे। मुझे अब भी याद है, कमरे की दीवार पर मेरी टाइयों का ढेर टँगा रहता था; और जब एक सुबह मैंने नयी टाई निकालने के लिये वहाँ हाथ डाला, तो कॉकरोच हर दिशा में भागे। मैं उन गंदे, सस्ते होटलों से नफ़रत करता था, जहाँ मुझे भोजन करना पड़ता था क्योंकि शायद वहाँ भी कॉकरोच भरे होंगे।

हर रात को अपने सूने कमरे में लौटते समय मेरे सिर में दर्द होता था और यह सिरदर्द निराशा, चिंता, कड़वाहट और विद्रोह की वजह से होता था। मैं इसलिये दुखी था क्योंकि कॉलेज के ज़माने में मैंने जो ख़ुशनुमा सपने संजोये थे, वे अब बुरे सपनों में बदल गये थे। क्या यही ज़िंदगी थी ? क्या यही वह रोमांचपूर्ण और महत्वपूर्ण कार्य था, जिसके लिये मैं इतने उत्साह

से आगे बढ़ रहा था? क्या मेरे लिये जीवन का यही मतलब रहेगा - एक सड़ी सी नौकरी करना, जिससे मैं नफ़रत करता था, कॉकरोचों के साथ रहना और घटिया भोजन करना - और भविष्य में कुछ बेहतर होने की आशा न होना? ... मेरी हसरत थी कि मेरे पास किताबें पढ़ने और लिखने की फ़ुरसत हो, जिसका सपना मैंने कॉलेज के दिनों में देखा था।

मैं जानता था कि जिस काम से मैं नफ़रत करता था, उसे छोड़ने से मुझे हर तरह से फ़ायदा होगा और किसी तरह से नुक़सान नहीं होगा। ढेर सारा पैसा कमाने में मेरी रुचि नहीं थी, परंतु ढेर सारा जीवन जीने में मेरी बहुत रुचि थी। संक्षेप में, फैसले की घड़ी आ गयी थी, जो उन अधिकांश युवाओं के सामने आती है जब वे अपने जीवन की शुरुआत करते हैं। तो मैंने अपना निर्णय लिया - और उस निर्णय ने मेरे भविष्य को बदल दिया। इससे मेरी बाक़ी ज़िंदगी इतनी ज़्यादा ख़ुशहाल और सुखद हो गयी, जितनी मैंने सपने में भी कल्पना नहीं की थी।

मेरा निर्णय यह था : मैं अपना वह काम छोड़ दूँगा, जिससे मैं नफ़रत करता था और चूँकि मैंने चार साल तक वारेन्सबर्ग, मिसूरी के स्टेट टीचर्स कॉलेज में टीचिंग का प्रशिक्षण लिया था, इसलिये मैं नाइट क्लास में वयस्कों की कक्षाओं को पढ़ाकर अपनी रोज़ी-रोटी चलाऊँगा। इस तरह मुझे दिन भर का ख़ाली समय मिल सकता था, जिसमें मैं किताबें पढ़ सकता था, लेक्चर तैयार कर सकता था और उपन्यास तथा कहानियाँ लिख सकता था। मैं चाहता था कि "ज़िंदा रहने के लिये लिखूँ और लिखने के लिये ज़िंदा रहूँ।"

परंतु मैं वयस्कों को रात में कौन सा विषय पढ़ाऊँगा? जब मैंने अपने पिछले जीवन की तरफ़ देखा तो पाया कि कॉलेज में पढ़ाये जाने वाले किसी भी विषय से मुझे ज़िंदगी में कोई ख़ास मदद नहीं मिली थी, परंतु लोगों के सामने बोलने की कला बिज़नेस और ज़िंदगी में मेरे बहुत काम आयी थी। क्यों? क्योंकि इससे

मेरी हिचक खत्म हुई और मेरी हीन भावना भी। मुझमें लोगों से बात करने की हिम्मत आ गयी और मेरा आत्मविश्वास भी बढ़ गया। इसने मेरे सामने यह भी स्पष्ट किया कि वही आदमी लीडर बनता है, जो लोगों के सामने खड़े होकर अपनी बात को प्रभावी ढंग से कह सकता है।

मैंने कोलंबिया युनिवर्सिटी और न्यूयॉर्क युनिवर्सिटी दोनों जगह रात्रिकालीन पाठ्यक्रमों में पब्लिक स्पीकिंग सिखाने के पद के लिये आवेदन दिया, परंतु इन विश्वविद्यालयों ने फैसला किया कि वे मेरी मदद के बिना ही अपना संघर्ष जारी रख सकते हैं।

तब मैं निराश हुआ था – परंतु आज मैं ईश्वर को धन्यवाद देता हूँ कि उन्होंने मेरा आवेदन ठुकरा दिया, क्योंकि मैंने वाय एम सी ए नाइट स्कूल्स में पढ़ाना शुरू कर दिया, जहाँ मुझे ठोस परिणाम देना था और जल्दी देना था। मेरी कक्षाओं में पढ़ने वाले वयस्क कॉलेज की डिग्री या सामाजिक प्रतिष्ठा हासिल करने के लिये नहीं आते थे। वे एक ही कारण से आते थे : वे अपनी समस्याओं को सुलझाना चाहते थे। वे बिना डर या झिझक के अपने पैरों पर खड़े होकर बिज़नेस मीटिंग में कुछ शब्द बोलना चाहते थे। सेल्समैन सख़्त ग्राहक के घर के तीन चक्कर काटे बिना ही उससे मिलने की हिम्मत जुटाना चाहते थे। वे आत्मविश्वास और संतुलन हासिल करना चाहते थे। बिज़नेस में आगे बढ़ना चाहते थे। अपने परिवारों के लिये ज़्यादा पैसा कमाना चाहते थे। और चूँकि वे अपनी फीस क़िस्तों में दे रहे थे, इसलिये यह बात तय थी कि अगर उन्हें परिणाम नहीं मिलेंगे, तो वे फीस देना बंद कर देंगे। और चूँकि मुझे तनख़्वाह के बजाय मुनाफ़े का एक निश्चित प्रतिशत मिलता था, इसलिये मुझे अपने खाने-पीने का इंतज़ाम करने के लिये प्रैक्टिकल होना ही था।

उस समय मुझे ऐसा लगा जैसे इस तरह के माहौल में पढ़ाना मुश्किल था, परंतु अब मुझे एहसास होता है कि मुझे अनमोल प्रशिक्षण मिल रहा था। *मुझे अपने विद्यार्थियों को प्रेरित करना था।*

उन्हें अपनी समस्यायें सुलझाने का रास्ता दिखाना था। हर सत्र को इतना प्रेरक बनाना था, ताकि वे अगले दिन भी आना चाहें।

यह रोमांचक काम था। मुझे इसमें बहुत मज़ा आया। मैं यह देखकर हैरान हो गया कि इन बिज़नेसमैनों ने कितनी जल्दी आत्मविश्वास हासिल कर लिया और इसके परिणामस्वरूप उन्हें जल्दी ही प्रमोशन मिले तथा उनकी तनख़्वाह भी बढ़ी। क्लासें मेरी सबसे आशावादी उम्मीदों से ज़्यादा सफल हो रही थीं। तीन सत्र के बाद वाय एम सी ए, जिसने शुरुआत में मुझे एक रात के लेक्चर के बदले में पाँच डॉलर देने से इंकार कर दिया था, अब मुझे प्रतिशत के आधार पर एक रात के तीस डॉलर दे रहा था। पहले तो मैं सिर्फ़ पब्लिक स्पीकिंग (public speaking) सिखाता था, परंतु कई साल बाद मुझे यह समझ में आया कि इन वयस्कों को दोस्त बनाने और लोगों को प्रभावित करने की कला सीखने की भी ज़रूरत थी। चूँकि मुझे मानवीय संबंधों पर एक भी पूर्ण पाठ्यपुस्तक नहीं मिली, इसलिये मैंने ख़ुद ही उसे लिखा। यह लिखी गयी – नहीं, यह सामान्य तरीक़े से नहीं लिखी गयी। यह इन कक्षाओं में वयस्कों के अनुभवों से बढ़ी और विकसित हुई। मैंने इसका नाम रखा *हाऊ टु विन फ्रेंड्स एंड इन्फ्लुएंस पीपुल*।

चूँकि इसे सिर्फ़ मेरी वयस्क कक्षाओं की पाठ्यपुस्तक के रूप में लिखा गया था और चूँकि मेरी लिखी चार अन्य पुस्तकों के नाम किसी ने नहीं सुने थे, इसलिये मुझे सपने में भी उम्मीद नहीं थी कि यह ज़्यादा बिकेगी : शायद मैं सबसे हैरान जीवित लेखकों में से एक हूँ।

साल गुज़रते गये और मैंने महसूस किया कि इन वयस्कों के सामने एक और बहुत बड़ी समस्या है – *चिंता*। मेरे ज़्यादातर विद्यार्थी बिज़नेसमैन थे – एक्ज़ीक्यूटिव, सेल्समैन, इंजीनियर, अकाउंटेंट आदि – वे सभी व्यवसायों और वर्गों के थे – और उनमें से ज़्यादातर के सामने समस्यायें थीं! मेरी क्लासों में महिलायें भी थीं – बिज़नेसवुमैन भी और घरेलू महिलायें भी। उनके सामने भी

समस्यायें थीं! ज़ाहिर था, मुझे इस विषय पर भी एक पाठ्यपुस्तक की ज़रूरत थी कि चिंता को कैसे जीता जाये - इसलिये एक बार फिर मैंने पाठ्यपुस्तक की तलाश की। मैं फिफ्थ एवेन्यू और फोर्टी सेकंड स्ट्रीट पर न्यूयॉर्क की बड़ी पब्लिक लाइब्रेरी में गया और मुझे यह जानकर हैरानी हुई कि वहाँ चिंता शीर्षक पर सिर्फ़ बाईस पुस्तकें ही थीं। मज़ेदार बात यह थी कि वहाँ कीड़े शीर्षक पर एक सौ नवासी पुस्तकें थीं। *चिंता पर जितनी पुस्तकें थीं, उससे नौ गुना ज़्यादा किताबें कीड़ों पर थीं।* आश्चर्यजनक, है ना? चूँकि चिंता मानव जाति के सामने मौज़ूद सबसे बड़ी समस्याओं में से एक है, इसलिये आप यह सोचेंगे, है ना कि दुनिया के हर हाई स्कूल और कॉलेज में कोर्स चलाना चाहिये कि "चिंता को कैसे दूर किया जाये?" बहरहाल, अगर दुनिया के किसी भी कॉलेज में इस विषय पर अगर कोर्स चलता हो, तो मैंने तो उस कॉलेज का नाम नहीं सुना। कोई हैरानी नहीं कि डेविड सीबरी अपनी पुस्तक *हाऊ टु वरी सक्सेसफुली* में कहते हैं : "वयस्कता तक अनुभव के दबावों को झेलने के लिये हम उतने ही कम तैयार होते हैं, जितना कोई किताबी कीड़ा बैले करने के लिये।"

परिणाम? हमारे अस्पतालों में आधे से ज़्यादा बिस्तर मानसिक और भावनात्मक समस्याओं के शिकार लोगों से भरे हैं।

मैंने न्यूयॉर्क पब्लिक लाइब्रेरी के शेल्फ़ों पर आराम कर रहीं चिंता शीर्षक की इन बाईस किताबों को देखा। इसके अलावा, मैंने चिंता पर वे सारी पुस्तकें ख़रीदीं जो मुझे मिलीं। बहरहाल, मुझे एक भी ऐसी पुस्तक नहीं मिली, जिसका प्रयोग मैं वयस्कों के अपने कोर्स में पाठ्यपुस्तक के रूप में कर सकूँ। इसलिये मैंने ख़ुद ही एक पुस्तक लिखने का संकल्प किया।

मैंने सात साल पहले इस पुस्तक को लिखने के लिये ख़ुद को तैयार करना शुरू किया। कैसे? सभी युगों के दार्शनिकों ने चिंता के बारे में जो कुछ कहा था, वह सब पढ़कर। मैंने कन्फ़्यूशियस से लेकर चर्चिल तक की सैकड़ों जीवनियाँ पढ़ीं। मैंने जीवन के

विभिन्न क्षेत्रों के दर्जनों प्रसिद्ध लोगों के इंटरव्यू भी लिये जिनमें जैक डेम्प्सी, जनरल ओमार ब्रैडली, जनरल मार्क क्लार्क, हेनरी फोर्ड, एलीनोर रूज़वेल्ट, डोरोथी डिक्स इत्यादि शामिल थे। परंतु यह तो सिर्फ़ शुरुआत थी। मैंने साथ में कुछ और भी किया जो इंटरव्यू लेने और जीवनियाँ पढ़ने से बहुत ज़्यादा महत्वपूर्ण था। मैंने पाँच साल तक चिंता छोड़ने की प्रयोगशाला में काम किया - यह प्रयोगशाला थी हमारी वयस्कों की कक्षा। जहाँ तक मैं जानता हूँ यह दुनिया में अपनी क़िस्म की इकलौती प्रयोगशाला थी। हमने जो किया वह यह था : हमने अपने विद्यार्थियों को चिंता दूर करने के कुछ सूत्र दिये और उनसे कहा कि वे अपने जीवन में इन्हें आज़मा कर देखें। फिर इसके परिणामों के बारे में कक्षा के सामने बतायें। कई अन्य विद्यार्थियों ने उन तकनीकों के बारे में बताया, जिनका प्रयोग उन्होंने अतीत में किया था।

मैं सोचता हूँ कि इस अनुभव के कारण मैंने *"चिंता को कैसे जीता जाये"* विषय पर जितनी अधिक चर्चायें सुनी हैं, उतनी दुनिया में कभी किसी ने नहीं सुनी होंगी। इसके अलावा, मैंने ***"चिंता को कैसे जीता जाये"*** विषय पर सैकड़ों अन्य चर्चायें *पढ़ी* हैं - जो मेरे पास डाक से आयीं - वे चर्चायें, जिन्होंने दुनिया भर में आयोजित होने वाली हमारी कक्षाओं में पुरस्कार जीते थे। इस तरह, यह कोरी सैद्धांतिक पुस्तक नहीं है। न ही यह कोई शैक्षणिक उपदेश है कि चिंता को कैसे जीता जा सकता है। इसके बजाय, मैंने उन प्रयोगों के बारे में एक संक्षिप्त और दिलचस्प ***रिपोर्ट लिखने का प्रयास किया है कि हज़ारों वयस्कों ने चिंता को कैसे जीता*** है। एक बात तो तय है : यह पुस्तक पूरी तरह प्रैक्टिकल है। आप इसमें अपने दाँत गड़ा सकते हैं।

फ्रेंच फ़िलॉसफ़र वैलेरी ने कहा था, ***"विज्ञान सफल नुस्ख़ों का संग्रह है।"*** और यह पुस्तक भी यही है : समय द्वारा परखे गये सफल नुस्ख़ों का संग्रह, जो हमारे जीवन से चिंता को दूर कर देंगे। बहरहाल, मैं आपको चेतावनी दे दूँ : आपको इसमें कुछ नया नहीं

मिलेगा, हालाँकि आपको इसमें काफ़ी कुछ ऐसा मिलेगा, जिसका आप जीवन में इस्तेमाल नहीं करते। वैसे देखा जाये तो आपको और मुझे किसी नयी चीज़ बताये जाने की ज़रूरत भी नहीं है। हम पहले से ही जानते हैं कि आदर्श जीवन कैसे जिया जा सकता है। हम सभी ने स्वर्णिम नियम और सर्मन ऑन द माउन्ट पढ़ रखे हैं। इस पुस्तक का लक्ष्य है प्राचीन और मूलभूत सच्चाइयों को फिर से बताना, उन्हें रेखांकित करना, प्रस्तुत करना और सम्मान देना - और इसका लक्ष्य है आपके पैर पर कसकर प्रहार करना, ताकि इन्हें अपने जीवन में उतारने के लिये आप कुछ करें।

आपने इस पुस्तक को यह जानने के लिये नहीं उठाया है कि इसे कैसे लिखा गया। आप एक्शन की तलाश कर रहे हैं। ठीक है, हम शुरू करते हैं। कृपया इस पुस्तक के खंड एक और दो पढ़ लें। अगर उस समय तक आपको यह न लगे कि चिंता छोड़ने और सुख से जीने के लिये आपमें नयी शक्ति और प्रेरणा जाग गयी है - तो इस पुस्तक को दूर फेंक दें। यह आपके काम की नहीं है।

—डेल कारनेगी

इस पुस्तक का अधिकतम लाभ लेने के नौ तरीक़े

1. अगर आप इस पुस्तक का ज़्यादा से ज़्यादा लाभ लेना चाहते हैं तो आपमें एक अनिवार्य गुण होना चाहिये; एक ऐसा गुण, जो किसी भी नियम या तकनीक से ज़्यादा महत्वपूर्ण है। जब तक आपमें यह मूलभूत गुण नहीं होगा, तब तक आपको पढ़ने के हज़ार नियम बता देने से भी कोई लाभ नहीं होगा। और अगर आपमें यह मूलभूत गुण है, तो आप बिना सुझाव पढ़े भी इस पुस्तक से आश्चर्यजनक लाभ उठा सकते हैं।

   यह जादुई गुण क्या है ? ***सिर्फ़ यह : आपमें सीखने की गहरी ललक हो, चिंता छोड़ने और सुख से जीने की प्रबल इच्छा हो।***

   आप इस इच्छा को कैसे विकसित कर सकते हैं ? लगातार अपने आपको यह याद दिलाकर कि ये सिद्धांत आपके लिये सचमुच कितने महत्वपूर्ण हैं। अपने मन में इस बात की तस्वीर बनायें कि इन सिद्धांतों में पारंगत होने के बाद आपका जीवन अधिक समृद्ध और सुखद हो जायेगा। ख़ुद से बार-बार कहें, "लंबे समय में मेरे मन की शांति, मेरा सुख, मेरी सेहत और शायद मेरी आमदनी भी इस पुस्तक में सिखायी गयी पुरानी, स्पष्ट और शाश्वत सच्चाइयों को जीवन में उतारने पर काफ़ी हद तक निर्भर करती है।"

2. हर अध्याय को पहले तो तेज़ी से पढ़ जाइये, ताकि आपको मोटी-मोटी बातें समझ में आ जायें। फिर शायद आप आगे के अध्याय पढ़ने के लिये उत्सुक होंगे। परंतु ऐसा न करें, जब तक कि आप सिर्फ़ मनोरंजन के लिये न पढ़ रहे हों। अगर आप इसलिये पढ़ रहे हैं क्योंकि आप चिंता छोड़ना चाहते हैं और सुख से जीना चाहते हैं, तो वापस मुड़ें और *हर अध्याय को दुबारा पूरा पढ़ें।* आगे चलकर आप जान जायेंगे कि ऐसा करने से आपका समय भी बचता है और बेहतर परिणाम भी मिलते हैं।

3. *आप जो पढ़ रहे हैं, पढ़ते समय उस विषय पर विचार करने के लिये अक्सर रुकें।* ख़ुद से पूछें कि आप हर सुझाव को अपने जीवन में कब और कैसे लागू कर सकते हैं। इस तरह पढ़ने से आपको सरपट भागते हुये पढ़ने की तुलना में ज़्यादा फ़ायदा होगा।

4. *पेंसिल, पेन, मैजिक मार्कर या हाइलाइटर हाथ में लेकर पढ़ें। जब भी आपको कोई सुझाव उपयोगी लगे तो उसके बगल में या नीचे लाइन खींच दें।* अगर वह आपको चार सितारा सुझाव लगे तो आप हर ऐसे वाक्य के नीचे लाइन खींच दें या उस पर चार सितारे बना दें। पुस्तक पर निशान लगा देने या अंडरलाइन कर देने से पढ़ना ज़्यादा दिलचस्प हो जाता है और जब हम उस पुस्तक को दुबारा पढ़ते हैं तो हमें बहुत सुविधा होती है।

5. मैं एक ऐसी महिला को जानता हूँ, जो पिछले पंद्रह सालों से एक बड़ी बीमा कंपनी में ऑफ़िस मैनेजर है। हर महीने वह अपनी कंपनी द्वारा जारी किये गये बीमा अनुबंध पढ़ती है। हाँ, महीने दर महीने और साल दर साल वह उन्हीं अनुबंधों को पढ़ती है। क्यों ? क्योंकि अनुभव ने उसे सिखा दिया है कि यही वह इकलौता तरीक़ा है जिसके द्वारा वह अनुबंधों के इन मसौदों को ठीक तरह से याद रख सकती है।

एक बार मैंने पब्लिक स्पीकिंग की कला पर एक पुस्तक लिखने में लगभग दो साल लगाये। इसके बावज़ूद मैंने पाया कि मुझे बार-बार अपने लिखे हुए पिछले अध्यायों को पढ़ना पड़ता था, ताकि याद रख सकूँ कि मैंने अपनी ही पुस्तक में क्या लिखा था। हम कितनी तेज़ी से भूलते हैं, यह बहुत ही आश्चर्यजनक है।

अगर आप इस पुस्तक से लंबे समय तक सचमुच फ़ायदा उठाना चाहते हैं, तो यह मत सोचिये कि केवल एक बार सरसरी तौर पर पढ़ने से ही आपका काम चल जायेगा। इसे पूरे ध्यान से पढ़ने के बाद आपको हर महीने इसे दुबारा पढ़ना चाहिये। इसे हर दिन अपनी मेज़ पर रखें और बीच-बीच में समय निकालकर नज़र डालते रहें। खुद को लगातार याद दिलाते रहें कि ऐसा करने से आपके सामने सुधार की कितनी सारी संभावनायें खुल जायेंगी। याद रखें, लगातार पढ़ने और इन पर अमल करने के उत्साही अभियान से ही आप इन सिद्धांतों को अपनी आदत बना सकते हैं और इन्हें अपने अवचेतन में उतार सकते हैं। इसके अलावा कोई दूसरा तरीक़ा नहीं है।

6. बर्नार्ड शॉ ने एक बार कहा था, "अगर आप किसी को कुछ सिखाना चाहेंगे, तो वह कभी नहीं सीखेगा।" शॉ ने सच कहा था। सीखना एक सक्रिय प्रक्रिया है। हम कर-करके ही सीखते हैं। अगर आप इस पुस्तक के सिद्धांतों में पारंगत होना चाहते हैं, तो इनके बारे में कुछ कीजिये। हर मौक़े पर इन नियमों का प्रयोग कीजिये। अगर आप ऐसा नहीं करेंगे, तो आप इन्हें जल्दी ही भूल जायेंगे। दिमाग़ में केवल वही विचार मौजूद रहते हैं, जिनका हम प्रयोग करते हैं।

   शायद आपको इन सुझावों पर हमेशा अमल करना कठिन लगे। मैं यह समझ सकता हूँ, क्योंकि मैंने यह पुस्तक लिखी

है, फिर भी मुझे अपने ही सिखाये सिद्धांतों पर अमल करने में कई बार कठिनाई होती है। जब आप यह पुस्तक पढ़ें तो याद रखें कि आप सिर्फ़ जानकारी हासिल करने की कोशिश नहीं कर रहे हैं, बल्कि नयी आदतें डालने की कोशिश कर रहे हैं। और हाँ, आप नयी जीवनशैली अपनाने की कोशिश कर रहे हैं। इसमें समय, लगन और दैनिक अभ्यास की आवश्यकता होती है।

इन पन्नों को अक्सर पढ़िये। ऐसा समझिये कि यह चिंता पर विजय हासिल करने की एक वर्किंग हैंडबुक है और जब भी आपके सामने कोई चुनौतीपूर्ण समस्या आये, तो उत्तेजित न हों। स्वाभाविक प्रतिक्रिया न दें, जो भावनात्मक होती है और आम तौर पर ग़लत होती है। इसके बजाय इन पन्नों की तरफ़ लौटें और अंडरलाइन किये हुये वाक्यांशों को दुबारा पढ़ें। फिर इन नये तरीक़ों को आज़मायें और देखें कि वे आपके जीवन में किस तरह जादू कर देते हैं।

7. *अपने परिवार के सदस्यों के सामने यह प्रस्ताव रखें कि जब भी वे आपको किसी निश्चित सिद्धांत का उल्लंघन करते पकड़ेंगे तो, आप उन्हें एक रुपया देंगे। वे आपको कंगाल कर देंगे।*

8. इस पुस्तक के अध्याय 22 खोलें और पढ़ें कि किस तरह वॉल स्ट्रीट बैंकर एच.पी. हॉवेल और बेन फ्रैंकलिन ने अपनी ग़लतियाँ सुधारीं। आप भी हॉवेल और फ्रैंकलिन की तकनीक का प्रयोग क्यों नहीं करते, ताकि आप इस पुस्तक में दिये सिद्धांतों को अपनाते समय उनकी जाँच कर सकें? अगर आप ऐसा करते हैं, तो इसके परिणामस्वरूप दो बातें होंगीं :

   पहली बात : आप खुद को एक ऐसी शैक्षणिक प्रक्रिया में पायेंगे, जो दिलचस्प भी है और अनमोल भी।

दूसरी बात : चिंता छोड़ने और सुख से जीने की आपकी क्षमता यूकेलिप्टस के पेड़ की तरह बहुत तेज़ी से विकसित होगी और बढ़ेगी।

9. एक डायरी बना लें - एक ऐसी डायरी, जिसमें आपको इन सिद्धांतों पर अमल के बारे में, उनसे हासिल सफलताओं के बारे में लिखना है। पूरी स्पष्टता से लिखें। नाम, तारीख़ और परिणाम का उल्लेख करें। इस तरह का रिकॉर्ड रखने से आपको अधिक प्रयास करने की प्रेरणा मिलेगी और जब कुछ साल बाद आप किसी शाम को यह रिकॉर्ड देखेंगे तो आपको बहुत रोमांचक अनुभूति होगी।

• • •

संक्षेप में

इस पुस्तक का अधिकतम लाभ लेने के नौ तरीक़े

1. चिंता छोड़ने के सिद्धांतों को सीखने की प्रबल और गहरी इच्छा विकसित करें।
2. अगले अध्याय को पढ़ने से पहले हर अध्याय को दुबारा पढ़ें।
3. पढ़ते समय अक्सर थोड़ा ठहरकर ख़ुद से पूछें कि आप हर सुझाव को अपने जीवन में कैसे उतार सकते हैं।
4. हर महत्वपूर्ण विचार को अंडरलाइन करें।
5. हर महीने इस पुस्तक को दुबारा पढ़ें।
6. हर अवसर पर इन सिद्धांतों का इस्तेमाल करें। इस पुस्तक का प्रयोग वर्किंग हैंडबुक की तरह करें, जिससे आपको अपनी रोज़मर्रा की समस्याओं को सुलझाने में मदद मिलती है।
7. अपने दोस्त को किसी भी सिद्धांत का उल्लंघन करते हुये पकड़ने पर एक रुपया देने का वायदा करें और खेल-खेल में आत्म-सुधार की राह पर चलें।
8. हर सप्ताह अपनी प्रगति का मूल्यांकन करें। ख़ुद से पूछें कि आपने कौन सी ग़लतियाँ की हैं, आपमें कितना सुधार हुआ है और भविष्य के लिये आपने क्या सबक़ सीखे हैं।
9. इस पुस्तक के पीछे अपनी डायरी लिखें, जिसमें यह दर्ज़ हो कि आपने इन सिद्धांतों का कब और कैसे इस्तेमाल किया।

खंड एक

चिंता के बारे में मूलभूत तथ्य, जो आपको पता होने चाहिये

1

वर्तमान में एक–एक दिन जियें

1871 के वसंत में एक युवक ने एक पुस्तक उठायी और उसमें से इक्कीस शब्द पढ़े, इक्कीस ऐसे शब्द जिन्होंने उसके भविष्य पर बहुत गहरा प्रभाव डाला। वह मेडिकल स्टुडेन्ट मॉन्ट्रियल जनरल हॉस्पिटल में था और उसे यह चिंता सता रही थी कि वह परीक्षा में पास हो पायेगा या नहीं। और अगर वह पास हो भी गया तो क्या करेगा, कहाँ जायेगा, अपनी डॉक्टरी की प्रैक्टिस कैसे शुरू करेगा, अपनी आजीविका कैसे चलायेगा।

उस युवक ने 1871 में जो इक्कीस शब्द पढ़े थे, उनकी मदद से वह अपनी पीढ़ी का सबसे प्रसिद्ध डॉक्टर बन गया। उन्होंने विश्वप्रसिद्ध जॉन्स हॉपकिन्स स्कूल ऑफ मेडिसिन शुरू किया। वे ऑक्सफोर्ड में रेजियस प्रोफ़ेसर बने – जो ब्रिटिश साम्राज्य में किसी भी डॉक्टर को दिया जाने वाला सबसे बड़ा सम्मान है। उन्हें इंग्लैंड के सम्राट ने नाइट की उपाधि प्रदान की। उनकी मौत के बाद उनके जीवन की कहानी बयान करने के लिये 1466 पृष्ठों के दो बड़े खंडों की आवश्यकता पड़ी।

उनका नाम था सर विलियम ऑस्लर। यहाँ वे इक्कीस शब्द दिये गये हैं, जो उन्होंने 1871 के वसंत में पढ़े थे – थॉमस कार्लायल द्वारा लिखे इक्कीस शब्द, जिनसे उन्हें चिंतामुक्त जीवन

जीने में मदद मिली : *"हमारा काम यह देखना नहीं है कि दूर धुँधलके में क्या दिखता है, बल्कि वह करना है जो हमारे सामने है।"*

बयालीस साल बाद, जब सुहानी वसंत की रात को कैंपस में ट्यूलिप्स खिल रहे थे, सर विलियम ऑस्लर ने येल युनिवर्सिटी के विद्यार्थियों को संबोधित किया। उन्होंने विद्यार्थियों को बताया कि लोगों को लगता है चूँकि वे चार विश्वविद्यालयों में प्रोफ़ेसर थे और एक लोकप्रिय पुस्तक के लेखक भी, इसलिये उनके पास "ख़ास तरह का दिमाग़" होगा। उन्होंने कहा कि यह सच नहीं है और उनके अंतरंग दोस्त जानते हैं कि उनका दिमाग़ *"बहुत ही औसत दर्जे" का है।*

तो फिर उनकी सफलता का राज़ क्या था ? उन्होंने बताया कि वे डे-टाइट कम्पार्टमेंट यानी एक-एक दिन वर्तमान में जीते थे। इस बात से उनका क्या मतलब था ? येल में भाषण देने से कुछ माह पहले सर विलियम ऑस्लर एक बड़े समुद्री जहाज़ में अटलांटिक पार कर रहे थे। जहाज़ के कप्तान ने पुल पर खड़े होकर एक बटन दबाया और - ये लो! - मशीनों की आवाज़ हुई और जहाज़ के हिस्से एक-दूसरे से तत्काल अलग-अलग हो गये - यानी वे वाटरटाइट कम्पार्टमेंट बन गये। डॉ. ऑस्लर ने विद्यार्थियों को बताया, "आप सब इस बड़े जहाज़ से अधिक अद्भुत रचना हैं और इससे भी अधिक लंबी यात्रा पर जा रहे हैं। मेरा आग्रह है कि आप इस मशीन को नियंत्रित करना सीख लें और यह जान लें कि 'डे-टाइट कम्पार्टमेंट' में रहना ही सुरक्षित यात्रा करने का सबसे अच्छा तरीक़ा है। पुल पर जाइये और देखिये कि आपके जहाज़ की दीवारें काम तो कर रही हैं। एक बटन दबाइये और अपने जीवन के हर स्तर पर सुनिये कि लोहे के दरवाज़े आपके अतीत का दरवाज़ा बंद कर रहे हैं, जिसमें मरे हुये कल दफ़न हैं। दूसरा बटन दबाइये और लोहे के दरवाज़े से भविष्य को बंद कर दीजिये - जिसमें वे कल हैं जो अभी पैदा नहीं हुये। अब आप - आज के लिये सुरक्षित हैं! ... अतीत का दरवाज़ा बंद कर दीजिये!

मुर्दों को मुर्दे दफ़नाने दीजिये... गुज़रे हुये कल का दरवाज़ा बंद कर दीजिये क्योंकि इस रास्ते पर चलकर मूर्ख लोग मौत के मुँह में समा गये हैं... आने वाले कल के बोझ को अगर गुज़रे हुये कल के बोझ के साथ आज के दिन उठाया जाये तो शक्तिशाली से शक्तिशाली आदमी भी लड़खड़ा जायेगा। भविष्य को भी अतीत की ही तरह कसकर बंद कर दीजिये... आपका भविष्य आज है... कल कभी नहीं आयेगा। मनुष्य की मुक्ति का दिन आज है, अभी। ऊर्जा की बर्बादी, मानसिक तनाव, भावनात्मक चिंतायें उस आदमी के क़दमों का पीछा करती हैं, जो भविष्य की चिंता करता है... इसलिये उन सभी दीवारों को बंद कर दीजिये जो बीत चुकी हैं या आगे आने वाली हैं और 'डे–टाइट कम्पार्टमेंट' का जीवन जीने की आदत डालने के लिये तैयार हो जाइये।"

क्या डॉ. ऑस्लर के कहने का मतलब यह था कि हमें भविष्य की कोई तैयारी नहीं करना चाहिये ? नहीं, बिलकुल नहीं। वे तो अपने उस भाषण में सिर्फ़ यह कह रहे थे कि आने वाले कल की तैयारी करने का सबसे बढ़िया तरीक़ा यह है कि आप अपनी सारी बुद्धि और सारा उत्साह आज के काम को सर्वश्रेष्ठ तरीक़े से करने पर लगा दें। शायद यही वह इकलौता तरीक़ा है जिससे आप भविष्य की तैयारी कर सकते हैं।

डॉ. ऑस्लर ने येल के विद्यार्थियों से आग्रह किया कि वे ईसा मसीह की इस प्रार्थना से अपना दिन शुरू करें : *"हमें आज का भोजन प्रदान करो।"*

ध्यान दें, प्रार्थना में सिर्फ़ *आज* का भोजन माँगा गया है। इस बात की शिकायत नहीं की गयी है कि कल हमने जो रोटी खायी थी वह बासी थी। इसमें यह भी नहीं कहा गया है कि "हे प्रभु, गेहूँ की फसल जहाँ उगती है वहाँ कुछ समय से पानी नहीं गिरा है और हो सकता है कि अकाल पड़ जाये – तो फिर मुझे अगले साल रोटी कैसे मिलेगी – या हो सकता है मेरी नौकरी छूट जाये – हे प्रभु, तब मुझे भोजन कैसे नसीब होगा ?"

नहीं, यह प्रार्थना हमें सिखाती है कि हम सिर्फ़ *आज* के लिये ही भोजन माँगें, क्योंकि शायद आज का भोजन ही वह इकलौता भोजन है जो हम खा सकते हैं।

सालों पहले एक ग़रीब दार्शनिक पथरीले इलाके में भटक रहा था, जहाँ लोगों को अपना गुज़ारा करने में बहुत मुश्किलें आ रही थीं। एक दिन एक पहाड़ पर भीड़ उसके चारों तरफ़ जमा हो गयी और उसने वह भाषण दिया, जो शायद दुनिया में सबसे अधिक उद्धृत किया जाने वाला भाषण है, जो आज तक कभी भी, कहीं भी दिया गया है। इस भाषण में छब्बीस शब्द हैं, जो सदियों से हमारे कानों में गूँज रहे हैं : "आने वाले कल का कोई विचार मत करो, क्योंकि कल अपना विचार ख़ुद कर लेगा। आज का दिन ही आज की बुराइयों के लिये काफ़ी है।"

कई लोगों ने ईसा मसीह के इन शब्दों को मानने से इंकार कर दिया है : ***"आने वाले कल का कोई विचार मत करो।"*** उन्होंने इन शब्दों को इसलिये अस्वीकार किया क्योंकि उन्हें लगा कि यह पूर्णतावादी सलाह है, जिसमें रहस्यवाद भरा है। ऐसे लोग कहते हैं, "मुझे कल का विचार करना ही होगा। मुझे अपने परिवार की सुरक्षा के लिये बीमा कराना होगा। मुझे अपने बुढ़ापे के लिये पैसा बचाकर अलग रखना होगा। मुझे आगे बढ़ने की योजना बनानी होगी और तैयारी करनी होगी।"

सही है! आपको ऐसा करना ही चाहिये। सच तो यह है कि ईसा मसीह के इन शब्दों का, जिनका अनुवाद तीन सौ साल पहले किया गया था, आज वह अर्थ नहीं है, जो सम्राट जेम्स के युग में था। तीन सौ साल पहले *विचार* (thought) शब्द का अर्थ अक्सर *चिंता* (anxiety) होता था। बाइबल के आधुनिक संस्करण ईसा मसीह के शब्दों को अधिक सटीक रूप से इस तरह से लिखते हैं : ***"आने वाले कल की कोई चिंता मत करो।"***

निश्चित रूप से आने वाले कल का विचार कीजिये, हाँ,

सावधानीपूर्वक विचार कीजिये, योजना बनाइये, तैयारी कीजिये। परंतु चिंता मत कीजिये।

द्वितीय विश्वयुद्ध के दौरान हमारे सेनापति आने वाले कल के लिये *योजना* तो बनाते थे, परंतु उनके पास चिंतित होने का समय नहीं था। अमेरिकी नौसेना के एडमिरल अर्नेस्ट जे. किंग ने कहा था, "मैंने अपने सर्वश्रेष्ठ सैनिकों को सर्वश्रेष्ठ हथियार दे दिये हैं, अपनी तरफ़ से सर्वश्रेष्ठ रणनीति बनायी है और मैं इतना ही कर सकता हूँ।

"अगर कोई जहाज़ डूब गया है," एडमिरल किंग ने आगे कहा, "तो मैं उसे वापस नहीं ला सकता। अगर वह डूबने वाला है तो मैं उसे बचा नहीं सकता। मैं बीते हुये कल की समस्याओं पर चिंतित होने की बजाय आने वाले कल की समस्या पर काम करने में अपने समय का बेहतर सदुपयोग कर सकता हूँ। इसके अलावा, अगर मैं इन बातों की चिंता करने लगूँ तो मैं ज़्यादा दिन नहीं चल पाऊँगा।"

चाहे युद्ध हो या शांति, अच्छे और बुरे सोच में सबसे बड़ा फ़र्क़ यही है : अच्छा सोच कारण और परिणाम के बारे में विचार करता है व इसकी योजना तार्किक तथा रचनात्मक होती है; बुरा सोच अक्सर तनाव और नर्वस ब्रेकडाउन का कारण बन जाता है।

मुझे *द न्यूयॉर्क टाइम्स* जैसे विश्वप्रसिद्ध अख़बार के प्रकाशक आर्थर हेस सुल्ज़बर्गर का इंटरव्यू लेने का सौभाग्य मिला। उन्होंने मुझे बताया कि जब यूरोप में द्वितीय विश्वयुद्ध भड़क रहा था तो वे भविष्य को लेकर इतने स्तब्ध और चिंतित थे कि नींद लगना असंभव हो गया था। वे अक्सर आधी रात को बिस्तर से उठकर कैनवास और ब्रश लेकर बैठ जाते थे, शीशे में देखते थे और ख़ुद की तस्वीर बनाने की कोशिश करते थे। वे पेंटिंग के बारे में कुछ नहीं जानते थे, परंतु फिर भी इसलिये पेंट करते थे ताकि दिमाग़ को अपनी चिंताओं से दूर रख सकें। सुल्ज़बर्गर ने रहस्योद्घाटन

किया कि वे अपनी चिंताओं को तब तक कभी दूर नहीं कर पाये और उन्हें तब तक शांति नहीं मिली जब तक उन्होंने चर्च के एक भजन के इन छह शब्दों को अपने जीवन का सूत्रवाक्य नहीं बना लिया : *मेरे लिये एक कदम काफ़ी है।*

राह दिखाओ, दयालुतापूर्ण प्रकाश...
मेरे पैर स्थिर रखो : मैं तुमसे नहीं कहता कि दिखाओ
मुझे दूर का दृश्य; मेरे लिये एक कदम काफ़ी है।

लगभग इसी समय, यूनिफ़ॉर्म पहने एक युवक - कहीं यूरोप में - यही सबक़ सीख रहा था। उसका नाम टेड बेंजरमिनो था और वह बाल्टीमोर, मैरीलैंड में रहता था - और उसने चिंता कर-करके अपने आपको युद्ध की थकान का उत्कृष्ट उदाहरण बना लिया था।

टेड बेंजरमिनो लिखते हैं, "अप्रैल, 1945 में मैंने तब तक चिंता की, जब तक कि मैं बीमार नहीं हो गया। डॉक्टरों के अनुसार मुझे 'स्पैस्मोडिक ट्रांसवर्स कोलोन' बीमारी थी - जिसमें बहुत तेज़ दर्द होता था। अगर युद्ध उस समय ख़त्म नहीं हुआ होता, तो मुझे विश्वास है कि मैं शारीरिक रूप से पूरी तरह टूट गया होता और ब्रेकडाउन का शिकार हो गया होता।

"मैं पूरी तरह निढाल हो चुका था। मैं 94वीं इन्फैन्ट्री डिवीज़न का ग्रेव्ज़ रजिस्ट्रेशन, नॉन-कमीशन्ड ऑफ़िसर था। मेरा काम था युद्ध में मरने वाले, लापता होने वाले और अस्पताल में भर्ती होने वाले लोगों का रिकॉर्ड रखने में मदद करना। मित्र देशों और शत्रु सिपाहियों की उन लाशों को भी मुझे बाहर निकालना होता था, जिन्हें युद्ध के दौरान हड़बड़ी में मारकर जल्दबाज़ी में उथली क़ब्रों में दफ़ना दिया गया था। मुझे उन मरे हुये लोगों के व्यक्तिगत सामान इकट्ठा करने थे और यह देखना था कि वे उनके माता-पिता या क़रीबी रिश्तेदारों के पास भेज दिये जायें, जो इन्हें बहुत अधिक जतन से संभालकर रखेंगे। मैं इस डर के

मारे लगातार चिंतित रहता था कि कहीं कोई गंभीर और परेशान करने वाली ग़लती न हो जाये। मैं इस बारे में चिंतित था कि क्या मैं इन सबसे सकुशल बाहर आ पाऊँगा। मैं चिंतित था कि क्या अपने सोलह महीने के इकलौते बेटे को गोद में लेने के लिये ज़िंदा बच पाऊँगा, जिसे मैंने कभी नहीं देखा था। मैं इतना चिंतित और थका हुआ था कि मेरा चौंतीस पौंड वज़न कम हो गया। मैं इतना उत्तेजित था कि लगभग पागल हो गया। मैंने अपने हाथों की तरफ़ देखा। वे सिर्फ़ चमड़ी और हड्डी का ढाँचा दिख रहे थे। मैं इस विचार से आतंकित था कि मैं शारीरिक रूप से बर्बाद हालत में घर लौटूँगा। मैं टूट गया और किसी बच्चे की तरह सुबकने लगा। मैं इतना हिल चुका था कि जब भी अकेला होता था, हर बार मेरी आँखों में आँसू उमड़ आते थे। बल्ज का युद्ध शुरू होने के बाद एक ऐसा भी दौर आया जब मैं इतना ज़्यादा रोने लगा कि मैंने यह आशा ही छोड़ दी कि मैं दुबारा कभी सामान्य इन्सान बन सकता हूँ।

"मैं अंत में सेना के अस्पताल में भर्ती हो गया। सेना के डॉक्टर ने मुझे एक ऐसी सलाह दी, जिसने मेरे जीवन को पूरी तरह से बदल दिया। मेरी पूरी शारीरिक जाँच करने के बाद, उन्होंने मुझे बताया कि मेरी परेशानी मानसिक थी। उन्होंने कहा, *'टेड, मैं चाहता हूँ तुम यह मान लो कि तुम्हारा जीवन एक बालूघड़ी की तरह है। तुम्हें पता है कि बालूघड़ी के ऊपरी हिस्से में बालू के हज़ारों कण होते हैं, और वे सब धीरे–धीरे समान गति से बीच की सँकरी गर्दन से गुज़रते हैं। चाहे आप या मैं कुछ कर लें, बालूघड़ी को नुक़सान पहुँचाये बिना हम इस सँकरी गर्दन से एक बार में बालू के एक कण से अधिक को पार नहीं करा सकते। आप, मैं और हर इन्सान इस बालूघड़ी की तरह है। जब हम सुबह उठते हैं, तो हमें लगता है कि हमें एक दिन में सैकड़ों काम निबटाने हैं। परंतु अगर हम एक बार में एक काम नहीं करेंगे और उन कामों को धीरे–धीरे तथा एक समान गति से दिन में नहीं गुज़रने देंगे, जिस*

तरह बालूघड़ी की सँकरी गर्दन से बालू के कण गुज़रते हैं, तो यह बात तय है कि हम अपने शारीरिक या मानसिक ढाँचे को तोड़ लेंगे।'

"मैंने इस फ़िलॉसफ़ी पर उसी दिन से अमल किया, जिस यादगार दिन सेना के डॉक्टर ने मुझे यह सिखायी। 'एक बार में एक ही बालू का कण... एक बार में एक ही काम।' इस सलाह ने मुझे युद्ध के दौरान शारीरिक और मानसिक रूप से बचाया और इसने मेरी मदद की कि मैं एडक्राफ्टर्स प्रिंटिंग एंड ऑफ़सेट कंपनी, इन्क में पब्लिक रिलेशन्स एंड एडवर्टाइज़िंग डायरेक्टर के वर्तमान पद पर पहुँच सका। मैंने बिज़नेस में भी उन्हीं समस्याओं को पाया, जो मुझे युद्ध में मिली थीं : तत्काल बहुत सारी चीज़ें करनी थी - और उन्हें करने के लिये समय बहुत कम था। हमारे पास बहुत कम स्टॉक था। हमें नये फॉर्म, नयी स्टॉक व्यवस्था, पते बदलने की प्रक्रिया, ऑफ़िस बंद करने और खोलने इत्यादि समस्याओं से जूझना पड़ा। तनावग्रस्त और नर्वस होने के बजाय मैं डॉक्टर की उन बातों को याद करता हूँ, जो उन्होंने मुझसे कही थीं। 'एक बार में एक ही बालू का कण। एक बार में एक ही काम।' इन शब्दों को बार-बार दोहराने से मैं अपने कामों को अधिक अच्छी तरह से निबटा पाता हूँ और उस तरह की दुविधा तथा तनाव की भावनाओं के बिना अपना काम करता हूँ, जिन्होंने मुझे युद्ध के मैदान पर लगभग मटियामेट कर दिया था।"

हमारी वर्तमान जीवनशैली के बारे में सबसे भयावह टिप्पणियों में से एक यह है कि एक बार हमारे अस्पतालों में आधे बिस्तर उन मरीज़ों के लिये रिज़र्व थे, जो मानसिक और भावनात्मक बीमारियों के शिकार थे, ऐसे मरीज़ जो इकट्ठे किये हुये बीते कलों और डरावने भविष्य के कलों के भारी बोझ तले दबे थे। बहरहाल, इनमें से ज़्यादातर लोग अस्पताल में भर्ती होने से ख़ुद को बचा सकते थे - और सुखद, उपयोगी जीवन जी सकते थे - अगर इन्होंने ईसा मसीह के शब्दों पर ध्यान दिया होता : *"आने*

वाले कल की कोई चिंता मत करो।" या सर विलियम ऑस्लर के शब्दों को माना होता : *"सिर्फ आज में जियो।"*

आप और मैं इस पल दो शाश्वत धाराओं के संगम पर खड़े हैं : विराट अतीत जो हमेशा से विद्यमान है, और भविष्य जो दर्ज हुये समय के अंतिम अक्षर तक बढ़ रहा है। शायद हमारे लिये इन दोनों में से किसी भी शाश्वत धारा में रहना संभव नहीं है – नहीं, एक पल के लिये भी नहीं। फिर भी हम ऐसा करने की कोशिश करके अपने शरीर और मन को नुक़सान पहुँचाते हैं। इसलिये आइये, हम उस इकलौते समय में संतोष से रहें जिसमें हम रह सकते हैं : आज से लेकर सोने के समय तक। रॉबर्ट लुई स्टीवेन्सन ने लिखा है, "बोझ कितना भी भारी हो, आदमी इसे रात तक तो उठा ही सकता है। कोई भी एक दिन के लिये तो काम कर सकता है, चाहे वह कितना ही मुश्किल क्यों न हो। कोई भी आदमी सूरज के डूबने तक तो ख़ुशी, धैर्य, प्रेम, शांति से जी सकता है। और ज़िंदगी का असली मतलब इसी तरह से जीना है।"

हाँ, ज़िंदगी हमसे यही आशा करती है, परंतु सेगिनॉ, मिशिगन की मिसेज़ ई. के. शील्ड्स सोने तक जीना सीखने से पहले ज़िंदगी से इतनी निराश हो चुकी थीं कि उनके मन में आत्महत्या करने तक का विचार आया। मिसेज़ शील्ड्स ने मुझे अपनी कहानी बताते हुये कहा, "1937 में मेरे पति की मौत हो गयी। मैं बहुत हताश थी - और मेरे पास बिलकुल भी पैसे नहीं थे। मैंने अपने पूर्व नियोक्ता कान्सस शहर की रोच–फाउलर कंपनी के मिस्टर लियॉन रोच को पत्र लिखा और मुझे अपनी पुरानी नौकरी फिर से मिल गयी। मैं पहले गाँवों और कस्बों के स्कूल बोर्डों को वर्ल्ड बुक्स बेचकर अपनी रोज़ी–रोटी चलाती थी। मैंने दो साल पहले पति की बीमारी के दौरान अपनी कार बेच दी थी, परंतु पैसे की जुगाड़ करके मैंने एक सेकंड हैंड कार क़िस्तों में ख़रीद ली ताकि दुबारा पुस्तक बेचना शुरू कर सकूँ।

"मैंने सोचा था कि सड़क पर उतरने के बाद मेरी हताशा कम हो जायेगी, परंतु अकेले कार चलाने और अकेले खाने का तनाव मुझसे सहन नहीं हो रहा था। मेरे इलाक़े के कुछ हिस्से ऐसे थे, जहाँ ज़्यादा बिक्री नहीं होती थी और मैंने पाया कि मुझे कार की क़िस्तें चुकाने में कठिनाई हो रही थी, हालाँकि क़िस्तें बहुत छोटी थीं।

"1938 के वसंत में मैं वर्साइली, मिसूरी में काम कर रही थी। वहाँ स्कूल कंगाल थे और सड़कें ख़राब। मैं इतनी अकेली और हताश थी कि एक बार तो मैंने आत्महत्या करने के बारे में सोचा। ऐसा लग रहा था जैसे सफल होना असंभव था। मेरे पास ज़िंदा रहने का कोई मक़सद नहीं था। मुझे हर सुबह उठने और ज़िंदगी का सामना करने से डर लगता था। मैं हर चीज़ से डरती थी : इस बात से डरती थी कि अपनी कार की क़िस्त नहीं चुका पाऊँगी, इस बात से डरती थी कि अपने कमरे का किराया नहीं दे पाऊँगी, इस बात से डरती थी कि मेरे पास खाने के लिये पर्याप्त भोजन नहीं होगा। मैं डरती थी कि मेरी सेहत बिगड़ रही थी और मेरे पास इलाज के लिये पैसे नहीं थे। मेरी बहन के बारे में सोचकर मैंने आत्महत्या नहीं की, क्योंकि उसे मेरी मौत से बहुत दुख होता और यह सोचकर भी, कि मेरे पास अपनी अंत्येष्टि के ख़र्च के लिये पर्याप्त पैसे नहीं थे।

"फिर एक दिन मैंने एक लेख पढ़ा, जिसने मुझे निराशा के दलदल से बाहर खींच लिया और ज़िंदा रहने का साहस दिया। मैं उस लेख के एक प्रेरक वाक्य के प्रति हमेशा कृतज्ञ रहूँगी। वह वाक्य था, 'बुद्धिमान व्यक्ति के लिये हर दिन एक नया जीवन होता है।' मैंने इस वाक्य को टाइप किया और अपनी कार के काँच पर चिपका लिया, जहाँ मैं कार चलाते समय हर पल इसे देखा करती थी। मैंने पाया कि एक बार में एक दिन ज़िंदा रहना इतना मुश्किल नहीं था। मैंने बीते कल को भूलना और आने वाले कल की परवाह न करना सीख लिया। हर सुबह मैं ख़ुद से कहती थी, 'आज एक नया जीवन है।'

"मैंने अकेलेपन और ग़रीबी के अपने डर को जीतने में सफलता पायी। मैं अब सुखी और काफ़ी सफल हूँ और मुझमें काफ़ी उत्साह और जीने की उमंग है। मैं अब जानती हूँ कि अब दुबारा कभी नहीं डरूँगी, चाहे ज़िंदगी कितनी ही बुरी क्यों न हो जाये। अब मैं जानती हूँ कि मुझे भविष्य से डरने की ज़रूरत नहीं है। अब मैं जानती हूँ कि मैं एक बार में एक दिन जी सकती हूँ - और यह भी कि 'बुद्धिमान व्यक्ति के लिये हर दिन एक नया जीवन होता है।' "

क्या आप बता सकते हैं, यह कविता किसने लिखी होगी :

वही खुश है और केवल वही खुश है,
जो आज को अपना कह सकता है,
जो आत्मविश्वास से कह सकता है :
"कल, तुम्हें जो करना हो कर लेना, मैंने आज तो जी लिया है।"

यह शब्द आधुनिक लगते हैं, है ना ? परंतु इन्हें ईसा मसीह के पैदा होने से तीस साल पहले रोमन कवि होरेस ने लिखा था।

इन्सान के स्वभाव की बहुत बड़ी विडंबना यह है कि वह जीवन जीने को टालता रहता है। हम सभी क्षितिज पर भविष्य में गुलाबों के किसी जादुई बगीचे के सपने देखते रहते हैं - बजाय उन गुलाबों का आनंद लेने के, जो आज हमारी खिड़की के बाहर खिल रहे हैं।

हम लोग इतने मूर्ख क्यों होते हैं - इतने दुखद मूर्ख ?

"कितनी अजीब होती है हमारे जीवन की यात्रा!" स्टीफन लीकॉक ने लिखा है। "बच्चा कहता है, 'जब मैं बड़ा हो जाऊँगा।' बड़ा होने पर वह कहता है, 'जब मैं कमाने लगूँगा।' जब वह कमाने लगता है, तो कहता है, 'जब मेरी शादी हो जायेगी।' जब उसकी शादी हो जाती है, तो उससे क्या फ़र्क़ पड़ता है ? विचार बदलकर हो जाता है, 'जब मैं रिटायर हो जाऊँगा।' और फिर

जब रिटायरमेंट आता है, तो वह पीछे मुड़कर अपने सफ़र को देखता है और उसे ठंडी हवा की कंपकंपी छूट जाती है; न जाने कैसे उसने सब कुछ गँवा दिया और जीवन पीछे छूट गया। हमें बहुत देर बाद समझ में आता है कि ज़िंदगी हर पल जीने के लिये होती है, इसलिये हमें हर दिन, हर घंटे इसे जीना चाहिये।"

डेट्रॉइट के स्वर्गीय एडवर्ड एस. इवान्स तो चिंता करते-करते मौत के कगार पर पहुँच गये थे और तब जाकर वे सीख पाये कि ज़िंदगी "हर पल जीने के लिये होती है, इसलिये हमें हर दिन, हर घंटे इसे जीना चाहिये।" ग़रीबी में बड़े हुये एडवर्ड इवान्स ने पहले तो अख़बार बेचकर और फिर एक किराने की दुकान में क्लर्क बनकर पैसे कमाये। इसके बाद जब उनका परिवार सात लोगों का हो गया, तो उनका पेट भरने के लिये वे असिस्टेंट लाइब्रेरियन बन गये। हालाँकि तनख़्वाह कम थी, परंतु नौकरी छोड़ने का जोखिम लेने में वे डर रहे थे। आठ साल बाद उनमें इतनी हिम्मत आयी कि वे अपना ख़ुद का बिज़नेस शुरू करने का साहस जुटा सकें। बहरहाल एक बार उन्होंने जब शुरुआत की, तो उधार ली हुयी पचपन डॉलर की पूँजी से एक ऐसा बिज़नेस खड़ा कर लिया जिससे उन्हें एक साल में बीस हज़ार डॉलर की आमदनी होने लगी। तभी एक अप्रत्याशित घटना हुई, एक अत्यंत दुखद अप्रत्याशित घटना। उन्होंने अपने किसी दोस्त की जमानत ली थी - वह दोस्त दिवालिया हो गया। इतना ही नहीं, इसके तत्काल बाद एक और विपत्ति आ गयी। जिस बैंक में उनका पैसा जमा था, वह बैंक भी दिवालिया हो गया और उनका पूरा पैसा डूब गया। इवान्स के पास अब एक धेला भी नहीं बचा था और वह सोलह हज़ार डॉलर के कर्ज़ में डूबा हुआ था। उसकी नर्व्ज़ यह सहन नहीं कर पायीं। उसने बताया, "मैं न तो सो सकता था, न खा सकता था। मैं बुरी तरह बीमार पड़ गया। *चिंता, चिंता, सिर्फ़ चिंता के कारण मुझे यह बीमारी हुई थी*। एक दिन जब मैं सड़क पर पैदल चल रहा था, तो मुझे चक्कर आ गये और मैं

फुटपाथ पर गिर गया। मैं चलने के क़ाबिल नहीं बचा था। मुझे बिस्तर पर लिटा दिया गया और मेरे शरीर पर फोड़े हो गये। यह फोड़े अंदर भी हो गये और बिस्तर पर लेटे रहने में भी मुझे असहनीय कष्ट होने लगा। मैं दिनोदिन कमज़ोर होता जा रहा था। आख़िरकार डॉक्टर ने मुझे बताया कि मैं सिर्फ़ दो सप्ताह और ज़िंदा रह सकता हूँ। मुझे यह सुनकर सदमा लगा। मैंने अपनी वसीयत लिखी और फिर मौत का इंतज़ार करते हुये बिस्तर पर लेट गया। अब चिंता करने या संघर्ष करने से कोई फ़ायदा नहीं था। इसलिये मैंने हार मान ली, मैं शांत हो गया और मुझे नींद आ गयी। कई सप्ताहों से मुझे दो घंटे लगातार नींद नहीं आयी थी, परंतु अब चूँकि मेरी इस दुनिया की सारी चिंतायें मिट चुकी थीं, इसलिये मैं किसी बच्चे की तरह गहरी नींद में सो गया। मेरी निढाल कर देने वाली थकान दूर होने लगी। मुझे भूख़ लगने लगी। मेरा वज़न भी बढ़ गया।

"कुछ सप्ताह बाद, मैं बैसाखियों के सहारे चलने लायक हो गया। छह सप्ताह बाद मैं काम पर वापस जाने योग्य हो गया। मैं पहले एक साल में बीस हज़ार डॉलर कमाता था, परंतु अब मुझे एक सप्ताह में तीस डॉलर की नौकरी मिलने पर ख़ुशी हुई। मुझे वाहनों के चक्कों के पीछे लगाने के ब्लॉक बेचने का काम मिला था, जिन्हें तब लगाया जाता था जब उन्हें माल के रूप में पानी के जहाज़ से भेजा जाता था। मुझे अब सबक़ मिल चुका था। चिंता करना बिलकुल बंद - पिछली बातों पर पछताना बंद - भविष्य का डर बंद। मैंने अपना पूरा समय, पूरी ऊर्जा और उत्साह उन ब्लॉकों को बेचने पर केंद्रित कर लिया।"

अब एडवर्ड एस. इवान्स ने तेज़ी से तरक्की की। कुछ सालों में वे कंपनी के प्रेसिडेंट बन गये - इवान्स प्रॉडक्ट्स कंपनी के प्रेसिडेंट। यह कंपनी बहुत सालों से न्यूयॉर्क स्टॉक एक्सचेंज में दर्ज है। अगर आप कभी ग्रीनलैंड के ऊपर से हवाई यात्रा करें तो आप इवान्स फील्ड में उतर सकते हैं - वह हवाई पट्टी,

जिसका नामकरण उनके सम्मान में किया गया है। अगर एडवर्ड एस. इवान्स आज में या डे-टाइट कम्पार्टमेंट में जीना नहीं सीखते, तो वे इतने सफल नहीं हुये होते।

आपको याद होगा व्हाइट क्वीन ने कहा था : "नियम यह है कि आने वाले कल पर मुरब्बा लगाओ, बीते हुये कल पर मुरब्बा लगाओ, परंतु आज पर कभी मुरब्बा मत लगाओ।" हममें से ज़्यादातर लोग इस तरह के होते हैं - बजाय इसके कि हम अभी अपनी ब्रेड पर मुरब्बे की मोटी परत लगायें, हम अपने बीते हुये कल के मुरब्बे की चिंता करते हैं और आने वाले कल पर मुरब्बा लगाने की फ़िक्र करते हैं।

महान फ्रांसीसी दार्शनिक मॉन्टेन से भी यही ग़लती हुयी। उन्होंने लिखा है, "मेरी ज़िंदगी भयानक दुर्भाग्यों से भरी है, जिनमें से ज़्यादातर तो कभी आये ही नहीं।" और यही हाल आपकी और मेरी ज़िंदगी का भी है।

"सोचो," दाँते ने कहा था, "कि यह दिन दुबारा नहीं आयेगा।" जीवन बहुत तेज़ गति से हमारे हाथ से फिसल रहा है। हम अंतरिक्ष में उन्नीस मील प्रति सेकंड की गति से दौड़ रहे हैं। *आज* हमारी सबसे क़ीमती संपत्ति है। ***आज ही हमारी इकलौती निश्चित संपत्ति है।***

यह लॉवेल थॉमस की फ़िलॉसफ़ी है। मैंने हाल ही में उनके फ़ार्म पर एक वीकएंड गुज़ारा और मैंने देखा कि उन्होंने 118वें भजन के ये शब्द अपने ब्रॉडकास्टिंग स्टूडियो की दीवारों पर फ्रेम करके टाँग रखे थे, जहाँ वे उन्हें अक्सर देख सकें :

> ***यही वह दिन है जिसे ईश्वर ने बनाया है;***
> ***हम इसमें आनंदित होंगे और खुश रहेंगे।***

लेखक जॉन रस्किन की मेज़ पर पत्थर का एक सादा टुकड़ा रखा था, जिस पर एक शब्द खुदा था : **आज**। हालाँकि मेरी डेस्क पर पत्थर का कोई टुकड़ा नहीं है, परंतु मेरे शीशे पर एक

कविता चिपकी हुयी है जिसे मैं हर सुबह दाढ़ी बनाते समय देख सकता हूँ - सर विलियम ऑस्लर इस कविता को हमेशा अपनी मेज़ पर रखते थे। इसे प्रसिद्ध भारतीय नाटककार और महाकवि कालिदास ने लिखा है :

दिन का स्वागत

आज की तरफ़ देखो!
क्योंकि यही जीवन है, यही जीवन का सार है।
इसकी छोटी सी यात्रा में
आपके अस्तित्व की तमाम सच्चाइयाँ बिखरी हैं :
विकास का आनंद
कर्म का सुख
सुंदरता का आकर्षण,
क्योंकि गुज़रा कल तो एक सपना है
और आने वाला कल सिर्फ़ एक झलक,
परंतु आज ढंग से जी लें, तो हर गुज़रा कल सुखद सपना होगा
और हर आने वाला कल आशा की झलक।
इसलिये, अच्छी तरह से देख लो इस दिन को!
दिन के स्वागत का यही तरीका है।

आपको चिंता के बारे में पहली बात यह जानना चाहिये : अगर आप इसे अपने जीवन से बाहर निकालना चाहते हैं, तो वही करें जो सर विलियम ऑस्लर ने किया था -

1. *अतीत और भविष्य को लोहे के दरवाज़ों से बंद कर दें। एक–एक दिन यानी डे–टाइट कम्पार्टमेंट में जियें।*

   आप ख़ुद से यह सवाल क्यों नहीं पूछते और उनके जवाब क्यों नहीं लिखते ?

1. क्या मैं वर्तमान में जीने को इसलिये टाल रहा हूँ क्योंकि मैं भविष्य की चिंता कर रहा हूँ और "क्षितिज के गुलाबों के जादुई बगीचे" की आशा कर रहा हूँ?
2. क्या मैं अतीत की घटनाओं पर अफ़सोस करके अपने वर्तमान को निराशाजनक बना रहा हूँ - वे घटनायें, जो हो चुकी हैं और जिन्हें सुधारा नहीं जा सकता?
3. क्या मैं हर दिन सुबह "आज को पकड़ लो" का पक्का संकल्प करके उठता हूँ - कि मैं इन चौबीस घंटों से अधिकतम हासिल करूँगा?
4. क्या मैं "एक-एक दिन या डे-टाइट कम्पार्टमेंट में जीने से" ज़्यादा अच्छी तरह जी सकता हूँ?
5. मैं ऐसा करना कब से शुरू करूँगा? अगले सप्ताह?... कल?... *आज*?

• • •

2

चिंताजनक स्थितियों को सुलझाने का जादुई फ़ॉर्मूला

क्या आप चिंताजनक परिस्थितियों से निबटने का अचूक फ़ॉर्मूला जानना चाहते हैं, जो तत्काल काम करे - एक ऐसा उपाय, जिसे आप अभी आज़मा सकते हैं, इससे पहले कि आप इस पुस्तक को आगे पढ़ें ?

तो मैं आपको वह तरीक़ा बता सकता हूँ जिसे विलिस एच. कैरियर ने अपनाया था। विलिस एच. कैरियर एक प्रतिभाशाली इंजीनियर हैं, जिन्होंने एयर-कंडीशनिंग उद्योग शुरू किया था और जो साइरैकस, न्यूयॉर्क में विश्वप्रसिद्ध कैरियर कॉरपोरेशन के प्रमुख रह चुके हैं। चिंता की समस्याओं को सुलझाने के लिये इतनी बढ़िया तकनीक मैंने बहुत कम सुनी है। जब हम एक दिन इकट्ठे न्यूयॉर्क में इंजीनियर्स क्लब में लंच कर रहे थे, तब मिस्टर कैरियर ने व्यक्तिगत रूप से मुझे यह बतायी।

कैरियर ने कहा, "मैं बफैलो, न्यूयॉर्क में बफैलो फोर्ज कंपनी में काम करता था। मुझे क्रिस्टल सिटी, मिसूरी में पिट्सबर्ग प्लेट ग्लास कंपनी के लाखों डॉलर के कारखाने में गैस साफ़ करने की मशीन लगाने का काम सौंपा गया। मशीन को लगाने का उद्देश्य था गैस से अशुद्धियाँ हटाना, ताकि जलते समय इंजनों

को नुक़सान न पहुँचे। गैस साफ़ करने का यह तरीक़ा नया था। इसके पहले सिर्फ़ एक बार ही इसका प्रयोग किया गया था और वह भी अलग परिस्थितियों में। क्रिस्टल सिटी, मिसूरी में मेरे काम के दौरान अप्रत्याशित कठिनाइयाँ आयीं। हालाँकि मशीन काम कर रही थी, पर उस तरह नहीं जिस तरह की गारंटी हमने दी थी।

"मैं अपनी असफलता से स्तब्ध था। ऐसा लग रहा था जैसे किसी ने मेरे सिर पर हथौड़ा मार दिया हो। मेरे पेट में मरोड़ें उठने लगीं। कुछ समय तक तो मैं इतना चिंतित रहा कि मेरी नींद उड़ गयी।

''आख़िरकार मुझे यह सीधी सी बात समझ में आ गयी कि चिंता करने से मुझे कोई फ़ायदा नहीं हो रहा था, इसलिये मैंने बिना चिंता किये समस्या का हल ढूँढ़ने का रास्ता सोचा। यह बहुत बढ़िया रास्ता था। मैं इस चिंता-विरोधी तकनीक का प्रयोग पिछले तीस साल से कर रहा हूँ। यह आसान है। कोई भी इसका प्रयोग कर सकता है। इसमें तीन क़दम हैं :

''*पहला क़दम : मैंने बिना डरे, ईमानदारी से स्थिति का विश्लेषण किया और अनुमान लगाया कि इस असफलता के परिणामस्वरूप मेरे साथ बुरे से बुरा क्या हो सकता था।* कोई मुझे जेल नहीं भेजने वाला था या फाँसी पर नहीं लटकाने वाला था। यह बात तो तय थी, हालाँकि यह हो सकता था कि मुझे नौकरी से निकाल दिया जाये। और इस बात की भी आशंका थी कि मेरी कंपनी को यह मशीन हटाना पड़े, जिससे उसे बीस हज़ार डॉलर का घाटा हो सकता था।

''*दूसरा क़दम : बुरे से बुरे परिणामों का अनुमान लगाने के बाद आवश्यकता पड़ने पर मैंने इसे स्वीकार करने के लिये खुद को तैयार किया।* मैंने ख़ुद से कहा, यह असफलता मेरे कैरियर को धक्का पहुँचायेगी और इससे मेरी नौकरी भी जा सकती है, परंतु अगर ऐसा होता भी है, तो मुझे दूसरी नौकरी हमेशा मिल सकती है। स्थितियाँ और भी बुरी हो सकती थीं और जहाँ तक

मेरी कंपनी का सवाल था – तो, सब जानते थे कि हम गैस साफ़ करने की एक नयी तकनीक पर प्रयोग कर रहे थे और अगर इस प्रयोग में बीस हज़ार डॉलर का ख़र्च आता है, तो कंपनी इसे सहन कर सकती है। कंपनी इसे रिसर्च के खाते में डाल सकती है, क्योंकि यह एक प्रयोग था।

"बुरी से बुरी स्थिति का अनुमान लगाने और आवश्यकता पड़ने पर इसे स्वीकार करने के बाद एक बहुत महत्वपूर्ण बात हुई। मैं तत्काल शांत हो गया और काफ़ी दिनों के बाद मैंने पहली बार राहत की साँस ली।

''तीसरा क़दम : इसके बाद मैंने अपना पूरा समय और पूरी ऊर्जा शांति के साथ इस काम में लगायी कि उन बुरे से बुरे परिणामों को कैसे सुधारा जा सकता है, जिन्हें मैंने पहले ही मानसिक रूप से स्वीकार कर लिया था।

"मैंने अब ऐसे तरीक़े खोजना शुरू किये, जिनसे हम बीस हज़ार डॉलर के घाटे को कम कर सकते थे। मैंने कई परीक्षण किये और अंत में मैं इस नतीजे पर पहुँचा कि अगर हम एक अतिरिक्त यंत्र ख़रीदने में पाँच हज़ार डॉलर और ख़र्च कर दें, तो हमारी समस्या सुलझ जायेगी। हमने ऐसा ही किया और कंपनी को बीस हज़ार डॉलर का घाटा होने के बजाय पंद्रह हज़ार डॉलर का फ़ायदा हो गया।

"अगर मैं चिंता करता रहता तो शायद यह कभी नहीं कर पाता, क्योंकि चिंता के साथ बहुत बुरी बात यह है कि यह हमारी एकाग्रता की शक्ति को ख़त्म कर देती है। जब हम चिंता करते हैं, तो हमारा दिमाग़ यहाँ से वहाँ, हर तरफ़ भटकता रहता है तथा हम निर्णय लेने की शक्ति खो देते हैं। परंतु जब हम बुरे से बुरे परिणाम का सामना करने के लिये ख़ुद को विवश करते हैं और उसे मानसिक रूप से स्वीकार कर लेते हैं, तो हम इस स्थिति में आ जाते हैं कि अपनी समस्या पर पूरी एकाग्रता से विचार कर सकें।

"जो घटना मैंने बतायी है वह कई साल पहले हुयी थी। परंतु यह तकनीक मुझे इतने काम की लगी कि मैं तब से इसका लगातार प्रयोग कर रहा हूँ और इसी कारण आज मेरा जीवन चिंता से पूरी तरह मुक्त है।"

सवाल यह है कि मनोवैज्ञानिक रूप से विलिस एच. कैरियर का जादुई फ़ॉर्मूला इतना मूल्यवान और व्यावहारिक क्यों है? क्योंकि यह हमें उन बड़े काले बादलों से नीचे ले आता है, जिनमें हम चिंता में अंधे होकर इधर-उधर भटकते हैं। यह हमारे पैरों को धरती पर अच्छी तरह कसकर जमा देता है। हम जानते हैं कि हम कहाँ खड़े हैं। और अगर हमारे पैर के नीचे ठोस ज़मीन न हो, तो हम दुनिया की किसी भी चीज़ के बारे में ठीक तरह से कैसे सोच सकते हैं?

एप्लाइड साइकोलॉजी के पितामह प्रोफ़ेसर विलियम जेम्स की मृत्यु 1910 में हो गयी। परंतु अगर आज वे ज़िंदा होते और बुरे-से-बुरे का सामना करने के इस फ़ॉर्मूले को सुनते, तो उन्होंने दिल से इसकी प्रशंसा ही की होती। मैं ऐसा कैसे कह सकता हूँ? इसलिये क्योंकि उन्होंने अपने विद्यार्थियों से कहा था : "जो हो गया उसे स्वीकार कर लो... जो हो गया उसे स्वीकार कर लो। *क्योंकि*... हो चुकी घटनाओं को स्वीकार करना ही किसी दुर्भाग्य के परिणामों से उबरने का पहला क़दम है।"

यही विचार लिन यूटैंग ने अपनी लोकप्रिय पुस्तक *द इम्पॉर्टेंस ऑफ लिविंग* में बताया था। इस चीनी दार्शनिक के अनुसार, "मन की सच्ची शांति बुरे से बुरे को स्वीकार करने से आती है। मुझे लगता है मनोवैज्ञानिक रूप से इसका अर्थ है ऊर्जा को मुक्त करना।"

बिलकुल सही बात है! मनोवैज्ञानिक रूप से इसका अर्थ ऊर्जा को नये सिरे से मुक्त करना है! जब हम बुरे से बुरे को स्वीकार कर लेते हैं, तो हमारे पास खोने के लिये कुछ नहीं रह जाता। और इसका यह मतलब है कि हमारे पास पाने के लिये

सब कुछ होता है। बुरे से बुरे का सामना करने के बाद, जैसा विलिस एच. कैरियर ने बताया था, "मैं तत्काल शांत हो गया और काफ़ी दिनों के बाद मैंने पहली बार राहत की साँस ली। उसके बाद मैं *सोच* सका।"

समझदारी भरी बात लगती है, है ना ? फिर भी लाखों-करोड़ों लोग ग़ुस्से और चिंता में अपनी ज़िंदगी बर्बाद कर लेते हैं, सिर्फ़ इसलिये क्योंकि वे बुरे से बुरे परिणाम को स्वीकार नहीं कर पाते, उसे सुधारने की कोशिश नहीं करते, दुर्घटना से जितना बचा सकते हैं उसे बचाने से इंकार कर देते हैं। अपने भाग्य को नये सिरे से बनाने की कोशिश करने के बजाय वे "अनुभव के साथ हिंसक युद्ध" करने लगते हैं, जो कटु होता है - और अंत में वे निरंतर चिंता करने की उस बीमारी के शिकार हो जाते हैं जिसे मैलेनकोलिया कहते हैं।

क्या आप देखना चाहेंगे कि किसी और व्यक्ति ने विलिस एच. कैरियर के जादुई फ़ॉर्मूले को किस तरह अपनाया और अपनी समस्या पर इसका प्रयोग किस तरह किया ? तो, यह रहा न्यूयॉर्क के एक ऑइल डीलर का उदाहरण, जो मेरी कक्षा का विद्यार्थी था :

"मुझे ब्लैकमेल किया जा रहा था। मुझे विश्वास नहीं हो रहा था कि यह संभव था - मुझे विश्वास नहीं हो रहा था कि फिल्मों के बाहर भी ऐसा हो सकता था, परंतु मुझे वाक़ई ब्लैकमेल किया जा रहा था! घटना यह थी : मैं जिस ऑइल कंपनी का मालिक था, उसमें कई डिलिवरी ट्रक और कई ट्रक ड्राइवर थे। उस समय युद्ध के नियम लागू थे और ऑइल की उस मात्रा पर राशनिंग की जा रही थी, जो हम अपने ग्राहकों को दे सकते थे। मैं यह नहीं जानता था कि हमारे कुछ ड्राइवर नियमित ग्राहकों को कम तेल दे रहे थे और बचा हुआ तेल अपने ख़ुद के ग्राहकों को बेच रहे थे।

"इस ग़ैरकानूनी सौदेबाज़ी की पहली भनक मुझे तब लगी, जब एक दिन एक आदमी मेरे पास आया। उसने अपने आपको सरकारी इंस्पेक्टर बताते हुये मुझसे चुप रहने की क़ीमत माँगी।

हमारे ड्राइवर जो कर रहे थे, उसके पास उनकी धोखेबाज़ी का सबूत था और उसने मुझे धमकी दी कि अगर मैंने पैसे नहीं दिये तो वह डिस्ट्रिक्ट एटॉर्नी के ऑफ़िस में मेरे ख़िलाफ़ शिकायत करके यह सबूत उन्हें दे देगा।

"ज़ाहिर है, मैं जानता था कि मुझे कम से कम व्यक्तिगत रूप से डरने की कोई ज़रूरत नहीं थी। परंतु मैं यह भी जानता था कि कानून के मुताबिक़ कोई भी कंपनी अपने कर्मचारियों के कामों के लिये ज़िम्मेदार होती है। यही नहीं, मैं यह भी जानता था कि अगर मामला अदालत में गया और अख़बारों में छपा, तो बुरे प्रचार की वजह से मेरा बिज़नेस चौपट हो जायेगा। और मुझे अपने बिज़नेस पर नाज़ था - इसे मेरे पिताजी ने चौबीस साल पहले शुरू किया था।

"मैं चिंता में इतना घुलने लगा कि बीमार पड़ गया! मैंने तीन दिन और तीन रातों तक कुछ नहीं खाया, न ही सो पाया। मैं गोल-गोल घूम रहा था। क्या मैं उस आदमी को पाँच हज़ार डॉलर दे दूँ - या फिर उससे साफ़-साफ़ कह दूँ कि उसे जो बुरे से बुरा करना है कर ले। दोनों ही विकल्पों का अंत बुरे सपने की तरह होता दिख रहा था।

"तभी, रविवार की रात को मैंने अपनी *हाऊ टु स्टॉप वरीइंग* बुकलेट खोली जो मुझे पब्लिक स्पीकिंग की कारनेगी क्लास में मिली थी। मैंने इसे पढ़ना शुरू किया और विलिस एच. कैरियर की कहानी पढ़ी। इसमें लिखा था, 'बुरे से बुरे का अनुमान लगाओ।' इसलिये मैंने ख़ुद से पूछा, 'अगर मैं पैसे न दूँ और ब्लैकमेलर डिस्ट्रिक्ट एटॉर्नी के पास चला जाये, तो मेरे साथ बुरे से बुरा क्या हो सकता है ?'

"इसका जवाब था : 'मेरा बिज़नेस चौपट हो सकता था - मेरे साथ इससे बुरा कुछ नहीं हो सकता। मुझे जेल नहीं हो सकती थी। मेरे साथ बुरे से बुरा यह हो सकता था कि बुरे प्रचार के कारण मैं तहस-नहस हो जाऊँ।'

"फिर मैंने ख़ुद से कहा, 'अच्छा, चलो मान लिया, बिज़नेस चौपट हो गया। मैं इसे मानसिक रूप से स्वीकार कर लेता हूँ। इसके बाद क्या होगा?'

"अगर मेरा बिज़नेस चौपट हो जाता है, तो मुझे शायद कोई नौकरी ढूँढ़नी पड़ेगी। इसमें मुझे कोई दिक़्क़त नहीं होगी। मुझे ऑइल के बारे में काफ़ी ज्ञान है - बहुत सी कंपनियाँ मुझे ख़ुशी-ख़ुशी नौकरी दे देंगी... यह सोचने के बाद मैंने राहत की साँस ली। तीन दिन और तीन रातों से घुमड़ रहे तनाव के बादल अब छँटने लगे। मेरी भावनायें शांत हो गयीं... और मुझे यह देखकर आश्चर्य हुआ कि मेरी *सोचने की शक्ति* वापस आ गयी।

"अब मैं इतनी स्पष्टता से सोच रहा था कि तीसरे क़दम पर आ गया - *बुरे से बुरे को सुधारने की कोशिश करना*। जब मैंने समाधानों के बारे में सोचा, तो मेरे सामने एक बिलकुल ही नया विचार आया। अगर मैं अपने वकील को सारी स्थिति बता दूँ तो शायद वह इससे बाहर निकलने का कोई ऐसा रास्ता निकाल सके, जिसके बारे में मैंने न सोचा हो। मैं जानता हूँ कि यह मूर्खतापूर्ण था कि यह बात मेरे दिमाग़ में पहले क्यों नहीं आयी थी। परंतु ज़ाहिर है उस समय मैं सोच नहीं रहा था, मैं सिर्फ़ *चिंता कर रहा था*। मैंने तत्काल मन बना लिया कि सुबह सबसे पहले जाकर अपने वकील से मिलूँगा - और फिर मैं बिस्तर पर लेटा और घोड़े बेचकर सो गया!

"इसका अंत किस तरह हुआ? अगली सुबह वकील ने मुझसे कहा कि मैं डिस्ट्रिक्ट एटॉर्नी से जाकर मिलूँ और उन्हें सच्चाई बता दूँ। मैंने बिलकुल वही किया। मैंने उन्हें पूरी कहानी सुनायी और मुझे आश्चर्य हुआ जब डिस्ट्रिक्ट एटॉर्नी ने बताया कि यह ब्लैकमेलिंग का गोरखधंधा कई महीनों से चल रहा है और जो आदमी 'सरकारी इंस्पेक्टर' होने का दावा कर रहा है, वह दरअसल एक अपराधी था, जिसकी पुलिस को काफ़ी दिनों से तलाश थी। आप समझ सकते हैं यह सुनकर मुझे कितनी राहत

मिली होगी, क्योंकि मैं तीन दिन और तीन रात तक इस उधेड़बुन में परेशान रहा था कि क्या मुझे उस धोखेबाज़ बदमाश को पाँच हज़ार डॉलर दे देना चाहिये!

"इस अनुभव ने मुझे एक महत्वपूर्ण सबक़ सिखा दिया। अब, जब भी मेरे सामने कोई चुनौतीपूर्ण समस्या आती है, जिसके कारण मैं चिंता में पड़ सकता हूँ, तो मैं इस समस्या पर 'विलिस एच. कैरियर का फ़ॉर्मूला आज़माता हूँ।' "

अगर आपको लगता है कि विलिस एच. कैरियर के पास समस्यायें थीं – तो सुनिये : आपने अभी तो कुछ सुना ही नहीं है। यह रही विन्चेस्टर, मैसेच्यूसेट्स के अर्ल पी. हैनी की कहानी। यहाँ उनकी कहानी उसी रूप में दी गयी है, जिस रूप में उन्होंने यह मुझे 17 नवंबर 1948 को बोस्टन के स्टेटलर होटल में सुनायी थी :

"बीस के दशक में मैं इतना चिंतित रहता था कि मेरे आमाशय की परत में अल्सर होने लगे। एक रात मुझे भयानक रक्तस्राव होने लगा। मुझे तत्काल अस्पताल पहुँचाया गया, जो नॉर्थवेस्टर्न युनिवर्सिटी ऑफ शिकागो के स्कूल ऑफ मेडिसिन से जुड़ा है। मेरा वज़न 175 पाउंड से कम होकर 90 पाउंड रह गया। मैं इतना बीमार था कि मुझे चेतावनी दी गयी कि अपना हाथ भी न उठाऊँ। एक प्रख्यात अल्सर विशेषज्ञ सहित तीन डॉक्टरों ने कहा कि मेरी बीमारी 'लाइलाज' है। मैं दवाओं की दम पर ज़िंदा रहा और हर घंटे दिये जाने वाले एक चम्मच आधे दूध और आधी क्रीम पर। हर रात और हर सुबह एक नर्स मेरे आमाशय में रबर की एक नली डालती थी और उसकी सामग्री बाहर निकाल लेती थी।

"यह महीनों तक चलता रहा... आख़िरकार, मैंने ख़ुद से कहा : 'देखो, अर्ल हैनी, अगर तुम भविष्य में घिसटती हुई मौत के अलावा कुछ नहीं देख सकते, तो तुम्हारे पास जो थोड़ा सा समय बचा है क्यों न उसका अधिकतम आनंद उठाया जाये। तुम्हारी

हसरत थी कि मरने से पहले दुनिया की सैर करोगे, इसलिये अगर तुम्हें यह सैर करना है, तो इसे अभी करना होगा।'

"जब मैंने डॉक्टरों को बताया कि मैं दुनिया की सैर करने जा रहा हूँ और दिन में दो बार अपने ख़ुद के आमाशय को पंप करने जा रहा हूँ तो वे चौंक गये। असंभव! उन्होंने इस तरह की चीज़ कभी नहीं सुनी थी। उन्होंने चेतावनी दी कि अगर मैंने दुनिया की सैर शुरू की तो मेरा शरीर समुद्र में दफ़न होगा। मैंने जवाब दिया, 'नहीं, ऐसा नहीं होगा। मैंने अपने रिश्तेदारों से वायदा किया है कि मैं ब्रोकन बाऊ, नेब्रास्का के पारिवारिक क़ब्रिस्तान में दफ़नाया जाऊँगा। इसलिये अपना ताबूत अपने साथ ले जा रहा हूँ।'

"मैंने एक ताबूत का इंतज़ाम किया, इसे जहाज़ पर रखवाया और फिर स्टीमशिप कंपनी के साथ इस तरह की व्यवस्था की कि मेरी मौत की स्थिति में वे लोग मेरी लाश को बर्फ़ के कम्पार्टमेंट में रख देंगे और तब तक वहाँ रखेंगे जब तक कि जहाज़ घर वापस नहीं लौट आता। मेरा सफ़र शुरू हो गया और मेरे अंदर बूढ़े उमर खैयाम की आत्मा मचल रही थी :

जो हमारे सामने है, उसका पूरा आनंद ले लो,
इससे पहले कि हम मिट्टी में मिल जायें:
माटी मिलेगी माटी में, और माटी के नीचे
दब जायेगी,
बिना शराब, बिना गीत, बिना साकी और बिना अंत के!

जिस पल मैं लॉस एंजेलिस में पूर्वी देशों की ओर जा रहे *एस.एस. प्रेसिडेन्ट एडम्स* नाम के जहाज़ पर सवार हुआ, मैं बेहतर महसूस करने लगा। धीरे-धीरे मैंने दवायें लेना और आमाशय पंप करना बंद कर दिया। मैं जल्दी ही सब तरह का भोजन कर रहा था - यहाँ तक कि अजीब से स्थानीय पकवान और द्रव भी, जो मेरी मौत की गारंटी थे। कई सप्ताह गुज़र जाने के बाद मैं

लंबे, काले सिगार भी पीने लगा और मैंने हाईबॉल्स भी पी। मैंने इतना आनंद लिया, जो कई बरसों से नहीं लिया था। हम मानसून और तूफ़ानों से भी टकराये जिन्होंने मुझे ताबूत में पहुँचा दिया होता, अगर मैं डरा होता – परंतु मुझे इस सारे रोमांच में बड़ा मज़ा आ रहा था।

"मैंने जहाज़ पर खेल खेले, गीत गाये, नये दोस्त बनाये और आधी रात तक जागा। जब हम चीन और भारत पहुँचे, तो मैंने महसूस किया कि जिन बिज़नेस समस्याओं से मैं घर पर अतीत में जूझ रहा था वे पूर्वी देशों की ग़रीबी और भूख से तुलना करने पर तो स्वर्ग की तरह हैं। मैंने मूर्खतापूर्ण चिंता की आदत ख़त्म कर दी और मुझे अच्छा लगने लगा। अमेरिका लौटने पर तो मेरा वज़न नब्बे पाउंड बढ़ चुका था और मैं लगभग भूल चुका था कि मेरे आमाशय में कभी अल्सर भी थे। मैंने अपनी ज़िंदगी में कभी इतना स्वस्थ अनुभव नहीं किया था। मैं दुबारा अपने बिज़नेस में काम करने लगा और तब से एक दिन भी बीमार नहीं रहा।"

अर्ल पी. हैनी ने मुझे बताया कि वे अचेतन रूप से उन्हीं सिद्धांतों का प्रयोग कर रहे थे, जिनका प्रयोग विलिस एच. कैरियर ने चिंता को जीतने के लिये किया था।

"सबसे पहले, मैंने ख़ुद से पूछा, 'बुरे से बुरा क्या हो सकता है?' इसका जवाब था मौत।

"दूसरे, मैंने मौत को स्वीकार करने के लिये ख़ुद को तैयार किया। मुझे यह करना ही था। मेरे पास कोई विकल्प नहीं था। डॉक्टरों का कहना था कि मेरी बीमारी लाइलाज थी।

"तीसरे, मैंने स्थिति को सुधारने की कोशिश की और जितना थोड़ा समय मेरे पास बचा था, उसमें अधिकतम आनंद लेने की कोशिश की ... *अगर* मैं उस जहाज़ पर चढ़ने के बाद भी चिंता करता रहता, तो इसमें कोई संदेह नहीं कि मेरी वापसी यात्रा ताबूत के अंदर ही होती। परंतु मैं आराम से रहने लगा –

मैंने अपनी सारी मुश्किलों को भुला दिया। मन की इस शांति ने मुझे नयी ऊर्जा दी, जिसने दरअसल मेरा जीवन बचा लिया।"

तो नियम नंबर दो है : अगर आपके सामने चिंता करने वाली समस्या है, तो विलिस एच. कैरियर के जादुई फ़ॉर्मूले के हिसाब से यह तीन काम कीजिये -

1. ख़ुद से पूछें, "बुरे से बुरा क्या हो सकता है?"
2. अगर ज़रूरत पड़े, तो उसे स्वीकार करने के लिये तैयार रहें।
3. फिर शांति से बुरे से बुरे को सुधारने की कोशिश करें।

• • •

3

चिंता आपका क्या बिगाड़ सकती है

जो चिंता से लड़ना नहीं जानते, वे जवानी में ही मर जाते हैं।

—डॉ. अलेक्सिस कैरेल

कई साल पहले, एक पड़ोसी ने एक शाम मेरे दरवाज़े की घंटी बजायी और मुझसे तथा मेरे परिवार से चेचक का टीका लगवाने का आग्रह किया। यह पड़ोसी उन हज़ारों स्वयंसेवकों में से एक था, जो पूरे न्यूयॉर्क शहर में दरवाज़ों की घंटियाँ बजाकर इस तरह के आग्रह कर रहे थे। डरे हुये लोग टीके लगवाने के लिये घंटों लाइन में लगकर अपनी बारी आने का इंतज़ार करते थे। न सिर्फ़ सभी अस्पतालों में टीकाकरण केंद्र खोले गये, बल्कि फायर ब्रिगेड के ऑफ़िसों, पुलिस स्टेशनों और बड़े औद्योगिक कारखानों में भी टीके लगाये जा रहे थे। दो हज़ार डॉक्टर और नर्स दिन-रात लगातार जुटे रहे और भीड़ को टीके लगाते रहे। इस सारे रोमांच का कारण क्या था ? न्यूयॉर्क शहर में आठ लोगों को चेचक हो गयी थी - और उनमें से दो मर गये थे। लगभग अस्सी लाख की जनसंख्या में दो लोगों की मौत।

मैं न्यूयॉर्क में कई सालों से रह रहा हूँ और किसी ने भी आज तक मेरे दरवाज़े की घंटी बजाकर मुझे चिंता की भावनात्मक बीमारी के ख़िलाफ़ चेतावनी नहीं दी - एक ऐसी बीमारी जिसने इतने ही समय के दौरान चेचक से दस हज़ार गुना अधिक नुक़सान किया है।

किसी घंटी बजाने वाले ने आज तक मुझे यह चेतावनी नहीं दी कि अमेरिका में अभी रह रहे दस लोगों में से एक को नर्वस ब्रेकडाउन होगा - जो अधिकांश मामलों में चिंता और भावनात्मक संघर्ष की वजह से होता है। इसलिये मैं आपके दरवाज़े की घंटी बजाने और आपको चेतावनी देने के लिये यह अध्याय लिख रहा हूँ।

चिकित्सा के क्षेत्र में नोबल पुरस्कार विजेता डॉ. अलेक्सिस कैरेल ने कहा था, "जो बिज़नेसमैन चिंता से लड़ना नहीं जानते, वे जवानी में ही मर जाते हैं।" और यही घरेलू महिलाओं, जानवरों के डॉक्टरों और मज़दूरों पर भी लागू होता है।

कुछ साल पहले मैंने अपनी छुट्टियाँ डॉ. ओ. एफ. गॉबर के साथ टेक्सॉस और न्यू मेक्सिको की यात्रा करते हुये गुज़ारीं - जो सांता फे रेलवे में डॉक्टर हैं। उनका पूरा पदनाम है गल्फ, कॉलोरेडो और सांता फे हॉस्पिटल एसोसियेशन के प्रमुख चिकित्सक। हम चिंता के प्रभावों के बारे में बात करने लगे और उन्होंने कहा : "डॉक्टरों के पास 70 प्रतिशत मरीज़ तो ऐसे आते हैं जो अगर अपने डर और चिंता को दूर कर लें, तो वे बिना दवा लिये ही ठीक हो सकते हैं। मैं यह नहीं कहता कि उनकी बीमारियाँ काल्पनिक होती हैं। उनकी बीमारियाँ उतनी ही वास्तविक होती हैं जितनी कि बुरी तरह दुखती दाढ़, और कई बार तो ये बीमारियाँ इसकी तुलना में सौ गुना ज़्यादा गंभीर होती हैं। मैं उन बीमारियों की बात कर रहा हूँ जिनमें नर्वस इन्डाइजेशन, आमशय का अल्सर, हृदयरोग, अनिद्रा, कई तरह के सिरदर्द और कुछ प्रकार के लक़वे शामिल हैं।

"ये बीमारियाँ असली होती हैं। मैं जानता हूँ मैं किस बारे में बात कर रहा हूँ क्योंकि मैं ख़ुद बारह साल तक आमशय के अल्सर से पीड़ित रहा हूँ।

"डर के कारण चिंता होती है। चिंता से तनाव पैदा होता है और आप नर्वस हो जाते हैं। इसके कारण आपके आमशय की तंत्रिकायें प्रभावित होती हैं और पेट में आमाशय रसों का प्रवाह सामान्य से असामान्य हो जाता है। अक्सर इसका परिणाम होता है आमशय का अल्सर।"

नर्वस स्टमक ट्रबल पुस्तक के लेखक डॉ. जोसेफ एफ. मॉन्टेग्यू भी इसी तरह की बात कहते हैं : "आप क्या खाते हैं, आपको उससे आमशय का अल्सर नहीं होता। अल्सर तो आपको उस चीज़ से होता है जो आपको खाये जा रही है।"

मेयो क्लीनिक के डॉ. डब्ल्यू. सी. अल्वारेज़ के अनुसार "अधिकांश मामलों में अल्सर भावनात्मक तनाव की पहाड़ियों और घाटियों के अनुसार बढ़ते और घटते हैं।"

इस वाक्य की पुष्टि उस अध्ययन से होती है, जो मेयो क्लीनिक ने पेट की बीमारियों से पीड़ित 15,000 लोगों पर किया। इस अध्ययन में यह पता चला कि अस्सी फीसदी लोगों की पेट की बीमारियों के पीछे कोई शारीरिक कारण नहीं था। डर, चिंता, नफ़रत, स्वार्थ और दुनिया की हक़ीक़त के साथ तालमेल न बैठा पाने के कारण उन्हें पेट की बीमारियाँ हो गयीं, जिनमें अल्सर भी शामिल था... पेट का अल्सर आपकी जान ले सकता है। *लाइफ* मैग्ज़ीन के अनुसार अल्सर का स्थान सबसे ख़तरनाक बीमारियों की सूची में दसवें नंबर पर है।

हाल ही में मेयो क्लीनिक के डॉ. हेरॉल्ड सी. हैबीन के साथ मेरा पत्र-व्यवहार हुआ। उन्होंने अमेरिकन एसोसियेशन ऑफ इंडस्ट्रियल फिज़िशियन्स एंड सर्जन्स में एक शोधपत्र पढ़ा था। शोध में उन्होंने 44.3 वर्ष की औसत आयु के 176 बिज़नेस

एक्ज़ीक्यूटिव्ज़ का अध्ययन किया। उन्होंने निष्कर्ष निकाला कि इन एक्ज़ीक्यूटिव्ज़ में एक तिहाई से अधिक उन तीन बीमारियों में से एक के शिकार हैं जो ज़्यादा तनावपूर्ण ढंग से जीने के कारण होती हैं – हृदय रोग, पेट के अल्सर और उच्च रक्तचाप। ज़रा सोचिये, हमारे एक तिहाई बिज़नेस एक्ज़ीक्यूटिव्ज़ अपने शरीर को पैंतालीस साल तक पहुँचने से पहले ही हृदय रोग, अल्सर और उच्च रक्तचाप का शिकार बना रहे हैं। सफलता किस क़ीमत पर! और वे सफलता ख़रीद भी नहीं रहे हैं! क्या हम ऐसे आदमी को सफल कह सकते हैं जो बिज़नेस में प्रगति की क़ीमत पेट के अल्सर और हृदय रोग से चुका रहा हो ? क्या फ़ायदा, अगर कोई आदमी सारी दुनिया भी जीत ले – और अपना स्वास्थ्य गँवा दे ? चाहे वह पूरी दुनिया का मालिक हो जाये, परंतु वह एक समय में एक ही बिस्तर पर सो सकता है और एक दिन में सिर्फ़ तीन बार ही भोजन कर सकता है। एक नया कर्मचारी भी यह कर सकता है – और शायद वह ऊँचे पद पर बैठे बिज़नेस एक्ज़ीक्यूटिव से ज़्यादा गहरी नींद सोयेगा तथा ज़्यादा अच्छी तरह अपने भोजन का आनंद लेगा। सच कहूँ तो मैं बिना ज़िम्मेदारी वाला चिंतामुक्त इन्सान होना अधिक पसंद करूँगा, बजाय इसके कि रेलरोड कंपनी या सिगरेट कंपनी चलाने के चक्कर में पैंतालीस साल की उम्र में अपनी सेहत बर्बाद कर लूँ।

दुनिया का सर्वश्रेष्ठ सिगरेट निर्माता जब कनाडा के जंगलों में सैर कर रहा था तो हृदयगति रुक जाने के कारण उसकी मौत हो गयी। उसने करोड़ों की दौलत इकट्ठी की – और इकसठ साल की उम्र में मर गया। उसने शायद अपने जीवन के कई साल उस चीज़ के एवज में दिये, जिसे "व्यापारिक सफलता" कहा जाता है।

मेरे हिसाब से, करोड़ों डॉलर का स्वामी यह सिगरेट एक्ज़ीक्यूटिव मेरे पिता की तुलना में आधा भी सफल नहीं था, जो मिसूरी के किसान थे और जो नवासी साल की उम्र में एक भी डॉलर छोड़े बिना मरे थे।

प्रसिद्ध मेयो बंधुओं ने घोषणा की कि हमारे आधे से ज़्यादा अस्पतालों के बिस्तर भावनात्मक या मानसिक बीमारियों के शिकार लोगों से भरे हैं। फिर भी, जब हम पोस्टमॉर्टम के दौरान इन लोगों की तंत्रिकाओं को शक्तिशाली माइक्रोस्कोप के नीचे देखते हैं, तो ज़्यादातर मामलों में उनकी तंत्रिकायें उतनी ही स्वस्थ दिखती हैं जितनी कि जैक़ डेम्प्सी की। उनकी "भावनात्मक या मानसिक बीमारियाँ" तंत्रिकाओं के शारीरिक क्षय के कारण उत्पन्न नहीं होतीं, बल्कि बर्बादी, कुंठा, व्यग्रता, चिंता, डर, पराजय, हताशा की भावनाओं द्वारा उत्पन्न होती हैं। प्लेटो ने कहा था, "डॉक्टर सबसे बड़ी ग़लती यह करते हैं कि वे मस्तिष्क का इलाज किये बगैर सिर्फ़ शरीर का इलाज करने की कोशिश करते हैं, जबकि मस्तिष्क और शरीर आपस में जुड़े हुये हैं और उनका अलग-अलग इलाज नहीं किया जाना चाहिये!"

इस महान सत्य को पहचानने में चिकित्सा विज्ञान को दो हज़ार तीन सौ साल लग गये। बीसवीं सदी में हम एक नयी तरह की चिकित्सा पद्धति *"साइकोसोमैटिक"* (मनोदैहिक) चिकित्सा विकसित कर रहे हैं – एक ऐसी पद्धति जिसमें शरीर और मस्तिष्क दोनों का ही इलाज किया जाता है। हम बिलकुल सही समय पर ऐसा कर रहे हैं क्योंकि चिकित्सा विज्ञान ने काफ़ी हद तक उन गंभीर बीमारियों को ख़त्म कर दिया है, जो शारीरिक कीटाणुओं के कारण फैलती हैं – जैसे चेचक, हैजा, यलो फीवर और दर्जनों अन्य बीमारियाँ जो कुछ समय पहले तक लाखों-करोड़ों लोगों को असमय ही उनकी क़ब्र में भेज देती थीं। परंतु चिकित्सा विज्ञान उन मानसिक और शारीरिक बीमारियों से मुक़ाबला नहीं कर पा रहा है जो कीटाणुओं की वजह से न होकर चिंता, डर, नफ़रत, कुंठा और निराशा की भावनाओं की वजह से होती हैं। इन भावनात्मक बीमारियों के शिकार लोगों की संख्या भयानक रफ़्तार से बढ़ रही है। द्वितीय विश्वयुद्ध में भर्ती करते समय हमारे छह युवाओं में से एक को मनोचिकित्सकीय कारणों से रिजेक्ट कर दिया गया।

पागलपन का कारण क्या है ? कोई भी इसका सही जवाब नहीं जानता। परंतु यह बहुत संभव है कि कई मामलों में डर और चिंता महत्वपूर्ण योगदान देते हैं। वह परेशान और बेचैन आदमी, जो हक़ीक़त की कठोर दुनिया से मुक़ाबला नहीं कर पाता, अपने माहौल से सारा संपर्क तोड़ लेता है और ख़ुद के बनाये निजी स्वप्नलोक में छुप जाता है और इस तरह वह अपनी चिंता की समस्याओं को सुलझा लेता है।

मेरी टेबल पर डॉ. एडवर्ड पोडोल्स्की की एक पुस्तक *स्टॉप वरीइंग एंड गेट वेल* रखी हुई है। इस पुस्तक के कुछ अध्याय हैं :

चिंता आपके हृदय के साथ क्या करती है
चिंता से हाई ब्लड प्रेशर होता है
चिंता से गठिया हो सकता है
अपने पेट को सही रखने के लिये चिंता कम करें
किस तरह चिंता से सर्दी हो सकती है
चिंता और थॉयराइड की बीमारी
चिंतित डाइबिटीज़ का मरीज़

चिंता के बारे में एक और अच्छी पुस्तक है *मैन अगेंस्ट हिमसेल्फ,* जिसे डॉ. कार्ल मेनिंजर ने लिखा है, जो "मनोविश्लेषण के मेयो बंधुओं" में से एक हैं। डॉ. मेनिंजर की पुस्तक आपको ऐसे नियम नहीं बताती कि आप किस तरह चिंता से बच सकते हैं, परंतु यह आपको आश्चर्यजनक जानकारी देती है कि हम किस तरह चिंता, कुंठा, नफ़रत, द्वेष, विद्रोह और डर द्वारा अपने शरीर और मस्तिष्क को नष्ट करते हैं। आपको शायद अपने आसपास की पब्लिक लाइब्रेरी में यह पुस्तक मिल जायेगी।

चिंता अच्छे से अच्छे आदमी को भी बीमार बना सकती है। गृहयुद्ध समाप्त होने के दिनों में जनरल ग्रान्ट ने यह रहस्य जाना। घटना इस तरह है : जनरल ग्रान्ट रेकमंड पर नौ महीनों

से घेरा डाले थे। जनरल ली के फटेहाल, भूखे ट्रूप हार चुके थे। पूरी की पूरी रेजिमेंट एक-एक करके साथ छोड़ रही थी। बाक़ी अपने तंबुओं में प्रार्थना सभायें आयोजित कर रही थीं - चिल्लाकर, रोकर और दैवी झलक देखकर। अंत निकट था। ली के आदमियों ने रेकमंड में कपास और तंबाकू के वेयरहाउसों में आग लगा दी, गोलाबारूद नष्ट कर दिया और जब ऊँची-ऊँची लपटें अँधेरे में उठने लगीं, तो वे रात के अँधेरे में शहर छोड़कर भाग गये। ग्रान्ट ने तेज़ी से उनका पीछा किया तथा दोनों तरफ़ और पीछे से उनका रास्ता रोका। शेरिडन की घुड़सवार सेना उन्हें आगे से रोके हुये थी। वे रेलवे लाइन तक भी नहीं पहुँच सकते थे, क्योंकि शेरिडन की सेना ने वहाँ का रास्ता रोककर रेल से आ रही सप्लाई भी रोक रखी थी।

ग्रान्ट के सिर में इतना तेज़ दर्द हो रहा था कि उन्हें कुछ दिखाई नहीं दे रहा था। वे अपनी सेना के पीछे रह गये और एक फ़ार्महाउस में रुक गये। उन्होंने अपने *मेमोयर्स* में लिखा है, "मैंने सारी रात गर्म पानी और सरसों से अपने पैरों की सिंकाई की। अपनी कलाई और गर्दन के पिछले हिस्से पर सरसों की पट्टियाँ बाँधीं, क्योंकि मैं चाहता था कि अगली सुबह तक मेरा दर्द ठीक हो जाये।"

अगली सुबह उनका दर्द तत्काल दूर हो गया। और मज़े की बात यह है कि उनकी बीमारी सरसों की पट्टियाँ बाँधने से नहीं, बल्कि एक घुड़सवार द्वारा लाये पत्र से दूर हुई, जिसमें ली ने लिखा था कि वह समर्पण करना चाहता है।

"जब पत्र वाहक मेरे पास आया," ग्रान्ट ने लिखा है, "तब मैं सिरदर्द से मरा जा रहा था, परंतु जैसे ही मैंने पत्र में लिखे शब्द पढ़े, मैं बिलकुल ठीक हो गया।"

ज़ाहिर है कि ग्रान्ट की बीमारी का कारण उनकी चिंता, उनका तनाव और उनकी भावनायें थीं। जैसे ही उनकी भावनायें

आत्मविश्वास, उपलब्धि और विजय की भावनाओं में बदलीं, वे ठीक हो गये।

सत्तर साल बाद फ्रैंकलिन डी. रूज़वेल्ट के कैबिनेट में वित्त मंत्री हेनरी मॉर्गनथॉ, जूनियर ने भी पाया कि चिंता की वजह से उन्हें चक्कर आने लगे। वे अपनी डायरी में लिखते हैं कि जब प्रेसिडेंट ने गेहूँ की क़ीमत बढ़ाने के लिये एक दिन में 4,400,000 बुशेल ख़रीद लिये तो वे बुरी तरह चिंतित हो गये। उन्होंने लिखा है, "जब यह घटना हो रही थी तो मुझे सचमुच चक्कर आ रहे थे। मैं घर गया और लंच के बाद दो घंटे तक बिस्तर पर पड़ा रहा।"

चिंता लोगों के साथ क्या करती है, यह देखने के लिये मुझे किसी लाइब्रेरी या डॉक्टर के पास जाने की ज़रूरत नहीं है। जहाँ मैं यह पुस्तक लिख रहा हूँ, वहीं अपने घर की खिड़की से ही मैं यह देख सकता हूँ। मैं वह घर देख सकता हूँ जहाँ चिंता के कारण नर्वस ब्रेकडाउन हुआ - और उसी ब्लॉक में एक और घर, जहाँ एक आदमी चिंता कर-करके डाइबिटीज़ का शिकार हो गया। जब स्टॉक मार्केट नीचे गया, तो उसके ख़ून और मूत्र में शकर की मात्रा ऊपर चढ़ गयी।

प्रसिद्ध फ्रांसीसी दार्शनिक मॉन्टेन को जब अपने गृहनगर बॉर्ड्यूक्स का मेयर चुना गया, तो उन्होंने अपने साथी नागरिकों से कहा, "मैं आपके मामले अपने हाथों में लेने के लिये तो तैयार हूँ, परंतु अपने लिवर और फेफड़ों में लेने के लिये क़तई तैयार नहीं हूँ।"

मेरे पड़ोसी ने स्टॉक मार्केट के मामले को अपने ख़ून में ले लिया - और ख़ुद की लगभग जान ले ली।

अगर मैं ख़ुद को यह याद दिलाना चाहूँ कि चिंता लोगों के साथ क्या करती है, तो मुझे अपने पड़ोसियों के घरों को ढूँढ़ने की भी कोई ज़रूरत नहीं है। जिस कमरे में मैं अभी लिख रहा हूँ मैं वहीं देख सकता हूँ और याद कर सकता हूँ कि इस घर के

पूर्व मालिक ने चिंता करके अपने आपको असमय ही क़ब्र में पहुँचा दिया।

चिंता आपको गठिया और आर्थ्राइटिस जैसी बीमारियों का शिकार बनाकर व्हील चेयर पर बिठा सकती है। डॉ. रसेल एल. सेसिल, जो आर्थ्राइटिस के विश्वविख्यात विशेषज्ञ हैं, आर्थ्राइटिस होने के चार सबसे आम कारण बताते हैं :

1. शादी के जहाज़ का ध्वस्त हो जाना
2. आर्थिक नुक़सान और दुख
3. अकेलापन और चिंता
4. लंबे समय तक पाली गयी नफ़रत

ज़ाहिर है, ये चार भावनात्मक स्थितियाँ ही आर्थ्राइटिस का कारण नहीं हैं। आर्थ्राइटिस कई तरह का होता है – और उसके कारण भी अलग-अलग होते हैं। परंतु मैं दोहरा दूँ कि आर्थ्राइटिस होने के *चार सबसे आम कारण* वही हैं जिनकी सूची डॉ. रसेल एल. सेसिल ने दी है। उदाहरण के तौर पर, मेरा एक दोस्त मंदी के दौरान इतनी बुरी तरह से प्रभावित हुआ कि गैस कंपनी ने उसकी गैस का कनेक्शन काट दिया और बैंक ने उसके गिरवी रखे घर पर कब्ज़ा कर लिया। उसकी पत्नी को अचानक आर्थ्राइटिस का दर्दनाक अटैक पड़ा – इलाज और सही आहार के बावज़ूद आर्थ्राइटिस तब तक चलता रहा, जब तक कि उनकी आर्थिक स्थिति नहीं सुधरी।

चिंता की वजह से दाँतों की बीमारी भी हो सकती है। डॉ. विलियम आई. एल. मैक्गॉनिगेल ने अमेरिकी डेन्टल एसोसियेशन के सामने एक संबोधन में कहा था कि “चिंता, डर और लगातार कचोटने जैसी दुखद भावनाओं ... से शरीर का कैल्शियम संतुलन गड़बड़ा सकता है और दाँतों का क्षय हो सकता है।” डॉ. मैक्गॉनिगेल ने अपने एक मरीज़ के बारे में बताया जिसके दाँत पूरी तरह से सही थे, परंतु अपनी पत्नी की अचानक बीमारी

के कारण वह चिंता करने लगा। तीन सप्ताह तक वह अस्पताल में रही, और इस दौरान उसके पति के दाँतों में नौ कैविटी हो गयीं - और ये कैविटी चिंता की वजह से हुई थीं।

क्या आपने किसी ऐसे आदमी को देखा है जो अति-सक्रिय थॉयराइड से पीड़ित हो ? मैंने देखा है और मैं आपको बता सकता हूँ कि ऐसे लोग बुरी तरह काँपते हैं, हिलते हैं, ऐसे दिखते हैं जैसे मौत से आधे डरे हुये हों - और सचमुच उनका यही हाल होता है। थॉयराइड ग्लैंड, जो शरीर को व्यवस्थित रखती है, गड़बड़ा जाती है। यह हृदय की गति को बढ़ा देती है - पूरा शरीर किसी भट्टी की तरह दहकता हुआ काम करता है। और अगर इसे ऑपरेशन या इलाज द्वारा रोका न जाये तो मरीज़ मर सकता है, अपने आपको जलाकर खाक़ कर सकता है।

कुछ समय पहले मैं इस बीमारी के शिकार एक दोस्त के साथ फिलाडेल्फिया गया। हमने डॉ. इज़राइल ब्रैम नाम के प्रसिद्ध विशेषज्ञ से सलाह ली, जो इस तरह की बीमारी का अड़तीस साल से इलाज कर रहे थे। यह रही वह सलाह, जो उन्होंने अपने वेटिंग रूम की दीवार पर लकड़ी के बड़े साइनबोर्ड पर पेंट करवाकर टाँग रखी थी। इंतज़ार करते समय मैंने इसे एक लिफ़ाफ़े के पीछे उतार लिया था :

आराम और मनोरंजन

सबसे ज़्यादा आराम पहुँचाने वाली मनोरंजक
शक्तियाँ हैं
स्वस्थ धर्म, नींद, संगीत और हँसी।
ईश्वर में आस्था रखो - अच्छी तरह सोना सीखो -
अच्छे संगीत का आनंद लो- जीवन के मज़ेदार पहलू को
देखो -
इससे आप स्वस्थ भी रहेंगे और सुखी भी।

उन्होंने मेरे दोस्त से पहला सवाल यह पूछा : "किस भावनात्मक उलझन की वजह से यह स्थिति पैदा हुई ?" उन्होंने मेरे दोस्त को चेतावनी दी कि अगर उसने चिंता करना नहीं छोड़ा, तो उसे कई अन्य बीमारियाँ घेर सकती हैं : हृदय रोग, आमाशय के अल्सर या डाइबिटीज़। इस प्रख्यात डॉक्टर ने कहा, "यह सारी बीमारियाँ कज़िन हैं, फर्स्ट कज़िन।"

जब मैंने फिल्म स्टार मर्ले ओबेरॉन का इंटरव्यू लिया तो उन्होंने मुझे बताया कि वे बिलकुल चिंता नहीं करतीं क्योंकि वे जानती हैं कि अगर उन्होंने चिंता की, तो फिल्म स्क्रीन पर उनकी सबसे प्रमुख संपत्ति नष्ट हो जायेगी : उनकी सुंदरता।

उन्होंने बताया, "जब मैं फिल्मों में आने की कोशिश कर रही थी, तो चिंतित और डरी हुई थी। काम की तलाश करते हुये, तब मैं भारत से लौटी ही थी और लंदन में मेरा कोई परिचित नहीं था। मैं कुछ प्रोड्यूसर्स से मिली, परंतु किसी ने भी मुझे मौक़ा नहीं दिया और मेरे पास जो थोड़े पैसे थे, वे भी ख़त्म हो गये। दो सप्ताह तक मैं सिर्फ़ बिस्किटों और पानी पर ज़िंदा रही। मैं न सिर्फ़ चिंतित थीं, बल्कि भूखी भी थी। मैंने ख़ुद से कहा, 'शायद तुम मूर्ख हो। शायद तुम फिल्मों में *कभी नहीं* आ पाओगी। आख़िरकार, तुम्हारे पास कोई अनुभव नहीं है, तुमने कभी एक्टिंग नहीं की है – तुम्हारे पास थोड़े सुंदर चेहरे के अलावा है ही क्या ?'

"मैं शीशे के सामने गयी और उसमें देखा कि चिंता मेरी सुंदरता के साथ क्या कर रही थी! मैंने पाया कि मेरे चेहरे पर लकीरें बनने लगी थीं। मैंने देखा कि मेरे चेहरे पर परेशानी के भाव थे। इसलिये मैंने ख़ुद से कहा, 'तुम्हें इसे तत्काल बंद कर देना चाहिये ? तुम चिंता का शौक नहीं पाल सकतीं। तुम्हारे पास जो इकलौती चीज़ है, जो तुम्हें फिल्मों में ले जा सकती है, वह है तुम्हारी सुंदरता और चिंता उसे नष्ट किये दे रही है!"

बहुत कम चीज़ें किसी महिला की उम्र को इतनी तेज़ी से बढ़ा सकती हैं और उसकी सुंदरता को इतनी तेज़ी से कम कर सकती हैं,

जितनी तेज़ी से चिंता यह काम कर सकती है। चिंता हमारे जबड़ों को भींच देती है और इससे हमारे चेहरे पर झुर्रियाँ पड़ जाती हैं। चिंता से हमारी भौंहें स्थायी रूप से चढ़ी रहती हैं। इससे बाल भी सफ़ेद होने लगते हैं और कई बार तो झड़ने भी लगते हैं। इससे हमारे रंगरूप पर भी बुरा असर होता है - इससे त्वचा पर कई तरह की फुंसियाँ हो जाती हैं, फोड़े और मुँहासे भी उग आते हैं।

हृदय रोग आज अमेरिका में नंबर एक हत्यारा है। द्वितीय विश्वयुद्ध के दौरान लड़ाई में लगभग तीन लाख तैंतीस हज़ार लोग मरे, जबकि इसी दौरान हृदय रोग के कारण बीस लाख लोग मरे - और इनमें से दस लाख लोग उस तरह के हृदय रोग से मरे, जो चिंता और तनाव की जीवनशैली की वजह से हुआ था। हाँ, हृदय रोग भी वह एक प्रमुख कारण है जिसकी वजह से डॉ. अलेक्सिस कैरेल को यह कहना पड़ा था : "जो बिज़नेसमैन चिंता से लड़ना नहीं जानते, वे जवानी में ही मर जाते हैं।"

विलियम जेम्स ने कहा था, "ईश्वर हमारे पापों को माफ़ कर सकता है, परंतु नर्वस सिस्टम कभी माफ़ नहीं करता।"

यहाँ एक आश्चर्यजनक और लगभग अविश्वसनीय तथ्य दिया जा रहा है : सबसे बड़ी पाँच संक्रामक बीमारियों से अमेरिका में जितने लोग मरते हैं, उससे ज़्यादा लोग हर साल आत्महत्या करते हैं।

क्यों ? इसका जवाब सीधा सा है : "चिंता।"

जब क्रूर चीनी सैनिक अपने क़ैदियों को टॉर्चर करना चाहते हैं, तो वे कैदियों के हाथ और पैर बाँधकर उन्हें पानी की एक थैली के नीचे रख देते हैं, जो लगातार टप... टप... टपकती रहती है... दिन-रात। सिर पर लगातार टपकती ये पानी की बूँदें हथौड़े की आवाज़ की तरह बन जाती हैं - और इन्सानों को पागल कर देती हैं। टॉर्चर का यही तरीक़ा स्पेनिश इन्क्विज़िशन और हिटलर के जर्मन कॉन्सेन्ट्रेशन कैंपों में इस्तेमाल किया गया था।

चिंता पानी की लगातार टप, टप, टप की तरह है और चिंता की लगातार टप, टप, टप से इन्सान अक्सर पागल हो सकते हैं और आत्महत्या कर सकते हैं।

जब मैं मिसूरी में एक देहाती बच्चा था और जब बिली संडे मेरे सामने आगे आने वाली दुनिया की नरक की आग का वर्णन करते थे तो मैं मौत से आधा डर जाता था। परंतु उन्होंने शारीरिक पीड़ा की उस नरक की आग का कभी ज़िक्र नहीं किया, जिसका सामना चिंता करने वालों को इसी दुनिया में करना पड़ता है। उदाहरण के तौर पर अगर आप आदतन चिंता करने वाले हैं, तो आपको किसी दिन इन्सान को होने वाले सबसे कष्टकारी दर्द – एन्जाइना पेक्टोरिस – का सामना करना पड़ सकता है।

क्या आप जीवन से प्रेम करते हैं? क्या आप लंबा जीवन जीना चाहते हैं और अच्छे स्वास्थ्य का आनंद लेना चाहते हैं? यह रहा वह तरीक़ा, जिसके द्वारा आप ऐसा कर सकते हैं। मैं एक बार फिर डॉ. अलेक्सिस कैरेल के शब्दों को दोहराना चाहूँगा : *"जो लोग आधुनिक शहर के कोलाहल के बीच अपने अंतर्मन की शांति बनाये रख सकते हैं, वे नर्वस बीमारियों से बचे हुये हैं।"*

क्या आप आधुनिक शहर के कोलाहल के बीच अपने अंतर्मन की शांति को बनाये रख सकते हैं? यदि आप सामान्य आदमी हैं तो इसका जवाब "हाँ" में होगा। "ज़ोरदार हाँ।" हममें से अधिकांश, जितना हम अपने आपको समझते हैं, उससे अधिक मज़बूत होते हैं। हमारे भीतर ऐसी आंतरिक शक्तियाँ हैं, जिनका हमने शायद कभी दोहन नहीं किया है। जैसा थोरो ने अपनी अमर पुस्तक *वाल्डन* में कहा था : "मैं इस तथ्य से अधिक उत्साहवर्द्धक कोई दूसरा तथ्य नहीं देख पाता कि मनुष्य में सचेतन प्रयास करके अपने जीवन को ऊँचा उठाने की असंदिग्ध क्षमता होती है ... अगर कोई अपने सपनों की दिशा में विश्वास से बढ़ता है और उस तरह का जीवन जीने की कोशिश करता है

जिसकी उसने कल्पना की है, तो उसे ऐसी सफलता मिलेगी जिसकी उसने साधारण घंटों में कल्पना भी नहीं की होगी।"

निश्चित रूप से, इस पुस्तक के कई पाठकों में उतनी तो इच्छाशक्ति और आंतरिक शक्ति होगी, जितनी कूरडेलीन, आईडेहो की ओल्गा के. जार्वे के पास थी। इस महिला ने पाया कि सबसे दुखद परिस्थितियों में भी वह चिंता को दूर भगा सकती थी। मेरा दृढ़ विश्वास है कि आप और मैं भी ऐसा कर सकते हैं – बशर्ते हम इस पुस्तक में बतायी गयी पुरानी सच्चाइयों को अपने जीवन में उतार लें। यह रही ओल्गा के. जार्वे की कहानी, जो उन्होंने मेरे लिये लिखी थी : "साढ़े आठ साल पहले मुझे मौत की सज़ा सुनायी गयी – एक धीमी, दर्दनाक मौत – कैंसर से। देश के सर्वश्रेष्ठ डॉक्टरों मेयो बंधुओं ने भी इस सज़ा की पुष्टि कर दी। मैं एक बंद दीवार के सामने खड़ी थी और मेरे सामने मौत थी। मैं जवान थी। मैं मरना नहीं चाहती थी। निराशा में मैंने केलॉग में अपने डॉक्टर को फोन किया और अपने दिल का दुखड़ा सुनाते-सुनाते रोने लगी। थोड़े बेचैन होकर उन्होंने मुझे फटकारा, 'क्या हो गया है, ओल्गा, क्या तुममें संघर्ष करने की शक्ति नहीं है ? यह बात तो तय है कि अगर तुम रोती रहोगी, तो ज़रूर मर जाओगी। हाँ, तुम्हारे साथ बहुत बुरा हुआ है। ठीक है – तथ्यों का सामना करो! चिंता करना छोड़ो! और फिर इस बारे में कुछ करो!' उसी समय मैंने एक क़सम खायी, इतनी गंभीर क़सम कि मेरे माँस में नाख़ून गहराई तक धँस गये और मेरी रीढ़ की हड्डी में ठंडी कंपकंपी छूट गयी : *"मैं अब कभी चिंता नहीं करूँगी ? मैं अब कभी नहीं रोऊँगी ? और अगर मस्तिष्क के भौतिक पदार्थों पर जीतने का सिद्धांत सच है, तो मैं जीतकर रहूँगी ! मैं ज़िंदा रहूँगी ?"*

"इस तरह के गंभीर मामलों में उस समय एक्सरे की सामान्य मात्रा 30 दिन तक साढ़े दस मिनट थी। उन्होंने मुझे 49 दिन तक साढ़े चौदह मिनट एक्सरे दी और हालाँकि मेरी हड्डियाँ मेरे दुबले शरीर पर उसी तरह नज़र आ रही थीं, जिस तरह निर्जन

पहाड़ी पर चट्टानें, और हालाँकि मेरे पैर सीसे की तरह भारी हो गये थे, *परंतु मैंने चिंता नहीं की!* मैं एक बार भी नहीं रोयी! मैं *मुस्कराती रही!* हाँ, मैंने सचमुच अपने आपको मुस्कराने के लिये मजबूर किया।

"मैं इतनी मूर्ख नहीं हूँ जो यह मान लूँ कि सिर्फ़ मुस्कराने से कैंसर का इलाज हो सकता है। परंतु मेरा विश्वास है कि ख़ुशनुमा मानसिक नज़रिये से शरीर को बीमारी से लड़ने में मदद मिलती है। चाहे जो हो, मैंने कैंसर के चमत्कारी इलाज का अनुभव किया। मैं पिछले कुछ सालों में जितनी स्वस्थ रही हूँ, उतनी कभी नहीं रही और इसका कारण वे चुनौतीपूर्ण, संघर्षशील शब्द थे : ***'तथ्यों का सामना करो! चिंता करना छोड़ो! और फिर इस बारे में कुछ करो!'*** "

मैं इस अध्याय का अंत इसके शीर्षक को दोहराकर करने जा रहा हूँः डॉ. अलेक्सिस कैरेल के शब्दों को दोहराकर ***"जो चिंता से लड़ना नहीं जानते, वे जवानी में ही मर जाते हैं।"***

पैगंबर मोहम्मद के अनुयायी कुरान की आयतें अपने सीने पर गुदवाते थे। मैं इस पुस्तक के हर पाठक से उम्मीद करूँगा कि वह अपने सीने पर इस अध्याय का शीर्षक गुदवा ले : "जो चिंता से लड़ना नहीं जानते, वे जवानी में ही मर जाते हैं।"

क्या डॉ. कैरेल *आपके* बारे में कह रहे थे?

हो सकता है।

• • •

खंड एक संक्षेप में

चिंता के बारे में मूलभूत तथ्य, जो आपको पता होने चाहिये

नियम 1 : अगर आप चिंता से बचना चाहते हैं, तो वही करें जो सर विलियम ऑस्लर ने किया था : "वर्तमान में एक-एक दिन जियें" यानी "डे-टाइट कम्पार्टमेंट में जियें।" "भविष्य की चिंता में न घुलें। हर दिन सिर्फ़ सोने के समय तक जियें।"

नियम 2 : अगली बार जब आपके सामने कोई समस्या - बड़ी समस्या - आये, तो विलिस एच. कैरियर के जादुई फ़ॉर्मूले को आज़माकर देखें :

एक. ख़ुद से पूछें, "अगर मैं अपनी समस्या नहीं सुलझा पाता, तो मेरे साथ बुरे से बुरा क्या हो सकता है ?"

दो. आवश्यकता पड़ने पर बुरे से बुरे परिणामों के लिये अपने आपको मानसिक रूप से तैयार कर लें।

तीन. फिर ठंडे दिमाग़ से अपने सोचे बुरे से बुरे परिणामों को सुधारने की कोशिश करें - जिन्हें स्वीकार करने के लिये आप पहले ही ख़ुद को मानसिक रूप से तैयार कर चुके हैं।

नियम 3 : ख़ुद को याद दिलायें कि आप स्वास्थ्य के संदर्भ में चिंता की कितनी ज़्यादा क़ीमत चुका रहे हैं। "जो चिंता से लड़ना नहीं जानते, वे जवानी में ही मर जाते हैं।"

खंड दो

चिंता का विश्लेषण करने की मूलभूत तकनीकें

4

चिंता की समस्याओं का विश्लेषण कैसे करें और उन्हें कैसे सुलझायें

मेरे छह ईमानदार सेवक हैं
(उन्होंने मुझे वह सब सिखाया है, जो मैं
जानता हूँ)।
उनके नाम हैं: क्या, क्यों और कब
कैसे, कहाँ और कौन।

– रूडयार्ड किपलिंग

खंड एक के अध्याय दो में विलिस एच. कैरियर का जो जादुई फ़ॉर्मूला बताया गया था, क्या वह चिंता की आपकी *सारी* समस्यायें दूर कर देगा ? नहीं, बिलकुल नहीं।

तो फिर इसका हल क्या है ? हल यह है कि हमें अलग-अलग तरह की चिंताओं से निबटने के लिये समस्या का विश्लेषण करने के तीन मूलभूत क़दम सीखने होंगे। ये तीन क़दम हैं :

1. *तथ्य इकट्ठे कीजिये।*
2. *तथ्यों का विश्लेषण कीजिये।*
3. *निर्णय पर पहुँचिये – और फिर निर्णय के हिसाब से काम कीजिये।*

बिलकुल सही लगता है? हाँ, यह अरस्तू ने सिखाया था और उन्होंने इसका प्रयोग भी किया था। आपको और मुझे भी इसका प्रयोग करना चाहिये, अगर हम उन समस्याओं को सुलझाना चाहते हैं, जो हमें दिन-रात परेशान करती हैं और हमारी ज़िंदगी को नरक बना रही हैं।

आइये, पहले नियम पर आते हैं : *तथ्य इकट्ठे कीजिये।* तथ्यों को इकट्ठा करना क्यों महत्वपूर्ण है? क्योंकि जब तक हमारे पास तथ्य नहीं होंगे, तब तक अपनी समस्या को सुलझाने का बुद्धिमत्तापूर्ण प्रयास करना संभव नहीं है। तथ्यों के बिना हम अँधेरे में तीर चलाते रहेंगे और दुविधा में भटकते रहेंगे। क्या यह विचार मेरा है? नहीं, यह विचार है स्वर्गीय हरबर्ट ई. हॉक्स का, जो बाईस साल तक कोलंबिया युनिवर्सिटी में कोलंबिया कॉलेज के डीन रह चुके हैं। इस दौरान उन्होंने समस्यायें सुलझाने और चिंता दूर करने में दो लाख छात्रों की मदद की। उन्होंने मुझे बताया, *"दुविधा ही चिंता का मुख्य कारण है।"* वे इसे इस तरह से कहते हैं, "दुनिया की आधी चिंता तो इस कारण होती है कि आप निर्णय लेने की कोशिश करते हैं, परंतु आपके पास पर्याप्त जानकारी नहीं होती, जिसके आधार पर आप निर्णय ले सकें। उदाहरण के लिये, अगर मुझे कोई समस्या अगले मंगलवार को तीन बजे सुलझानी है, तो मैं तब तक उसके बारे में फ़ैसला करने की कोशिश भी नहीं करता, जब तक कि अगला मंगलवार न आ जाये। इस दौरान मैं समस्या से संबंधित सभी तथ्य इकट्ठा करने में अपना पूरा ध्यान लगाता हूँ। मैं चिंता नहीं करता, मैं अपनी समस्या पर दुखी नहीं होता। मेरी नींद नहीं उड़ती। मैं सिर्फ़ तथ्य इकट्ठे करने पर पूरा ध्यान देता हूँ। और जब मंगलवार आता है, और अगर मैं तब तक तथ्य इकट्ठे कर लेता हूँ, तो समस्या अपने आप सुलझ जाती है!"

मैंने डीन हॉक्स से पूछा कि क्या इसका मतलब यह है कि उन्होंने चिंता को पूरी तरह से हरा दिया है। उनका जवाब था,

"हाँ, मैं सोचता हूँ मैं ईमानदारी से कह सकता हूँ कि मेरा जीवन अब लगभग पूरी तरह चिंता से मुक्त है। मैंने पाया है कि अगर कोई आदमी निष्पक्ष और निरपेक्ष तरीक़े से तथ्य हासिल करने में अपने समय का उपयोग करे, तो उसकी चिंतायें उस ज्ञान के प्रकाश में आम तौर पर भाप की तरह उड़ जायेंगी।"

मुझे दोहराने दें : ***"अगर कोई आदमी निष्पक्ष और निरपेक्ष तरीक़े से तथ्य हासिल करने में अपने समय का उपयोग करे, तो उसकी चिंतायें उस ज्ञान के प्रकाश में आम तौर पर भाप की तरह उड़ जायेंगी।"***

और हममें से ज़्यादातर लोग क्या करते हैं? अगर हम सिर्फ़ तथ्यों से कोई सरोकार रखते भी हैं - और थॉमस एडिसन ने एक बार पूरी गंभीरता से कहा था, "ऐसा कोई उपाय नहीं है, जिसका प्रयोग इन्सान सोचने की मेहनत से बचने के लिये न करता हो।" - अगर हम तथ्यों से कोई सरोकार रखते भी हैं तो हम शिकारी कुत्तों की तरह उन्हीं तथ्यों को खोजते हैं जो उस पक्ष को प्रबल करते हों, जिसे हमने *पहले* से सोच रखा है - बाक़ी सभी तथ्यों को हम नज़रअंदाज़ कर देते हैं! हम केवल वही तथ्य चाहते हैं जो हमारे कार्यों को सही ठहराते हों - ऐसे तथ्य जो हमारी इच्छाओं के ढाँचे में आसानी से समाते हों और हमारे पूर्वाग्रहों को औचित्यपूर्ण ठहराते हों।

जैसा आंद्रे मॉरॉय ने कहा है : "हमें हर वह चीज़ सही लगती है, जो हमारी व्यक्तिगत इच्छाओं के अनुरूप होती है। हर वह चीज़ हमें ग़ुस्से से भर देती है, जो ऐसी नहीं होती।"

तो फिर कैसा आश्चर्य कि हमें अपनी समस्याओं के समाधान ढूँढ़ने में इतनी मुश्किल आती है? क्या हमें दूसरी क्लास की गणित की समस्या सुलझाने में भी इतनी ही मुश्किल नहीं आयेगी, अगर हम इस अवधारणा के हिसाब से काम करें कि दो और दो पाँच होते हैं? परंतु दुनिया में ऐसे बहुत से लोग हैं जो अपनी और दूसरों की ज़िंदगी सिर्फ़ इसीलिये नरक बनाये दे रहे

हैं, क्योंकि वे इस बात पर ज़ोर देते हैं कि दो और दो पाँच होते हैं - या पाँच सौ होते हैं!

हम इस बारे में क्या कर सकते हैं ? सोचते समय हमें अपनी भावनाओं को दूर रखना होगा, और जैसा डीन हॉक्स ने कहा था, हमें तथ्यों को "निष्पक्ष, निरपेक्ष" ढंग से इकट्ठा करना होगा।

जब हम चिंतित होते हैं तो ऐसा करना आसान नहीं होता। जब हम चिंतित होते हैं तो हमारी भावनायें उफान पर होती हैं। जब मैं अपनी समस्याओं से अलग हटने की कोशिश करता हूँ, तो मैंने देखा है कि ये दो विचार मेरी बहुत मदद करते हैं, जिनकी बदौलत मैं तथ्यों को अधिक स्पष्ट और निष्पक्ष तरीक़े से देख पाता हूँ -

1. तथ्य इकट्ठे करते समय मैं यह कल्पना करता हूँ जैसे मैं यह जानकारी अपने लिये नहीं, बल्कि किसी दूसरे आदमी के लिये इकट्ठा कर रहा हूँ। इससे मैं ज़्यादा भावहीन और निष्पक्ष ढंग से जानकारी इकट्ठा कर पाता हूँ। इससे भावनाओं से मुक्ति पाने में भी मदद मिलती है।
2. जिस समस्या को लेकर मैं चिंतित हूँ, उसके बारे में तथ्य इकट्ठे करते समय मैं कई बार यह कल्पना करता हूँ जैसे मैं एक वकील हूँ, जो विपक्ष की तरफ़ से मुकदमा लड़ने की तैयारी कर रहा है। दूसरे शब्दों में, मैं अपने ख़िलाफ़ सारे तथ्य इकट्ठे करने की कोशिश करता हूँ - वे सारे तथ्य जो मेरी इच्छा के ख़िलाफ़ हैं, वे सारे तथ्य जिनका सामना करना मुझे पसंद नहीं है।

फिर मैं दोनों पहलुओं को लिख लेता हूँ - मेरा पक्ष भी और मेरे विरोधी का पक्ष भी - और मैंने यह देखा है कि सच्चाई इन दोनों के बीच में होती है।

मैं यह कहना चाहता हूँ कि न तो आप, न ही मैं, न ही आइंस्टीन या अमेरिका की सुप्रीम कोर्ट के न्यायाधीश इतने

विद्वान हैं कि पहले तथ्य इकट्ठे किये बिना किसी समस्या पर समझदारीपूर्ण निर्णय ले सकें। थॉमस एडिसन यह बात जानते थे। उनकी मौत के समय उनके पास ढाई हज़ार कॉपियाँ थीं, जिनमें उन समस्याओं के बारे में तथ्य लिखे हुये थे, जिनका वे सामना कर रहे थे।

तो अपनी समस्याओं को सुलझाने का पहला नियम है : *तथ्य इकट्ठे कीजिये।* आइये, हम वही करें जो डीन हॉक्स करते थे : अपनी समस्याओं को तब तक सुलझाने की कोशिश भी न करें, जब तक कि हम निष्पक्ष तरीक़े से सभी तथ्यों को पहले इकट्ठा न कर लें।

परंतु दुनिया भर के सभी तथ्यों को इकट्ठा करने से हमें कोई लाभ नहीं होगा, जब तक कि हम उनका विश्लेषण न करें और उन पर विचार न करें।

मैंने बहुत क़ीमती अनुभव से सीखा है कि तथ्यों का विश्लेषण करना तब ज़्यादा आसान होता है, जब हम उन्हें लिख लेते हैं। वास्तव में, तथ्यों को सिर्फ़ काग़ज़ पर लिख लेने और अपनी समस्या को स्पष्टता से व्यक्त कर लेने से ही हम काफ़ी हद तक एक समझदारीपूर्ण निर्णय पर पहुँच जाते हैं। जैसा चार्ल्स केटरिंग ने कहा है, "ठीक से बतायी गयी समस्या अपने आप ही आधी सुलझ जाती है।"

मैं आपको बताना चाहूँगा कि यह जीवन में किस तरह होता है। चीन की एक कहावत है कि एक तस्वीर दस हज़ार शब्दों के बराबर होती है, इसलिये मैं आपको एक तस्वीर दिखाता हूँ कि किस तरह एक आदमी ने इस तरीक़े को अपने जीवन में उतारा।

हम गैलेन लिचफील्ड का उदाहरण लें – जिन्हें मैं कई सालों से जानता हूँ और जो सुदूर-पूर्व में बेहद सफल अमेरिकी बिज़नेसमैन हैं। मिस्टर लिचफील्ड 1942 में चीन में थे, जब जापानी सेना

शंघाई में घुस आयी थी। और यह रही वह कहानी जो उन्होंने मेरे घर पर अतिथि के रूप में आकर मुझे सुनायी :

"जापानियों के पर्ल हार्बर पर बमबारी करने के कुछ ही समय बाद वे टिड्डी दल की तरह शंघाई में घुस आये। मैं शंघाई में एशिया लाइफ इंश्योरेंस कंपनी का मैनेजर था। उन्होंने मेरी कंपनी में एक 'आर्मी लिक्विडेटर' भेजा - जो दरअसल एक एडमिरल था - और उन्होंने मुझे आदेश दिया कि मैं अपनी संपत्तियों का हिसाब तैयार करने में इस आदमी की मदद करूँ। मेरे पास इस मामले में कोई विकल्प नहीं था। या तो मैं उसकी मदद करूँगा - या फिर। और 'या फिर' का मतलब था निश्चित मौत।

"जो मुझसे कहा गया था, वह मैं मन मारकर करता रहा, क्योंकि मेरे पास दूसरा कोई विकल्प नहीं था। परंतु मैंने एडमिरल को जो सूची दी, उसमें 750,000 डॉलर की सिक्युरिटीज़ का ब्योरा नहीं दिया। मैंने उन सिक्युरिटीज़ को उस सूची में इसलिये नहीं दिया, क्योंकि वे हमारे हाँगकाँग ऑफ़िस की थीं और उनका शंघाई की संपत्तियों से कोई लेना-देना नहीं था। फिर भी मुझे डर था कि अगर जापानियों को मेरी इस हरकत का पता चल गया, तो मैं मुश्किल में पड़ जाऊँगा। और उन्हें जल्दी ही पता चल गया।

"जब उन्हें यह पता चला तो मैं ऑफ़िस में नहीं था, परंतु मेरा मुख्य अकाउंटेंट वहाँ मौज़ूद था। उसने मुझे बताया कि जापानी एडमिरल ग़ुस्से से आगबबूला हो गया था तथा पैर पटकते और गाली देते हुये मुझे चोर और धोखेबाज़ कह रहा था। मैंने जापानी सेना के आदेशों की अवहेलना की थी। मैं जानता था कि इसका क्या मतलब था! मुझे ब्रिजहाउस में फेंक दिया जायेगा!

"ब्रिजहाउस! जापानी गेस्टापो का टॉर्चर कक्ष! मेरे कई दोस्त थे, जिन्होंने उस जेल में जाने के बजाय आत्महत्या करने का विकल्प चुना था। मेरे कुछ दोस्त वहाँ पर दस दिन तक सवाल पूछे जाने और टॉर्चर के बाद मर गये थे। अब ब्रिजहाउस जाने की मेरी बारी थी।

"मैंने क्या किया ? मैंने रविवार दोपहर को यह समाचार सुना। मुझे लगता है कि मुझे आतंकित होना चाहिये था। और मैं आतंकित हुआ होता, अगर मेरे पास अपनी समस्याओं को सुलझाने की एक निश्चित तकनीक नहीं होती। कई सालों से मेरी यह आदत है कि मैं जब भी चिंतित होता हूँ, मैं हमेशा अपने टाइपराइटर के पास जाता हूँ और दो सवाल लिख लेता हूँ - साथ में, उनके जवाब भी :

"1. मैं किस बारे में चिंता कर रहा हूँ?

"2. मैं इस बारे में क्या कर सकता हूँ?

"मैंने शुरुआत में बिना लिखे इन सवालों के जवाब देने की कोशिश भी की, परंतु वर्षों पहले ऐसा करना छोड़ दिया था। मैंने पाया कि इन दोनों सवालों और उनके जवाब लिख लेने से मैं ज़्यादा अच्छी तरह सोच पाता हूँ। इसलिये उस रविवार की दोपहर मैं सीधे शंघाई वाय एम सी ए के अपने कमरे में गया और टाइपराइटर पर लिखा :

"1. मैं किस बारे में चिंता कर रहा हूँ ?

मुझे डर है कि कल सुबह मुझे ब्रिजहाउस में पटक दिया जायेगा।

"फिर मैंने दूसरा सवाल टाइप किया :

"2. मैं इस बारे में क्या कर सकता हूँ ?

"मैंने घंटों तक विचार किया और उन चार विकल्पों को लिखा, जो मैं कर सकता था - और मैंने हर काम के संभावित परिणामों को भी लिखा।

1. *मैं जापानी एडमिरल के सामने अपनी बात स्पष्ट करने की कोशिश कर सकता हूँ, परंतु उसे अँग्रेजी नहीं आती। अगर मैंने किसी अनुवादक की मदद से उसे समझाने की कोशिश*

की, तो इससे वह दुबारा भड़क सकता है। इसका मतलब होगा मौत, क्योंकि वह क्रूर है और बात करने की झंझट उठाने के बजाय वह मुझे ब्रिजहाउस में फिंकवा सकता है।

2. मैं भागने की कोशिश कर सकता हूँ। असंभव। मुझ पर पूरी निगरानी रखी जा रही है। मुझे वाय एम सी ए के अपने कमरे में अंदर आने और बाहर जाने के हस्ताक्षर करने होते हैं। अगर मैं भागने की कोशिश करूँगा, तो मैं शायद पकड़ा जाऊँगा और फिर मुझे गोली मार दी जायेगी।

3. मैं यह भी कर सकता हूँ कि अपने कमरे में ही रहूँ और दुबारा ऑफ़िस के आसपास भी न फटकूँ। परंतु अगर मैं ऐसा करता हूँ तो जापानी एडमिरल को शक हो जायेगा और शायद वह मुझे पकड़ने के लिये सिपाही भेज दे तथा स्पष्टीकरण का मौक़ा दिये बिना मुझे ब्रिजहाउस में फिंकवा दे।

4. मैं सामान्य दिनों की तरह सोमवार की सुबह ऑफ़िस जा सकता हूँ। अगर मैं ऐसा करता हूँ, तो इस बात की संभावना है कि जापानी एडमिरल इतना व्यस्त होगा कि उसे ख़्याल ही नहीं आयेगा कि मैंने क्या किया था। अगर उसे यह ख़्याल आ भी गया, तो भी उसका ग़ुस्सा ठंडा हो चुका होगा और वह मुझे परेशान नहीं करेगा। अगर ऐसा हुआ, तो मैं ठीक-ठाक रहूँगा। परंतु अगर वह मुझे परेशान करता भी है, तो भी मेरे पास उसके सामने पूरी स्थिति स्पष्ट करने का एक अवसर तो होगा। इसलिये आम दिनों की तरह सोमवार की सुबह ऑफ़िस जाना और इस तरह से व्यवहार करना जैसे कोई गड़बड़ न हुई हो, मुझे ब्रिजहाउस से बचने के दो अवसर देता है।

"जैसे ही मैंने यह सोचा और चौथी योजना - आम दिनों की तरह सोमवार की सुबह ऑफ़िस जाना - पर अमल करने का फ़ैसला किया, मुझे बहुत राहत मिली।

"जब मैं अगली सुबह ऑफ़िस में घुसा तो जापानी एडमिरल वहाँ बैठा हुआ था और उसके मुँह से एक सिगरेट लटक रही थी। उसने हमेशा की तरह मेरी तरफ़ घूरकर देखा परंतु कहा कुछ नहीं। छह सप्ताह बाद - भगवान का शुक्र है - वह टोकियो लौट गया और मेरी चिंतायें ख़त्म हो गयीं।

"जैसा कि मैं पहले ही बता चुका हूँ, मैंने रविवार की उस दोपहर को टाइपराइटर के सामने बैठकर शायद अपनी जान बचा ली थी। जब मैंने उठाये जाने वाले सारे क़दम और उनके संभावित परिणाम लिख लिये और इसके बाद शांति से एक निर्णय पर पहुँचा, तो मैंने सचमुच ख़ुद को बचा लिया। अगर मैंने ऐसा नहीं किया होता तो मैं हड़बड़ाता व हिचकता रहता, और मौक़ा आने पर मैंने ग़लत काम कर दिया होता। अगर मैंने अपनी समस्या के बारे में अच्छी तरह से विचार नहीं किया होता और किसी फ़ैसले पर नहीं पहुँचा होता, तो मैं रविवार की पूरी दोपहर चिंता के मारे पगलाया रहता। मैं उस रात को सो नहीं पाया होता। मैं सोमवार की सुबह चिंतित और परेशान चेहरे के साथ ऑफ़िस गया होता और मेरा चेहरा देखकर ही जापानी एडमिरल को शक हो जाता और उसने कठोर क़दम उठाये होते।

"अनुभव ने मेरे सामने बार-बार सिद्ध किया है कि किसी फ़ैसले पर पहुँचना बहुत महत्वपूर्ण होता है। किसी निश्चित उद्देश्य तक पहुँचने की असफलता और चिंता के भँवर में गोल-गोल घूमना बंद करने की अयोग्यता के कारण ही लोग नर्वस ब्रेकडाउन के शिकार होते हैं और अपने जीवन को नरक बना लेते हैं। मैंने पाया कि मेरी पचास प्रतिशत चिंतायें तो तभी ख़त्म हो जाती हैं जब मैं एक स्पष्ट और निश्चित निर्णय पर पहुँच जाता हूँ और बाक़ी की चालीस प्रतिशत आम तौर पर तब ख़त्म हो जाती हैं जब मैं उस निर्णय के हिसाब से काम करना शुरू करता हूँ।

"इस तरह मैं ये चार क़दम उठाकर अपनी नब्बे प्रतिशत चिंताओं को ख़त्म कर लेता हूँ :

"1. स्पष्ट रूप से लिख लें कि मैं किस बारे में चिंता कर रहा हूँ।

"2. लिख लें कि मैं इस बारे में क्या-क्या कर सकता हूँ।

"3. फ़ैसला कर लें कि क्या करना है।

"4. फिर तत्काल उस फ़ैसले के हिसाब से काम करने में जुट जायें।"

गैलेन लिचफील्ड बाद में बीमे और वित्तीय हितों वाली कंपनी स्टार, पार्क एंड फ्रीमैन, इन्क के सुदूर-पूर्वी क्षेत्र के डायरेक्टर बने। इस तरह वे एशिया में बहुत महत्वपूर्ण अमेरिकी बिज़नेसमैन बन चुके हैं और उन्होंने मेरे सामने स्वीकार किया कि उनकी सफलता का श्रेय काफ़ी हद तक चिंता का विश्लेषण करने के इस तरीक़े को जाता है, जिसका वे हमेशा इस्तेमाल करते हैं।

यह तरीक़ा इतना बढ़िया क्यों है ? क्योंकि यह प्रभावी है, स्पष्ट है और सीधे समस्या की तह तक जाता है। इससे भी बड़ी बात यह है कि इसके अंत में तीसरा और अनिवार्य नियम आता है : *इसके बारे में कुछ करें*। जब तक हम निर्णय के अनुसार काम नहीं करेंगे, तब तक तथ्य इकट्ठे करने और उनके विश्लेषण से हमें रत्ती भर भी फ़ायदा नहीं होगा - यह सिर्फ़ ऊर्जा की बर्बादी होगी।

विलियम जेम्स ने कहा था, "जब एक बार फ़ैसले पर पहुँच जायें और काम करने की घड़ी हो, तो परिणामों की ज़िम्मेदारी या सावधानी को पूरी तरह से छोड़ देना चाहिये।" (इस मामले में, विलियम जेम्स निश्चित रूप से "सावधानी" शब्द का प्रयोग "चिंता" के पर्यायवाची के रूप में कर रहे होंगे।) उनके कहने का मतलब है कि जब एक बार आप तथ्यों के आधार पर सोच-समझकर फ़ैसला कर लें, तो फिर *काम में जुट जायें*। दुबारा सोच-विचार करने के लिये न रुकें। झिझकने, चिंता करने और अपने क़दमों को पीछे खींचने से बचें। आत्मशंका में डूबने से दूसरी शंकायें जन्म लेती हैं। अपने कंधे के पीछे मुड़-मुड़कर देखना बंद कर दें।

मैंने एक बार ओक्लाहोमा के मशहूर तेल विशेषज्ञ वाइट फिलिप्स से पूछा था कि वे अपने निर्णयों पर किस तरह काम करते हैं। उनका जवाब था : "मैंने पाया है कि अपनी समस्याओं के बारे में एक निश्चित बिंदु से आगे सोचते रहने से दुविधा और चिंता बढ़ती हैं। एक समय ऐसा आता है जब खोजबीन करने और सोचने से नुक़सान होने लगता है। एक समय ऐसा आता है जब हमें फ़ैसला करना चाहिये, काम करना चाहिये और पीछे पलटकर नहीं देखना चाहिये।"

आप इसी समय अपनी किसी चिंता पर गैलेन लिचफील्ड की तकनीक का इस्तेमाल क्यों नहीं करते ?

सवाल 1 – *मैं किस बारे में चिंता कर रहा हूँ? (कृपया नीचे दिये गये स्थान में इस सवाल का जवाब पेंसिल से लिख लें।)*

सवाल 2 – *मैं इस बारे में क्या कर सकता हूँ? (कृपया नीचे दिये गये स्थान में इस सवाल का जवाब लिख लें।)*

सवाल 3 – मैं इस बारे में यह करने जा रहा हूँ।

सवाल 4 – मैं इस काम को कब शुरू करने जा रहा हूँ?

• • •

5

अपने बिज़नेस की पचास प्रतिशत चिंतायें कैसे दूर करें

अगर आप बिज़नेस में हैं, तो शायद इस शीर्षक को पढ़कर इस वक़्त यह कह रहे होंगे, "इस अध्याय का शीर्षक मूर्खतापूर्ण है। मैं उन्नीस साल से बिज़नेस चला रहा हूँ और मुझमें बिज़नेस की पर्याप्त बुद्धि है। देखो तो सही, कोई मुझे यह बताने की कोशिश कर रहा है कि मैं अपने बिज़नेस की पचास प्रतिशत चिंताओं को एक ही झटके में ख़त्म कर सकता हूँ – यह बकवास है!"

बिलकुल सही – अगर कुछ साल पहले मैंने भी किसी अध्याय का यह शीर्षक देखा होता, तो मुझे भी ऐसा ही महसूस हुआ होता। यह बहुत बड़ा वादा है और बड़े वादे अक्सर खोखले होते हैं।

हम इसके बारे में खुलकर बात करें : *हो सकता है* मैं आपके बिज़नेस की पचास प्रतिशत चिंतायें दूर करने में आपकी मदद न कर पाऊँ। अंतिम विश्लेषण में, यह काम सिर्फ़ आप कर सकते हैं, कोई दूसरा नहीं कर सकता। परंतु मैं आपको इतना तो बता ही सकता हूँ कि दूसरे लोगों ने ऐसा किस तरह किया है – और फ़ैसला आप पर छोड़ता हूँ।

आपको डॉ. अलेक्सिस कैरेल का वह कोटेशन याद होगा जो मैंने इस पुस्तक में पहले दिया था, "जो चिंता से लड़ना नहीं जानते, वे जवानी में ही मर जाते हैं।"

चूँकि चिंता इतनी भयानक है, इसलिये अगर मैं दस प्रतिशत चिंतायें कम करने में आपकी मदद कर दूँ, तो क्या आप संतुष्ट नहीं होंगे?... हाँ... अच्छा! तो अब मैं आपको एक बिज़नेस एक्ज़ीक्यूटिव का उदाहरण देने जा रहा हूँ, जिसने अपनी पचास प्रतिशत चिंताओं को तो ख़त्म नहीं किया, परंतु बिज़नेस मीटिंगों में बिज़नेस की समस्याओं को सुलझाने में लगने वाले अपने समय को पचहत्तर प्रतिशत कम कर लिया।

ध्यान दें, मैं आपको किसी "मिस्टर जोन्स" या "मिस्टर एक्स" या "ओहियो के मेरे एक परिचित" के बारे में कहानी सुनाने नहीं जा रहा हूँ - ऐसी अस्पष्ट कहानियाँ, जिनकी आप जाँच नहीं कर सकते। यह एक जीते-जागते आदमी की सच्ची कहानी है, जिसका नाम है लियॉन शिमकिन, जो अमेरिका के प्रख्यात प्रकाशन समूह साइमन एंड शस्टर, रॉकफेलर सेंटर, न्यूयॉर्क के पूर्व जनरल मैनेजर और पार्टनर हैं।

उन्हीं के शब्दों में उनका अनुभव सुनिये :

"पंद्रह साल तक मैंने अपने काम का आधा दिन मीटिंगों में लगाया, जिनमें समस्याओं पर विचार किया जाता था। हमें ऐसा करना चाहिये, या हमें वैसा करना चाहिये, या फिर हमें कुछ नहीं करना चाहिये? चर्चा के दौरान हम तनाव में आ जाते थे, अपनी कुर्सियों में पहलू बदलते थे, फ़र्श पर टहलने लगते थे, बहस करते थे या गोल-गोल घूमने लगते थे। रात को मैं बुरी तरह थक जाता था। मैं अपने बाक़ी जीवन में भी ऐसा ही चलते रहने की उम्मीद कर रहा था। मैं ऐसा पंद्रह साल से कर रहा था और मुझे कभी नहीं लगा कि इसे बेहतर तरीक़े से भी किया जा सकता है। अगर किसी ने मुझसे कहा होता कि मैं इन चिंताजनक मीटिंगों के पचहत्तर प्रतिशत समय और अपने पचहत्तर प्रतिशत

मानसिक तनाव को कम कर सकता हूँ तो मैंने सोचा होता कि वह कोरा आशावादी, सपने देखने वाला और आरामकुर्सी में बैठकर सुझाव देने वाला है। परंतु मैंने एक ऐसी योजना बनायी, जिससे यह संभव हो गया। मैं इस योजना का प्रयोग पिछले आठ साल से कर रहा हूँ। इसने मेरी कार्यकुशलता, स्वास्थ्य और सुख के संदर्भ में चमत्कार कर दिया है।

"यह जादू की तरह लगता है – परंतु जादू की तरकीबों की तरह यह भी बहुत आसान लगेगी, बशर्ते आप यह जान लें कि ऐसा किस तरह किया जा सकता है।

"यह रहा रहस्य : पहले तो मैंने उस पुराने तरीक़े को बंद करवाया, जिसका प्रयोग मैं अपनी मीटिंगों में पिछले पंद्रह साल से कर रहा था – वह तरीक़ा, जिसमें मेरे परेशान सहयोगी समस्या को विस्तार से सुनाने में वक़्त बर्बाद करते थे और अंत में पूछते थे, 'अब हमें क्या करना चाहिये ?' दूसरी बात यह कि मैंने एक नया नियम बनाया। जो भी आदमी समस्या लेकर मेरे पास आये, वह पहले एक विवरणपत्र तैयार करे, जिसमें इन चार सवालों के जवाब दिये गये हों :

"पहला सवाल : *समस्या क्या है?*

("पुराने दिनों में हम चिंताजनक मीटिंग में एक या दो घंटे यूँ ही बर्बाद करते थे और किसी को यह स्पष्ट पता नहीं होता था कि असली समस्या क्या थी। हम अपनी परेशानियों के बारे में चर्चा करते समय अपने आपको झाग की तरह फुला लेते थे और स्पष्ट रूप से यह लिखने की कोशिश नहीं उठाते थे कि दरअसल हमारी समस्या क्या थी।)

"दूसरा सवाल : *समस्या का कारण क्या है?*

("जब मैं पलटकर अपने कैरियर को देखता हूँ तो यह सोचकर दहल जाता हूँ कि मैंने मीटिंगों में फालतू की चिंता करके अपने कितने घंटे बर्बाद किये और यह पता लगाने की

कोशिश नहीं की कि समस्या की जड़ में कौन सी स्पष्ट स्थितियाँ थीं।)

"तीसरा सवाल : *समस्या को कितने तरीक़ों से हल किया जा सकता है?*

("पहले यह होता था कि मीटिंग में एक आदमी एक समाधान सुझाता था। दूसरा आदमी उसका विरोध करता था। गर्मागर्म बहस होने लगती थी। हम अक्सर विषय या मुद्दे से भटक जाते थे और मीटिंग के अंत तक कोई भी उन सारी बातों को नहीं लिखता था, जो हम समस्या को सुलझाने के लिये कर सकते थे।)

"चौथा सवाल : *आप किस समाधान का सुझाव देते हैं?*

("मैं मीटिंग में एक ऐसे आदमी के साथ जाता था, जिसने किसी स्थिति के बारे में चिंता करने और हैरान-परेशान होने में घंटों बर्बाद किये थे, परंतु उसने एक बार भी सभी संभावित समाधानों के बारे में न तो सोचा, न ही उसने यह लिखा, 'मैं इस समाधान की सलाह देता हूँ।')

"अब मेरे सहयोगी अपनी समस्यायें लेकर मेरे पास कम ही आते हैं। क्यों ? क्योंकि उन्होंने पाया कि इन चार सवालों के जवाब देने के लिये उन्हें सारे तथ्यों को इकट्ठा करना पड़ता है और अपनी समस्याओं के बारे में अच्छी तरह सोचना पड़ता है। और जब वे इतना करते हैं, तो उन्हें पता चलता है कि तीन-चौथाई मामलों में उन्हें मुझसे सलाह लेने की कोई ज़रूरत ही नहीं है क्योंकि सही समाधान काग़ज़ पर उसी तरह से बाहर आ जाता है जिस तरह से इलेक्ट्रिक टोस्टर से ब्रेड का टुकड़ा बाहर आता है। जिन मामलों में सलाह आवश्यक होती है, उनमें भी चर्चा में पहले से एक तिहाई समय ही लगता है क्योंकि चर्चा तार्किक और सिलसिलेवार होती है और निष्कर्ष तथ्यों के आधार पर निकाले जाते हैं।

"साइमन एंड शस्टर समूह में अब इस बारे में *चिंता करने* और *बातें करने* में कम समय लगता है कि क्या ग़लत हुआ है,

जबकि उन चीज़ों को सही करने के बारे में अधिक सक्रियता से क़दम उठाये जाते हैं।"

अमेरिका के शीर्षस्थ बीमा एजेंट मेरे दोस्त फ्रैंक बेटगर ने मुझे बताया कि इसी प्रकार की तकनीक से उन्होंने न सिर्फ़ अपने बिज़नेस की चिंताओं को कम किया, बल्कि अपनी आमदनी को भी दुगुना कर लिया।

फ्रैंक बेटगर ने बताया, "सालों पहले जब मैंने बीमा करना शुरू किया था, तो मुझमें अपने काम को लेकर असीमित उत्साह और प्रेम था। परंतु तभी कुछ हुआ। मैं इतना हताश हो गया कि अपने काम से नफ़रत करने लगा और मैं इसे छोड़ने के बारे में सोचने लगा। मैं सोचता हूँ मैंने इसे छोड़ ही दिया होता, अगर एक शनिवार की सुबह मेरे दिमाग़ में यह विचार न आया होता कि मैं बैठ जाऊँ और अपनी चिंताओं की जड़ तक पहुँचने की कोशिश करूँ।

"1. मैंने पहले तो ख़ुद से पूछा, *'दरअसल समस्या क्या है?'* समस्या थी : *हालाँकि मैं बहुत ज़्यादा संभावित ग्राहकों से मिल रहा था, परंतु मुझे उस अनुपात में आमदनी नहीं हो रही थी।* ऐसा लगता था कि मैं प्रॉस्पेक्ट को बीमा बेचने में तब तक ही अच्छा था, जब तक कि सेल क्लोज़ करने की घड़ी नहीं आती थी। उस समय ग्राहक कहता था, 'हाँ, मैं इस बारे में विचार करूँगा, मिस्टर बेटगर। आप दुबारा आकर मुझसे मिलें।' दुबारा और तिबारा मिलने वाली कॉल में मैं अपना जितना समय बर्बाद कर रहा था, वही मेरी निराशा का कारण था।

"2. मैंने ख़ुद से पूछा, *'इसके क्या-क्या समाधान संभव हैं?'* परंतु इस सवाल का जवाब देने के लिये मुझे तथ्यों के अध्ययन की ज़रूरत थी। मैंने पिछले एक साल की अपनी रिकॉर्ड बुक निकाली और आँकड़ों को पढ़ना शुरू किया।

"मुझे एक आश्चर्यजनक बात पता चली! आँकड़ों के विश्लेषण से मैंने पाया कि मैंने 70 प्रतिशत बार पहले इंटरव्यू में ही बीमा कर लिया था! मेरा 23 प्रतिशत बीमा दूसरे इंटरव्यू में हो गया था! और इसके बाद तीसरे, चौथे, पाँचवें, इत्यादि इंटरव्यू में मेरा बीमा *केवल 7 प्रतिशत ही हुआ था*, जो मेरा समय बर्बाद कर रहे थे और मुझे हताश कर रहे थे। दूसरे शब्दों में, मैं अपना आधा समय अपने बिज़नेस के ऐसे हिस्से में लगा रहा था, जिससे मेरी केवल सात प्रतिशत बिक्री हो रही थी!

"3. *'जवाब क्या है?'* जवाब स्पष्ट था। मैंने तत्काल दूसरे इंटरव्यू के बाद ग्राहक से मिलना बंद कर दिया और उस बचे हुये समय में नये ग्राहकों से मिलने लगा। इसके परिणाम अविश्वसनीय थे। कुछ ही समय में मेरे हर कॉल का नक़द मूल्य दुगुना हो गया।"

जैसा मैंने कहा, फ्रैंक बेटगर देश के शीर्षस्थ बीमा एजेंट बने। परंतु वे भी मैदान छोड़ने वाले थे। वे भी हार मानने वाले थे - जब तक कि समस्या के *विश्लेषण* ने उन्हें सफलता की राह पर तेज़ी से आगे नहीं बढ़ाया।

क्या आप इन सवालों को *अपनी* बिज़नेस समस्याओं पर लागू कर सकते हैं? मैं अपनी चुनौती दोहरा दूँ - यह सवाल आपकी चिंताओं को पचास प्रतिशत कम कर *सकते* हैं। यहाँ सवाल दुबारा दिये जा रहे हैं :

1. *समस्या क्या है?*
2. *समस्या का कारण क्या है?*
3. *समस्या को कितने तरीक़ों से हल किया जा सकता है?*
4. *आप किस समाधान का सुझाव देते हैं?*

• • •

खंड दो संक्षेप में

चिंता का विश्लेषण करने की मूलभूत तकनीकें

नियम 1 : तथ्य इकट्ठे कीजिये। याद रखें कोलंबिया युनिवर्सिटी के डीन हॉक्स ने यह कहा था, "दुनिया की आधी चिंता तो इस कारण होती है कि आप निर्णय लेने की कोशिश करते हैं, परंतु आपके पास पर्याप्त जानकारी नहीं होती, जिसके आधार पर आप निर्णय ले सकें।"

नियम 2 : सारे तथ्यों का सावधानीपूर्वक विश्लेषण करके किसी निर्णय पर पहुँचें।

नियम 3 : जब एक बार सावधानी से कोई निर्णय ले लिया जाये, तो फिर कर्म करें। अपने निर्णय के अनुसार काम करना शुरू कर दें - और परिणाम की चिंता करना छोड़ दें।

नियम 4 : जब आप या आपके सहयोगी किसी समस्या के बारे में चिंता करने के मूड में हों, तो नीचे लिखे सवालों और उनके जवाबों को लिख लें :

एक : समस्या क्या है?

दो : समस्या का कारण क्या है?

तीन : इसे कितने तरीक़ों से हल किया जा सकता है?

चौथा : इसे हल करने का सबसे अच्छा तरीक़ा क्या है?

खंड तीन

इससे पहले कि चिंता आपको ख़त्म करे, आप चिंता को ख़त्म कर दें

6

चिंता को अपने दिमाग़ से बाहर कैसे निकालें

वह रात मुझे हमेशा याद रहेगी जब मैरियन जे. डगलस हमारी क्लास का विद्यार्थी था। (मैंने उसके असली नाम का प्रयोग नहीं किया है, क्योंकि उसने मुझसे व्यक्तिगत कारणों से अपना नाम सार्वजनिक न करने का आग्रह किया है।) परंतु यह रही उसकी असली कहानी जो उसने क्लास के सामने सुनायी। उसने हमें बताया कि किस तरह उसके घर में दो हादसे हुये, एक बार नहीं, बल्कि दो बार। पहली बार उसकी पाँच साल की बच्ची मर गयी, जिससे वह बहुत प्यार करता था। उसने और उसकी पत्नी ने सोचा कि वे इस दुख को सहन नहीं कर पायेंगे, परंतु जैसा उसने बताया, "दस महीने बाद ईश्वर ने हमें एक और छोटी लड़की दी- और वह पाँच दिन में ही चल बसी।"

यह दोहरा हादसा लगभग असहनीय था। मैरियन ने कहा, "मैं इसे नहीं झेल पाया। मैं न सो पाता था, न खा पाता था, न ही चैन से बैठ पाता था और न ही आराम कर पाता था। मेरी हिम्मत टूट चुकी थी और मेरा आत्मविश्वास ख़त्म हो गया था।" आख़िरकार वह डॉक्टरों के पास गया। एक ने उसे नींद की गोलियाँ दीं, दूसरे ने सुझाव दिया कि वह कहीं बाहर घूमने चला जाये।

उसने दोनों ही तरीक़े आज़माये, परंतु किसी से भी लाभ नहीं हुआ। उसने बताया, "ऐसा लग रहा था जैसे मेरा शरीर किसी शिकंजे में जकड़ा हो और वह लगातार कसता जा रहा हो।" दुख का तनाव - अगर आप कभी दुख के मारे टूटे हों, तो आप समझ सकते हैं कि उसका क्या मतलब था।

"परंतु ईश्वर की कृपा से मेरा एक बच्चा जीवित था - मेरा चार साल का पुत्र। उसने मेरी समस्या सुलझा दी। एक दोपहर जब मैं दुख में डूबा था, तो उसने कहा, 'डैडी, मेरे लिये एक बोट बना दो।' बोट बनाने का मेरा क़तई मूड नहीं था। सच तो यह था कि मेरा मूड कुछ भी करने का नहीं था। परंतु मेरा बेटा ज़िद्दी क़िस्म का है! और मुझे आख़िरकार हार माननी पड़ी।

"उसकी टॉय बोट बनाने में मुझे तीन घंटे लगे। जब मैंने बोट पूरी बना ली, तब जाकर मुझे यह एहसास हुआ कि दरअसल महीनों की चिंता के बाद मुझे पहली बार इन तीन घंटों में इतनी शांति और मानसिक राहत मिली थी।

"इस खोज ने मुझे नींद से जगाया और सोचने पर मजबूर कर दिया - कई महीनों में पहली बार मैं कुछ सोच रहा था। मैंने महसूस किया कि जब हम किसी काम की योजना बनाने और उसके बारे में सोचने में व्यस्त होते हैं, तो चिंता करना मुश्किल होता है। मेरे मामले में बोट बनाने के काम ने मेरी चिंता को चारों खाने चित्त कर दिया था। इसलिये मैंने फ़ैसला किया कि मैं ख़ुद को व्यस्त रखूँगा।

"अगली रात को मैं घर में इस कमरे से उस कमरे तक घूमा और उन कामों की सूची बनायी, जो किये जाने चाहिये थे। दर्जनों सामानों को मरम्मत की ज़रूरत थी : बुककेस, सीढ़ी, खिड़कियाँ, खिड़कियों के पर्दे, दरवाज़े के हैंडल, ताले, नालियाँ। आपको यह जानकर हैरानी होगी कि दो सप्ताह में मैंने 242 कामों की सूची बना ली, जिनकी तरफ़ ध्यान दिया जाना था।

"पिछले दो सालों में मैंने उनमें से ज़्यादातर काम पूरे कर लिये हैं। इसके अलावा मैंने अपने जीवन को प्रेरक गतिविधियों से भी भर लिया है। सप्ताह में दो रातों को मैं न्यूयॉर्क में प्रौढ़ शिक्षण की कक्षाओं में भाग लेता हूँ। मैं अपने गृहनगर में नागरिक गतिविधियों में हिस्सा लेता हूँ और अब स्कूल बोर्ड का चेयरमैन भी बन चुका हूँ। मैं दर्जनों मीटिंगों में भाग लेता हूँ, रेड क्रॉस के लिये चंदा इकट्ठा करता हूँ और दूसरी गतिविधियों में जुटा रहता हूँ। मैं अब इतना व्यस्त हूँ कि मुझे चिंता करने के लिये वक़्त ही नहीं मिलता।"

चिंता करने के लिये वक़्त ही नहीं मिलता! बिलकुल यही बात विन्स्टन चर्चिल ने कही थी, जब वे युद्ध के दौरान एक दिन में अठारह घंटे काम किया करते थे। जब उनसे पूछा गया कि क्या वे अपनी भारी-भरकम ज़िम्मेदारियों को लेकर चिंतित होते हैं, तो उनका जवाब था, "मैं बहुत व्यस्त हूँ। मेरे पास चिंता करने की फ़ुरसत नहीं है।"

चार्ल्स केटरिंग भी इसी तरह के थे, जब उन्होंने वाहनों के लिये सेल्फ-स्टार्टर का आविष्कार करना शुरू किया। रिटायरमेंट के समय केटरिंग विश्वविख्यात जनरल मोटर्स रिसर्च कॉरपोरेशन के प्रभारी और वाइस चेयरमैन थे। परंतु उन दिनों वे इतने ग़रीब थे कि उन्हें प्रयोगशाला के रूप में खलिहान में घास रखने की जगह का प्रयोग करना पड़ा। किराना ख़रीदने के लिये उन्हें उन पंद्रह सौ डॉलर का उपयोग करना पड़ा, जो उनकी पत्नी ने पियानो सिखाकर कमाये थे। बाद में उन्हें अपने जीवन बीमे पर पाँच सौ डॉलर उधार लेने पड़े। मैंने उनकी पत्नी से पूछा कि क्या उन्हें इतनी विपरीत परिस्थितियों में कभी चिंता नहीं हुई। उन्होंने जवाब दिया, "हाँ, मैं इतनी चिंता करती थी कि सो नहीं पाती थी, परंतु मिस्टर केटरिंग को ज़रा भी चिंता नहीं होती थी। वे अपने काम में इतने व्यस्त रहते थे कि उनके पास चिंता करने का समय ही नहीं था।"

महान वैज्ञानिक पाश्चर ने कहा है, "वह शांति जो पुस्तकालयों और प्रयोगशालाओं में पायी जाती है।" वहाँ पर शांति क्यों पायी जाती है? क्योंकि पुस्तकालयों और प्रयोगशालाओं में लोग आम तौर पर अपने कामों में इतने डूबे रहते हैं कि उनके पास ख़ुद के बारे में चिंता करने का वक़्त नहीं होता। शोध करने वाले लोगों को शायद ही कभी नर्वस ब्रेकडाउन होता हो। उनके पास ऐसी विलासिताओं के लिये भी वक़्त नहीं होता।

व्यस्त रहने जैसे सामान्य से काम से हमारी चिंता क्यों दूर हो जाती है? ऐसा एक नियम के कारण होता है और यह नियम मनोविज्ञान द्वारा बताये जाने वाले सबसे मूलभूत नियमों में से एक है। यह नियम है : कोई भी मानवीय मस्तिष्क, चाहे वह कितना ही प्रतिभाशाली क्यों न हो, एक समय में *एक से ज़्यादा* चीज़ों के बारे में नहीं सोच सकता। आपको यक़ीन नहीं होता? ठीक है, तो फिर एक प्रयोग करके ख़ुद देख लें।

आप ऐसा करें कि अभी पीछे टिककर बैठ जायें, अपनी आँखें बंद करें और एक साथ स्टेच्यू ऑफ लिबर्टी और कल सुबह काम करने की योजना के बारे में सोचकर देखें। (आगे बढ़िये और कोशिश कीजिये।)

आपको पता चल गया होगा, है ना, कि आप *बारी-बारी* से दोनों विचारों के बारे में तो सोच सकते हैं, परंतु दोनों के बारे में एक साथ नहीं सोच सकते। यही भावनाओं के क्षेत्र में भी सही है। हम किसी रोमांचक काम को करते समय जब उत्साहित या व्यस्त होते हैं तो उसी समय चिंता की खाई में पड़े नहीं रह सकते। एक तरह की भावना दूसरी तरह की भावना को बाहर निकाल देती है। और इसी आसान खोज की मदद से सेना के मनोचिकित्सकों ने द्वितीय विश्वयुद्ध के दौरान चमत्कार किये।

जब सैनिक युद्ध के मैदान से इतनी बुरी तरह दहलकर बाहर आते थे कि "न्यूरॉटिक" हो जाते थे, तो सेना के डॉक्टर उनके इलाज के लिये "उन्हें व्यस्त रखो" की दवा देते थे।

इन न्यूरॉटिक लोगों का हर मिनट किसी न किसी गतिविधि से भर दिया जाता था, जिनमें आम तौर पर बाहरी गतिविधियाँ होती थीं, जैसे मछली पकड़ना, शिकार करना, फुटबॉल खेलना, गोल्फ खेलना, तस्वीरें लेना, बागवानी और डांस करना। उन्हें अपने दुखद अनुभवों के बारे में सोचने की फ़ुरसत ही नहीं दी जाती थी।

जब कार्य को चिकित्सा के रूप में प्रयुक्त किया जाता है, तो मनोचिकित्सा में इसे "ऑक्युपेशनल थैरेपी" कहते हैं। यह कोई नयी खोज नहीं है। पुराने यूनानी डॉक्टर ईसा मसीह के पैदा होने से पाँच सौ साल पहले इसकी सलाह दे रहे थे!

क्वेकर्स इसका प्रयोग फिलाडेल्फिया में बेन फ्रैंकलिन के समय में कर रहे थे। एक आदमी ने 1774 में क्वेकर सेनिटेरियम की यात्रा की और वह यह देखकर स्तब्ध रह गया कि मानसिक रूप से बीमार मरीज़ सूत कात रहे थे। उसने सोचा कि बेचारे बदनसीबों का शोषण किया जा रहा है – जब तक कि क्वेकर्स ने उसे यह नहीं बताया कि उन्होंने पाया है कि उनके मरीज़ जब थोड़ा काम करते हैं, तो उनमें सचमुच सुधार होता है। इससे मन को शांति पहुँचती है।

कोई भी मनोचिकित्सक आपको बता देगा कि काम – व्यस्त रखना – बीमार मन के लिये सबसे अच्छा एनेस्थीसिया है। हेनरी डब्ल्यू. लॉंगफेलो ने जब अपनी युवा पत्नी को खो दिया, तो उन्हें भी यही अनुभव हुआ। उनकी पत्नी एक दिन मोमबत्ती का मोम पिघला रही थी, तभी उसके कपड़ों ने आग पकड़ ली। लॉंगफेलो ने उसकी चीख़ सुनी और समय रहते उसे बचाने की कोशिश की, परंतु वह जलकर मर गयी। कुछ समय तक लॉंगफेलो उस भयानक अनुभव की याद से इतने दुखी हो गये कि वे पागलपन के कगार पर पहुँच गये, परंतु सौभाग्य से उन्हें अपने तीन छोटे बच्चों की तरफ़ ध्यान देना था। अपने दुख के बावज़ूद लॉंगफेलो को अपने बच्चों का माता-पिता दोनों बनना पड़ा। वे उन्हें घुमाने ले गये, कहानियाँ सुनायीं, उनके साथ खेल खेले और अपनी

कविता *द चिल्ड्रन्स आवर* में उनके साहचर्य को अमर किया। उन्होंने दाँते का अनुवाद भी किया और इन सारे कामों को एक साथ करने में वे इतने व्यस्त रहे कि अपने आपको पूरी तरह से भूल गये और उन्होंने मन की शांति फिर से हासिल कर ली। जब टेनीसन ने अपने सबसे गहरे दोस्त आर्थर हल्लाम को खोया, तो उन्होंने कहा, "मुझे अपने आपको काम में झोंकना पड़ेगा, वरना मैं निराशा में मुरझा जाऊँगा।"

हममें से ज़्यादातर को "अपने आपको काम में झोंकने" में तब कम दिक्क़त आती है, जब हम अपने दिन के काम करने में जुटे रहते हैं। परंतु काम के बाद के घंटे - सचमुच ख़तरनाक होते हैं। जब हम ख़ाली समय का आनंद लेने के लिये मुक्त होते हैं, और जिस समय हमें सबसे सुखी होना चाहिये - तभी चिंता के राक्षस हमें सताते हैं। तभी हम यह सोचना शुरू करते हैं कि हम जीवन में कहीं जा रहे हैं या नहीं, कहीं हम किसी कोल्हू के बैल की तरह तो काम नहीं कर रहे हैं, कहीं बॉस के कहने का यह मतलब तो नहीं था या कहीं हमारी सेक्स अपील तो कम नहीं हो रही है।

जब हम व्यस्त नहीं होते, तो हमारे दिमाग़ लगभग वैक्यूम की स्थिति में आ जाते हैं। फ़िज़िक्स का हर विद्यार्थी जानता है कि "प्रकृति वैक्यूम से नफ़रत करती है।" वैक्यूम की सबसे क़रीबी चीज़ जो आपको या मुझे दिख सकती है, वह है बिजली के बल्ब के भीतर की जगह। उस बल्ब को फोड़ दीजिये - और प्रकृति उस सिद्धांततः ख़ाली जगह को भरने के लिये तेज़ी से हवा को अंदर धका देगी।

प्रकृति हमारे ख़ाली दिमाग़ को भरने के लिये भी तेज़ी से काम करती है। और वह हमारे दिमाग़ में क्या भरती है? आम तौर पर, भावनायें। क्यों? क्योंकि चिंता, डर, नफ़रत, ईर्ष्या और जलन की भावनायें बहुत प्रबल और आदिकाल से चली आ रही प्रचुर ऊर्जावान भावनायें हैं। ये भावनायें इतनी प्रबल होती हैं कि

वे हमारे दिमाग़ से शांतिपूर्ण, सुखद विचारों और भावनाओं को बाहर खदेड़ देती हैं।

टीचर्स कॉलेज, कोलंबिया के प्रोफ़ेसर ऑफ एज्युकेशन जेम्स एल. मर्सेल ने इसे बहुत अच्छे तरीक़े से कहा था : "चिंता के आप पर सवार होने की सबसे अधिक संभावना तब नहीं होती जब आप काम में जुटे होते हैं, बल्कि तब होती है जब दिन का काम ख़त्म हो जाता है। तब आपकी कल्पनाशक्ति बदहवास होकर भाग सकती है, हर तरह की मूर्खतापूर्ण संभावनाओं को सामने ला सकती है और हर छोटी ग़लती को बढ़ा-चढ़ाकर दिखा सकती है। ऐसे समय आपका मस्तिष्क उस मोटर की तरह होता है, जो ख़ाली चल रही है। जब यह इस तरह सरपट दौड़ती है, तो इसके बियरिंग जलने का ख़तरा रहता है या इसके टुकड़े-टुकड़े होने की आशंका भी होती है। चिंता का इलाज है किसी रचनात्मक काम में पूरी तरह से लग जाना।"

परंतु आपको यह सच्चाई जानने और इस पर अमल करने के लिये कॉलेज का प्रोफ़ेसर होने की ज़रूरत नहीं है। द्वितीय विश्वयुद्ध में मैं शिकागो की एक गृहिणी से मिला जिसने मुझे बताया कि उसने यह जान लिया था कि "चिंता का इलाज है किसी रचनात्मक काम में पूरी तरह से लग जाना।" मैं इस महिला और उसके पति से डाइनिंग कार में मिला, जब मैं न्यूयॉर्क से मिसूरी के अपने फ़ार्म पर जाने के लिये यात्रा कर रहा था।

इस दंपति ने मुझे बताया कि उनका पुत्र पर्ल हार्बर की घटना के अगले दिन ही सेना में भर्ती हो गया था। महिला ने मुझे बताया कि उसने अपने इकलौते पुत्र की चिंता करते-करते ख़ुद की सेहत लगभग बिगाड़ ली। वह कहाँ था ? क्या वह सुरक्षित था ? या लड़ाई के मैदान में था ? कहीं वह घायल तो नहीं हो गया होगा ? मर गया होगा ?

जब मैंने महिला से पूछा कि उसने किस तरह अपनी चिंता को जीता, तो उसका जवाब था : "मैं व्यस्त हो गयी।" उसने मुझे

बताया कि पहले तो उसने अपनी नौकरानी को हटा दिया और घर का काम ख़ुद करके अपने आप को व्यस्त रखने की कोशिश की। परंतु इससे ज़्यादा मदद नहीं मिली। उसने कहा, "समस्या यह थी कि मैं घर का काम अपने दिमाग़ का इस्तेमाल किये बिना, लगभग मशीनी अंदाज़ में कर सकती थी। इसलिये मैं बिस्तर लगाते समय और बर्तन धोते समय भी चिंता करती रहती थी। मैंने महसूस किया कि अपने आपको चौबीसों घंटे शारीरिक और मानसिक रूप से व्यस्त रखने के लिये मुझे किसी नये तरह के काम की ज़रूरत है। इसलिये मैंने एक बड़े डिपार्टमेंटल स्टोर में सेल्सवुमैन की नौकरी कर ली।

"इससे काम बन गया।" उसने कहा। "मैंने तत्काल अपने आपको गतिविधियों के तूफ़ान के बीच में पाया : ग्राहक मेरे चारों तरफ़ मँडरा रहे थे, मुझसे क़ीमतें, साइज़, रंग पूछ रहे थे। मुझे अपने सामने के काम के अलावा किसी दूसरी चीज़ के बारे में सोचने के लिये एक सेकंड की भी फ़ुरसत नहीं थी और जब रात आती थी तो मैं अपने दुखते पैरों को आराम देने के अलावा किसी चीज़ के बारे में नहीं सोच पाती थी। जैसे ही मैं डिनर ख़त्म करती थी, बिस्तर पर लेट जाती थी और तत्काल बेहोश हो जाती थी। मेरे पास चिंता करने का न तो समय था, न ही शक्ति।"

इस महिला ने ख़ुद के अनुभव से वह सीख लिया जो जॉन काउपर पॉइज़ ने *दि आर्ट ऑफ फॉरगेटिंग द अनप्लेज़ेंट* में कहा था : "एक निश्चित आरामदेह सुरक्षा, एक निश्चित गहन आंतरिक शांति, एक तरह की सुखद झुनझुनी इन्सान नाम के जानवर की तंत्रिकाओं को शांत करती है, जब वह सौंपे गये काम में डूब जाता है।"

और कितना बड़ा वरदान है कि ऐसा होता है! विश्व की प्रसिद्ध महिला खोजी ओसा जॉनसन ने मुझे बताया कि उन्होंने किस तरह चिंता और दुख से छुटकारा पाया। हो सकता है आपने उनकी जीवनी पढ़ी हो। इसका शीर्षक है *आई मैरीड एडवेंचर।*

अगर किसी महिला ने रोमांच से विवाह किया था, तो निश्चित रूप से वे यही थीं। मार्टिन जॉनसन ने ओसा से तब विवाह किया, जब वे सोलह साल की थीं और वह उसे कैन्यूट, कान्सस से उठाकर बोर्नियो के जंगल में ले आया। पच्चीस साल तक कान्सस के यह दंपति दुनिया भर में यात्रा करते रहे और एशिया तथा अफ्रीका की लुप्त हो रही वाइल्ड लाइफ पर फिल्म बनाते रहे। कुछ साल बाद वे फिल्म बनाते हुये एक लेक्चर टूर कर रहे थे। वे डेनवर से कोस्ट जाने वाले एक हवाई जहाज़ पर सवार हुये, जो पहाड़ से टकरा गया। मार्टिन जॉनसन तत्काल मर गए। डॉक्टरों का कहना था कि ओसा अपने बिस्तर से दुबारा नहीं उठ पायेंगी। परंतु वे ओसा जॉनसन को नहीं जानते थे। तीन महीने बाद वे व्हीलचेयर पर थीं और बड़ी भीड़ के सामने भाषण दे रही थीं। दरअसल, उन्होंने उस सीज़न में सौ से भी अधिक सभाओं को संबोधित किया - व्हीलचेयर पर बैठे-बैठे ही। जब मैंने उनसे पूछा कि उन्होंने ऐसा क्यों किया, तो उनका जवाब था : "मैंने ऐसा इसलिये किया ताकि मेरे पास दुख और चिंता के लिये समय न रहे।"

ओसा जॉनसन ने उसी सच्चाई का पता लगा लिया, जिसे टेनीसन ने एक सदी पहले व्यक्त किया था, "मुझे अपने आपको काम में झोंकना पड़ेगा, वरना मैं निराशा में मुरझा जाऊँगा।"

एडमिरल बर्ड ने भी यही सच्चाई जानी, जब वे पाँच महीनों तक अकेले एक झोंपड़ी में रहे, जो सचमुच विशाल ग्लेशियरों और बर्फ़ से ढँके दक्षिणी ध्रुव के अंदर दफ़न थी - वह बर्फ़ीला ध्रुव, जो प्रकृति के सबसे प्राचीन रहस्य छुपाये है - वह बर्फ़ीला ध्रुव, जिसका क्षेत्रफल अमेरिका और यूरोप दोनों से बड़ा है। एडमिरल बर्ड ने वहाँ पर पाँच महीने अकेले गुज़ारे। सौ मील के दायरे में आसपास किसी तरह का कोई भी जीवित प्राणी नहीं था। ठंड इतनी ज़्यादा थी कि वे अपनी साँस को जमते हुये सुन सकते थे और उसे बर्फ़ बनते हुये देख सकते थे, जब हवा इसे उड़ाकर उनके कानों के पास से ले जाती थी। अपनी पुस्तक *अलोन* में

एडमिरल बर्ड उन पाँच महीनों के बारे में बताते हैं जो उन्होंने उस भयानक और आत्मा को हिला देने वाले अँधेरे में गुज़ारे। दिन भी रात जितने काले होते थे। पागलपन से बचने के लिये उन्हें ख़ुद को व्यस्त रखना पड़ा।

वे कहते हैं, "रात को लालटेन बुझाने से पहले मैंने आने वाले कल के काम को तय करने की आदत डाल ली। उदाहरण के तौर पर, मैं ख़ुद को एक घंटे के लिये बचाव की सुरंग का काम दे देता था, आधे घंटे तक बर्फ़ को समतल करने का, एक घंटे ईंधन के ड्रमों को सीधा करने का, एक घंटे भोजन की सुरंग की दीवारों में बुकशेल्फ़ काटने का और दो घंटे इन्सान को ले जाने वाली स्लेज में एक टूटे हुये पुल को नये सिरे से बनाने का...।

"इस तरह से समय काटने की व्यवस्था करना बहुत अद्‌भुत था। इसने मुझे ख़ुद को असाधारण तरीक़े से अनुशासित करने में मदद की। इसके या इसी जैसे किसी उपाय के बिना मेरे दिन बिना लक्ष्य के गुज़रते और बिना लक्ष्य के उनका भी वही अंत होता, जो इस तरह के दिनों का हमेशा होता है, विघटन में।"

इस आख़िरी वाक्यांश को दुबारा पढ़ें : ***"बिना लक्ष्य के उनका भी वही अंत होता, जो इस तरह के दिनों का हमेशा होता है, विघटन में।"***

अगर आप और मैं चिंतित हैं, तो हमें याद रखना चाहिये कि हम काम का इस्तेमाल दवा की तरह कर सकते हैं। इसे कहने वाला कोई आम आदमी नहीं है, बल्कि यह स्वर्गीय डॉ. रिचर्ड सी. कैबॉट ने कहा था, जो हार्वर्ड में क्लीनिकल मेडिसिन के पूर्व प्रोफ़ेसर थे। अपनी पुस्तक ***व्हाट मेन लिव बाई*** में डॉ. कैबॉट कहते हैं, "एक डॉक्टर होने के नाते मुझे यह देखने से ख़ुशी मिली है कि काम ने ऐसे कई लोगों का इलाज किया है जो आत्मा के काँपते फ़ालिज से पीड़ित थे और शंकाओं, झिझक, ढुलमुलपन और डर को जीतने से ऐसा संभव हुआ... हमारे काम द्वारा हमें जो साहस

मिलता है वह उस सेल्फ-रिलायेंस (आत्मावलंबन) की तरह है जिसे इमर्सन ने हमेशा के लिये अमर बना दिया है।"

अगर आप और मैं ख़ुद को व्यस्त नहीं रखते - अगर हम बैठे रहते हैं और चिंता करते हैं - तो हम चार्ल्स डार्विन के शब्दों में ढेर सारे "विबर गिबर्स" को जन्म दे सकते हैं। "विबर गिबर" और कुछ नहीं बल्कि कीड़े-मकोड़े हैं, जो हमें खोखला कर देते हैं और हमारे काम करने की शक्ति और इच्छाशक्ति को नष्ट कर देते हैं।

मैं न्यूयॉर्क के एक बिज़नेसमैन को जानता हूँ, जिन्होंने अपने आपको इतना व्यस्त रखते हुये "विबर गिबर्स" के साथ लड़ाई की, जिससे उनके पास चिंता करने या सिर धुनने की फ़ुरसत नहीं थी। उनका नाम था ट्रेम्पर लाँगमैन। वे मेरी क्लास के विद्यार्थी थे और चिंता को जीतने की उनकी चर्चा इतनी रोचक थी, इतनी प्रभावित करने वाली थी कि मैंने क्लास के बाद उन्हें अपने साथ रात्रि भोजन के लिये आमंत्रित किया। हम एक रेस्तराँ में आधी रात के बाद तक बैठे रहे और उनके अनुभवों पर चर्चा करते रहे। यह रही वह कहानी जो उन्होंने मुझे सुनायी : "अठारह साल पहले मैं इतनी चिंता करता था कि मुझे अनिद्रा की बीमारी हो गयी। मैं तनावग्रस्त, चिड़चिड़ा और परेशान रहता था। मुझे लग रहा था जैसे मैं नर्वस ब्रेकडाउन का शिकार हो जाऊँगा।

"मेरे पास चिंतित होने के पर्याप्त कारण थे। मैं क्राउन फ्रूट एंड एक्स्ट्रैक्ट कंपनी का खज़ांची था। हमने स्ट्रॉबेरी के गैलन टिन में लगभग पाँच लाख डॉलर का निवेश किया था। बीस साल से हम आइसक्रीम निर्माताओं को स्ट्रॉबेरी के गैलन टिन बेच रहे थे। अचानक हमारी बिक्री बंद हो गयी क्योंकि बड़े आइसक्रीम निर्माता जैसे नेशनल डेरी और बोर्डन्स अपना उत्पादन तेज़ी से बढ़ा रहे थे और वे बैरल में पैक होने वाली स्ट्रॉबेरी ख़रीदकर पैसा और समय दोनों बचा रहे थे।

"न सिर्फ़ हमारे पाँच लाख डॉलर उस स्ट्रॉबेरी में फँसे थे, जिसे हम बेच नहीं पा रहे थे, बल्कि इसके साथ ही हमने अगले बारह महीने में दस लाख डॉलर की स्ट्रॉबेरी ख़रीदने का समझौता भी कर रखा था! हम पहले ही बैंक से साढ़े तीन लाख डॉलर उधार ले चुके थे। शायद हम इस लोन को न चुका पायें या इसका नवीनीकरण न करवा पायें। कोई हैरानी की बात नहीं कि मैं चिंतित था!

"मैं अपनी फैक्ट्री की तरफ़ भागा जो वाट्सनविल्ले, कैलिफोर्निया में स्थित थी और हमारे प्रेसिडेंट को यह समझाने की कोशिश की कि स्थितियाँ बदल चुकी थीं और हम बर्बादी की कगार पर थे। उन्होंने यह मानने से इंकार कर दिया। उन्होंने सारी समस्या के लिये हमारे न्यूयॉर्क ऑफ़िस को दोष दिया - ख़राब सेल्समैनशिप।

"कई दिनों के आग्रह के बाद अंत में मैंने उन्हें मना लिया कि वे अब स्ट्रॉबेरी पैक करना बंद कर दें और हमारी नयी सप्लाई को सैन फ्राँसिस्को के नये बाज़ार में बेच दें। इससे हमारी समस्यायें लगभग सुलझ गयीं। अब मुझे चिंता करना छोड़ देना चाहिये था, परंतु मैं ऐसा नहीं कर पाया। चिंता एक आदत होती है और मैं उसका आदी हो गया था।

"जब मैं न्यूयॉर्क लौटा, तो मैंने हर चीज़ के बारे में चिंता करना शुरू कर दिया : इटली में हम जो चेरी ख़रीद रहे थे, हवाई में हम जो पाइनएप्पल ख़रीद रहे थे और भी इसी तरह की चिंतायें। मैं तनाव में था, परेशान था, मेरी नींद उड़ चुकी थी और जैसा मैं पहले ही कह चुका हूँ, मैं नर्वस ब्रेकडाउन की तरफ़ बढ़ रहा था।

"निराश होकर मैंने जीने का एक ऐसा तरीक़ा अपनाया जिससे मेरी अनिद्रा की बीमारी ठीक हो गयी और चिंतायें भी ख़त्म हो गयीं। मैं व्यस्त हो गया। मैं समस्याओं का हल ढूँढ़ने में व्यस्त हो गया जिनमें पूरी एकाग्रता की ज़रूरत थी और मैं इतना व्यस्त हो गया कि मेरे पास चिंता करने के लिये वक़्त ही

नहीं बचा। पहले मैं दिन में सात घंटे काम करता था। अब मैं हर दिन पंद्रह से सोलह घंटे काम करने लगा। मैं हर सुबह आठ बजे ऑफ़िस पहुँच जाता था और वहाँ लगभग आधी रात तक रुकता था। मैंने नये काम, नयी ज़िम्मेदारियाँ ले लीं। जब मैं आधी रात को घर पहुँचता था, तो इतना थका होता था कि बिस्तर पर लेटने के कुछ ही सेकंड बाद मेरी आँख लग जाती थी।

"मैंने यह सिलसिला तीन महीनों तक चलाया। उस समय तक मेरी चिंता की आदत ख़त्म हो गयी, इसलिये मैं एक बार फिर सात-आठ घंटे के अपने सामान्य काम-काज पर लौट आया। यह घटना अठारह साल पहले हुई थी। तब से आज तक मुझे कभी अनिद्रा या चिंता की समस्या नहीं हुई।"

जॉर्ज बर्नार्ड शॉ सही थे। उन्होंने अपने एक वाक्य में इस पूरे प्रसंग का निचोड़ भर दिया था, *"दुखी होने का रहस्य यह है कि आपके पास यह चिंता करने की फ़ुरसत हो कि आप सुखी हैं या नहीं।"* तो इस बारे में सोचने की झंझट ही न पालें। अपने हाथ मलें, कमर कसें और व्यस्त हो जायें। आपका ख़ून तेज़ी से बहने लगेगा, आपका दिमाग़ तेज़ी से काम करने लगेगा - और जल्दी ही आपके शरीर में जीवन का यह सकारात्मक प्रवाह आपके मस्तिष्क से चिंता को बाहर निकाल देगा। *व्यस्त हो जायें। व्यस्त रहें।* चिंता का इलाज करने के लिये दुनिया में इससे सस्ती और अच्छी दवा दूसरी नहीं है।

चिंता की आदत को ख़त्म करने का पहला नियम है :

व्यस्त रहें। चिंतित आदमी को काम में पूरी तरह से डूब जाना चाहिये, वरना वह निराशा में मुरझा जायेगा।

• • •

7

दीमक कहीं आपको खोखला न कर दें

यहाँ एक ऐसी नाटकीय कहानी दी जा रही है जिसे मैं ज़िंदगी भर नहीं भूलूँगा। मुझे यह कहानी मेपलवुड, न्यू जर्सी के रॉबर्ट मूर ने सुनायी थी :

"मैंने अपनी ज़िंदगी का सबसे बड़ा सबक़ मार्च, 1945 में सीखा। मैंने यह सबक़ भारत-चीन के किनारे से दूर 276 फ़ुट गहरे पानी में सीखा। मैं उन अट्ठासी लोगों में से था, जो *बाया एस.एस.* 318 नामक पनडुब्बी पर सवार थे। राडार से हमें पता चला कि एक छोटा जापानी बेड़ा हमारी तरफ़ आ रहा था। जब सुबह होने लगी, तो हम हमला करने के लिये पानी की गहराई में चले गये। मैंने पेरिस्कोप से देखा कि जापानी सेना का एक बमवर्षक पथप्रदर्शक, एक टैंकर और एक सुरंगपोत आ रहे थे। हमने पथप्रदर्शक पर तीन टॉरपीडो दागे, परंतु हम निशाना चूक गये। हर टॉरपीडो की मशीनी संरचना में कुछ गड़बड़ी हो गयी थी। चूँकि पथप्रदर्शक को यह पता नहीं लगा कि उस पर हमला किया गया था इसलिये वह आगे बढ़ता गया। हम आख़िरी जहाज़ यानी सुरंगपोत पर हमला करने की तैयारी कर रहे थे कि तभी वह अचानक पलटा और सीधे हमारी तरफ़ आने लगा। (एक

जापानी हवाई जहाज़ ने हमें साठ फ़ुट गहरे पानी में देख लिया था और उसने हमारी स्थिति के बारे में जापानी सुरंगपोत को रेडियो संदेश दे दिया।) हम छुपे रहने के लिये 150 फ़ुट की गहराई में चले गये। हमने दरवाज़ों पर ताले लगा लिये और अपनी पनडुब्बी को पूरी तरह से ख़ामोश बनाने के लिये सभी पंखे, कूलिंग सिस्टम और बिजली के उपकरण बंद कर दिये।

"तीन मिनट बाद जैसे हम पर क़हर टूट पड़ा। हमारे चारों तरफ़ छह गोले फटे और उन्होंने हमें समुद्र की तलहटी तक नीचे धका दिया – 276 फ़ुट की गहराई में। हम बुरी तरह आतंकित थे। एक हज़ार फ़ुट से कम गहरे पानी में हमला होना ख़तरनाक होता है और अगर पाँच सौ फ़ुट से कम गहरे पानी में हमला हो तो जान बचने का सवाल ही नहीं होता। और हम इससे भी आधी गहराई पर थे, यानी जहाँ तक सुरक्षा का प्रश्न था, हम घुटने-घुटने पानी में थे। पंद्रह घंटे तक यह जापानी सुरंगपोत हम पर बम बरसाता रहा। अगर किसी पनडुब्बी के सत्रह फ़ुट के दायरे में बम फटे, तो आघात की वजह से इसमें छेद हो जाता है। हमारी पनडुब्बी के पचास फ़ुट के दायरे में दर्जनों बम फटे। हमें आदेश दिया गया था कि हम "सुरक्षित रहें" यानी अपने बंकर में चुपचाप पड़े रहें और शांत रहें। मैं इतनी दहशत में था कि मुझसे साँस लेते नहीं बन रही थी। "यह मौत है।" मैं बार-बार ख़ुद से कह रहा था। "यह मौत है! ... यह मौत है!" पंखे और कूलिंग सिस्टम के बंद हो जाने के कारण पनडुब्बी के अंदर का तापमान सौ डिग्री से ज़्यादा था, परंतु मैं डर के मारे इतना ठंडा था कि मैंने स्वेटर और फर वाली जैकेट पहन ली, परंतु इसके बाद भी मैं सर्दी के मारे काँप रहा था। मेरे दाँत किटकिटा रहे थे और मुझे ठंडा, चिपचिपा पसीना आ रहा था। हमला पंद्रह घंटे तक चलता रहा। फिर यह अचानक रुक गया। ज़ाहिर था कि जापानी सुरंगपोत का गोलाबारूद ख़त्म हो गया था और यह दूर चला गया। हमले के वे पंद्रह घंटे पंद्रह मिलियन साल की

तरह गुज़रे। मेरी आँखों के सामने मेरी पूरी ज़िंदगी की तस्वीरें घूम गयीं। मुझे अपने किये सारे बुरे काम याद आये, वे सारी छोटी-छोटी बातें याद आयीं जिनकी मैं चिंता किया करता था। नैवी में आने से पहले मैं एक बैंक में क्लर्क था। ज़्यादा घंटों तक काम करने, कम तनख़्वाह मिलने, प्रमोशन के कम अवसर होने की चिंतायें मुझे सताया करती थीं। मैं इसलिये भी चिंतित रहता था क्योंकि मेरा ख़ुद का घर नहीं था, मैं नयी कार नहीं ख़रीद सकता था, अपनी पत्नी के लिये अच्छे कपड़े नहीं ख़रीद सकता था। मैं अपने पुराने बॉस से कितना चिढ़ता था जो मुझे हमेशा डाँटता-फटकारता रहता था। मुझे याद आया कि मैं हर शाम को घर लौटते समय इतना चिड़चिड़ा और भन्नाया रहता था कि छोटी-छोटी बातों पर अपनी पत्नी से झगड़ बैठता था। मैं अपने चेहरे पर लगे एक दाग़ के कारण भी बहुत चिंतित रहता था, जो एक कार एक्सीडेंट में हुये घाव का निशान था।

"सालों पहले ये चिंतायें कितनी बड़ी लगती थीं। परंतु जब दुश्मनों का जहाज़ हम पर गोले बरसा रहा था, उस पल ये बातें कितनी तुच्छ और मूर्खतापूर्ण लग रही थीं। मैंने उसी समय यह संकल्प किया कि अगर कभी सूरज और तारों को दुबारा देख पाया, तो मैं फिर कभी चिंता नहीं करूँगा। कभी नहीं! कभी नहीं!! कभी नहीं!!! मैंने पनडुब्बी में उन पंद्रह भयानक घंटों में जीने की कला के बारे में जितना सीखा, उतना तो मैंने चार साल सिरेकस युनिवर्सिटी में किताबें पढ़कर भी नहीं सीखा।"

हम अक्सर जीवन की बड़ी-बड़ी विपत्तियों का सामना तो बहादुरी से कर लेते हैं - परंतु छोटी-छोटी बातों में, हमारी "गर्दन में चुभने वाले दर्दों से" मात खा जाते हैं। उदाहरण के लिये, सेमुअल पीप्स अपनी *डायरी* में लिखते हैं कि उन्होंने लंदन में सर हैरी वेन का सिर क़लम करने का दृश्य देखा। जब सर हैरी प्लेटफ़ॉर्म पर चढ़े, तो वे अपनी ज़िंदगी की भीख नहीं माँग रहे

थे, बल्कि वे तो जल्लाद से यह अनुरोध कर रहे थे कि वह उनके गले के दर्दनाक फोड़े को बचाते हुये वार करे।

एडमिरल बर्ड ने रात के अँधेरे और कड़ाके की ठंड में दक्षिणी ध्रुव पर एक और चीज़ खोजी - कि उनके आदमी बड़ी चीज़ों के बजाय छोटी-छोटी चीज़ों के बारे में ज़्यादा चिंता करते हैं। उन्होंने बिना शिकायत किये ख़तरे, मुश्किलें और शून्य से अस्सी डिग्री नीचे की ठंड झेली। एडमिरल बर्ड कहते हैं, "परंतु मैं बंकर में रहने वाले ऐसे लोगों को जानता हूँ जिन्होंने आपस में बात करना बंद कर दिया क्योंकि वे एक-दूसरे पर शक कर रहे थे कि उसने अपना सामान दूसरे की जगह में एक इंच ज़्यादा सरका लिया था और मैं एक आदमी को जानता हूँ जो तब तक भोजन नहीं कर सकता था जब तक उसे मेस हॉल में ऐसी जगह नहीं मिल जाये जहाँ से फ्लेचरिस्ट न दिख रहा हो, जो अपने भोजन को निगलने से पहले अट्ठाईस बार निष्ठा से चबाता था।

"ध्रुवीय कैंप में इस तरह की छोटी-छोटी बातें अनुशासित आदमियों को भी पागलपन की हद तक पहुँचाने की ताक़त रखती हैं।"

और आप यह भी जोड़ सकते थे, एडमिरल बर्ड, कि विवाह में "छोटी-छोटी बातें" लोगों को पागलपन की हद तक पहुँचा सकती हैं और "दुनिया के आधे दिल के दर्द" का कारण बन सकती हैं।

कम से कम विशेषज्ञ तो यही कहते हैं। उदाहरण के तौर पर शिकागो के जज जोसफ सबाथ, जिन्होंने चालीस हज़ार से भी अधिक दुखद विवाहों में फ़ैसले सुनाये हैं, कहते हैं, "ज़्यादातर वैवाहिक दुखों का कारण छोटी-छोटी बातें होती हैं।" और न्यूयॉर्क काउन्टी के पूर्व डिस्ट्रिक्ट अटॉर्नी फ्रैंक एस. हॉगन का भी कहना है, "हमारी अपराधी अदालतों में आने वाले आधे मामले छोटी-छोटी बातों के कारण शुरू होते हैं। शराबख़ाने की बहादुरी, घरेलू ताने, कोई अपमानजनक टिप्पणी, कोई चुभने वाला शब्द, रूखा व्यवहार - यही वे छोटी-छोटी बातें हैं जिन्हें

लेकर हमले होते हैं और हत्यायें होती हैं। हममें से बहुत कम से क्रूरतापूर्ण व्यवहार किया जाता है या बुरी तरह चोट पहुँचायी जाती है। हमारे स्वाभिमान को लगने वाले छोटे आघातों, छोटे अपमानों, अहंकार को लगने वाले छोटे झटकों की वजह से दुनिया का आधा दिल का दर्द पैदा होता है।"

जब एलीनोर रूज़वेल्ट की शादी हुई तब अगर किसी दिन उनकी नयी कुक अच्छा खाना नहीं बनाती थी, तो वे "कई दिनों तक चिंतित" रहती थीं। "परंतु अब अगर ऐसा हो," मिसेज़ रूज़वेल्ट ने कहा, "तो मैं अपने कंधे उचका लूँगी और इस बात को भूल जाऊँगी।" बहुत बढ़िया! यह भावनात्मक रूप से वयस्कों की तरह व्यवहार करने का तरीक़ा है। कैथरीन महान जैसी निरंकुश साम्राज्ञी भी कुक के ख़राब खाने को हँसी में उड़ा दिया करती थीं।

मेरी पत्नी और मैं एक बार शिकागो में अपने दोस्त के घर डिनर पर गये। मीट परोसते समय उसने कोई ग़लती कर दी। मेरा उस तरफ़ ध्यान नहीं गया और अगर ध्यान गया भी होता, तो भी मुझे उससे कोई फ़र्क़ नहीं पड़ता। परंतु उसकी पत्नी ने उसकी ग़लती पकड़ ली और सबके सामने अपने पति को खरी-खोटी सुनाना शुरू कर दी, "जॉन, ज़रा देखकर काम किया करो। तुमसे तो कभी कोई काम ठीक से नहीं होता?"

फिर उसने हमसे कहा, "यह हमेशा ग़लती करता रहता है। यह कुछ सीखता ही नहीं।" हो सकता है कि वह ठीक से मीट न परोस पाता हो, परंतु मैं उसे इस बात का श्रेय तो दूँगा कि वह उस जैसी झगड़ालू पत्नी के साथ बीस वर्षों से रह रहा था। सच कहूँ, तो मैं शांति के माहौल में सरसों के साथ दो हॉट डॉग खाना पसंद करता बजाय इसके कि उसकी डाँट सुनते हुये पीकिंग बतख और शार्क के फिन्स का डिनर लूँ।

उस अनुभव के बाद मिसेज़ कारनेगी और मेरे कुछ दोस्त डिनर पर हमारे घर आये। उनके आने के ठीक पहले मिसेज़

कारनेगी ने देखा कि उनके तीन नैपकिन टेबलक्लॉथ से मैच नहीं कर रहे थे।

उन्होंने बाद में बताया, "मैं भागी-भागी कुक के पास गयी तो पता चला कि बाक़ी के तीन नैपकिन लॉन्ड्री में धुलने गये थे। मेहमान दरवाज़े पर थे। नैपकिन बदलने का समय नहीं था। मेरी आँखों में आँसू आने को थे! मेरे दिमाग़ में यही विचार चल रहा था, 'इस मूर्खतापूर्ण ग़लती पर अपनी पूरी शाम क्यों ख़राब की जाये?' फिर मैंने सोचा – सही बात है – शाम को इस वजह से ख़राब क्यों किया जाये? मैं डिनर में गयी और इस संकल्प के साथ गयी कि मेरा समय अच्छा गुज़रेगा। और ऐसा हुआ भी। मैं चाहती थी कि मेरे दोस्त मुझे नर्वस, तुनकमिज़ाज गृहिणी के बजाय लापरवाह गृहिणी समझें। और जहाँ तक मुझे मालूम है, किसी ने भी नैपकिनों की तरफ़ ध्यान नहीं दिया।"

एक प्रसिद्ध कानूनी कहावत है : *"कानून का संबंध तुच्छ बातों से नहीं है।"* और चिंता करने वाले का भी नहीं होना चाहिये – अगर वह मन की शांति चाहता है।

ज़्यादातर समय हमें तुच्छ बातों की चिढ़ को जीतने के लिये सिर्फ़ अपने नज़रिये को बदलना होता है – एक नया और सुखद नज़रिया अपने दिमाग़ में लाना होता है। मेरे दोस्त होमर क्रॉय, जिन्होंने ***दे हैड टु सी पेरिस*** और एक दर्जन अन्य पुस्तकें लिखी हैं, एक अद्‌भुत उदाहरण देते हैं कि ऐसा किस तरह किया जा सकता है। किसी पुस्तक पर काम करते समय वे न्यूयॉर्क के अपने अपार्टमेंट के रेडियेटरों की आवाज़ से पगला जाते थे। भाप कभी टकराने और कभी उबलने की आवाज़ें करती थी – और वे अपनी मेज़ पर बैठकर ग़ुस्से से उबलते रहते थे।

होमर क्रॉय कहते हैं, "फिर मैं कुछ दोस्तों के साथ एक कैंपिंग अभियान पर गया। भड़कती आग में चटकती लकड़ियों

की आवाज़ सुनते समय मैंने सोचा कि उनकी आवाज़ रेडियेटर की आवाज़ से कितनी मिलती-जुलती है। मैं एक को क्यों पसंद करता हूँ और दूसरी से क्यों चिढ़ता हूँ ? जब मैं घर गया तो मैंने ख़ुद से कहा, 'आग में चटकती लकड़ियों की आवाज़ सुखद है; रेडियेटर की आवाज़ भी वैसी ही है – मैं सोने जाऊँगा और इस आवाज़ के बारे में चिंता नहीं करूँगा।' *और ऐसा ही हुआ*। कुछ दिनों तक तो रेडियेटरों की तरफ़ मेरा ध्यान गया, परंतु जल्दी ही मैं उनके बारे में पूरी तरह भूल गया।

"और ऐसा ही बहुत सी छोटी चिंताओं के साथ होता है। हम उन्हें नापसंद करते हैं और भड़क जाते हैं, सिर्फ़ इसलिये क्योंकि हम उन्हें कई गुना अधिक महत्वपूर्ण बना लेते हैं..."

डिज़राइली ने कहा था : "ज़िंदगी इतनी छोटी है कि घटिया नहीं होना चाहिये।" आंद्रे मॉरॉय ने *दिस वीक* मैग्ज़ीन में लिखा, "इन शब्दों ने मुझे कई दर्दनाक अनुभवों में मदद की है : अक्सर हम छोटी-छोटी बातों से विचलित हो जाते हैं, जिन्हें हमें नज़रअंदाज़ कर देना चाहिये और भुला देना चाहिये... यहाँ हम इस धरती पर सिर्फ़ कुछ दशक और जीवित रहेंगे परंतु हम उनमें से लौटकर न आने वाले कई घंटे ऐसी शिकायतों पर चिंता करने में बर्बाद कर देते हैं, जिन्हें एक साल बाद हम भी भूल जायेंगे और दूसरे लोग भी। नहीं, हम अपने जीवन को महत्वपूर्ण कार्यों और भावनाओं में लगायें; महान विचारों, सच्चे स्नेह और स्थायी अभियानों में लगायें। क्योंकि ज़िंदगी इतनी छोटी है कि घटिया नहीं होना चाहिये।"

रूडयार्ड किपलिंग जैसे प्रख्यात व्यक्ति भी कई बार यह भूल गये कि "ज़िंदगी इतनी छोटी है कि घटिया नहीं होना चाहिये।" परिणाम ? उन्होंने अपने साले के साथ वरमॉन्ट के इतिहास में सबसे प्रसिद्ध अदालती युद्ध लड़ा – इतना प्रसिद्ध युद्ध कि इसके बारे में एक पुस्तक लिखी जा चुकी है : *रूडयार्ड किपलिंग्स वरमॉन्ट फ्यूड।*

कहानी इस प्रकार है : किपलिंग ने वरमॉन्ट की एक लड़की कैरोलिन बैलेस्टियर से विवाह किया। उन्होंने ब्रैटलबोरो, वरमॉन्ट में एक सुंदर घर बनवाया, वहीं पर बस गये और उन्हें उम्मीद थी कि वे वहीं पर अपना बाक़ी का जीवन गुज़ारेंगे। उनकी पत्नी का भाई बीट्टी बैलेस्टियर किपलिंग का सबसे अच्छा दोस्त बन गया। दोनों इकट्ठे काम करते और खेलते थे।

फिर किपलिंग ने बैलेस्टियर से कुछ ज़मीन ख़रीदी। दोनों में यह सहमति हुई कि बैलेस्टियर को हर साल घास काटने की अनुमति होगी। एक दिन बैलेस्टियर ने देखा कि किपलिंग इस घास के मैदान पर फूलों का बगीचा लगा रहे थे। उसका ख़ून खौल गया। उसने आसमान सिर पर उठा लिया। किपलिंग ने भी ईंट का जवाब पत्थर से दिया। वरमॉन्ट के हरे-भरे पहाड़ों की हवा अचानक नीली हो गयी।

कुछ दिनों के बाद जब किपलिंग अपनी साइकल से जा रहे थे, तो उनका साला अचानक एक वैगन और घोड़ों को लेकर सड़क पर आ गया और किपलिंग को गिरा दिया। और किपलिंग - वह आदमी जिसने लिखा था, "जब बाक़ी लोग अपना आपा खो रहे हों और आपको दोष दे रहे हों, अगर तब आप अपना संतुलन बनाये रख सकते हों" - ने अपना संतुलन खो दिया और बैलेस्टियर की गिरफ़्तारी का वारंट निकलवा दिया। एक सनसनीखेज़ मुकदमा शुरू हो गया। बड़े शहरों के रिपोर्टर कस्बे में आये। दुनिया में चारों तरफ़ यह समाचार फैल गया। फ़ैसला कुछ भी नहीं हुआ। इस लड़ाई की वजह से किपलिंग और उनकी पत्नी को बाक़ी ज़िंदगी अपने अमेरिकी घर से दूर गुज़ारनी पड़ी। इतनी सारी चिंता और कड़वाहट एक छोटी सी बात के लिये! घास के पूलों के लिये।

पेरिक्लीज़ ने चौबीस सदी पहले कहा था, "सज्जनों, हम लोग छोटी-छोटी बातों पर बहुत देर तक बैठे रहते हैं।" वाक़ई!

यहाँ डॉ. हैरी इमर्सन फॉस्डिक की सुनायी एक दिलचस्प कहानी दी जा रही है - जो जंगल के भीमकाय पेड़ की जीत और हार की कहानी है :

कॉलोरेडो में लॉंग्स पीक के ढाल पर एक विशालकाय पेड़ के अवशेष हैं। प्रकृतिविज्ञानी बताते हैं कि यह लगभग चार सौ साल खड़ा रहा। जब कोलंबस ने सैन साल्वाडोर में क़दम रखे थे, तब यह नन्हा पौधा था और जब तीर्थयात्री प्लाईमाउथ में बसे, तो यह आधा बड़ा हो गया था। इसके लंबे जीवन में इस पर चौदह बार बिजली गिरी, चार सदियों तक सैकड़ों आँधी-तूफ़ान आये, पर इसका बाल भी बाँका नहीं हुआ। आख़िर में, इस पर दीमकों की सेना ने हमला कर दिया और इसे धराशायी कर दिया। दीमक इसकी खाल में घुस गये और छोटे-छोटे परंतु लगातार हमले करके इसकी भीतरी शक्ति को खोखला कर दिया। जंगल का विशालकाय पेड़ जिसका उम्र कुछ नहीं बिगाड़ पायी थी, जिस पर बिजली या आँधी-तूफ़ान का असर नहीं हुआ था, वह इतने छोटे-छोटे कीड़ों के कारण धराशायी हो गया, जिन्हें कोई इन्सान अपनी चुटकी में लेकर मसल सकता है।

क्या हम सब जंगल के उस विशालकाय पेड़ की तरह नहीं हैं ? क्या हम लोग किसी तरह जीवन के आँधी-तूफ़ानों या बिजली का सामना नहीं कर लेते, जबकि चिंता के छोटे-छोटे दीमक हमारे दिल में घर बनाकर हमारी अंदरूनी ताक़त को खोखला कर देते हैं - छोटे दीमक जिन्हें हम चुटकी में लेकर मसल सकते हैं ?

मैंने व्यॉमिंग राज्य के हाईवे सुपरिंटेंडेंट चार्ल्स सीफ्रेड और उनके कुछ दोस्तों के साथ व्यॉमिंग के टेटन नेशनल पार्क की यात्रा की। हम पार्क में जॉन डी. रॉकफेलर एस्टेट घूमने जा रहे थे।

परंतु मैं जिस कार में सवार था, वह ग़लत मोड़ पर मुड़ गयी, हम रास्ता भटक गये और मैं एस्टेट के प्रवेश द्वार पर बाक़ी लोगों से एक घंटे की देरी से पहुँच पाया। मिस्टर सीफ़्रेड के पास वह चाबी थी जिससे प्राइवेट गेट खुलता था, इसलिये उन्हें एक घंटे तक गर्मी और मच्छरों से भरे जंगल में हमारे आने का इंतज़ार करना पड़ा। मच्छर इतने ज़्यादा थे कि कोई संत भी बौखला जाता। परंतु वे चार्ल्स सीफ़्रेड को नहीं जीत पाये। हमारा इंतज़ार करते समय उन्होंने एक पेड़ की शाखा तोड़ी – और उसकी सीटी बना ली। जब हम पहुँचे, तो क्या वे मच्छरों को गाली दे रहे थे ? नहीं; वे अपनी सीटी बजा रहे थे। मैंने उस सीटी को उस आदमी की निशानी के तौर पर रख लिया है, जो जानता था कि किस तरह छोटी-छोटी बातों को सही जगह पर रखा जाता है।

इससे पहले कि चिंता आपको ख़त्म करे, चिंता को ख़त्म करने का दूसरा नियम है :

अपने आपको ऐसी छोटी-छोटी बातों से विचलित होने की अनुमति न दें, जिन्हें हमें नज़रअंदाज़ कर देना चाहिये और भूल जाना चाहिये। याद रखें, "ज़िंदगी इतनी छोटी है कि घटिया नहीं होना चाहिये।"

• • •

8

एक ऐसा नियम जो आपकी बहुत सी चिंताओं को मिटा देगा

मेरा बचपन मिसूरी फ़ार्म पर गुज़रा था। एक दिन चेरी को गड्ढे में रखने में अपनी माँ की मदद करते हुये मैं रोने लगा। मेरी माँ ने पूछा, "डेल, आख़िर ऐसा क्या हो गया कि तुम रो रहे हो?" मैंने बिलखते हुये कहा, "मुझे डर है कि मैं कहीं ज़िंदा दफ़न न हो जाऊँ।"

उन दिनों मुझे बहुत सारी चिंतायें सताती थीं। जब तूफ़ान आता था, तो मैं डरता था कि बिजली गिरने से मर जाऊँगा। जब पैसे की तंगी होती थी, तो मुझे चिंता सताती थी कि हमारे पास खाने के लिये अनाज नहीं होगा। मैं डरता था कि मैं मरने के बाद नरक में जाऊँगा। मुझे डर था कि एक बड़ा लड़का सैम व्हाइट मेरे बड़े कान काट देगा - जिसकी धमकी वह कई बार दे चुका था। मैं डर के मारे इस बात की चिंता करता था कि जब अपना हैट उठाकर लड़कियों का अभिवादन करूँगा, तो वे मुझ पर हँसेंगी। मैं डर के मारे चिंता करता था कि कोई लड़की मुझसे शादी के लिये कभी तैयार नहीं होगी। मुझे इस बात की चिंता सताती थी कि शादी के तत्काल बाद मैं अपनी पत्नी से क्या बातें करूँगा। मैं कल्पना करता था कि हमारी शादी किसी देहाती चर्च

में होगी, और फिर हम बग्घी में सवार होकर फ़ार्म तक का सफ़र तय करेंगे ... परंतु फ़ार्म तक की वापसी की यात्रा में मैं किस तरह चर्चा को जारी रख पाऊँगा? कैसे? कैसे? हल के पीछे चलते समय मैं इस धरती हिलाने वाली समस्या पर कई घंटों तक विचार करता रहता था।

समय गुज़रने के साथ मैंने पाया कि जिन बातों को लेकर मैं इतना चिंतित रहता था, उनमें से निन्यानवे प्रतिशत तो कभी हुई ही नहीं।

उदाहरण के तौर पर, जैसा मैं कह चुका हूँ, मैं पहले बिजली गिरने से डरता था, परंतु अब मैं जानता हूँ कि एक साल में बिजली गिरने से मेरे मरने की संभावना तीन लाख पचास हज़ार में से एक है। (यह आँकड़े मुझे नेशनल सेफ़्टी काउंसिल की रिपोर्ट से मिले।)

ज़िंदा दफ़न होने का मेरा डर तो और भी मूर्खतापूर्ण था। मुझे नहीं लगता कि – उन दिनों में भी, जब मुर्दों को ममी में रखा जाता था – एक करोड़ में से एक व्यक्ति को भी ज़िंदा दफ़नाया गया होगा, परंतु मैं कभी इस डर के मारे रोया था।

हर आठ में से एक आदमी कैंसर से मरता है। अगर मुझे किसी चीज़ के बारे में चिंता करनी ही थी, तो कैंसर की चिंता करनी चाहिये थी – परंतु मैं था कि बिजली गिरने या ज़िंदा दफ़न होने की चिंता कर रहा था।

निश्चित रूप से मैं अपने बचपन और लड़कपन की बात कर रहा हूँ। परंतु वयस्क जीवन में भी हमारी चिंतायें लगभग इतनी ही मूर्खतापूर्ण होती हैं। आप और मैं अपनी नब्बे प्रतिशत चिंतायें इसी समय कम कर सकते हैं, बशर्ते हम लंबे समय तक चिंता करने के बजाय यह पता लगायें कि क्या *औसत के नियम के हिसाब से* हमारी चिंताओं का सचमुच कोई आधार है।

दुनिया में सबसे मशहूर बीमा कंपनी यानी लंदन की लॉयड्स कंपनी ने अनगिनत करोड़ों डॉलर कमाये हैं और इसके मूल में मनुष्य की उन चीज़ों के बारे में चिंता करने की प्रवृत्ति है, जो कभी-कभार ही होती हैं। यह कंपनी लोगों के साथ शर्त लगाती है कि जिन विपत्तियों के बारे में वे चिंता कर रहे हैं, वे नहीं आयेंगी। बहरहाल, *वे इसे शर्त लगाना नहीं कहते। वे इसे बीमा कहते हैं। परंतु यह दरअसल औसत के नियम के आधार पर शर्त लगाना ही है।* यह विशाल बीमा कंपनी दो सौ साल से लगातार प्रगति कर रही है, और जब तक मानव स्वभाव नहीं बदलता, यह पचास सदियों तक और प्रगति करती रहेगी तथा जूते से लेकर जहाज़ और सीलिंग वैक्स तक हर उस चीज़ का बीमा कर देगी, जो *औसत के नियम के आधार पर* उतनी बार नहीं होती, जितनी कि लोग कल्पना करते हैं।

अगर हम औसत के नियम की जाँच करें, तो मिलने वाले तथ्यों को देखकर हम अक्सर हैरान रह जायेंगे। उदाहरण के तौर पर, अगर मुझे यह पता चल जाये कि अगले पाँच साल के दौरान मुझे गेटिसबर्ग के युद्ध की तरह के घमासान युद्ध में लड़ने जाना पड़ेगा, तो मैं आतंकित हो जाऊँगा। मैं जितना जीवन बीमा ले सकता होऊँगा, ले लूँगा। मैं अपनी वसीयत कर दूँगा और दुनिया के सभी मामले निबटा लूँगा। मैं कहूँगा, "मैं शायद इस युद्ध में ज़िंदा नहीं बचूँगा, इसलिये बेहतर होगा कि मैं बचे हुये सालों में अच्छी तरह जी लूँ।" परंतु तथ्य यह है कि औसत के नियम के अनुसार शांति के समय में भी पचास से पचपन साल की उम्र में जीने की कोशिश करना उतना ही ख़तरनाक और घातक है जितना कि गेटिसबर्ग के युद्ध में लड़ने की स्थिति में होता। मैं यह कहने की कोशिश कर रहा हूँ : शांति के दिनों में पचास से पचपन साल की उम्र के बीच के प्रति हज़ार लोगों में मरने वाले लोगों की संख्या उतनी ही है जितनी कि उन 163,000 सैनिकों में मरने वालों की संख्या थी, जिन्होंने गेटिसबर्ग का युद्ध लड़ा था।

मैंने इस पुस्तक के कई अध्याय कैनेडियन रॉकीज़ में बाऊ लेक के किनारे पर जेम्स सिम्पसन के नम-टी-गाह लॉज में लिखे। वहाँ पर गर्मियों में ठहरते समय मैं सैन फ्रांसिस्को के मिस्टर और मिसेज़ हरबर्ट एच. सैलिंजर से मिला। मिसेज़ सैलिंजर एक संतुलित और शांत महिला थीं और उन्हें देखकर मुझे लगा कि उन्होंने कभी चिंता नहीं की होगी। एक शाम को धधकती हुई अँगीठी के सामने बैठकर मैंने उनसे पूछा कि क्या उन्हें कभी चिंता ने सताया है। "सताया है?" उन्होंने कहा। "इसने मेरी ज़िंदगी लगभग *बर्बाद* कर दी थी। इससे पहले कि मैंने चिंता को जीतना सीखा, मैं ख़ुद के बनाये नरक में ग्यारह साल तक रही। मैं चिड़चिड़ी और गर्म स्वभाव की थी। मैं बहुत अधिक तनाव में रहती थी। मैं हर सप्ताह अपने सैन मैटियो के घर से शॉपिंग करने सैन फ्राँसिस्को बस से जाती थी। परंतु शॉपिंग करते समय भी मैं चिंता के मारे घबरायी रहती थी : शायद मैंने बिजली की प्रेस चालू छोड़ दी होगी। शायद घर में आग लग गयी होगी। शायद नौकरानी बच्चों को अकेला छोड़कर भाग गयी होगी। शायद बच्चे बाहर निकलकर साइकल चलाने लगे होंगे और कार से टकराकर मर गये होंगे। अपनी शॉपिंग के बीच में अक्सर चिंता के मारे मुझे ठंडा पसीना आ जाता था और मैं दौड़कर बस पकड़ती थी और यह देखने के लिये घर भागती थी कि सब कुछ ठीक तो था। कोई हैरानी नहीं कि मेरी पहली शादी का दुखद अंत हुआ।

"मेरे दूसरे पति वकील हैं - शांत और विश्लेषण करने वाले आदमी, जो कभी किसी चीज़ के बारे में चिंता नहीं करते। जब मैं तनावग्रस्त और चिंतित होती थी, तो वे मुझसे कहते, 'आराम करो। चलो, इस बारे में सोचें ... तुम्हें सचमुच किस बात की चिंता है? हम औसत के नियम की जाँच करें और देखें कि इसके होने की सचमुच कितनी संभावना है।'

"उदाहरण के तौर पर, मुझे याद है हम आल्बकर्क, न्यू मैक्सिको से कार्ल्सबैड कैवर्न्स जा रहे थे और कच्ची सड़क

पर गाड़ी चला रहे थे, तभी बारिश के भयानक तूफ़ान में फँस गये।

"कार फिसल रही थी और असंतुलित हो रही थी। हम इसे क़ाबू में नहीं रख पा रहे थे। मुझे विश्वास था कि हम फिसलकर सड़क के पास के किसी गड्ढे में गिर जायेंगे, परंतु मेरे पति मुझसे बार-बार कहते रहे : 'मैं बहुत धीमे गाड़ी चला रहा हूँ। गंभीर दुर्घटना होने की ज़रा भी संभावना नहीं है। अगर कार फिसलकर गड्ढे में गिर भी गयी, तो भी औसत के नियम के हिसाब से हमें चोट नहीं लगेगी।' उनकी शांति और आत्मविश्वास को देखकर मैं शांत हो गयी।

"एक बार हम गर्मियों में कैनेडियन रॉकीज़ में टूकिन वैली में कैंपिंग ट्रिप पर गये। एक रात हमने समुद्र की सतह से सात हज़ार फ़ुट की ऊँचाई पर कैंप लगाया, तभी तूफ़ान आया और ऐसा लगने लगा जैसे हमारे टेंट के टुकड़े-टुकड़े हो जायेंगे। टेंट को लकड़ी के प्लेटफ़ॉर्म से रस्सियों से बाँधा गया था। बाहरी टेंट हिल रहा था, काँप रहा था, चीख़ रहा था और हवा सांय-सांय आवाज़ कर रही थी। मैं हर पल आशंकित हो रही थी कि टेंट ढीला हो जायेगा और आसमान में उड़ जायेगा। मैं बुरी तरह डरी हुई थी! परंतु मेरे पति बार-बार कहते रहे, 'देखो डियर, हम लोग ब्रूस्टर्स के गाइड के साथ यात्रा कर रहे हैं। ब्रूस्टर्स जानते हैं कि वे क्या कर रहे हैं। वे पिछले साठ सालों से इन पहाड़ों में टेंट लगा रहे हैं। यह टेंट यहाँ कई सालों से लगा है। यह आज तक नहीं गिरा है और औसत के नियम के हिसाब से यह आज रात भी नहीं गिरेगा। और अगर यह गिर भी जाता है तो हम दूसरे टेंट में जाकर शरण ले सकते हैं। इसलिये चिंता मत करो...।' मैंने चिंता करना बंद कर दिया और मैं बची हुई रात चैन से सो पायी।

"कुछ साल पहले कैलिफोर्निया के हमारे हिस्से में बच्चों के लकवे की महामारी फैल गयी। पुराने दिनों में, मैं बदहवास हो गयी होती। परंतु मेरे पति ने मुझे शांति से व्यवहार करने

के लिये राज़ी कर लिया। हमने सारी सावधानियाँ बरतीं : हमने अपने बच्चों को भीड़ से दूर रखा, स्कूल और फ़िल्मों से दूर रखा। स्वास्थ्य विभाग से सलाह लेने के बाद हमें पता चला कि बच्चों की लकवे की महामारी के सबसे बुरे साल में पूरे कैलिफोर्निया में सिर्फ़ 1835 बच्चे बीमार हुये थे। आम तौर पर यह संख्या दो सौ या तीन सौ होती है। हालाँकि यह आँकड़े दुखद थे, बहरहाल हमें महसूस हुआ कि औसत के नियम के अनुसार किसी भी बच्चे के बीमार होने के आसार बहुत कम थे।

'औसत के नियम के अनुसार यह नहीं होगा।' इस वाक्य से मेरी नब्बे प्रतिशत चिंतायें ख़त्म हो गयीं और इसने मेरे जीवन के पिछले बीस वर्षों को मेरी उम्मीद से अधिक सुखद और शांतिपूर्ण बना दिया है।"

यह कहा गया है कि हमारी लगभग सारी चिंतायें और दुख हमारी कल्पना की उपज होते हैं, न कि हक़ीक़त की। जब मैं पिछले दशकों को देखता हूँ तो लगता है कि मेरी अधिकांश चिंतायें सचमुच वहीं से आयी थीं। जिम ग्रांट का कहना है कि उनका भी यही अनुभव रहा है। वे न्यूयॉर्क सिटी में जेम्स ए. ग्रांट डिस्ट्रिब्यूटिंग कंपनी के मालिक थे। वे एक समय में फ़्लोरिडा से संतरे और ग्रेपफ्रूट की दस से पंद्रह गाड़ियों का ऑर्डर देते थे। उन्होंने मुझे बताया कि वे इस तरह के विचारों से ख़ुद को यातना देते थे : क्या होगा अगर ट्रेन का एक्सीडेंट हो जाये ? क्या होगा अगर सारे फल ज़मीन पर फैल जायें ? क्या होगा अगर फलों की मेरी गाड़ियाँ जब पुल से गुज़र रही हों, तो वह पुल टूट जाये। हालाँकि उनके माल का बीमा था, परंतु उन्हें यह डर था कि अगर माल समय पर नहीं पहुँचा, तो उनके ग्राहक उनसे माल ख़रीदना बंद कर देंगे। वे इतने चिंतित रहने लगे कि उन्हें यह डर भी सताने लगा कि कहीं उनके पेट में अल्सर न हो गये हों। वे डॉक्टर के पास गये, जिसने बताया कि उन्हें अल्सर नहीं है, सिर्फ़ तनाव और चिंता की वजह से उन्हें ऐसा लग रहा है। "तभी

मेरे दिमाग़ की बत्ती जली," उन्होंने कहा, "और मैं ख़ुद से सवाल पूछने लगा। मैंने ख़ुद से पूछा, 'देखो, जिम ग्रांट, तुमने अब तक इतने सालों में फलों की कितनी खेप भिजवायी हैं?' जवाब था, 'लगभग पच्चीस हज़ार।' फिर मैंने ख़ुद से पूछा, 'और इनमें से कितनी खेप दुर्घटनाग्रस्त हुई हैं?' जवाब था, 'शायद पाँच।' फिर मैंने ख़ुद से कहा : 'पच्चीस हज़ार में से सिर्फ़ पाँच। तुम्हें मालूम है इसका क्या मतलब है? पाँच हज़ार में से एक का अनुपात! दूसरे शब्दों में, औसत के नियम के अनुसार, अनुभव के आधार पर अगर आप पाँच हज़ार खेप भेजते हैं तो आपकी एक खेप ही दुर्घटना का शिकार होगी। तो फिर इसमें चिंता की क्या बात है?'

"फिर मैंने ख़ुद से कहा : 'परंतु पुल भी तो गिर सकता है।' तब मैंने ख़ुद से पूछा, 'तुम्हारी कितनी गाड़ियाँ पुल गिरने की वजह से दुर्घटनाग्रस्त हुई हैं?' जवाब था – 'एक भी नहीं।' इस पर मैंने ख़ुद से कहा, 'क्या तुम मूर्ख नहीं हो जो ऐसे पुल की चिंता करके अपने पेट में अल्सर पैदा कर रहे हो, जो आज तक नहीं गिरा और ऐसी ट्रेन दुर्घटना की फ़िक्र पाले हो, जिसकी संभावना पाँच हज़ार में से एक है!'

"जब मैंने इस तरह से देखा," जिम ग्रांट ने मुझे बताया, "तो मुझे यह बहुत मूर्खतापूर्ण लगा। तभी मैंने यह फ़ैसला किया कि मैं अपनी चिंताओं को औसत के नियम पर छोड़ दूँगा – और तब से मुझे अपने 'पेट के अल्सर' की चिंता कभी नहीं सतायी।"

जब अल स्मिथ न्यूयॉर्क के गवर्नर थे, तो मैंने उन्हें अपने राजनीतिक विरोधियों के हमले का जवाब इस तरह से देते हुये बार-बार सुना : "आइये हम रिकॉर्ड की जाँच करके देखते हैं ... आइये हम रिकॉर्ड की जाँच करके देखते हैं।" फिर वे तथ्य बताते थे। अगली बार जब आप और मैं चिंता करें कि क्या होगा, तो हम बुद्धिमान अल स्मिथ से सीखें : आइये हम रिकॉर्ड की जाँच करके देखते हैं और यह देखते हैं कि हमें कुतरने वाली चिंताओं का सचमुच कोई आधार है या नहीं। यही फ्रेडरिक जे. मैल्स्टेड ने

किया जब वे डर रहे थे कि वे अपनी क़ब्र में लेटे रहेंगे। यहाँ उनकी कहानी है जो उन्होंने हमें न्यूयॉर्क की हमारी कक्षा में सुनायी :

"जून 1944 की शुरुआत में मैं ओमाहा बीच के पास एक सँकरी खंदक में लेटा हुआ था। मैं 999वीं सिग्नल सर्विस कंपनी में था और हमने हाल ही में नॉर्मन्डी में 'खुदाई की थी।' जब मैंने उस सँकरी खंदक की तरफ़ देखा – जो ज़मीन में एक आयताकार छेद था – तो मैंने ख़ुद से कहा, 'यह एक क़ब्र की तरह दिख रही है।' जब मैंने उसमें लेटने और सोने की कोशिश की, तो मुझे सचमुच लगा जैसे मैं क़ब्र में लेटा हूँ। मैं ख़ुद से यह कहे बिना नहीं रह सका, *'शायद यह मेरी क़ब्र है।'* जब जर्मन बमवर्षक विमान रात 11 बजे आये और बम गिराने लगे तो मैं बुरी तरह डर गया। दो या तीन रातों तक मैं बिलकुल नहीं सो पाया। चौथी या पाँचवीं रात तक मुझे लगभग नर्वस ब्रेकडाउन होने लगा। मैं जानता था कि अगर मैंने कुछ नहीं किया तो मैं पूरी तरह पागल हो जाऊँगा। इसलिये मैंने ख़ुद को याद दिलाया कि पाँच रातें गुज़र चुकी हैं और मैं अब भी ज़िंदा था और मेरे साथ का हर आदमी भी। केवल दो घायल हुये थे और वे जर्मन बमवर्षकों के कारण घायल नहीं हुये थे, बल्कि हमारी अपनी एंटी-एयरक्राफ़्ट तोपों से नीचे गिरने वाले गोलों की वजह से घायल हुये थे। मैंने कुछ रचनात्मक काम करके चिंता दूर करने का फ़ैसला किया। इसलिये मैंने अपनी सँकरी खंदक के ऊपर लकड़ी की एक मोटी छत बनायी ताकि अपनी तोपों से नीचे गिरने वाले गोलों से बच सकूँ। मैंने उस बड़े क्षेत्रफल के बारे में सोचा जिसमें मेरी यूनिट बिखरी हुई थी। मैंने ख़ुद को बताया कि उस गहरी, सँकरी खंदक में मैं केवल एक ही तरह से मर सकता था – जब बम सीधा मुझ पर गिरे और मैंने अनुमान लगाया कि बम सीधे गिरने के अवसर दस हज़ार में से एक भी नहीं थे। दो रातों तक इस तरह से सोचने के बाद मैं शांत हो गया और बमबारी के बीच में भी सोता रहा!"

अमेरिकी नौसेना ने भी अपने जवानों का उत्साह बढ़ाने के लिये औसत के नियम के आँकड़ों का प्रयोग किया। मुझे एक पूर्व नौसैनिक ने बताया कि जब उसकी और उसके साथी जहाज़ियों की ड्यूटी गैसोलिन से भरे टैंकर पर लगायी गयी, तो वे बहुत घबराये हुये थे। उनका विश्वास था कि अगर हाई-ऑक्टेन गैसोलिन से भरे टैंकर पर मिसाइल से हमला होगा, तो टैंकर फट जायेगा और वे सभी मर जायेंगे।

परंतु अमेरिकी नौसेना को हक़ीक़त मालूम थी, इसलिये उन्होंने आँकड़े जारी कर दिये। आँकड़ों से पता चला कि अगर सौ टैंकरों पर मिसाइलें दागी जायें, तो उनमें से साठ तैरते रहेंगे और जो चालीस डूबेंगे, उनमें भी सिर्फ़ पाँच ही दस मिनट से कम समय में डूबेंगे। इसका मतलब था कि इतने समय में हम आराम से जहाज़ से उतर सकते थे - यानी हमारे ज़िंदा बचे रहने की संभावना ज़्यादा थी। क्या इससे मनोबल बढ़ा ? यह कहानी सुनाने वाले सेंट पॉल, मिनेसोटा के क्लाइड डब्ल्यू. मास का कहना है, "औसत के नियम के ज्ञान ने मेरा डर दूर कर दिया। पूरी यूनिट बेहतर महसूस करने लगी। हम जान गये थे कि हमारे पास अवसर है और औसत के नियम के अनुसार हम शायद नहीं मरेंगे।"

इससे पहले कि चिंता आपको ख़त्म कर दे, चिंता को ख़त्म करने का तीसरा नियम है :

"आइये हम रिकॉर्ड की जाँच करके देखते हैं।" ख़ुद से पूछें, "मैं जिस बारे में चिंतित हूँ, औसत के नियम के अनुसार उस घटना के होने की कितनी संभावना है?"

• • •

9

जो हो गया, उसे स्वीकार कर लें

बचपन में मैं अपने दोस्तों के साथ उत्तर-पश्चिम मिसूरी में लकड़ी के एक पुराने, सूने घर की अटारी में खेल रहा था। अटारी से नीचे उतरते हुये मैंने एक पल के लिये खिड़की की मुंडेर पर अपने पैर रखे और फिर कूद गया। मेरे बायें हाथ की तर्जनी उँगली पर एक अँगूठी थी और जब मैं कूदा तो अँगूठी एक कील में फँस गयी और इससे मेरी उँगली कट गयी।

मैं चीख़ रहा था। आतंकित था। मुझे यक़ीन था कि मैं मरने वाला था। परंतु हाथ का घाव भर जाने के बाद अब मैं एक पल के लिये भी उसके बारे में नहीं सोचता। उसकी चिंता करने से क्या फ़ायदा ?... जो हो गया, उसे मैंने स्वीकार कर लिया।

अब अक्सर महीनों तक मेरे दिमाग़ में यह विचार ही नहीं आता कि मेरे बायें हाथ में सिर्फ़ तीन उँगलियाँ और एक अँगूठा है।

कुछ साल पहले मैं एक आदमी से मिला जो न्यूयॉर्क के ऑफ़िसों की इमारतों में लिफ़्ट चलाता था। मैंने देखा कि उसका बायाँ हाथ कलाई के पास से कटा हुआ है। मैंने उससे पूछा कि क्या कटे हाथ के कारण उसे परेशानी होती है। उसका जवाब था, "अरे नहीं। मेरा इस तरफ़ ध्यान ही नहीं जाता। मैंने शादी नहीं की है और मुझे अपने कटे हाथ की चिंता सिर्फ़ तभी होती है, जब मुझे सुई में धागा पिरोना होता है।"

यह कितना आश्चर्यजनक है कि अगर हमें करना ही पड़े, तो हम किसी भी स्थिति को कितनी जल्दी स्वीकार कर सकते हैं और उसे भूल सकते हैं।

मैं अक्सर एमस्टर्डम, हॉलैंड के पंद्रहवीं सदी के एक गिरजाघर के अवशेष पर लगे सूत्रवाक्य के बारे में सोचता हूँ। यह सूत्रवाक्य फ़्लेमिश भाषा में कहता है : "यह हो चुका है। यह बदल नहीं सकता।"

जब आप और मैं आगे के दशकों में जायेंगे तो हमें ऐसी बहुत सी अप्रिय स्थितियों का सामना करना पड़ेगा जो ऐसी ही होंगी। वे बदल नहीं सकतीं। हमारे पास विकल्प है। या तो हम उन्हें अवश्यंभावी मानकर स्वीकार कर लें और उनके साथ समझौता कर लें या फिर हम विद्रोह करके अपनी ज़िंदगी बर्बाद कर लें और शायद ख़ुद को नर्वस ब्रेकडाउन का शिकार बना लें।

यहाँ मैं अपने प्रिय दार्शनिक विलियम जेम्स की समझदारीपूर्ण सलाह देना चाहता हूँ। उन्होंने कहा था, *"जो हो गया उसे स्वीकार कर लो। स्वीकार करना ही किसी दुर्भाग्य के परिणामों से उबरने का पहला क़दम है।"* पोर्टलैंड, ऑरेगॉन की एलिज़ाबेथ कॉनले ने यह सबक़ बड़ी मुश्किलों से सीखा। यहाँ वह पत्र है जो उन्होंने मुझे लिखा था : "जिस दिन अमेरिका उत्तर अफ़्रीका में अपनी सेना की विजय की ख़ुशियाँ मना रहा था, मुझे युद्ध विभाग से एक तार मिला : मेरा भतीजा – जिससे मैं सबसे ज़्यादा प्यार करती थी – युद्ध में लापता हो गया था। कुछ समय बाद एक और तार आया जिसमें लिखा था कि वह मर चुका है।

"दुख के कारण मुझे लकवा मार गया। उस समय तक मुझे लग रहा था कि ज़िंदगी मुझ पर काफ़ी मेहरबान रही थी। मेरे पास एक ऐसी नौकरी थी जिसे मैं पसंद करती थी। मैंने इस भतीजे को पालने-पोसने में मदद की थी। मेरे लिये वह युवावस्था की सभी अच्छी चीज़ों का प्रतीक था। मुझे महसूस होता था जैसे मैंने पानी में जो रोटियाँ डाली थीं वे केक बनकर मेरी तरफ़

लौट रही थीं! ... फिर यह टेलीग्राम आ गया। मेरी पूरी दुनिया धराशायी हो गयी। मुझे महसूस हुआ जैसे मेरे पास जीने के लिये कुछ भी नहीं बचा था। मैं कटु और द्वेषपूर्ण हो गयी। मेरा इतना अच्छा भतीजा मुझसे क्यों छीन लिया गया? इतना अच्छा बच्चा - जिसके सामने पूरी ज़िंदगी पड़ी थी - उसे मौत ने क्यों छीन लिया? मैं इसे स्वीकार नहीं कर पायी। मेरा दुख इतना प्रबल था कि मैंने अपनी नौकरी छोड़ने, दूर कहीं जाने और अपने आपको आँसुओं और कड़वाहट के सागर में डुबाने का फ़ैसला किया।

"मैं अपनी मेज़ साफ़ कर रही थी और नौकरी छोड़ने की तैयारी कर रही थी, तभी मुझे एक चिट्ठी दिखी, जिसे मैं भूल चुकी थी - यह उसी भतीजे की चिट्ठी थी जो मर चुका था और उसने यह चिट्ठी मुझे तब लिखी थी जब मेरी माँ की कुछ साल पहले मृत्यु हो गयी थी। चिट्ठी में लिखा था, 'ज़ाहिर है, हम सभी को उनकी कमी खलेगी, ख़ास तौर पर आपको। परंतु मैं जानता हूँ कि आप इसे सहन करते हुये आगे बढ़ सकेंगी। आपकी व्यक्तिगत फ़िलॉसफ़ी इस काम में आपकी मदद करेगी। मैं उन सुंदर सच्चाइयों को कभी नहीं भूलूँगा जो आपने मुझे सिखायी हैं। चाहे मैं जहाँ भी रहूँ या चाहे हम एक-दूसरे से कितने भी दूर क्यों न हो जायें, मैं हमेशा याद रखूँगा कि आपने मुझे सिखाया है - मुस्कराओ और जीवन में जो भी मिले, उसका सामना किसी मर्द की तरह करो।'

"मैंने उस चिट्ठी को पढ़ा और बार-बार पढ़ा। ऐसा लगा जैसे वह मेरे पास ही खड़ा था और मुझसे बातें कर रहा था। ऐसा लगा जैसे वह मुझसे कह रहा हो : "आपने मुझे जो सिखाया है आप ख़ुद उस पर अमल क्यों नहीं करतीं? आगे बढ़िये, चाहे जो हो। अपने निजी दुखों को मुस्कराहट के नीचे छुपाकर आगे बढ़िये।"

"इसलिये, मैं अपने काम पर वापस लौट गयी। मैंने कटु और विद्रोही होना छोड़ दिया। मैं ख़ुद से बार-बार कहती रही : 'यह हो चुका है। यह बदल नहीं सकता। परंतु मैं आगे बढ़

सकती हूँ और बढ़ूँगी, क्योंकि वह चाहता है कि मैं ऐसा करूँ।' मैंने अपनी सारी मानसिक ऊर्जा और शक्ति अपने काम में लगा दी। मैंने सैनिकों को - दूसरे लोगों के पुत्रों को पत्र लिखे। मैंने रात में एक वयस्क-शिक्षा की कक्षा में भाग लिया - नयी रुचियों को विकसित किया और नये दोस्त बनाये। मुझे विश्वास नहीं होता कि मेरे अंदर कितना बदलाव आ गया है। मैंने अब उस अतीत पर दुखी होना छोड़ दिया है जो हमेशा के लिये चला गया है। मैं अब हर दिन को ख़ुशी के साथ जीती हूँ - ठीक उसी तरह जिस तरह से मेरा भतीजा चाहता था कि मैं जियूँ। मैंने जीवन के साथ शांतिपूर्ण संबंध बना लिया है। मैंने अपने भाग्य को स्वीकार कर लिया है। अब मैं पहले से अधिक पूर्ण जीवन जी रही हूँ।"

एलिज़ाबेथ कॉनले ने वह सीखा जो हम सभी को जल्दी या देर से सीखना पड़ता है, कि हमें अवश्यंभावी को स्वीकार करना चाहिये और उसके साथ सहयोग करना चाहिये। "यह हो चुका है। यह बदल नहीं सकता।" यह सबक़ सीखना आसान नहीं है। सिंहासन पर बैठे सम्राटों को भी ख़ुद को इसका महत्व बार-बार याद दिलाना पड़ता है। जॉर्ज पंचम ने बकिंघम पैलेस की अपनी लाइब्रेरी की दीवार पर इन शब्दों को मढ़वाकर टाँग रखा था : "मुझे सिखायें कि मैं चाँद को हासिल करने के लिये या नाली में गिर गये दूध के लिये न रोऊँ।" इसी तरह का विचार शॉपेनहार ने ऐसे व्यक्त किया था, "जीवन की यात्रा में पर्याप्त मात्रा में संतोष का होना सबसे अधिक महत्व की बात है।"

यह स्पष्ट है कि केवल परिस्थितियाँ ही हमें दुखी या सुखी नहीं बना सकतीं। इन परिस्थितियों के प्रति हमारा नज़रिया क्या है, इसी से हमारी भावनायें तय होती हैं। ईसा मसीह ने कहा था स्वर्ग का साम्राज्य आपके भीतर है। और नरक का साम्राज्य भी वहीं पर है।

अगर हमें झेलना ही पड़े तो हम सभी विपत्तियों तथा दुखों को झेल सकते हैं और उन पर विजय पा सकते हैं। हालाँकि

हमें ऐसा नहीं लगता कि हम ऐसा कर सकते हैं, परंतु हमारे पास ऐसी आश्चर्यजनक आंतरिक शक्तियाँ होती हैं जो हमें हर मुसीबत के पार ले जा सकती हैं बशर्ते हम उनका प्रयोग करें। हम अपने आपको जितना शक्तिशाली समझते हैं, दरअसल हम उससे ज़्यादा शक्तिशाली होते हैं।

स्वर्गीय बूथ टार्किंगटन हमेशा कहा करते थे : "मैं ज़िंदगी में बुरी से बुरी स्थिति सहन कर सकता हूँ, सिवाय एक चीज़ के : अंधापन। मैं उसे सहन नहीं कर पाऊँगा।"

परंतु साठ की उम्र के क़रीब एक दिन टार्किंगटन ने जब फ़र्श के गलीचे की तरफ़ देखा तो रंग धुँधले नज़र आ रहे थे। उन्हें साफ़ दिखाई नहीं दे रहा था। वे डॉक्टर के पास गये उन्हें यह दुखद सच्चाई पता चली कि धीरे-धीरे उनकी आँखों की रोशनी जा रही थी। एक आँख की रोशनी लगभग पूरी तरह चली गयी थी और दूसरी आँख की जाने वाली थी। जिस बात का उन्हें सबसे ज़्यादा डर था, वही अब उनके साथ हो रही थी।

और टार्किंगटन ने इस दुखद विपत्ति का सामना किस तरह किया? क्या उन्होंने यह कहा, "*लो यह हो गया!* अब तो मेरी ज़िंदगी ख़त्म हो गयी।" नहीं, उन्हें ख़ुद आश्चर्य हुआ कि उन्होंने इस बात को मज़ाकिया ढंग से लिया। उनका हास्यबोध जाग्रत हो गया। तैरते हुये "धब्बे" उन्हें परेशान करते थे; वे उनकी आँखों के सामने तैरते हुये आते थे और उनकी वजह से उन्हें दिखायी देना बंद हो जाता था। परंतु जब सबसे बड़ा धब्बा उनकी आँखों के सामने से तैरता हुआ गुज़रता था, तो वे कहा करते थे, "अहा! दादाजी फिर आ गये! क्या पता वे इतनी सुबह-सुबह कहाँ जा रहे हैं?"

क़िस्मत इस तरह के इन्सान को किस तरह हरा सकती है? जवाब है : क़िस्मत ऐसे इन्सान को नहीं हरा सकती। जब टार्किंगटन पूरी तरह अंधे हो गये तो उन्होंने कहा, "मैंने पाया कि मैं अंधेपन को उसी तरह झेल सकता हूँ, जिस तरह कोई भी आदमी किसी भी परिस्थिति को झेल सकता है। अगर मेरी *पाँचों*

इंद्रियाँ भी नष्ट हो जायें, तो भी मैं जानता हूँ कि मैं अपने मस्तिष्क के भीतर जीवित रह सकता हूँ। क्योंकि मस्तिष्क में ही हम देखते हैं, जीते हैं, चाहे हम यह बात जानते हों या न जानते हों।"

आँखों की रोशनी वापस लाने के लिये टार्किंगटन को एक साल में बारह से अधिक ऑपरेशन करवाने पड़े। वह भी *स्थानीय* एनेस्थीसिया की मदद से! क्या वे इस बात पर ग़ुस्सा हुये ? वे जानते थे कि इसके बिना कोई चारा नहीं था। वे जानते थे कि इससे बचा नहीं जा सकता था इसलिये कष्ट को कम करने का एकमात्र तरीक़ा यही था कि गरिमा के साथ इसका सामना किया जाये। उन्होंने अस्पताल में प्राइवेट कमरा लेने से इंकार कर दिया और वार्ड में रहना पसंद किया, जहाँ वे अपनी ही तरह बीमार लोगों के साथ रह सकें। उन्होंने उनका दिल बहलाने की कोशिश की। जब उन्हें बार-बार होने वाले ऑपरेशनों का सामना करना पड़ा - और वे पूरी तरह जागरूक थे कि उनकी आँखों के साथ क्या किया जा रहा था - तो उन्होंने यह याद करने की कोशिश की कि वे कितने ख़ुशनसीब थे। "कितना अद्‌भुत है!" उन्होंने कहा। "कितना अद्‌भुत है कि विज्ञान के पास अब इतनी निपुणता है कि यह इन्सान की आँख जैसी नाज़ुक चीज़ का ऑपरेशन कर सकता है।"

औसत आदमी को अगर बारह ऑपरेशनों से अधिक का और अंधेपन का सामना करना पड़े तो वह नर्वस ब्रेकडाउन का शिकार हो जायेगा। परंतु टार्किंगटन ने कहा, "मैं इस अनुभव को किसी अधिक सुखद अनुभव से बदलने को तैयार नहीं हूँ।" इसने उन्हें स्वीकार करना सिखाया। इसने उन्हें सिखाया कि जीवन ऐसा दुख नहीं दे सकता जिसे झेलने की उनमें ताक़त नहीं है। इसने उन्हें सिखाया, जो जॉन मिल्टन जान गये थे कि "अंधा होना दुख का कारण नहीं है, दुख का कारण है अंधेपन को झेल पाने की योग्यता न होना।"

न्यू इंग्लैंड की प्रसिद्ध फ़ेमिनिस्ट मार्गरेट फुलर ने एक बार अपना सूत्रवाक्य बनाया था : "मैं ब्रह्मांड को स्वीकार करती हूँ!"

जब चिड़चिड़े बूढ़े थॉमस कार्लायल ने इंग्लैंड में यह सुना तो उन्होंने नाक-भौं सिकोड़ते हुये कहा, "भगवान की क़सम, बेहतर है कि वह स्वीकार कर ले!" हाँ, और भगवान की क़सम, बेहतर होगा कि आप और मैं भी अवश्यंभावी को स्वीकार कर लें!

अगर हम इसके विरोध में संघर्ष करें, इससे कुश्ती लड़ें और कटु हो जायें तो भी हम अवश्यंभावी को तो नहीं बदल पायेंगे, परंतु अपने आप को ज़रूर बदल लेंगे। मैं जानता हूँ। मैंने ऐसा करके देखा है।

एक बार मैंने अपने सामने आयी एक अवश्यंभावी स्थिति को स्वीकार करने से इंकार कर दिया था। मैं मूर्खतापूर्ण तरीक़े से इसके विरुद्ध संघर्ष करता रहा और विद्रोह करता रहा। मैंने अपनी रातों को अनिद्रा के नरक में बदल लिया। मैंने अपने ऊपर वे सारी मुश्किलें थोप लीं जो मैं नहीं चाहता था। आख़िरकार, एक साल तक अपने आपको यातना देने के बाद मुझे उसे स्वीकार करना ही पड़ा, जिसके बारे में मैं शुरू से ही जानता था कि मैं शायद उसे बदल नहीं पाऊँगा।

मुझे बरसों पहले वाल्ट व्हिटमैन के साथ यह चीख़-चीख़कर कहना चाहिये था :

रात, तूफ़ान, भूख, उपहास, दुर्घटना, अपमान
का सामना करो, पेड़ों और जानवरों की तरह।

मैं बारह सालों तक जानवरों के साथ रहा हूँ, परंतु मैंने कभी नहीं देखा कि किसी जर्सी गाय को इस वजह से बुखार आ गया हो, क्योंकि बारिश की कमी के कारण चरागाह सूख रहा है या बर्फ़ या ठंड ज़्यादा पड़ रही है या उसका प्रेमी किसी दूसरी गाय की तरफ़ कुछ ज़्यादा ही ध्यान दे रहा है। जानवर रात, तूफ़ान और भूख का सामना शांति से करते हैं, इसीलिये वे कभी नर्वस ब्रेकडाउन या पेट के अल्सर के शिकार नहीं होते; और वे कभी पागल भी नहीं होते।

क्या मैं यह सिखाना चाहता हूँ कि हम अपने रास्ते में आने वाली सभी कठिनाइयों के सामने घुटने टेक दें ? नहीं, बिलकुल नहीं। यह तो भाग्यवादी नज़रिया होगा। जब तक इस बात की संभावना है कि हम किसी परिस्थिति को सुधार सकते हैं, तब तक लड़ते रहें और हार न मानें। परंतु जब सहज बुद्धि से यह जान लें कि हम किसी ऐसी चीज़ के ख़िलाफ़ लड़ रहे हैं, जिसे सुधारा नहीं जा सकता तो क्या यह समझदारी नहीं होगी कि हम बीती ताही बिसार दें और उस चीज़ के लिये परेशान न हों, जो संभव ही नहीं है।

कोलंबिया युनिवर्सिटी के स्वर्गीय डीन हॉक्स ने मुझे बताया कि उन्होंने मदर गूज़ की इन पंक्तियों को अपना सूत्र बनाया था :

दुनिया की हर बीमारी का
या तो कोई इलाज है, या फिर नहीं है;
अगर इलाज है, तो उसे ढूँढ़ने की कोशिश करो;
अगर इलाज नहीं है, तो परवाह मत करो।

यह पुस्तक लिखते समय मैंने अमेरिका के बहुत से अग्रणी बिज़नेस एक्ज़ीक्यूटिव्ज़ के इंटरव्यू लिये और इस बात से प्रभावित हुआ कि वे अवश्यंभावी के साथ सहयोग करते हैं और बेहद चिंतामुक्त जीवन बिताते हैं। अगर वे ऐसा नहीं करते तो दबाव के कारण टूट चुके होते। यहाँ कुछ उदाहरण हैं जो आपके सामने स्पष्ट करेंगे कि मैं क्या कहना चाहता हूँ :

जे.सी. पेनी राष्ट्रव्यापी पेनी स्टोर्स के संस्थापक हैं और उन्होंने मुझे बताया, "अगर मैं अपनी सारी पूँजी भी गँवा दूँ तो भी मैं चिंता नहीं करूँगा क्योंकि मुझे नहीं लगता कि चिंता करने से मुझे कोई फ़ायदा होगा ? मैं जो भी अच्छे से अच्छा कर सकता हूँ, करता हूँ और परिणामों को ईश्वर के हाथ में छोड़ देता हूँ।"

हेनरी फोर्ड ने भी मुझसे इसी तरह की बात कही थी, "जब मैं घटनाओं को सुधार नहीं सकता, तो मैं उन्हें उनके हाल पर छोड़ देता हूँ।"

जब मैंने क्राइस्लर कॉरपोरेशन के तत्कालीन प्रेसिडेंट के.टी. केलर से पूछा कि वे किस तरह चिंता से दूर रहते हैं तो उन्होंने जवाब दिया : "जब मेरे सामने कोई कठिन परिस्थिति आती है और अगर मैं उसके बारे में कुछ कर सकता हूँ तो मैं वह काम कर देता हूँ। अगर मैं कुछ नहीं कर सकता, तो मैं उसे भूल जाता हूँ। मैं भविष्य के बारे में कभी चिंता नहीं करता क्योंकि मैं जानता हूँ कि दुनिया का कोई भी इन्सान यह ठीक-ठीक नहीं जानता कि भविष्य में क्या होने वाला है। ऐसी बहुत सारी शक्तियाँ हैं जो भविष्य को प्रभावित करती हैं! कोई भी नहीं बता सकता कि कौन सी चीज़ इन शक्तियों का संचालन करती है - कोई भी उन्हें नहीं समझ सकता। तो फिर उनके बारे में चिंता क्यों की जाये ?" के.टी. केलर असहज हो जायेंगे अगर उन्हें यह बताया जाये कि वे दार्शनिक हैं। वे सिर्फ़ एक अच्छे बिज़नेसमैन हैं, परंतु फिर भी उनकी फ़िलॉसफ़ी वही है, जो एपिक्टेटस ने रोम में उन्नीस सदी पहले सिखायी थी। एपिक्टेटस ने रोम के नागरिकों को यह सिखाया था, "सुख का एक ही रास्ता है और वह यह कि उन चीज़ों के बारे में चिंता न की जाये, जो हमारी इच्छाशक्ति के परे हों।"

सारा बर्नहार्ड, "दिव्य सारा" उस महिला का प्रसिद्ध उदाहरण हैं जो जानती थीं कि अवश्यंभावी के साथ किस तरह सहयोग किया जाये। आधी सदी तक वे चार महाद्वीपों में थियेटर की साम्राज्ञी थीं - दुनिया की सबसे लोकप्रिय अभिनेत्री। जब वे इकहत्तर साल की थीं और ग़रीब थीं - उन्होंने अपना सारा धन गँवा दिया था - तब पेरिस के डॉक्टर प्रोफ़ेसर पॉज़्ज़ी ने उन्हें बताया कि उनका पैर काटना पड़ेगा। अटलांटिक महासागर की यात्रा में तूफ़ान के दौरान वे डेक पर गिर गयी थीं और पैर में गंभीर चोटें आयी थीं। उन्हें फ़्लेबाइटिस हो गया और उनका पैर सिकुड़ गया। दर्द इतना भयानक था कि डॉक्टर को उनका पैर काटना ही बेहतर लगा। वे तूफ़ानी, भावावेग से भरी "दिव्य सारा" को यह बताने में डर रहे थे कि क्या किया जाना है। उन्हें पूरी आशंका

थी कि यह भयानक ख़बर सुनकर उन पर हिस्टीरिया का दौरा पड़ जायेगा। परंतु वे ग़लत थे। सारा ने उन्हें एक पल तक देखा और फिर शांति से कहा, "अगर यह किया जाना है, तो फिर इसे किया जाना है।" यह क़िस्मत थी।

जब उन्हें ऑपरेशन थियेटर में ले जाया जा रहा था तो उनका पुत्र खड़ा-खड़ा रो रहा था। परंतु सारा ने ख़ुशी-ख़ुशी उसकी तरफ़ हाथ हिलाया और ख़ुशनुमा अंदाज़ में बोलीं : "चले मत जाना। मैं अभी लौटकर आती हूँ।"

ऑपरेशन थियेटर के रास्ते में उन्होंने अपने एक नाटक का दृश्य बोलकर सुनाया। जब किसी ने उनसे पूछा कि क्या वे ख़ुद का हौसला बढ़ाने के लिये यह कर रही हैं, तो उन्होंने जवाब दिया : "नहीं, डॉक्टरों और नर्सों का हौसला बढ़ाने के लिये। उन पर कितना दबाव होगा!"

स्वस्थ होने के बाद सारा बर्नहार्ड पूरी दुनिया के दौरे पर गयीं और सात सालों तक दर्शकों को मंत्रमुग्ध करती रहीं।

"जब हम अवश्यंभावी से लड़ना बंद कर देते हैं," एल्सी मैक्कॉर्मिक ने *रीडर्स डाइजेस्ट* के लेख में लिखा था, "तो हम ऊर्जा मुक्त करते हैं जो हमें अधिक समृद्ध जीवन जीने में समर्थ बनाती है।"

किसी भी जीवित आदमी में इतनी भावना और ऊर्जा नहीं होती कि वह अवश्यंभावी से *लड़* भी ले और नये जीवन की शुरुआत भी कर ले। आपको इनमें से एक विकल्प चुनना होगा। या तो आप झुककर जीवन के अवश्यंभावी तूफ़ानों का सामना करें या फिर तनकर उसका सामना करने की कोशिश में टूटकर गिर जायें।

मैंने मिसूरी के अपने फ़ार्म में ऐसा ही होते देखा। मैंने उस फ़ार्म पर बहुत से पेड़ लगाये थे। पहले तो वे आश्चर्यजनक तेज़ी से बड़े हुये। फिर बर्फ़ीला तूफ़ान हर शाखा पर बर्फ़ की मोटी परत छोड़ गया। अपने बोझ को झुककर सहन करने के बजाय इन पेड़ों ने गर्व के साथ विरोध किया। वे टूट गये, वज़न के कारण

धराशायी हो गये – और उन्हें काटना पड़ा। उन्होंने उत्तर प्रांतों के सदाबहार जंगलों की समझदारी नहीं सीखी थी। मैंने कनाडा के सदाबहार जंगलों में सैकड़ों मील यात्रा की है। परंतु मैंने आज तक नहीं देखा कि कोई सदाबहार पेड़ बर्फ़ की वजह से टूटा हो। वे सदाबहार पेड़ जानते हैं कि किस तरह झुका जाये, किस तरह अपनी शाखाओं को झुकाया जाये, किस तरह अवश्यंभावी के साथ सहयोग किया जाये।

जिजित्सु के विशेषज्ञ अपने शिष्यों को सिखाते हैं, "लताओं की तरह झुको, पेड़ की तरह प्रतिरोध मत करो।"

आपको क्या लगता है सड़क पर चलने वाले टायर लंबे समय तक सड़क के झटकों को क्यों सहन कर पाते हैं ? शुरुआत में तो टायर बनाने वालों ने ऐसे टायर बनाने की कोशिश की जो सड़क के झटकों का प्रतिरोध कर सकें। परिणाम यह हुआ कि वे टायर चिंदी-चिंदी हो गये। फिर उन्होंने एक ऐसा टायर बनाया जो सड़क के झटकों को सहन करे, उसे अपने अंदर जज़्ब कर ले। यह टायर "चल गया"। आप और हम भी अगर जीवन की पथरीली सड़क के झटकों को सहन करके उन्हें अपने अंदर जज़्ब कर लें, तो हम भी जीवन की कठिन राह पर ज़्यादा देर तक और ज़्यादा अच्छी तरह "चल" सकते हैं।

क्या होगा अगर हम जीवन के झटकों को सहन करने के बजाय उनका प्रतिरोध करें ? क्या होगा अगर हम "लताओं की तरह झुकने" से इंकार कर दें और पेड़ों की तरह प्रतिरोध करने पर तुल जायें ? जवाब आसान है। हमारे भीतर आंतरिक संघर्षों की एक श्रृंखला उत्पन्न हो जायेगी। हम चिंतित, तनावपूर्ण और न्यूरॉटिक हो जायेंगे।

अगर हम थोड़ा और आगे बढ़ते हैं यानी यथार्थ के कटु संसार को अस्वीकार करते हैं और ख़ुद की बनायी हुई सपनों की दुनिया में दुबक जाते हैं, तो हम पागल हो जायेंगे।

युद्ध के दौरान लाखों डरे हुये सैनिकों को या तो अवश्यंभावी को स्वीकार करना था या फिर दबाव के कारण टूट जाना था। उदाहरण के लिये हम ग्लेनडेल, न्यूयॉर्क के विलियम एच. कैसेलियस का उदाहरण लें। यह एक पुरस्कार-विजेता वार्ता है जो उन्होंने न्यूयॉर्क में मेरी एक कक्षा में दी :

"जब मैं कोस्ट गार्ड में भर्ती हुआ, तो उसके ठीक बाद मुझे अटलांटिक में एक बहुत ही ख़तरनाक काम दिया गया। मुझे विस्फोटकों का सुपरवाइज़र बनाया गया। कल्पना कीजिये। मैं! बिस्किटों का सेल्समैन विस्फोटकों का प्रभारी बन गया था। टी एन टी के हज़ारों टन के ऊपर खड़े होने के विचार से ही किसी भी सेल्समैन की रूह काँप जायेगी। मुझे सिर्फ़ दो ही दिन का प्रशिक्षण दिया गया और मैंने जो सुना उससे मेरे रोंगटे खड़े हो गये। अपने काम का पहला दिन मैं कभी नहीं भूल सकता। अँधेरे, ठंडे और कोहरे भरे दिन में मुझे कैवन पॉइंट, बैयॉन, न्यू जर्सी के खुले स्थान में आदेश दिया गया।

"मुझे अपने जहाज़ में होल्ड नंबर पाँच पर विस्फोटक लदवाने का काम दिया गया। मुझे वहाँ पर पाँच मज़दूरों के साथ काम करना था। उनकी पीठ मज़बूत थी, परंतु उन्हें विस्फोटकों के बारे में ज़रा भी पता नहीं था। वे लोग जो बक्से लाद रहे थे, उनमें से प्रत्येक में एक टन टी एन टी था - इतना बारूद कि उस पुराने जहाज़ को एक पल में उड़ा सकता था। बक्से लादने के लिये दो रस्सियों से लटकाकर उन्हें खींचा जा रहा था। मैं ख़ुद से बार-बार कहता रहा : क्या होगा अगर दो में से एक रस्सी छूट जाये - या फिर टूट जाये। हे भगवान! मैं बुरी तरह डरा हुआ था! मैं थरथर काँप रहा था! मेरा मुँह सूख गया। मेरे घुटने बेजान हो गये। मेरा दिल तेज़ी से धड़कने लगा। परंतु मैं भाग नहीं सकता था। मेरा कोर्टमार्शल हो जाता, मुझे अपमानित किया जाता - मेरे माता-पिता अपमानित होते और भगोड़ा होने की वजह से मुझे गोली भी मारी जा सकती थी। मैं भाग नहीं सकता था। मुझे वहीं

पर रहना था। मैं वहीं खड़े-खड़े देखता रहा कि मज़दूर बारूद के बक्सों को कितनी लापरवाही से चढ़ा रहे थे। जहाज़ किसी भी समय उड़ सकता था। एक घंटे या इससे अधिक समय तक इसी दिल दहला देने वाली चिंता में रहने के बाद मैंने थोड़ी बुद्धि का उपयोग किया। मैंने ख़ुद को अच्छी तरह समझाया। मैंने कहा, 'देखो। ज़्यादा से ज़्यादा यह होगा कि तुम उड़ जाओगे। तो उससे क्या होगा! तुम्हें इस बात का पता भी नहीं चलेगा। यह आसान मौत होगी। कैंसर से मरने से तो यही मौत अच्छी है। मूर्ख मत बनो। तुम हमेशा ज़िंदा नहीं रह सकते। तुम्हें यह काम करना ही है, वरना तुम्हें गोली मार दी जायेगी। इसलिये बेहतर यही होगा कि तुम इस काम को पसंद करने लगो।'

"मैंने अपने आपसे इस तरह घंटों बात की; और मुझे निश्चिंतता का अनुभव होने लगा। आख़िरकार, मैंने इस अवश्यंभावी स्थिति को स्वीकार करके ख़ुद को विवश कर लिया कि मैं अपनी चिंता और डरों को जीत लूँ।

"मैं यह सबक़ कभी नहीं भूलूँगा। हर बार जब भी मेरा मन किसी ऐसी चीज़ के बारे में चिंतित होने लगता है जिसे मैं बदल नहीं सकता, तो मैं अपने कंधे उचकाता हूँ और कहता हूँ, 'इसे भूल जाओ।' मैंने पाया है कि यह कारगर तरीक़ा है – बिस्किट के सेल्समैन के लिये भी।" हुर्रे! हम तीन बार तालियाँ बजायें और पाइनाफ़ोर के सेल्समैन के लिये एक और ताली।

ईसा मसीह को सलीब पर लटकाने को छोड़ दिया जाये, तो पूरे इतिहास में सबसे प्रसिद्ध मृत्यु का दृश्य सुकरात की मृत्यु का था। आज से दस हज़ार सदी बाद भी लोग इसके बारे में प्लेटो का अमर वर्णन पढ़ रहे होंगे और उसे सँजो रहे होंगे क्योंकि यह पूरे साहित्य में सबसे मर्मस्पर्शी और सुंदर वर्णनों में से एक है। एथेन्स के कुछ लोग नंगे पैर चलने वाले बूढ़े सुकरात से जलते थे। इसलिये उन्होंने सुकरात पर कुछ आरोप लगाये, उन पर मुकदमा चलाया और उन्हें मौत की सज़ा सुना दी। जब दोस्ताना जेलर

ने सुकरात को पीने के लिये जहर भरा प्याला दिया, तो जेलर ने कहा : *"जो होना तय है, उसे सहजता से सहन करने की कोशिश करो।"* सुकरात ने यही किया। उन्होंने मौत का सामना इतनी शांति और सहजता से किया कि यह दैवी ऊँचाइयों को छू गया।

"जो होना तय है, उसे सहजता से सहन करने की कोशिश करो।" ये शब्द ईसा मसीह के पैदा होने से 399 साल पहले बोले गये थे, परंतु इस चिंता करने वाली दुनिया को आज इन शब्दों की जितनी ज़रूरत है, उतनी पहले कभी नहीं रही। *"जो होना तय है, उसे सहजता से सहन करने की कोशिश करो।"*

चिंता को दूर करने के संबंध में मैंने इस विषय से संबंधित लगभग हर पुस्तक और मैग्ज़ीन का लेख पढ़ा है ... क्या आप जानना चाहेंगे कि अपने समूचे अध्ययन में मुझे चिंता के बारे में सबसे अच्छी सलाह क्या मिली है ? तो यह रहे – सैंतीस सारगर्भित शब्द – वे शब्द जो आपको और मुझे अपने बाथरूम के शीशे पर चिपका लेना चाहिये, ताकि हर बार जब भी हम अपना मुँह धोयें, हम अपने दिमाग़ से अपनी चिंताओं को भी धो लें। यह अनमोल प्रार्थना डॉ. रीनहोल्ड नीबर ने लिखी है :

हे प्रभु, मुझे शांति दो
उन चीज़ों को स्वीकार करने की, जिन्हें मैं बदल नहीं सकता,
जिन चीज़ों को मैं बदल सकता हूँ, उन्हें बदलने का साहस दो;
और दोनों के फ़र्क़ को पहचानने की बुद्धि दो।

इससे पहले कि चिंता आपको ख़त्म कर दे, चिंता को ख़त्म करने का चौथा नियम है :

अवश्यंभावी के साथ सहयोग करें।

• • •

10

अपनी चिंताओं पर "स्टॉप लॉस" लगा दें

क्या आप यह जानना चाहेंगे कि शेयर बाज़ार में पैसा कैसे कमाया जाता है? आपके अलावा दस लाख लोग और होंगे जो यह जानना चाहेंगे और अगर मुझे इसका जवाब मालूम होता तो इस पुस्तक की क़ीमत दस हज़ार डॉलर होती। बहरहाल, मैं आपको एक ऐसी तकनीक बताने जा रहा हूँ जिसका प्रयोग बहुत से सफल शेयर बाज़ार विशेषज्ञ करते हैं। यह प्रसंग मुझे निवेश सलाहकार चार्ल्स रॉबर्ट्स ने सुनाया था :

"जब मैं पहली बार टेक्सॉस से न्यूयॉर्क आया, तो मेरे पास अपने दोस्तों के बीस हज़ार डॉलर थे, जो उन्होंने मुझे शेयर बाज़ार में निवेश के लिये दिये थे। मैं सोचता था मुझे शेयर बाज़ार की अच्छी समझ थी, परंतु मैंने अपनी सारी पूँजी गँवा दी। यह सच है कि मुझे कुछ सौदों में फ़ायदा हुआ था, पर अंततः मेरी सारी पूँजी चली गयी।

"मुझे पैसे डूबने का उतना अफ़सोस नहीं था, जितना इस बात का था कि यह मेरे दोस्तों का पैसा था, हालाँकि वे इतने अमीर थे कि उन्हें इससे कोई ख़ास फ़र्क़ नहीं पड़ने वाला था। इस प्रयास के इतने दुर्भाग्यपूर्ण अंत के बाद मुझे उनका सामना करने

में डर लग रहा था, परंतु मुझे हैरत हुई जब उन्होंने इसे बहुत अच्छे तरीक़े से लिया और आशावादी नज़रिये का परिचय दिया।

"मैं जान गया कि शेयर बाज़ार में सफल होने के लिये मैं अँधेरे में तीर चला रहा था और अपनी क़िस्मत तथा दूसरों की सलाह के भरोसे चल रहा था। मैं शेयर बाज़ार में अनाड़ीपन का परिचय दे रहा था।

"मैंने अपनी ग़लतियों के बारे में सोचना शुरू किया और यह फ़ैसला किया कि शेयर बाज़ार में दुबारा क़दम रखने से पहले मैं यह पता लगाने की कोशिश करूँगा कि यह कैसे काम करता है। इसलिये मैंने शेयर बाज़ार के एक बेहद सफल विशेषज्ञ बर्टन एस. कैसल्स को खोजा और उनसे परिचय बढ़ाया। मेरा विश्वास था कि मैं उनसे काफ़ी कुछ सीख सकता था क्योंकि सफल निवेशक के रूप में उनकी प्रतिष्ठा हर साल बढ़ती ही जा रही थी और मैं जानता था कि इस तरह का कैरियर सिर्फ़ भाग्य या क़िस्मत का परिणाम नहीं हो सकता।

"उन्होंने मुझसे कुछ सवाल पूछे कि मैं किस तरह शेयर की ख़रीद-फ़रोख्त करता था और फिर उन्होंने मुझे एक ऐसा सिद्धांत बताया जो मेरे हिसाब से शेयर बाज़ार का सबसे महत्वपूर्ण सिद्धांत है। उन्होंने कहा, 'मैं हर शेयर ख़रीदते समय उस पर "स्टॉप लॉस" का ऑर्डर लगा देता हूँ। मान लीजिये मैं किसी शेयर को पचास डॉलर में ख़रीदता हूँ, तो मैं उस पर पैंतालीस डॉलर का स्टॉप लॉस लगा देता हूँ।' यानी अगर उस शेयर का भाव पैंतालीस डॉलर तक गिर जायेगा तो वह अपने आप बिक जायेगा और इस तरह उस सौदे में मुझे सिर्फ़ पाँच डॉलर का ही नुक़सान होगा।

"अगर आपने समझदारी से किसी शेयर का चुनाव किया है, तो आपको औसतन दस, पच्चीस या पचास डॉलर का फ़ायदा हो सकता है। परंतु चूँकि आपने अपने नुक़सान को पाँच डॉलर

तक ही सीमित कर लिया है इसलिये अगर आप आधे से ज़्यादा बार भी घाटा उठाते हैं, तो भी आप ढेर सारा पैसा कमा सकते हैं।

"मैंने इस सिद्धांत पर तत्काल अमल किया और मैं तब से इसका लगातार प्रयोग कर रहा हूँ। इसने मेरे और मेरे ग्राहकों के हज़ारों डॉलर बचाये हैं।

"कुछ समय बाद मैंने महसूस किया कि स्टॉप लॉस का यह सिद्धांत केवल शेयर बाज़ार में ही नहीं, जीवन के दूसरे क्षेत्रों में भी उपयोगी है। मैंने आर्थिक समस्याओं के अलावा दूसरी समस्याओं पर भी स्टॉप लॉस लगाना शुरू कर दिया। मैंने हर तरह की परेशानी और द्वेष पर स्टॉप लॉस ऑर्डर लगाए। इसने जादू की तरह असर दिखाया।

"उदाहरण के तौर पर मैं अक्सर ऐसे दोस्त के साथ लंच लेता था जो शायद ही कभी वक़्त पर आता हो। पहले तो मैं आधे घंटे तक उबलते हुये उसका इंतज़ार करता था और तब जाकर वह आता था। आख़िरकार मैंने उसे बताया कि मैंने उसके इंतज़ार करने पर स्टॉप लॉस लगा दिया है। मैंने उससे कहा, 'तुम्हारे इंतज़ार का मेरा स्टॉप लॉस पूरे दस मिनट है। अगर तुम दस मिनट से ज़्यादा देर से आओगे तो हमारा लंच गया भाड़ में – मैं उठकर चल दूँगा।' "

हे भगवान! काश मैंने ऐसा बरसों पहले किया होता! काश मैंने अपनी अधीरता, अपने स्वभाव, ख़ुद को सही साबित करने की अपनी इच्छा, अपने अफ़सोसों और अपने मानसिक तथा भावनात्मक तनावों पर बरसों पहले स्टॉप लॉस का ऑर्डर लगाया होता! मुझमें पहले इतनी बुद्धि क्यों नहीं आयी कि मैं हर उस स्थिति का विश्लेषण कर पाता जिससे मेरी मानसिक शांति भंग होने का ख़तरा था और फिर ख़ुद से कहता, "देखो, डेल कारनेगी, इस परिस्थिति में सिर्फ़ इतनी ही चिंता करना चाहिये, इससे ज़्यादा नहीं।"... मैंने ऐसा क्यों नहीं किया?

बहरहाल, मैं अपने आप को कम से कम एक अवसर पर तो थोड़ी बुद्धिमानी का श्रेय देना चाहूँगा। और यह एक गंभीर अवसर था, मेरे जीवन में एक संकट की स्थिति थी, जब मैं खड़ा-खड़ा अपने सपनों, भविष्य की योजनाओं और कई सालों की मेहनत को चौपट होते देख रहा था। हुआ यह था - जब मैं तीस साल से कुछ अधिक का था तो मैंने उपन्यास लिखने में जीवन समर्पित करने का फ़ैसला किया। मैं दूसरा फ्रैंक नॉरिस या जैक लंदन या थॉमस हार्डी बनने जा रहा था। मैं इसे लेकर इतना गंभीर था कि मैंने यूरोप में दो साल बिताये - जहाँ मैं प्रथम विश्वयुद्ध के बाद के सस्ते युग में कुछ डॉलरों में ही रह सकता था। मैंने वहाँ दो साल बिताये और अपना महान ग्रंथ लिखा, जिसका नाम *द ब्लिज़ार्ड* (बर्फ़ीला तूफ़ान) रखा। इसका शीर्षक बहुत ही स्वाभाविक था क्योंकि प्रकाशकों ने इसे उतने ही ठंडे तरीक़े से लिया जिस तरह से डकोटा के मैदानों में आने वाले बर्फ़ीले तूफ़ान को लिया जाता। जब मेरे साहित्यिक एजेंट ने मुझे बताया कि इस उपन्यास में दम नहीं था और मुझमें उपन्यास-लेखन की कोई प्रतिभा, कोई कला नहीं थी, तो मेरे दिल की धड़कन जैसे थम गयी। मैं उसके ऑफ़िस से बाहर निकलते समय सदमे में था। अगर किसी ने मेरे सिर पर एक मुगदर मार दिया होता तो भी मेरा हाल इससे बुरा नहीं होता। मैं बुरी तरह सकते में था। मैंने महसूस किया कि मैं ज़िंदगी के दोराहे पर खड़ा था और मुझे एक बेहद महत्त्वपूर्ण निर्णय लेना था। मुझे क्या करना चाहिये ? मुझे कौन सा रास्ता चुनना चाहिये ? कई सप्ताह गुज़रने के बाद ही मैं सदमे की हालत से बाहर आ पाया। उस समय तक मैंने यह वाक्यांश नहीं सुना था, "अपनी चिंताओं पर 'स्टॉप लॉस' लगा दें"। परंतु अब मैं जब पीछे मुड़कर देखता हूँ तो महसूस कर सकता हूँ कि मैंने यही किया था। मैंने उस उपन्यास पर ख़ून-पसीना बहाने वाले दो सालों को अपने जीवन से अलग कर दिया, उसे एक अच्छा प्रयोग माना क्योंकि वह इससे अधिक कुछ नहीं था और इसके बाद मैं आगे

बढ़ गया। मैं वयस्क शिक्षा की कक्षाओं को चलाने तथा पढ़ाने के अपने काम पर वापस लौट आया और ख़ाली समय में मैंने जीवनियाँ लिखीं – जीवनियाँ और नॉनफिक्शन पुस्तकें, जिस तरह की पुस्तक आप अभी पढ़ रहे हैं।

क्या मैं ख़ुश हूँ कि मैंने वह फ़ैसला किया ? ख़ुश ? हर बार जब मैं इस बारे में सोचता हूँ तो मुझे लगता है कि ख़ुशी के मारे सड़क पर नाचने लगूँ। मैं ईमानदारी से कह सकता हूँ कि मैंने तब से एक दिन या एक घंटा भी कभी इस बात पर अफ़सोस करते हुये नहीं गुज़ारा कि मैं दूसरा थॉमस हार्डी नहीं बन पाया।

एक सदी पहले एक रात जब उल्लू वाल्डेन के तालाब के किनारे जंगलों में चीख़ रहा था तो हेनरी थोरो ने क़लम स्याही में डुबाकर अपनी डायरी में लिखा : "किसी वस्तु की क़ीमत को मैं जीवन की मात्रा का नाम देना चाहूँगा, जो उसके बदले में तत्काल या लंबे समय में चुकायी जाती है।"

इसे दूसरे तरीक़े से कहें : जब हम जीवन के संदर्भ में किसी वस्तु की क़ीमत ज़रूरत से ज़्यादा चुकाते हैं तो हम मूर्ख होते हैं।

परंतु गिल्बर्ट और सुलिवन ने ठीक यही किया। वे जानते थे कि ख़ुशनुमा शब्दों और कर्णप्रिय संगीत की रचना कैसे की जाती है, परंतु दुख की बात यह है कि वे यह नहीं जानते थे कि अपने जीवन को ख़ुशियों से कैसे भरा जाये। उन्होंने कई बहुत अच्छे ऑपेरा रचे जिन्होंने पूरी दुनिया को आनंदित किया : *पेशेंस, पाइनाफ़ोर, द मिकाडो।* परंतु वे अपने ग़ुस्से पर क़ाबू नहीं रख पाये। उन्होंने कई साल कड़वाहट में गुज़ारे और इसका कारण था एक गलीचे की क़ीमत! उन्होंने जो थियेटर ख़रीदा था उसके लिये सुलिवन ने एक नये गलीचे का ऑर्डर दिया। जब गिल्बर्ट ने बिल देखा तो वह भड़क गया। वे अदालत में गये और उन्होंने ज़िंदगी भर एक-दूसरे से बात नहीं की। जब सुलिवन किसी नयी रचना के लिये संगीत तैयार कर लेता था, तो वह डाक से उसे गिल्बर्ट

के पास भिजवा देता और जब गिल्बर्ट गीत लिख लेता था, तो वह उसे सुलिवन के पास भिजवा देता। एक बार उन्हें मंच पर इकट्ठे आना पड़ा। वे दोनों मंच के अलग-अलग कोनों पर खड़े होकर दूसरी दिशा में अभिवादन कर रहे थे, ताकि उन्हें एक-दूसरे की शक्ल न देखना पड़े। उनमें इतनी समझदारी नहीं थी कि वे अपने द्वेष पर स्टॉप लॉस ऑर्डर लगाते, जैसा लिंकन ने किया था।

एक बार गृहयुद्ध के दिनों में जब लिंकन के कुछ दोस्त उसके कटु शत्रुओं की भर्त्सना कर रहे थे, तब लिंकन ने कहा : "आपमें व्यक्तिगत द्वेष की मात्रा मुझसे अधिक है। शायद मुझमें यह बहुत कम है, परंतु मुझे लगता है कि इससे कोई फ़ायदा नहीं होता। किसी मनुष्य के पास इतना समय नहीं होता कि वह अपना आधा जीवन लड़ाई करने में बर्बाद कर दे। अगर कोई व्यक्ति मुझ पर हमला करना छोड़ देता है तो मैं उसके अतीत के बारे में पूरी तरह भूल जाता हूँ।"

काश मेरी बूढ़ी आंटी - एडिथ आंटी - में लिंकन के समान क्षमाशीलता होती। वे और फ्रैंक अंकल एक गिरवी रखे हुये फ़ार्म पर रहते थे जो कॉकरोचों से भरा था और जिसकी ज़मीन बंजर और ऊबड़-खाबड़ थी। उनका जीवन मुश्किलों से भरा था - उन्हें पायी-पायी बचाना ही था। परंतु एडिथ आंटी को अपने साधारण घर को चमकाने के लिये कुछ पर्दे और अन्य छुटपुट सामान ख़रीदना पसंद था। उन्होंने मैरीविले, मिसूरी में डैन एवरसोल के ड्राईगुड्स स्टोर से उधारी पर यह विलासिता का सामान ख़रीद लिया। फ्रैंक अंकल को कर्ज़ की चिंता हुई। हर किसान की तरह वे भी कर्ज़ से घबराते थे, इसलिये उन्होंने गोपनीय रूप से डैन एवरसोल को कह दिया कि वह उनकी पत्नी को उधार सामान देना बंद कर दे। जब आंटी ने यह सुना, तो उन्होंने तूफ़ान मचा दिया - और वे इस घटना के पचास साल बाद भी तूफ़ान मचा रही थीं। मैंने उन्हें यह कहानी कहते सुना है - एक बार नहीं, बल्कि कई बार। आख़िरी बार जब मैंने उन्हें

ऐसा करते देखा, तो उनकी उम्र सत्तर से अधिक थी। मैंने उनसे कहा : "एडिथ आंटी, माना कि फ्रैंक अंकल की ग़लती थी कि उन्होंने आपको नीचा दिखाया, परंतु क्या आपको सचमुच नहीं लगता कि पचास साल पुरानी घटना के लिये इतनी शिकायत करना उससे भी ज़्यादा ग़लत है?" (वैसे यह बता दूँ कि उन्होंने मेरी बात को अनसुना कर दिया।)

एडिथ आंटी ने अपने दिमाग़ में नफ़रत और कटु स्मृतियों का जो पेड़ लगाया था, वह अब इतना फैल चुका था कि इससे उनके मन की शांति ख़त्म हो गयी।

जब बेंजामिन फ्रैंकलिन सात साल के थे, तो उनसे एक ग़लती हो गयी। यह ग़लती उन्हें सत्तर साल तक याद रही। सात साल की उम्र में एक सीटी पर उनका दिल आ गया। वे इसे लेकर इतने रोमांचित थे कि जब वे खिलौने की दुकान में घुसे तो उन्होंने अपनी जेब के सारे सिक्के काउंटर पर रख दिये और बिना क़ीमत पूछे सीटी देने को कहा। उन्होंने इस घटना के सत्तर साल बाद अपने मित्र को पत्र में लिखा, "फिर मैं घर आया और ख़ुशी-ख़ुशी पूरे घर में सीटी बजाता रहा।" परंतु जब उनके भाई-बहनों को पता चला कि उन्होंने सीटी की ज़रूरत से ज़्यादा क़ीमत दे दी थी तो उन्होंने उनकी बहुत हँसी उड़ायी और जैसा उन्होंने कहा, "मैं चिढ़कर रोने लगा।"

सालों बाद जब फ्रैंकलिन विश्वप्रसिद्ध राजनेता और फ्रांस के राजदूत बन गये तब भी वे यह नहीं भूले कि सीटी की ज़्यादा क़ीमत चुकाने के कारण "उन्हें दुख ज़्यादा हुआ था और सीटी से हासिल सुख अपेक्षाकृत कम था।"

परंतु इस घटना ने फ्रैंकलिन को जो सबक़ सिखाया वह अंत में बहुत सस्ता था। उन्होंने कहा, "जब मैं बड़ा हुआ और मैंने दुनियादारी देखी तो लोगों के काम देखकर मैं इस नतीजे पर पहुँचा कि *बहुत सारे लोग अपनी सीटी की बहुत ज़्यादा क़ीमत*

चुकाते हैं। संक्षेप में, मुझे लगता है कि लोगों के अधिकांश दुखों का कारण यह है कि वे चीज़ों की क़ीमत के बारे में ग़लत अनुमान लगा लेते हैं और *यही वजह है कि वे अपनी सीटियों की ज़रूरत से ज़्यादा क़ीमत चुकाते हैं।"*

गिल्बर्ट और सुलिवन ने अपनी सीटी की ज़रूरत से ज़्यादा क़ीमत चुकायी। यही एडिथ आंटी ने किया। यही डेल कारनेगी ने किया - कई बार। और यही अमर लियो टॉल्स्टॉय ने किया, जिन्होंने दुनिया के दो महानतम उपन्यास *वार एंड पीस* और *अन्ना कैरेनिना* लिखे हैं। *एनसाइक्लोपीडिया ब्रिटैनिका* के अनुसार टॉल्स्टॉय अपने जीवन के आख़िरी बीस सालों में "सारी दुनिया में शायद सबसे सम्मानित व्यक्ति थे।" 1890 से 1910 तक असंख्य प्रशंसकों की भीड़ उनके घर की तीर्थयात्रा करने जाती थी ताकि वे उनके चेहरे की झलक देख सकें, उनकी आवाज़ सुन सकें या उनके कपड़ों को छू सकें। उनके मुँह से निकला हर वाक्य नोटबुक में लिखा जाता था, मानो वह कोई "दिव्य कथन" हो। परंतु जब जीने की बात आती है - सामान्य जीवन जीने की - तो टॉल्स्टॉय में सत्तर साल की उम्र में उससे भी कम बुद्धि थी, जितनी कि फ्रैंकलिन में सात साल की उम्र में थी! उनमें बिलकुल भी बुद्धि नहीं थी।

मेरे कहने का मतलब यह है - टॉल्स्टॉय ने एक ऐसी लड़की से शादी की जिससे वे बहुत प्यार करते थे। दरअसल, वे इकट्ठे इतने ज़्यादा ख़ुश थे कि दोनों अपने घुटनों के बल बैठकर ईश्वर को धन्यवाद देते थे कि वह उन्हें इसी तरह के अमिट, स्वर्गिक प्रेम के माहौल में रहने दे। परंतु जिस लड़की से टॉल्स्टॉय की शादी हुई थी वह ईर्ष्यालु स्वभाव की थी। वह एक किसान का वेष बनाकर उनकी जासूसी किया करती थी, यहाँ तक कि जंगलों में भी। उनमें भयानक लड़ाइयाँ होती थीं। वह अपने बच्चों तक से इतनी ईर्ष्या करती थी कि एक बार तो उसने बंदूक उठा ली और अपनी बेटी की तस्वीर में गोली मारकर छेद कर दिया। यही नहीं,

उसने अपने होंठों पर अफ़ीम की बोतल लगाकर फ़र्श पर लोट लगायी और आत्महत्या करने की धमकी दी, जबकि बच्चे कमरे के कोने में सहमे से खड़े होकर आतंक में चीख़ते रहे।

और टॉल्स्टॉय ने क्या किया ? अगर वे आवेश में आकर फ़र्नीचर तोड़ देते, तो मैं उन्हें दोष नहीं देता – उनका ग़ुस्सा होना स्वाभाविक था। परंतु उन्होंने इससे भी बुरा काम किया। उन्होंने एक प्राइवेट डायरी लिखी! हाँ, एक डायरी, जिसमें उन्होंने सारा क़सूर अपनी पत्नी के मत्थे मढ़ दिया। वह डायरी उनकी "सीटी" थी। वे यह सुनिश्चित कर लेना चाहते थे कि भावी पीढ़ियाँ उन्हें दोषी न मानें और उनकी पत्नी को ही क़सूरवार मानें। और इसके जवाब में उनकी पत्नी ने क्या किया ? और क्या, उसने वह डायरी फाड़कर जला दी। इसके बाद उसने अपनी डायरी लिखी और उसमें यह बताया कि *टॉल्स्टॉय* ही विलेन थे। उसने एक उपन्यास भी लिखा जिसका शीर्षक था, *"ग़लती किसकी ?"* (Whose Fault?)। इस उपन्यास में टॉल्स्टॉय की पत्नी ने यह साबित किया कि उनके पति घरेलू जल्लाद हैं और वे बलि की वेदी।

और इससे क्या फ़ायदा हुआ ? कुछ भी नहीं। इन दोनों ने अपने इकलौते घर को "एक पागलख़ाने" में क्यों बदल लिया, जैसा टॉल्स्टॉय ने ख़ुद कहा था ? ज़ाहिर है, इसके कई कारण थे। उनमें से एक कारण था : आपको और मुझे प्रभावित करने की प्रबल इच्छा। हाँ, हम ही वह भावी पीढ़ी हैं जिसकी राय के बारे में वे इतने चिंतित थे! क्या हमें इस बात से ज़रा भी फ़र्क़ पड़ता है कि दोनों में से कौन ग़लत था ? नहीं, हम अपनी ख़ुद की समस्याओं में इतने ज़्यादा उलझे हुये हैं कि हमें टॉल्स्टॉय के बारे में चिंता करने के लिये एक मिनट बर्बाद करने की भी फ़ुरसत नहीं है। दो दुखी लोगों ने अपनी सीटी की कितनी ज़्यादा क़ीमत चुकायी! पचास साल तक उन्होंने अपने जीवन को नरक बनाये रखा, सिर्फ़ इसलिये क्योंकि दोनों में किसी में यह कहने की समझदारी नहीं थी : "रुक जाओ।" क्योंकि दोनों में से किसी में

मूल्यों का पर्याप्त ज्ञान नहीं था ताकि वे कह सकें, "हम इस चीज़ पर तत्काल स्टॉप लॉस ऑर्डर लगा देते हैं। हम अपना जीवन बर्बाद कर रहे हैं। अब हमें 'बस' करना चाहिये।"

हाँ, मेरा सचमुच विश्वास है कि सच्ची मानसिक शांति के महानतम रहस्यों में से एक है - मूल्यों का अच्छा एहसास। और मेरा विश्वास है कि हम अपनी पचास प्रतिशत चिंताओं का अंत तुरंत कर सकते हैं बशर्ते हम एक तरह का निजी स्वर्णिम पैमाना विकसित कर लें - कि हमारे जीवन के संदर्भ में चीज़ों का मूल्य क्या है।

इससे पहले कि चिंता आपको ख़त्म कर दे, चिंता को ख़त्म करने का पाँचवाँ नियम है :

जब भी हम किसी चीज़ के बारे में ज़रूरत से ज़्यादा चिंता करें और हमें लगे कि हमारा जीवन बर्बाद हो रहा है, तो हम खुद से तीन सवाल पूछें :

1. **जिस चीज़ की मैं इतनी चिंता कर रहा हूँ, वह मेरे जीवन में सचमुच कितनी महत्वपूर्ण है?**
2. **मैं इस चिंता के किस बिंदु पर "स्टॉप लॉस" लगाऊँ और उसके बाद इसे भूल जाऊँ?**
3. **इस सीटी की मैं ठीक–ठीक कितनी कीमत चुकाऊँ? कहीं मैंने पहले ही इसकी ज़रूरत से ज़्यादा कीमत तो नहीं दे दी है?**

• • •

11

आरी से बुरादा चीरने की कोशिश न करें

यह वाक्य लिखते समय मैं खिड़की के बाहर झाँककर अपने बगीचे में डायनासौर के पैरों के निशान देख सकता हूँ - डायनासौर के पैरों के निशान जो पत्थर में उकेरे गये हैं। मैंने इन निशानों को पीबॉडी म्यूज़ियम ऑफ येल युनिवर्सिटी से ख़रीदा है और मेरे पास म्यूज़ियम के क्यूरेटर का पत्र है जिसमें लिखा है कि ये निशान 18 करोड़ साल पहले बनाये गये थे। इन निशानों को बदलने के लिये 18 करोड़ साल पीछे जाने की बात कोई मूर्ख मंगोलियन तक सपने में नहीं सोच सकता। परंतु क्या यह उस बारे में सोचने से अधिक मूर्खतापूर्ण है अगर हम 180 सेकंड पहले हुई घटना तक पीछे जाकर उसे बदलने की कोशिश करें - और हममें से बहुत से लोग ठीक यही कर रहे हैं। यह सच है कि हम 180 सेकंड पहले हुई घटना के प्रभावों या परिणामों को सुधारने के बारे में तो कुछ कर सकते हैं, परंतु यह संभव नहीं है कि हम उस घटना को बदल सकें।

ईश्वर की बनायी इस दुनिया में केवल एक ही तरीक़ा है जिसके द्वारा हम अतीत का रचनात्मक इस्तेमाल कर सकते हैं, और वह यह कि हम ठंडे दिमाग़ से अपनी पिछली ग़लतियों का

विश्लेषण करें, उस विश्लेषण से लाभ उठायें – और फिर उन ग़लतियों को भूल जायें।

मैं जानता हूँ कि यह सच है, परंतु क्या मुझमें ऐसा करने की हिम्मत और समझदारी हमेशा रही है ? इस सवाल का जवाब देते हुये मैं आपको बरसों पहले का एक अद्‌भुत अनुभव सुनाना चाहता हूँ। मैंने एक पैसे का फ़ायदा उठाये बिना अपने हाथ से तीन लाख डॉलर से अधिक फिसल जाने दिये। यह इस तरह हुआः मैंने वयस्क शिक्षा में बड़े पैमाने पर काम शुरू किया, कई शहरों में शाखायें खोलीं और ओवरहेड तथा विज्ञापन में जमकर ख़र्च किया। मैं पढ़ाने में इतना व्यस्त था कि हिसाब-किताब की तरफ ध्यान देने की मेरे पास न तो फ़ुरसत थी, न ही इच्छा। मैं इतना मूर्ख था कि मुझे यह एहसास ही नहीं था कि ख़र्च पर निगाह रखने के लिये मुझे एक योग्य बिज़नेस मैनेजर की ज़रूरत थी।

आख़िरकार, लगभग एक साल बाद मैंने एक समझदारीपूर्ण और स्तब्ध कर देने वाली सच्चाई का पता लगाया। मुझे यह मालूम हुआ कि ज़बर्दस्त आमदनी के बावज़ूद हमें कोई फ़ायदा नहीं हो रहा था। यह पता लगने के बाद मुझे दो काम करने चाहिये थे पहला, मुझमें इतनी समझदारी होनी चाहिये थी कि मैं वह करता जो जॉर्ज वॉशिंगटन कार्वर ने बैंक फेल होने पर चालीस हज़ार डॉलर गँवाने के बाद किया था – जो उनके जीवन भर की बचत थी। जब किसी ने उनसे पूछा कि क्या उन्हें मालूम था कि वे दिवालिया हो चुके हैं, तो उन्होंने जवाब दिया था, "हाँ, मैंने सुना है" – और फिर वे पढ़ाने चले गये। उन्होंने इस नुक़सान को पूरी तरह से अपने दिमाग़ से निकाल दिया और दुबारा इसका ज़िक्र तक नहीं किया।

दूसरा काम जो मुझे करना चाहिये था वह यह था : मुझे अपनी ग़लतियों का विश्लेषण करना चाहिये था और जीवन भर के लिये सबक़ सीख लेना था।

परंतु ईमानदारी से कहूँ तो मैंने इनमें से एक भी क़दम नहीं उठाया। इसके बजाय मैं चिंता के महासागर में डूब गया। महीनों तक मैं सकते में रहा। मेरी नींद उड़ गयी और वज़न कम हो गया। इस बड़ी ग़लती से सबक़ सीखने के बजाय मैं आगे बढ़ा और मैंने वही काम थोड़े छोटे पैमाने पर किया!

इस मूर्खता को स्वीकार करना मेरे लिये बहुत शर्मनाक है, परंतु मैंने बहुत पहले यह सीख लिया था कि "बीस लोगों को यह सिखाना आसान है कि क्या किया जाना बेहतर है, बजाय उन बीस लोगों में से एक होने के जो अपनी ख़ुद की शिक्षाओं का पालन करे।"

काश मुझे यहाँ न्यूयॉर्क में जॉर्ज वॉशिंगटन हाई स्कूल में प्रशिक्षण लेने का सौभाग्य मिला होता और मैंने डॉ. पॉल ब्रांडवाइन से कुछ सीखा होता - वह शिक्षक जिन्होंने न्यूयॉर्क के एलन सॉन्डर्स को पढ़ाया था!

सॉन्डर्स ने मुझे बताया कि उनकी हाइजीन क्लास के शिक्षक डॉ. पॉल ब्रांडवाइन ने उन्हें उनके जीवन का एक बहुमूल्य सबक़ सिखाया। उन्होंने मुझे यह कहानी सुनाते हुये कहा, "मैं उस समय किशोर था, परंतु तब भी बहुत चिंता करता था। मैं अपनी ग़लतियों पर बहुत सोच-विचार करता था और चिंता करता था। अगर मैं कोई परीक्षा देता था, तो मैं रातों को जागते हुये और नाख़ून कुतरते हुये डरता रहता था कि मैं पास हो पाऊँगा या नहीं। मैं अपने किये हुये कामों के बारे में हमेशा यही सोचा करता था कि मुझे इन्हें अच्छे तरीक़े से करना चाहिये था, मुझे इन बातों को अच्छे तरीक़े से कहना चाहिये था इत्यादि।

"फिर एक सुबह विज्ञान की प्रयोगशाला में हमारी क्लास लगी और वहाँ पर हमारे टीचर डॉ. पॉल ब्रांडवाइन ने डेस्क के किनारे पर दूध की बोतल इस तरह रखी थी कि सबको नज़र आ जाये। हम सब बैठकर उस बोतल को देखने लगे और हैरान

होते रहे कि इसका उस हाइजीन कोर्स से क्या लेना-देना है जो वे पढ़ाने जा रहे हैं। तभी अचानक डॉ. पॉल ब्रांडवाइन खड़े हुये और उन्होंने दूध की बोतल को सिंक में ज़ोर से पटक दिया - और फिर वे चिल्लाये : 'नाली में गिरे दूध पर अफ़सोस मत करो!'

"फिर उन्होंने हम सबको सिंक के पास बुलाया और शीशी के टूटे टुकड़े दिखाते हुये कहा, 'अच्छे से देख लो क्योंकि मैं चाहता हूँ कि तुम सब इस सबक़ को ज़िंदगी भर याद रखो। दूध अब चला गया है - यह अब नाली में बह चुका है। आप कितना भी रो लें, चीख़ लें, अपने बाल नोच लें, दूध की एक बूँद भी वापस नहीं आने वाली। थोड़ी समझदारी और सावधानी से इस दूध को बचाया जा सकता था। परंतु अब बहुत देर हो चुकी है - अब हम यही कर सकते हैं कि इसे भूल जायें और अपने अगले काम पर ध्यान दें।'"

एलन सॉन्डर्स ने मुझे बताया, "यह घटना मुझे याद रही, हालाँकि स्कूल में पढ़े हुये गणित या रोमन को मैं बहुत पहले ही भूल चुका हूँ। चार साल तक हाई स्कूल में मैंने जितना सीखा था, उसमें जीवन के बारे में सीखा गया यह मेरा सबसे महत्वपूर्ण सबक़ था। इससे मैंने यह सीखा कि यदि संभव हो तो मैं दूध को फैलने से तो बचाऊँ, परंतु अगर यह फैल जाये और नाली में गिर जाये तो मैं इसके बारे में पूरी तरह भूल जाऊँ।"

कई पाठक इस बात पर नाक-भौं सिकोड़ेंगे कि इस पुरानी कहावत को इतना ज़्यादा महत्वपूर्ण क्यों बनाया जा रहा है। मैं जानता हूँ कि यह कहावत पुरानी है, साधारण है और घिसी-पिटी है। मैं जानता हूँ कि आपने इसे हज़ार बार सुना होगा। परंतु मैं यह भी जानता हूँ कि ऐसी घिसी-पिटी कहावतें सदियों के ज्ञान का निचोड़ हैं। वे मानव जाति के अनुभव से उत्पन्न हुई हैं और अनगिनत पीढ़ियों से हस्तांतरित होती आ रही हैं। अगर आप सभी युगों के महान विद्वानों द्वारा चिंता के बारे में लिखी हर चीज़ पढ़ लें, तो भी आपको इन दो कहावतों से अधिक मूलभूत या गहरी

बात नहीं मिलेगी : *"पुल जब आयें, तभी उन्हें पार करो"* और *"नाली में गिरे दूध पर अफ़सोस मत करो!"* अगर हम नाक-भौं सिकोड़ने के बजाय इन दो कहावतों को ही अपनी ज़िंदगी में उतार लेते, तो हमें इस किताब की ज़रूरत ही नहीं थी। सच तो यह है कि अगर हम सारी पुरानी कहावतों के हिसाब से जीने लगें, तो हमारा जीवन लगभग आदर्श जीवन होगा। परंतु ज्ञान तब तक शक्ति नहीं बनता, जब तक कि इसे जीवन में उतारा न जाये। इस पुस्तक का लक्ष्य यह नहीं है कि आपको कोई नयी बात सिखायी जाये। इस पुस्तक का लक्ष्य तो आपको वह याद दिलाना है जो आप पहले से ही जानते हैं और आपको इसे जीवन में उतारने के लिये उकसाना है, प्रेरित करना है।

मैं स्वर्गीय फ्रेड फुलर शेड जैसे व्यक्ति को हमेशा पसंद करता हूँ जिनमें किसी पुरानी सच्चाई को नये और चित्रात्मक तरीक़े से बताने की अद्भुत कला थी। *फिलाडेल्फिया बुलेटिन* के संपादक के रूप में कॉलेज की स्नातक कक्षा को संबोधित करते हुये उन्होंने पूछा : *"आपमें से कितनों ने आरी से लकड़ी को चीरा है ?* अपने हाथ उठाइये।" उनमें से ज़्यादातर ने अपने हाथ उठा दिये। फिर उन्होंने पूछा : *"आपमें से कितनों ने आरी से बुरादे को चीरा है ?"* किसी ने हाथ नहीं उठाया।

"ज़ाहिर है, आप बुरादे को आरी से नहीं चीर सकते!" मिस्टर शेड ने कहा। "इसे पहले ही चीरा जा चुका है! और यही अतीत के बारे में है। जब आप उन चीज़ों के बारे में चिंता करना शुरू करते हैं जो हो चुकी हैं तो आप आरी से सिर्फ़ बुरादा चीरने की कोशिश करते हैं।"

बेसबॉल के पुराने दिग्गज कॉनी मैक जब इक्यासी साल के थे, तो मैंने उनसे पूछा था कि क्या वे कभी उन मैचों के बारे में चिंता करते थे, जिनमें वे हार जाते थे।

"अरे, हाँ, मैं ऐसा करता था," कॉनी मैक ने बताया। "परंतु मैंने यह मूर्खतापूर्ण काम बहुत समय पहले छोड़ दिया

है। मैंने पाया कि इससे मुझे कोई फ़ायदा नहीं हो रहा था। आप अनाज को उस पानी से नहीं सान सकते, जो नदी में आगे निकल चुका है।"

नहीं, आप अनाज नहीं सान सकते – और आप लकड़ी के लट्ठ को भी उस पानी से नहीं चीर सकते जो पहले ही नदी में आगे निकल चुका है। परंतु आप अपने चेहरे पर झुर्रियाँ और पेट में अल्सर ज़रूर चीर सकते हैं।

एक बार मैं जैक डेम्पसी के साथ थैंक्सगिविंग पार्टी में डिनर कर रहा था तब उन्होंने टर्की तथा क्रेनबरी सॉस खाते हुये उस लड़ाई के बारे में बताया जब वे हैवीवेट चैंपियनशिप में टनी से हार गये थे। ज़ाहिर था, इससे उनके अहं को चोट पहुँची थी। उन्होंने मुझे बताया, "उस लड़ाई के बीच में मुझे अचानक महसूस हुआ कि मैं बूढ़ा हो गया था.... दसवें राउंड के अंत में मैं अब भी अपने पैरों पर खड़ा था, परंतु बस इतना ही। मेरा चेहरा सूजा हुआ और कटा-पिटा था तथा मेरी आँखें लगभग बंद थीं... मैंने देखा कि रेफरी जीन टनी का हाथ विजय की मुद्रा में उठवा रहा था... मैं अब वर्ल्ड चैंपियन नहीं रह गया था। मैं बारिश में भीड़ से होते हुये अपने ड्रेसिंग रूम की तरफ वापस लौटने लगा। जब मैं गुज़रा, तो कुछ लोगों ने मुझसे हाथ मिलाने की कोशिश की। बाक़ियों की आँखों में आँसू थे।

"एक साल बाद मैं टनी से दुबारा लड़ा। परंतु कोई फ़ायदा नहीं हुआ। मैं हमेशा के लिये बाहर हो गया था। इस बारे में चिंता न करना बहुत मुश्किल था, परंतु मैंने ख़ुद से कहा, 'मैं अतीत में नहीं जियूँगा, नाली में गिरे दूध पर अफ़सोस नहीं करूँगा। मैं इस मुक्के को अपनी ठुड्डी पर सहन करूँगा और इससे गिरूँगा नहीं।'"

और जैक डेम्पसी ने ठीक यही किया। कैसे ? अपने आपसे बार-बार कहकर, "मैं अतीत के बारे में चिंता नहीं करूँगा ?" नहीं, क्योंकि अगर उन्होंने ऐसा किया होता तो उन्हें अतीत की

चिंता ज़रूर सताने लगती। उनका तरीक़ा यह था : उन्होंने अपनी हार स्वीकार कर ली और उसे भूलकर अपना पूरा ध्यान भविष्य की योजना बनाने पर केंद्रित किया। उन्होंने ब्रॉडवे में जैक डेम्पसी रेस्तराँ शुरू किया और 57वीं सड़क पर ग्रेट नॉर्दर्न होटल खोला। उन्होंने इनामी मुक्केबाज़ी को प्रोत्साहित किया और बॉक्सिंग का प्रदर्शन किया। उन्होंने अपने आपको रचनात्मक कामों में इतना व्यस्त कर लिया कि उनके पास अतीत के बारे में चिंता करने का न तो समय था, न ही रुचि थी। जैक डेम्पसी ने कहा, “चैंपियन के रूप में मैं जितना ख़ुश था, पिछले दस सालों में मैं उससे ज़्यादा ख़ुश रहा हूँ।”

डेम्पसी ने मुझे बताया कि उन्होंने ज़्यादा पुस्तकें नहीं पढ़ी हैं, परंतु बिना जाने ही वे शेक्सपियर की सलाह पर अमल कर रहे थे : “बुद्धिमान व्यक्ति कभी बैठकर अपने नुक़सान पर विलाप नहीं करते, बल्कि ख़ुशी-ख़ुशी यह सोचते हैं कि किस तरह नुक़सानों को सुधारा जा सकता है।”

जब मैं इतिहास और जीवनियाँ पढ़ता हूँ तथा मुश्किल परिस्थितियों में लोगों का व्यवहार देखता हूँ तो मैं लगातार आश्चर्यचकित और प्रेरित होता हूँ कि कई लोगों में अपनी चिंताओं और दुखों को मिटाने की योग्यता होती है तथा वे काफ़ी सुखी जीवन बिताते हैं।

मैंने एक बार सिंग सिंग जेल की यात्रा की और जिस बात से मुझे सबसे ज़्यादा हैरानी हुई, वह यह थी कि वहाँ के क़ैदी आम आदमियों जितने ही ख़ुश नज़र आ रहे थे। मैंने इस बारे में जब सिंग सिंग जेल के जेलर लुइस ई. लॉज़ से पूछा तो उन्होंने मुझे बताया कि जब अपराधी सिंग सिंग जेल में आते हैं तो पहले तो वे द्वेष और कटुता से भरे होते हैं। परंतु कुछ महीनों के बाद ज़्यादातर समझदार क़ैदी अपने जीवन की स्लेट से दुर्भाग्यों को मिटा देते हैं और जेल के जीवन को शांति से स्वीकार कर लेते हैं तथा इसका पूरा आनंद लेने लगते हैं। लॉज़ ने मुझे एक

क़ैदी - एक माली - के बारे में बताया, जो जेल की दीवारों के भीतर सब्ज़ियाँ और फूल उगाते समय गाया करता था।

सिंग सिंग जेल का वह क़ैदी जो फूल उगाते समय गाता था, हममें से ज़्यादातर लोगों से अधिक समझदारी का परिचय दे रहा था। वह जानता था कि

> *हिलने वाली उँगली ने लिख दिया है, और लिखने के बाद यह आगे बढ़ गयी है : आपकी सारी बुद्धि या निष्ठा भी इसे आधी पंक्ति काटने के लिये भी विवश नहीं कर सकती, न ही आपके सारे आँसू इसके लिखे एक शब्द को भी धो सकते हैं।*

तो आँसू बहाने से क्या फ़ायदा ? ज़ाहिर है, हमसे ग़लतियाँ और मूर्खतायें होती हैं! तो इससे क्या फ़र्क़ पड़ता है ? ग़लतियाँ और मूर्खतायें किससे नहीं होतीं ? यहाँ तक कि नेपोलियन भी अपने एक तिहाई महत्वपूर्ण युद्ध हारा था। शायद हमारा स्कोर नेपोलियन के स्कोर से ख़राब तो नहीं होगा। क्या पता ?

और, यह बात तो तय है कि राजा के घोड़े और राजा के आदमी मिलकर भी "अतीत" को दुबारा नहीं जोड़ सकते। तो छठवें नियम को याद रखें :

आरी से बुरादा चीरने की कोशिश न करें।

• • •

खंड तीन संक्षेप में

इसके पहले कि चिंता आपको ख़त्म कर दे, आप चिंता को ख़त्म कर दें

नियम 1 : अपने दिमाग़ को व्यस्त रखकर चिंता को बाहर निकाल फेंकें। काम में जुटना चिंता का बहुत बढ़िया इलाज है।

नियम 2 : छोटी-छोटी बातों का बतंगड़ न बनायें। छोटी-छोटी चीज़ों - यानी जीवन की दीमकों- को अपनी ख़ुशी बर्बाद न करने दें।

नियम 3 : अपनी चिंताओं को जीतने के लिये औसत के नियम का प्रयोग करें। ख़ुद से पूछें, "इस बात के होने की कितनी संभावना है?"

नियम 4 : अवश्यंभावी के साथ सहयोग करें। अगर आप जानते हैं कि किसी परिस्थिति को बदलना या सुधारना संभव नहीं है, तो ख़ुद से कहें, "यह हो चुकी है। यह बदल नहीं सकती।"

नियम 5 : अपनी चिंताओं पर "स्टॉप लॉस" ऑर्डर लगा दें। यह फ़ैसला करें कि किसी चीज़ पर कितनी चिंता करनी चाहिये - और फिर उससे ज़्यादा चिंता करना बंद कर दें।

नियम 6 : अतीत को दफ़न कर दें। आरी से बुरादा न चीरें।

खंड चार

सुख-शांति का मानसिक नज़रिया पैदा करने के सात तरीक़े

12

आठ शब्द जो आपकी ज़िंदगी बदल सकते हैं

कुछ साल पहले मुझसे एक रेडियो कार्यक्रम में यह सवाल पूछा गया : "आपने ज़िंदगी में सबसे महत्वपूर्ण सबक़ क्या सीखा ?"

इसका जवाब देना आसान था। अब तक मैंने सबसे बड़ा सबक़ यह सीखा है कि हम जो सोचते हैं, वह बेहद महत्वपूर्ण होता है। अगर मैं यह जान जाऊँ कि आप क्या सोचते हैं तो मैं यह भी जान जाऊँगा कि आप क्या हैं। हमारे विचारों के कारण ही हम वैसे बनते हैं, जैसे हम हैं। हमारा मानसिक नज़रिया ही वह अज्ञात शक्ति है जो हमारी क़िस्मत बनाती या बिगाड़ती है। इमर्सन ने कहा था, "मनुष्य वही होता है जो दिन भर सोचता रहता है।" इससे भिन्न वह हो भी कैसे सकता है ?

बिना किसी संदेह के मुझे पूरा विश्वास है कि आपकी और मेरी सबसे बड़ी समस्या है – दरअसल शायद वह इकलौती समस्या जिसका हमें सामना करना होता है – सही विचार चुनना। अगर हम ऐसा कर सकें तो हम अपनी सभी समस्याओं को सुलझाने की राह पर आगे निकल सकते हैं। रोमन साम्राज्य पर शासन करने वाले महान दार्शनिक मार्कस ऑरेलियस ने आठ शब्दों में इस बात

को समझाया था, *आठ शब्द जो आपकी क़िस्मत बना सकते हैं : "हमारे विचारों से ही हमारी ज़िंदगी बनती है।"*

हाँ, अगर हमारे विचार सुखद होंगे तो हम सुखी होंगे। अगर हमारे विचार दुखद होंगे तो हम दुखी होंगे। अगर हमारे दिमाग़ में डर के विचार होंगे तो हम डरे रहेंगे। अगर हमारे विचार बीमार होंगे, तो हम भी शायद बीमार ही रहेंगे। अगर हम असफलता के बारे में सोचेंगे, तो हम निश्चित रूप से असफल हो जायेंगे। अगर हम आत्म–करुणा के महासागर में डूब जायेंगे, तो हर आदमी हमसे कतराना चाहेगा और हमसे बचने की कोशिश करेगा। नॉर्मन विन्सेन्ट पील ने कहा है, "आप अपने बारे में जैसा *सोचते* हैं, आप वैसे नहीं होते। बल्कि आप जो *सोचते* हैं, आप वही होते हैं।"

क्या मैं आपको यह सलाह दे रहा हूँ कि आप अपनी सभी समस्याओं के बारे में हमेशा आदतन आशावादी रवैया ही अपनायें ? नहीं, दुर्भाग्य से, ज़िंदगी हमेशा इतनी आसान नहीं होती। परंतु मैं आपको यह सलाह दे रहा हूँ कि हम नकारात्मक नज़रिये के बजाय *सकारात्मक* नज़रिया रखें। दूसरे शब्दों में, हमें अपनी समस्याओं के बारे में सचेत रहना चाहिये, चिंतित नहीं। सचेत होने और चिंतित होने में क्या अंतर है ? मुझे उदाहरण देने दें। हर बार जब भी मैं न्यूयॉर्क के ट्रैफिक जाम से गुज़रता हूँ तो मैं इस बारे में सचेत रहता हूँ कि मैं क्या कर रहा हूँ, परंतु मैं चिंतित नहीं होता। सचेत रहने का अर्थ यह महसूस करना है कि समस्यायें क्या हैं और फिर उनका सामना करने के लिये शांति से क़दम उठाना है। चिंता करने का अर्थ है पागलों की तरह बेकार गोल–गोल घूमना।

इन्सान अपनी गंभीर समस्याओं के बारे में सचेत रह सकता है और इसके बाद भी अपने बटन में गुलाब लगाकर और सिर उठाकर चल सकता है। मैंने लॉवेल थॉमस को यही करते देखा है। मुझे लॉवेल थॉमस के साथ जुड़ने का सौभाग्य तब मिला था,

जब वे प्रथम विश्वयुद्ध में एलेनबी-लॉरेंस अभियानों पर अपनी प्रसिद्ध फ़िल्में प्रदर्शित कर रहे थे। उन्होंने और उनके सहयोगियों ने आधा दर्जन मोर्चों पर युद्ध की तस्वीरें ली थीं। सबसे अच्छी बात यह कि वे टी.ई. लॉरेंस और उनकी शानदार अरब सेना का फ़िल्मी रिकॉर्ड लेकर आये थे तथा उन्होंने एलेनबी की पवित्र भूमि पर विजय की फ़िल्म भी रिकॉर्ड की थी। उनकी फ़िल्म पर आधारित चर्चाओं का शीर्षक था "एलेनबी के साथ फिलिस्तीन में और लॉरेंस के साथ अरब में।" इन चर्चाओं ने लंदन में ही नहीं, पूरी दुनिया में सनसनी फैला दी। लंदन ऑपेरा का सीज़न छह सप्ताह के लिये आगे बढ़ा दिया गया ताकि लॉवेल थॉमस अपनी अद्‌भुत रोमांचक कहानी सुनाना जारी रख सकें और कॉवेंट गार्डन रॉयल ऑपेरा हाउस में अपनी फ़िल्में दिखा सकें। लंदन में उनकी अद्‌भुत सफलता के बाद उन्होंने कई देशों का विजयी भ्रमण किया। फिर उन्होंने भारत और अफगानिस्तान के जीवन पर फ़िल्म तैयार करने में दो साल लगाये। बहुत ही अविश्वसनीय बदक़िस्मती के चलते उनके साथ असंभव सी घटना हो गयी : उन्होंने अपने आपको लंदन में दिवालिया पाया। मैं उस समय उनके साथ था। मुझे याद है कि हमें लॉयन्स कॉर्नर हाउस रेस्तराँओं में सस्ता भोजन करना पड़ता था। अगर थॉमस ने एक स्कॉट्समैन जेम्स मैक्बी नामक प्रसिद्ध कलाकार से उधार नहीं लिया होता, तो हम वहां भी नहीं खा पाते। कहानी की सबसे मुख्य बात यह है : हालाँकि लॉवेल थॉमस पर भारी कर्ज़ था और उन्हें गंभीर निराशाजनक अनुभव हुये थे, परंतु वे उनके बारे में सचेत थे, चिंतित नहीं थे। वे जानते थे कि अगर उन्होंने अपने दुर्भाग्य के सामने हार मान ली, तो वे किसी काम के नहीं रहेंगे, अपने कर्ज़ देने वालों के भी नहीं। इसलिये हर सुबह बाहर निकलने से पहले वे एक फूल ख़रीदते थे, उसे अपने बटन के छेद में लगाते थे और ऑक्सफोर्ड स्ट्रीट में अपना सिर ऊँचा तानकर उत्साही क़दमों से लहराते हुये चलते थे। उन्होंने अपने विचार सकारात्मक

और साहसी रखे तथा पराजय के विचारों के सामने हार मानने से इंकार कर दिया। वे जानते थे कि औंधे मुँह गिर जाना खेल का हिस्सा था – और अगर आप चोटी पर पहुँचना चाहते थे तो यह उपयोगी प्रशिक्षण था।

हमारे मानसिक नज़रिये का हमारी शारीरिक क्षमता पर भी लगभग अविश्वसनीय प्रभाव पड़ता है। प्रसिद्ध ब्रिटिश मनोविश्लेषक जे.ए. हैडफील्ड ने अपनी 54 पृष्ठ की अद्भुत पुस्तक *द साइकोलॉजी ऑफ पॉवर* में इसका बढ़िया उदाहरण दिया है। वे लिखते हैं, "मैंने तीन लोगों से एक प्रयोग में भाग लेने को कहा। इस प्रयोग का उद्देश्य था उनकी शारीरिक शक्ति पर मानसिक सुझाव के प्रभाव की जाँच करना। उन्हें एक डायनेमोमीटर को जकड़कर अपनी शक्ति नापना थी।" हैडफील्ड ने उनसे कहा कि वे डायनेमोमीटर को अपनी पूरी ताक़त से जकड़ें। तीन अलग-अलग परिस्थितियों में उनसे यह काम करवाया गया।

जब उन्होंने सामान्य जाग्रत स्थितियों में टेस्ट किया तो उनकी औसत पकड़ थी 101 पौंड।

इसके बाद हैडफील्ड ने उन पर सम्मोहन करके उन्हें बताया कि वे बहुत कमज़ोर हैं। इस स्थिति में उनकी औसत पकड़ सिर्फ़ 29 पौंड निकली – जो उनकी साधारण शक्ति से एक तिहाई से भी कम थी। (इनमें से एक व्यक्ति इनामी मुक्केबाज़ था और जब उसे सम्मोहित करके बताया गया कि वह कमज़ोर था, तो उसने टिप्पणी की कि उसकी बाँह "छोटी थी, किसी बच्चे की तरह।")

जब कैप्टेन हैडफील्ड ने इन्हीं लोगों का परीक्षण तीसरी बार किया तो उन्होंने सम्मोहन के दौरान उन्हें बताया कि वे बहुत शक्तिशाली हैं। इस स्थिति में उनकी औसत पकड़ 142 पौंड निकली। जब उनके दिमाग़ में शक्ति के सकारात्मक विचार भरे गये तो उनकी वास्तविक शारीरिक शक्ति लगभग पचास प्रतिशत बढ़ गयी।

तो यह हमारे मानसिक नज़रिये की अविश्वसनीय शक्ति का एक उदाहरण है।

विचार की जादुई शक्ति का उदाहरण देने के लिये मैं आपको अमेरिका के इतिहास की एक आश्चर्यजनक कहानी सुनाना चाहता हूँ। मैं इसके बारे में एक पुस्तक लिख सकता हूँ, परंतु मैं इसका संक्षिप्त वर्णन ही करूँगा। अक्टूबर की बर्फ़ीली रात में, गृहयुद्ध ख़त्म होने के कुछ ही समय बाद एक बेघर, ग़रीब महिला, दर-दर भटक रही थी। उसने "मदर" वेब्स्टर का दरवाज़ा खटखटाया। "मदर" वेब्स्टर एक रिटायर्ड समुद्री कप्तान की पत्नी थीं और एम्सबरी, मैसेच्यूसेट्स में रहती थीं।

दरवाज़ा खोलने पर "मदर" वेब्स्टर ने एक कमज़ोर छोटी महिला को देखा, जो "100 पौंड की चमड़ी और हड्डी से अधिक नहीं थी।" इस अजनबी मिसेज़ ग्लोवर ने बताया कि वे एक घर की तलाश में हैं जहाँ वे सोच पायें और एक बड़ी समस्या का हल खोज सकें जो उन्हें दिन-रात सता रही थी।

"तो आप यहीं क्यों नहीं रुक जातीं ?" मिसेज़ वेब्स्टर ने जवाब दिया। "मैं इस बड़े घर में बिलकुल अकेली हूँ।"

मिसेज़ ग्लोवर लंबे समय तक ''मदर'' वेब्स्टर के साथ रही होतीं, अगर ''मदर'' का दामाद बिल एलिस न्यूयॉर्क से छुट्टियाँ मनाने नहीं आया होता। जब उसने मिसेज़ ग्लोवर को वहाँ देखा, तो वह चिल्लाया : "मुझे इस घर में कोई भिखारी नहीं चाहिये," और उसने इस बेघर महिला को दरवाज़े से बाहर निकाल दिया। बाहर बुरी तरह बारिश हो रही थी। वह महिला कुछ मिनट तक बारिश में काँपती हुई खड़ी रही और फिर सड़क पर आगे चल पड़ी, किसी छत की तलाश में।

कहानी का आश्चर्यजनक हिस्सा यह है। जिस बेघर महिला को बिल एलिस ने घर से बाहर निकाला था, उसने विश्व चिंतन पर इतना अधिक प्रभाव डाला जितना बहुत कम महिलाओं ने डाला

होगा। आज करोड़ों निष्ठावान अनुयायी उन्हें मैरी बेकर एड्डी के नाम से जानते हैं – जो क्रिश्चियन साइंस की संस्थापक हैं।

परंतु उस समय तक उन्होंने जीवन में बीमारी, दुख और दुर्भाग्य के सिवाय कुछ नहीं देखा था। उनके पहले पति शादी के कुछ ही समय बाद मर गये। उनका दूसरा पति उन्हें छोड़कर चला गया और एक शादी-शुदा औरत के साथ भाग गया। बाद में यह पति एक गरीबगृह में मरा। उनका केवल एक ही बच्चा था, जो पुत्र था, परंतु ग़रीबी, बीमारी और ईर्ष्या के कारण उन्हें मजबूरन उसे चार साल की उम्र में अपने से दूर कर देना पड़ा। उन्हें उसकी कोई खोज-ख़बर नहीं मिली और उन्होंने उसे अगले इकतीस सालों तक नहीं देखा।

अपने बुरे स्वास्थ्य के कारण मिसेज़ एड्डी बरसों से "मस्तिष्क उपचार के विज्ञान" में दिलचस्पी रखती थीं और इसका यह नाम भी उन्हीं ने रखा था। परंतु उनके जीवन में नाटकीय मोड़ लिन, मैसेच्यूसेट्स में आया। एक ठंडे दिन चलते-चलते वे फिसलीं और बर्फ़ीले फुटपाथ पर गिर पड़ीं – और बेहोश हो गयीं। उनकी रीढ़ की हड्डी में इतनी चोट आयी कि उनका शरीर ऐंठने लगा। यहाँ तक कि डॉक्टर को भी उनके बचने की उम्मीद नहीं थी। डॉक्टर का कहना था कि अगर किसी चमत्कार से वे बच भी जायें, तो भी वे दुबारा नहीं चल पायेंगी।

अपनी मृत्युशैया पर लेटे-लेटे मैरी बेकर एड्डी ने अपनी बाइबल खोली और जैसा उन्होंने कहा कि दैवी मार्गदर्शन से उन्हें संत मैथ्यू के शब्द पढ़ने की प्रेरणा मिली : "और देखो, वे उनके पास लक़वे से बीमार आदमी को लाये जो बिस्तर पर लेटा था : और ईसा मसीह ने ... अपाहिज आदमी से कहा, पुत्र, ख़ुश हो जाओ, तुम्हारे पाप माफ़ कर दिये गये हैं... उठो, अपना बिस्तर उठाओ और अपने घर जाओ। और वह उठा और अपने घर चला गया।"

उन्होंने कहा कि ईसा मसीह के इन शब्दों ने उनके अंदर इतनी ताक़त, इतनी आस्था, इतनी उपचारक शक्ति प्रवाहित कर दी कि वे "तत्काल बिस्तर से नीचे उतर गयीं और चलने लगीं।"

मिसेज़ एड्डी ने कहा, "वह अनुभव मेरे लिये गिरे हुये सेवफल की तरह था जिसने मुझे यह खोजने की प्रेरणा दी कि मैं किस तरह स्वस्थ रहूँ और दूसरों को भी स्वस्थ कर सकूँ...। मैं इस वैज्ञानिक निष्कर्ष पर पहुँची कि सभी चीज़ों का कारण मस्तिष्क है और हर प्रभाव दरअसल एक मानसिक लक्षण है।"

इस तरह मैरी बेकर एड्डी एक नये धर्म क्रिश्चियन साइंस की संस्थापक बनीं, जो किसी महिला द्वारा स्थापित इकलौती महान धार्मिक आस्था है - एक ऐसा धर्म जो पूरी दुनिया में फैला है।

आप शायद इस समय ख़ुद से कह रहे होंगे: "कारनेगी नाम का यह आदमी क्रिश्चियन साइंस का प्रचार कर रहा है।" नहीं। आप ग़लती पर हैं। मैं क्रिश्चियन साइंटिस्ट नहीं हूँ। परंतु मेरी उम्र जितनी बढ़ती जाती है, विचार की अद्भुत शक्ति पर मेरा विश्वास उतना ही गहरा होता जाता है। वयस्कों को पढ़ाने के काम में कई साल गुज़ारने के कारण मैं जानता हूँ कि लोग अपने विचारों को बदलकर चिंता, डर, कई तरह की बीमारियों को दूर कर सकते हैं और अपने जीवन को बदल सकते हैं। मैं जानता हूँ! मैं जानता हूँ!! मैं जानता हूँ!!! मैंने सैकड़ों बार यह अविश्वसनीय परिवर्तन होते देखा है। मैंने ऐसा इतनी बार होते देखा है कि अब मुझे यह देखकर कोई आश्चर्य नहीं होता।

उदाहरण के तौर पर, विचार की शक्ति को प्रदर्शित करने वाले अविश्वसनीय रूपांतरण की घटना मेरे एक विद्यार्थी के साथ घटी। वह नर्वस ब्रेकडाउन का शिकार था। और इसका कारण क्या था? चिंता। इस विद्यार्थी ने मुझे बताया, "मैं हर चीज़ के बारे में चिंता करता था। मैं चिंतित था क्योंकि मैं बहुत दुबला था, क्योंकि मेरे बाल झड़ रहे थे, क्योंकि मुझे डर था कि मैं कभी इतना पैसा नहीं कमा पाऊँगा कि मेरी शादी हो सके, क्योंकि मुझे महसूस

होता था कि मैं अच्छा पिता नहीं बन पाऊँगा, क्योंकि मुझे डर था कि मैं उस लड़की को खो दूँगा जिससे मैं शादी करना चाहता था, क्योंकि मुझे महसूस होता था कि मैं अच्छा जीवन नहीं जी रहा था। मैं चिंता करता था कि मैं लोगों को ठीक तरह से प्रभावित नहीं कर पा रहा हूँ। मैं चिंतित था क्योंकि मुझे लगता था कि मेरे पेट में अल्सर हो चुका है। मैं अब काम नहीं कर सकता था, इसलिये मैंने अपनी नौकरी छोड़ दी। मैंने अपने अंदर इतना तनाव इकट्ठा कर लिया कि मैं एक ऐसे बॉइलर की तरह बन गया, जिसमें से.फ्टी वाल्व नहीं था। दबाव इतना असहनीय हो गया कि किसी चीज़ को तो टूटना ही था - और मैं टूट गया। अगर आप कभी नर्वस ब्रेकडाउन के शिकार न हुये हों, तो ईश्वर से प्रार्थना करें कि आपको यह अनुभव कभी न हो, क्योंकि शरीर का कोई भी दर्द मस्तिष्क के भयानक दर्द से अधिक तीव्र नहीं हो सकता।

"मेरा ब्रेकडाउन इतना गंभीर था कि मैं अपने परिवार तक से बात नहीं कर सकता था। अपने विचारों पर मेरा कोई नियंत्रण नहीं था। मैं डर के विचारों से लबालब भरा था। मैं ज़रा सी आवाज़ पर चौंक पड़ता था, हर एक से छिपता फिरता था, बिना किसी कारण के यूँ ही रोने लगता था।

"मेरा हर दिन दुख से भरा होता था। मुझे लगता था जैसे सबने मेरा साथ छोड़ दिया है - भगवान ने भी। मेरा मन हो रहा था कि नदी में कूद जाऊँ और इस दुखद जीवन का अंत कर लूँ।

"इसके बजाय मैंने .फ्लोरिडा की यात्रा करने का फ़ैसला किया, क्योंकि मुझे आशा थी कि शायद जगह बदलने से मेरी स्थिति सुधर जाये। जब मैं ट्रेन में बैठा, तो मेरे पिताजी ने मुझे एक चिट्ठी थमायी और कहा कि मैं इसे .फ्लोरिडा पहुँचने के बाद खोलूँ। पर्यटकों के मौसम के शबाब पर मैं .फ्लोरिडा पहुँचा। चूँकि मुझे होटल में कमरा नहीं मिल सका, इसलिये मैंने एक गैरेज कर शयनकक्ष किराये पर ले लिया। मैंने मियामी से आये एक ट्रांप फ्रेटर में नौकरी पाने की कोशिश की, परंतु क़िस्मत ने मेरा साथ

नहीं दिया। इसलिये मैंने अपना समय समुद्र तट पर गुज़ारा। मैं घर पर जितना दुखी था, फ़्लोरिडा में उससे ज़्यादा दुखी था, इसलिये मैंने यह देखने के लिये लिफ़ाफ़ा खोला कि मेरे पिताजी ने क्या लिखा था। उनकी चिट्ठी में लिखा था, 'बेटे, अब तुम घर से 1500 मील दूर हो और फिर भी तुममें कोई बदलाव नहीं आया है। मैं जानता हूँ कि बदलाव आ ही नहीं सकता, क्योंकि तुम अपने साथ एक ऐसी चीज़ ले गये हो जो तुम्हारी सारी समस्या का कारण है - तुम ख़ुद। तुम्हारे शरीर या तुम्हारे दिमाग़ में कोई गड़बड़ी नहीं है। तुम अपने सामने मौज़ूद परिस्थितियों के कारण नहीं हारे हो। बल्कि इन परिस्थितियों के बारे में अपने चिंतन के कारण हारे हो। "कोई आदमी दिल में जैसा सोचता है, वैसा ही वह होता है।" जब तुम्हें इस बात का एहसास हो जाये, बेटे, तो घर लौट आना, क्योंकि तब तुम पूरी तरह ठीक हो चुके होओगे।'

पिताजी के पत्र को पढ़कर मैं नाराज़ हो गया। मैं सहानुभूति की उम्मीद कर रहा था, उपदेश की नहीं। मुझे इतना ग़ुस्सा आया कि मैंने वहीं यह फ़ैसला कर लिया कि मैं अब कभी लौटकर घर नहीं जाऊँगा। जब मैं उस रात मियामी की सड़कों पर घूम रहा था, तो मुझे एक चर्च दिखा, जहाँ प्रवचन चल रहा था। मेरे पास जाने की दूसरी जगह नहीं थी, इसलिये मैं चर्च के अंदर गया और प्रवचन सुनने लगा, जिसका विषय था 'जो अपने मन को जीत लेता है, वह शहर जीतने वाले व्यक्ति से ज़्यादा शक्तिशाली होता है।' ईश्वर के पवित्र निवास में बैठकर मैंने वही विचार सुने, जो मेरे पिताजी ने अपने पत्र में लिखे थे - और अचानक, मेरे दिमाग़ का सारा कचरा साफ़ हो गया। मैं अब जीवन में पहली बार स्पष्ट रूप से और समझदारी से सोच पाया। मैंने महसूस किया कि मैं कितना बड़ा मूर्ख था। मैं अपने आपको नयी रोशनी में अच्छी तरह देखकर हैरान था। मैं पूरी दुनिया को और इसमें रहने वाले हर इन्सान को बदलना चाहता था - जबकि मुझे केवल अपने दिमाग़ के कैमरे के लेंस को सही तरह से फोकस करने की ज़रूरत थी।

"अगली सुबह मैंने सामान बाँधा और घर की तरफ़ रवाना हो गया। एक सप्ताह बाद मैं एक बार फिर नौकरी पर जाने लगा। चार महीने बाद मैंने उस लड़की से शादी कर ली, जिसके खोने का डर मुझे सताया करता था। अब पाँच बच्चों का हमारा हँसता-खेलता परिवार है। ईश्वर मुझ पर भौतिक और मानसिक दोनों ही तरह से मेहरबान रहा है। ब्रेकडाउन के वक़्त मैं अठारह लोगों के छोटे से डिपार्टमेंट का फोरमैन था, जबकि आज मैं कार्टन निर्माण विभाग का सुपरिंटेंडेंट हूँ जिसमें साढ़े चार सौ से अधिक लोग काम करते हैं। मेरा जीवन अब पहले से ज़्यादा दोस्ताना और ख़ुशहाल हो गया है। मुझे लगता है मैं जीवन के असली मूल्यों को अब जाकर समझ पाया हूँ। जब भी मेरे सामने समस्यायें आती हैं (जो हर एक के जीवन में आती हैं) तो मैं ख़ुद से एक बार फिर अपने कैमरे को फोकस करने को कहता हूँ और हर चीज़ सही दिखने लगती है।

"मैं ईमानदारी से कह सकता हूँ कि मैं ख़ुश हूँ जो मुझे ब्रेकडाउन हुआ, क्योंकि मैंने मुश्किल तरीक़े से यह सीखा कि हमारे विचारों में हमारे मस्तिष्क और हमारे शरीर पर प्रभाव डालने की कितनी अधिक शक्ति होती है। अब मैं अपने विचारों से ख़ुद के लिये काम कराता हूँ बजाय इसके कि वे मेरे विरोध में काम करें। अब मैं जान गया हूँ कि मेरे डैडी सही कहते थे कि बाहरी परिस्थितियाँ मेरे दुख का कारण नहीं थीं, बल्कि उन परिस्थितियों के बारे में मेरे विचार ही मेरे दुख का कारण थे। और जैसे ही मैंने यह महसूस कर लिया, मैं ठीक हो गया - और ठीक बना रहा।" तो यह था इस विद्यार्थी का अनुभव।

मुझे गहरा विश्वास है कि हमारी मानसिक शांति और जीवन में हमें मिलने वाला सुख इस बात पर निर्भर नहीं करता कि हम कहाँ हैं या हमारे पास क्या है या हम कौन हैं, बल्कि यह तो पूरी तरह हमारे मानसिक नज़रिये पर निर्भर करता है। बाहरी परिस्थितियाँ इस पर बहुत कम प्रभाव डाल पाती हैं। उदाहरण

के लिये हम जॉन ब्राउन का उदाहरण लें, जिन्हें हार्पर्स फेरी में अमेरिकी शस्त्रागार पर कब्ज़ा करने और दासों को विद्रोह के लिये उकसाने की कोशिश करने के कारण फाँसी पर लटकाया गया। वे अपने कफ़न पर बैठकर फाँसी के तख़्ते की तरफ आगे बढ़े। उनके पास चल रहा जेलर नर्वस और चिंतित था। परंतु जॉन ब्राउन शांत और अविचलित थे। वर्जीनिया के ब्लू रिज पहाड़ों की तरफ ऊपर देखते हुये उन्होंने कहा, "कितना सुंदर प्राकृतिक दृश्य है! मुझे इसे देखने का पहले अवसर ही नहीं मिला।"

या रॉबर्ट फाल्कन स्कॉट और उनके साथियों का प्रकरण ले लें, जो दक्षिणी ध्रुव पर पहुँचने वाले पहले ब्रिटिशर्स थे। उनकी वापसी यात्रा मनुष्य द्वारा की गयी शायद सबसे क्रूर यात्रा थी। उनका भोजन ख़त्म हो चुका था - और ईंधन भी। वे चल नहीं सकते थे क्योंकि शोर मचाता बर्फ़ीला तूफ़ान ग्यारह दिन और रात तक कहर बरपाता रहा था - हवा इतनी तीखी और भयानक थी कि इसकी वजह से ध्रुवीय बर्फ़ पर पहाड़ बन रहे थे। स्कॉट और उसके साथी जानते थे कि वे मरने वाले हैं और वे अपने साथ इसी तरह की आपातकालीन स्थिति के लिये ढेर सारी अफ़ीम लाये थे। अफ़ीम की थोड़ी बड़ी ख़ुराक, और वे सुखद सपनों में खोते हुये सो सकते थे, एक ऐसी नींद जिससे वे कभी नहीं जागेंगे। परंतु उन्होंने अफ़ीम को दरकिनार कर दिया और "ख़ुशी के गूँजते गाने" गाते हुये मर गये। हम जानते हैं कि उन्होंने ऐसा किया क्योंकि जब एक खोजी दल ने उन्हें आठ महीने बाद खोजा, तो उनके जमे हुये शरीरों के पास एक विदाई पत्र मिला।

हाँ, अगर हम साहस और शांति के रचनात्मक विचार सोचें, तो अपने कफ़न पर बैठकर फाँसी पर चढ़ने जाते समय प्राकृतिक दृश्य का आनंद ले सकते हैं, या भूखे पेट, बर्फ़ में जमकर मौत के मुँह में जाते समय अपने तंबुओं को "ख़ुशी के गूँजते गानों" से भर सकते हैं।

मिल्टन ने अपने अंधेपन में तीन सौ साल पहले यही सच्चाई सीखी थी :

"मस्तिष्क का अपना एक निश्चित स्थान होता है, और यह अपने आपमें नरक को स्वर्ग में बदल सकता है और स्वर्ग को नरक में।"

नेपोलियन और हेलन केलर मिल्टन के इस कथन के आदर्श उदाहरण हैं। नेपोलियन के पास ऐशो–आराम की हर वह सुख-सुविधा थी जिसे लोग आम तौर पर हासिल करना चाहते हैं – शोहरत, शक्ति, धन–दौलत, परंतु इसके बाद भी उन्होंने सेंट हेलेना में कहा था, "मैं अपने जीवन में छह दिन भी सुख से नहीं रहा।" दूसरी तरफ़ हेलन केलर – जो अंधी, बहरी और गूँगी थीं, ने यह कहा था, "मैंने पाया है कि ज़िंदगी बहुत सुंदर है।"

अगर पचास साल के अपने जीवन में मैं कुछ सीख पाया हूँ तो वह यह है कि "कोई और चीज़ नहीं, बल्कि आप ही अपने जीवन में शांति ला सकते हैं।"

मैं सिर्फ़ वही बात दोहराने की कोशिश कर रहा हूँ जो इमर्सन ने अपने निबंध "सेल्फ-रिलायंस" के अंतिम शब्दों में इतनी अच्छी तरह से कही है : "राजनीतिक विजय, किराये में बढ़ोतरी, बीमार प्रियजनों का ठीक होना, या आपके खोये दोस्त का लौट आना, या कोई और बाहरी घटना आपको ख़ुश कर देती है और आप सोचते हैं कि अच्छे दिन आपका इंतज़ार कर रहे हैं। परंतु इस बात पर विश्वास न करें। ऐसा कभी नहीं हो सकता। कोई और चीज़ नहीं, बल्कि आप ही अपने जीवन में शांति ला सकते हैं।"

महान दार्शनिक एपिक्टेटस ने चेतावनी दी थी कि हम "अपने शरीर से ट्यूमर और फोड़ों को हटाने के लिये" जितने चिंतित होते हैं, अपने दिमाग़ से ग़लत विचारों को हटाने के लिये हमें उससे ज़्यादा चिंतित होना चाहिये।

एपिक्टेटस ने यह उन्नीस सदी पहले कहा था, परंतु आधुनिक चिकित्सा उनका समर्थन करेगी। डॉ. जी. कैनबी रॉबिन्सन घोषणा करते हैं कि जॉन हॉपकिंस अस्पताल में भर्ती होने वाले पाँच में से चार मरीज़ उन बीमारियों से पीड़ित हैं जो आंशिक रूप से भावनात्मक तनावों और दबावों से उत्पन्न हुई हैं। यह शारीरिक बीमारियों के बारे में भी अक्सर सच होता है। वे कहते हैं, "अंततः इनका उद्गम भी जीवन और इसकी समस्याओं के प्रति असंतुलन में होता है।"

महान फ्रांसीसी दार्शनिक मॉन्टेन ने इन शब्दों को अपने जीवन का सूत्रवाक्य बनाया था, "जो होता है उससे किसी इन्सान को उतनी चोट नहीं पहुँचती, जितनी कि उस घटना के बारे में उसके विचारों से पहुँचती है।" और – किसी घटना के बारे में हमारे *विचार* पूरी तरह हम पर निर्भर करते हैं।

मेरा क्या मतलब है ? क्या मैं आपके मुँह पर यह कहने की भयानक हिमाकत कर रहा हूँ - जब आप मुश्किलों के बुलडोज़र के नीचे दबे हुये हैं तथा आपकी तंत्रिकायें किसी तार की तरह बाहर निकली और मुड़ी हुई हैं - क्या मैं आपको यह बताने की भयानक हिमाकत कर रहा हूँ कि इन परिस्थितियों में भी आप अपनी इच्छाशक्ति से प्रयास करके अपने मानसिक नज़रिये को बदल सकते हैं ? हाँ, मेरा बिलकुल यही मतलब है! और यही नहीं। मैं आपको यह बताने जा रहा हूँ कि ऐसा *कैसे* किया जाता है। इसमें थोड़े प्रयास की आवश्यकता होती है, परंतु रहस्य आसान है।

विलियम जेम्स से अधिक प्रैक्टिकल मनोविज्ञान का ज्ञान किसी में नहीं था, और उन्होंने एक बार कहा था : *"हमें लगता है कि हमारे कार्य हमारी भावना का अनुसरण करते हैं, परंतु दरअसल कार्य और भावना साथ-साथ चलते हैं तथा कार्य पर नियंत्रण करने से हम अपनी भावना को परोक्ष रूप से नियंत्रित कर सकते हैं क्योंकि अपने कार्य व गतिविधियों को इच्छाशक्ति*

द्वारा आसानी से नियंत्रित किया जा सकता है, जबकि अपनी भावनाओं को नियंत्रित करना अपेक्षाकृत कठिन है।"

दूसरे शब्दों में विलियम जेम्स हमें यह बताना चाहते हैं कि हम *सिर्फ़ सोचकर* अपनी भावनाओं को तत्काल नहीं बदल सकते, परंतु हम अपने कार्यों को बदल सकते हैं। और जब हम अपने कार्यों को बदल लेते हैं तो हम अपने आप अपनी भावनाओं को बदल लेंगे।

जेम्स स्पष्ट करते हैं, *"तो ख़ुश रहने का इकलौता रास्ता यह है कि अगर हम ख़ुश न हों, तो भी हम ख़ुशी-ख़ुशी बैठें और इस तरह व्यवहार करें व बोलें जैसे हम सचमुच ख़ुश हों।"*

क्या यह आसान सी तरकीब काम करती है ? ख़ुद आज़मा कर देख लें। अपने चेहरे पर चौड़ी सी मुस्कान लायें, अपने कंधे पीछे की तरफ तानें, अच्छी गहरी साँस लें और कोई गाना गायें। अगर आप गा नहीं सकते, तो सीटी बजायें। अगर आप सीटी भी नहीं बजा सकते, तो गुनगुनायें। आपको जल्दी ही यह पता चल जायेगा कि विलियम जेम्स सही कह रहे थे – जब आप ख़ुशी के भावों का अभिनय करते हैं, तो उदास रहना *शारीरिक रूप से* असंभव है!

यह प्रकृति की छोटी सी मूलभूत सच्चाई है जो हम सभी के जीवन में आसानी से चमत्कार कर सकती है। मैं कैलिफोर्निया की एक महिला को जानता हूँ – मैं उसका नाम नहीं बताऊँगा – जो चौबीस घंटों में अपने सभी दुखों का अंत कर लेती, बशर्ते उसे यह रहस्य पता होता। वह बूढ़ी है, विधवा है – मैं स्वीकार करता हूँ कि उसकी स्थिति दुखद है – परंतु क्या वह सुख का अभिनय करने की कोशिश करती है ? नहीं; अगर आप उससे पूछें कि वह कैसी है, तो वह कहती है, "अरे, मैं बिलकुल ठीक हूँ" – परंतु उसके चेहरे के भाव और उसकी आवाज़ की पीड़ा कहती है, "हे भगवान, अगर आप जानते कि मैं कितनी मुश्किलों में हूँ!" ऐसा

लगता है कि वह अपने सामने किसी को सुखी देखने पर झिड़क देगी। सैकड़ों महिलाओं की हालत इस महिला से भी ख़राब होगी : उसके पति ने उसके लिये पर्याप्त बीमा छोड़ा था जो उसके बचे हुये जीवन के लिये काफ़ी है। उसके विवाहित बच्चे हैं जो उसे अपने घर पर रख सकते हैं। परंतु मैंने शायद ही कभी उसे मुस्कराते देखा हो। वह शिकायत करती है कि उसके तीनों के तीनों दामाद कंजूस और स्वार्थी हैं - हालाँकि वह उनके घरों में महीनों तक अतिथि के रूप में डटी रहती है। और वह शिकायत करती है कि उसकी लड़कियाँ उसे कभी तोहफ़े नहीं देतीं - हालाँकि वह अपना ख़ुद का पैसा सावधानी से "अपने बुढ़ापे के लिये" बचाकर रखती है। वह ख़ुद पर और अपने बदक़िस्मत परिवार पर एक बदनुमा दाग़ है! परंतु क्या ऐसा होना ज़रूरी था ? यही सबसे करुण बात है - वह दुखी, कटु और परेशान बूढ़ी महिला से अपने आपको परिवार की सम्मानित और प्रिय सदस्य के रूप में बदल सकती है - बशर्ते वह बदलना *चाहे*। और उसे इस परिवर्तन को करने के लिये यही करना है कि वह सुख का अभिनय करना शुरू करे, इस तरह अभिनय करना शुरू करे जैसे उसके पास बाँटने के लिये थोड़ा बहुत प्रेम हो - बजाय इसके कि वह अपने सभी विचारों को दुख और कटुता से भर ले।

टेल सिटी, इन्डियाना के एच.जे. एंग्लर्ट आज इसलिये ज़िंदा हैं क्योंकि उन्होंने यह रहस्य जान लिया था। दस साल पहले वे स्कार्लेट फीवर से पीड़ित थे। जब वे उस बीमारी से उबरे तो उन्होंने पाया कि वे नेफ्राइटिस से पीड़ित हो चुके थे, जो किडनी की एक बीमारी है। उन्होंने हर तरह के डॉक्टर से इलाज करवाया, "नीमहकीमों से भी", परंतु कोई उन्हें ठीक नहीं कर पाया।

फिर कुछ समय बाद उन्हें कुछ और बीमारियाँ हो गयीं। उनका ब्लड प्रेशर बहुत बढ़ गया। वे डॉक्टर के पास गये जिसने उन्हें बताया कि उनका ऊपरी ब्लड प्रेशर 214 तक पहुँच गया है। उन्होंने एंग्लर्ट को बताया कि यह ख़तरनाक है, स्थिति आगे

और भी ख़राब होने की आशंका है और बेहतर यही होगा कि वे अपने कामकाज निबटा लें।

एंग्लर्ट ने कहा, "मैं घर गया और यह सुनिश्चित किया कि मेरे बीमे की सभी क़िस्तें चुका दी गयी हैं, फिर मैंने ईश्वर से अपनी सभी ग़लतियों के लिये क्षमा माँगी और उदास चिंतन में डूब गया। मैंने हर एक को दुखी कर दिया। मेरी पत्नी और मेरा परिवार दुखी हो गया और मैं ख़ुद तो भारी निराशा में दफ़न था ही। बहरहाल, एक सप्ताह तक आत्म-करुणा में डुबकियाँ लगाने के बाद मैंने ख़ुद से कहा, 'तुम मूर्खतापूर्ण व्यवहार कर रहे हो! शायद तुम अभी एक साल तक नहीं मरोगे, तो जब तक इस दुनिया में हो, क्यों न ख़ुश रहने की कोशिश करो?'

"मैंने अपने कंधे पीछे की तरफ किये, अपने चेहरे पर मुस्कान लाया और इस तरह व्यवहार करने की कोशिश की जैसे सब कुछ सामान्य हो। मैं मानता हूँ कि पहले तो यह सिर्फ़ कोशिश थी - परंतु मैंने अपने आपको सुखद और ख़ुश रहने के लिये विवश किया, और इससे न सिर्फ़ मेरे परिवार को राहत मिली, बल्कि मुझे भी राहत मिली।

"पहली बात यह हुई कि मैं पहले से बेहतर *महसूस करने लगा* - लगभग उतना ही ख़ुश, जितना ख़ुश होने का मैं अभिनय करता था। स्थिति सुधरती गयी। और आज - जब मुझे क़ब्र में दफ़न हुये कई महीने बीत जाने चाहिये थे - मैं न सिर्फ़ ख़ुश, स्वस्थ और ज़िंदा हूँ, बल्कि मेरा ब्लड प्रेशर भी नीचे आ चुका है। मैं एक बात अच्छी तरह से जानता हूँ, अगर मैं हार के 'मुर्दा' विचारों को सोचता रहता, तो डॉक्टर की भविष्यवाणी निश्चित रूप से सच हो गयी होती। परंतु मैंने अपने शरीर को ठीक होने का एक मौक़ा दिया और मैंने किसी और तरह से नहीं, बल्कि अपने मानसिक नज़रिये में बदलाव करके ऐसा किया।"

मैं आपसे एक सवाल पूछना चाहता हूँ : अगर केवल ख़ुशी का अभिनय करने और स्वास्थ्य तथा साहस के सकारात्मक विचारों

को सोचने से इस इन्सान की ज़िंदगी बच सकती है, तो आप और मैं एक मिनट के लिये भी अपनी छुटपुट निराशाओं और अफ़सोसों को सहन क्यों करते हैं? हम अपने आपको, अपने चारों तरफ के लोगों को दुखी और परेशान क्यों करें, जब हम सिर्फ़ ख़ुश होने का अभिनय करके अपने जीवन को सुखद बना सकते हैं?

सालों पहले मैंने एक छोटी पुस्तक पढ़ी थी, जिसने मेरे जीवन पर स्थायी और गहरा प्रभाव डाला। पुस्तक का शीर्षक था *ऐज़ ए मैन थिंकेथ*, जो जेम्स एलन ने लिखी थी और इसमें यह लिखा था :

"हर इन्सान को यह मालूम होना चाहिये कि जब वह चीज़ों और दूसरे लोगों के प्रति अपने विचारों को बदल लेता है तो दूसरे लोग और चीज़ें भी उसके प्रति बदल जाती हैं ... अगर कोई व्यक्ति अपने विचारों में ज़बर्दस्त परिवर्तन कर ले तो वह इसकी वजह से उसके जीवन की भौतिक परिस्थितियों में होने वाले तीव्र रूपांतरण को देखकर आश्चर्यचकित हो जायेगा। लोग उस चीज़ को आकर्षित नहीं करते जो वे चाहते हैं, बल्कि जो वे होते हैं... जो दैवी सत्ता हमें फल देती है, वह हमारे भीतर निवास करती है। यह हमारी आत्मा है... हर वह चीज़ जो इन्सान हासिल करता है उसके अपने विचारों का सीधा परिणाम है... अपने विचारों को ऊपर उठाकर ही कोई इन्सान ऊपर उठ सकता है, जीत सकता है, सफल हो सकता है। अगर वह अपने विचारों को ऊपर उठाने से इंकार कर दे तो वह कमज़ोर, निराश और दुखी ही रहेगा।"

जेनेसिस की पुस्तक के अनुसार, ईश्वर ने मनुष्य को पूरी धरती का साम्राज्य दिया है। यह बहुत बड़ा तोहफ़ा है। परंतु इतने बड़े सम्राटों के तोहफ़ों में मेरी दिलचस्पी नहीं है। मैं तो सिर्फ़ इतना चाहता हूँ कि मेरा ख़ुद के ऊपर साम्राज्य रहे - अपने विचारों पर, अपने डरों पर और अपने मस्तिष्क तथा अपनी भावना पर साम्राज्य। और अद्भुत बात यह है कि मैं जानता हूँ कि मैं जब चाहूँ इस साम्राज्य को आश्चर्यजनक हद तक हासिल कर सकता हूँ

बशर्ते मैं अपने कार्यों को नियंत्रित कर लूँ – जो मेरी प्रतिक्रियाओं को नियंत्रित करते हैं।

तो हमें विलियम जेम्स के इन शब्दों को याद रखना चाहिये : *"जिसे हम बुराई कहते हैं, उसमें से ज़्यादातर को ... भुक्तभोगी के आंतरिक नज़रिये में आसान सा बदलाव करके अच्छाई में बदला जा सकता है, बशर्ते डर का नज़रिया संघर्ष करने के नज़रिये में बदल जाये।"*

हम अपने सुख के लिये संघर्ष करें!

हम ख़ुशनुमा और रचनात्मक चिंतन के दैनिक कार्यक्रम का अनुसरण करके अपने सुख के लिये संघर्ष करें! यह रहा एक ऐसा कार्यक्रम। इसका शीर्षक है "सिर्फ़ आज के लिये।" मुझे यह कार्यक्रम इतना प्रेरक लगा है कि मैंने इसकी सैकड़ों प्रतियाँ बाँटी हैं। इसे स्वर्गीय सिबिल एफ. पारट्रिज ने लिखा था। अगर आप और मैं इसका अनुसरण करें तो हम अपनी अधिकांश चिंताओं को ख़त्म कर देंगे और जीवन के आनंद को काफ़ी हद तक बढ़ा सकेंगे:

सिर्फ़ आज के लिये

1. सिर्फ़ आज के लिये मैं ख़ुश रहूँगा। इसका आशय है कि अब्राहम लिंकन की यह बात सच थी "अधिकांश लोग उतने ही सुखी होते हैं जितने सुखी होने का वे संकल्प करते हैं।" सुख अंदर से आता है, बाहरी घटनाओं से इसका कोई संबंध नहीं है।

2. सिर्फ़ आज के लिये मैं यह कोशिश करूँगा कि दुनिया जैसी है, मैं अपने आपको उसके हिसाब से ढाल लूँ, बजाय इसके कि मैं दुनिया को अपनी इच्छाओं के हिसाब से ढालने की कोशिश करूँ। मेरा परिवार, मेरा बिज़नेस और मेरी क़िस्मत जैसी भी हो, मैं अपने आपको उनके अनुरूप ढालने की कोशिश करूँगा।

3. सिर्फ़ आज के लिये मैं अपने शरीर का ध्यान रखूँगा। मैं व्यायाम करूँगा, शरीर की देखभाल करूँगा, इसे पोषण दूँगा और इसे नज़रअंदाज़ नहीं करूँगा ताकि यह मेरी आज्ञा का पालन करने की आदर्श मशीन की तरह काम कर सके।
4. सिर्फ़ आज के लिये मैं अपने मस्तिष्क को सशक्त बनाने की कोशिश करूँगा। मैं कुछ उपयोगी चीज़ें सीखूँगा। मैं मानसिक रूप से आलसी नहीं बनूँगा। मैं कुछ ऐसा पढ़ूँगा जिसमें विचार, प्रयास और एकाग्रता की आवश्यकता हो।
5. सिर्फ़ आज के लिये मैं अपनी आत्मा को तीन तरह से व्यायाम कराऊँगा; मैं किसी की भलाई करूँगा और इस तरह करूँगा कि उसे मेरा नाम मालूम न पड़े। मैं विलियम जेम्स की सलाह पर चलते हुये सिर्फ़ अभ्यास के लिये कम से कम दो ऐसे काम करूँगा जिन्हें मैं नहीं करना चाहता।
6. सिर्फ़ आज के लिये मैं ख़ुश रहूँगा। मैं जितना अच्छा दिख सकता हूँ, दिखूँगा; जितने अच्छे कपड़े पहन सकता हूँ, पहनूँगा; नीची आवाज़ में बोलूँगा, शालीन व्यवहार करूँगा; जितनी तारीफ़ कर सकता हूँ, करूँगा। मैं किसी की आलोचना नहीं करूँगा, किसी की ग़लतियाँ नहीं निकालूँगा, न ही किसी पर हावी होने या उसे सुधारने की कोशिश करूँगा।
7. सिर्फ़ आज के लिये मैं केवल इस दिन में जीने की कोशिश करूँगा और अपने पूरे जीवन की समस्याओं से मुक़ाबला करने की कोशिश नहीं करूँगा। मैं बारह घंटों के लिये ऐसे काम कर सकता हूँ जिनसे मैं चमत्कृत हो जाऊँगा, अगर वे मुझे जीवन भर करना पड़ें।
8. सिर्फ़ आज के लिये मैं एक योजना बनाऊँगा। मैं यह लिख लूँगा कि मैं हर घंटे में क्या करने वाला हूँ। हो सकता है कि मैं इसका पूरी तरह से पालन न कर पाऊँ, परंतु मेरे पास

एक योजना होगी। इससे मेरे दो राक्षस दूर भाग ज़ायेंगे : जल्दबाज़ी और अनिर्णय।

9. सिर्फ़ आज के लिये मैं अपने लिये आधा घंटा निकालूँगा और शांति से बैठकर आराम करूँगा। इस आधे घंटे में मैं कई बार ईश्वर के बारे में सोचूँगा ताकि मेरे जीवन में सकारात्मक परिवर्तन हो सकें।

10. सिर्फ़ आज के लिये मैं बिलकुल नहीं डरूँगा। मैं ख़ुश रहूँगा, हर सुंदर चीज़ का आनंद लूँगा और यह विश्वास करूँगा कि मैं जिनसे प्रेम करता हूँ, वे भी मुझसे प्रेम करते हैं।

अगर आप सुख-शांति का मानसिक नज़रिया विकसित करना चाहते हैं, तो पहला नियम है :

ख़ुशी के विचार सोचें, ख़ुशी का अभिनय करें – और आप ख़ुशी का अनुभव करने लगेंगे।

• • •

13

बदला लेना महँगा सौदा है

बरसों पहले एक रात जब मैं यलोस्टोन पार्क से गुज़र रहा था, तो मैं देवदार और स्प्रूस वृक्षों के सघन जंगलों के सामने बेंचों पर दूसरे पर्यटकों के साथ बैठा। जिस जानवर का हम इंतज़ार कर रहे थे उसे जंगल का आतंक कहा जाता था यानी सफ़ेद भालू। भालू रोशनी की चकाचौंध में सामने आया और उसने वह भोजन खाना शुरू किया जो एक होटल के किचन से लाकर उसके सामने फेंका गया था। मेजर मार्टिनडेल नाम के एक फॉरेस्ट रेंजर घोड़े पर बैठकर रोमांचित पर्यटकों से भालुओं के बारे में चर्चा कर रहे थे। उन्होंने हमें बताया कि सफ़ेद भालू पश्चिमी जगत के किसी भी दूसरे पशु को एक ही झटके में ख़त्म कर सकता था, शायद भैंसे और कोडियाक भालू को छोड़कर। परंतु मैंने उस रात देखा कि एक जानवर था और सिर्फ़ एक जानवर था जिसे सफ़ेद भालू ने जंगल से निकलने और रोशनी की चकाचौंध में अपने साथ खाने की अनुमति दी : स्कंक। सफ़ेद भालू जानता था कि वह स्कंक को अपने शक्तिशाली पंजे के एक ही वार से ख़त्म कर सकता है। परंतु उसने ऐसा क्यों नहीं किया ? क्योंकि वह अनुभव से जानता था कि इससे फ़ायदा नहीं होता।

मैंने भी यही पाया है। खेत में पलने वाले बच्चे के रूप में मैंने चार पैर वाले स्कंक को मिसूरी की झाड़ियों में अपने जाल में

पकड़ा है और आदमी के रूप में न्यूयॉर्क की फुटपाथ पर कुछ दो पैर वाले स्कंकों से भी टकराया हूँ। दुखद अनुभव से मैंने सीखा है कि दोनों ही प्रजातियों से उलझने से कोई फ़ायदा नहीं होता है।

जब हम अपने दुश्मनों से नफ़रत करते हैं, तो हम उन्हें अपने ऊपर हावी होने की शक्ति प्रदान कर रहे होते हैं : हमारी नींद पर, हमारी भूख़ पर, हमारे ब्लड प्रेशर पर, हमारी सेहत पर और हमारे सुख पर। हमारे दुश्मनों को अगर पता चल जाये कि उनके कारण हम कितने चिंतित हैं, परेशान हैं और दुखी हैं, तो वे ख़ुशी के मारे नाचने लगेंगे। हमारी नफ़रत से उन्हें कोई नुक़सान नहीं हो रहा है, परंतु यह हमारे अपने दिन-रात को नरक बना रही है।

आपको क्या लगता है यह किसने कहा होगा : "अगर स्वार्थी लोग आपका लाभ उठाने की कोशिश करते हैं तो उनका नाम अपनी सूची से काट दें, परंतु बदला लेने की कोशिश न करें। जब आप बदला लेने की कोशिश करते हैं, तो आप दूसरे व्यक्ति को जितना नुक़सान पहुँचाते हैं, उससे कहीं ज़्यादा नुक़सान आप ख़ुद को पहुँचाते हैं ?"...ऐसा लगता है कि यह शब्द किसी सितारे देखने वाले आदर्शवादी ने कहे होंगे। परंतु ऐसा नहीं है। यह शब्द उस बुलेटिन में छपे हैं जो मिल्वॉकी पुलिस विभाग ने छापा है।

बदला लेने की कोशिश से आपको किस तरह नुक़सान होता है ? कई तरह से। *लाइफ़* मैग्ज़ीन के अनुसार, इससे आपकी सेहत भी ख़राब हो सकती है। "हाई ब्लड प्रेशर के लोगों के व्यक्तित्व का प्रमुख लक्षण द्वेष होता है। जब द्वेष लंबे समय तक बना रहता है, तो हाई ब्लड प्रेशर की बीमारी स्थायी हो जाती है और कुछ समय बाद हृदयरोग भी हो जाता है।"

आप यह जान लें कि जब ईसा मसीह ने कहा था, "अपने दुश्मनों से प्रेम करो," तो वे केवल धर्म का दमदार सिद्धांत ही नहीं बता रहे थे। वे बीसवीं सदी का चिकित्सा विज्ञान भी समझा रहे थे। जब उन्होंने कहा था, "अपने दुश्मनों को सात गुना सत्तर

बार माफ़ करो," तो वे आपको और मुझे यह बता रहे थे कि हाई ब्लड प्रेशर, हार्ट अटैक, पेट के अल्सर और कई दूसरी बीमारियों से कैसे बचा जा सकता है।

हाल ही में मेरी एक दोस्त को दिल का गंभीर दौरा पड़ा। उसकी डॉक्टर ने उसे बिस्तर पर लिटा दिया और हिदायत दी कि चाहे कुछ भी हो, वह किसी भी बात पर ग़ुस्सा न हो। डॉक्टर जानते हैं कि अगर आपका दिल कमज़ोर हो, तो ग़ुस्सा आपकी जान ले *सकता* है। मैंने क्या कहा, जान ले *सकता* है? ग़ुस्से ने स्पोकेन, वॉशिंगटन के एक रेस्तराँ मालिक की कुछ साल पहले सचमुच जान *ले ली थी*। मेरे सामने *स्पोकेन*, वॉशिंगटन के जेरी स्वार्टआउट का पत्र रखा है, जो उस वक़्त पुलिस विभाग के प्रमुख थे। इस पत्र में लिखा हैः "कुछ साल पहले स्पोकेन में सड़सठ साल के एक रेस्तराँ मालिक ने ग़ुस्से की वजह से अपने आपको मार डाला क्योंकि उसके कुक ने मालिक की प्लेट से कॉफी पी ली थी। रेस्तराँ का मालिक इतना ग़ुस्सा हो गया कि वह हाथ में रिवॉल्वर लेकर कुक का पीछा करने लगा और दिल का दौरा पड़ने से मर गया। मरते समय भी उसके हाथ रिवॉल्वर को जकड़े हुये थे। पोस्टमार्टम की रिपोर्ट के अनुसार उसकी मौत दिल का दौरा पड़ने से हुई थी।"

जब ईसा मसीह ने कहा था, "अपने दुश्मनों से प्रेम करो," तो वे हमें यह भी बता रहे थे कि अपने चेहरे को ज़्यादा सुंदर कैसे बनाया जाये। मैं ऐसे लोगों को जानता हूँ, और आप भी जानते होंगे, जिन्होंने द्वेष पालकर, नफ़रत कर-करके, अपने चेहरे पर झुर्रियों को आमंत्रित कर लिया है। इस धरती पर कोई भी कॉस्मेटिक सर्जरी उनके चेहरे को इतना सुंदर नहीं बना सकती, जितना कि प्रेम, कोमलता और क्षमा की भावनाओं से भरा हृदय बना सकता है।

नफ़रत भोजन का आनंद लेने की हमारी योग्यता को भी नष्ट कर देती है। बाइबल इसे इस तरह से कहती है : "सूखी

सब्ज़ियों का भोजन बेहतर है अगर उसके साथ प्रेम है, बजाय बैल के गोश्त के, अगर उसके साथ नफ़रत हो।"

क्या हमारे दुश्मन ख़ुश होकर अपने हाथ नहीं मलने लगेंगे अगर वे जान जायें कि उनके प्रति हमारी नफ़रत हमारा ख़ून जला रही है, हमें थका रही है, नर्वस बना रही है, हमारी सुंदरता नष्ट कर रही है, हमें हृदयरोग दे रही है और शायद हमारी आयु कम कर रही है ?

अगर हम अपने दुश्मनों से प्रेम नहीं कर सकते, तो हम कम से कम ख़ुद से तो प्रेम करें। हमें ख़ुद से इतना तो प्रेम करना चाहिये कि हम अपने दुश्मनों को इस बात की अनुमति न दें कि वे हमारे सुख, हमारी सेहत और हमारी सुंदरता को नियंत्रित करें। जैसा शेक्सपियर ने कहा था :

"अपने दुश्मन के लिये नफ़रत की भट्‌टी को इतनी तेज़ मत करो कि आप खुद भी उसमें जल जायें।"

जब ईसा मसीह ने कहा था कि हमें अपने दुश्मनों को "सात गुना सत्तर बार" माफ़ करना चाहिये तो वे बिज़नेस की बढ़िया तकनीक भी सिखा रहे थे। उदाहरण के तौर पर, मेरे सामने एक पत्र रखा है, जो जॉर्ज रॉना ने अपसैला, स्वीडन से लिखा था। सालों तक जॉर्ज रॉना वियेना में वकील थे, परंतु द्वितीय विश्वयुद्ध के दौरान वे भागकर स्वीडन चले गये। उनके पास पैसे नहीं थे और उन्हें नौकरी की सख़्त ज़रूरत थी। चूँकि वे कई भाषायें बोल और लिख सकते थे, इसलिये उन्हें उम्मीद थी कि उन्हें किसी ऐसी फ़र्म में पत्राचार की नौकरी मिल जायेगी जो आयात-निर्यात का काम करती हो। ज़्यादातर फ़र्मों ने जवाब दिया कि उन्हें युद्ध के कारण उसकी सेवाओं की आवश्यकता नहीं है, परंतु वे उसका नाम अपनी सूची में लिख लेंगे... इत्यादि। परंतु एक आदमी ने जॉर्ज रॉना को पत्र लिखा, जिसमें उसने लिखा, "मेरे बिज़नेस के बारे में आपने जो सोचा है, वह सच नहीं है। आप न सिर्फ़ ग़लत

हैं, बल्कि मूर्ख भी हैं। मुझे किसी पत्राचार करने वाले की ज़रूरत नहीं है। अगर मुझे ज़रूरत भी होती तो भी मैं आपको नौकरी पर नहीं रखता, क्योंकि आप स्वीडिश भाषा ठीक से नहीं लिख पाते। आपका पत्र ग़लतियों से भरा पड़ा है।"

जब जॉर्ज रॉना ने उस पत्र को पढ़ा तो वह डोनाल्ड डक की तरह पागल हो गया। इस स्वीडनवासी की ज़ुर्रत तो देखो जो मुझसे कह रहा था कि उसे स्वीडिश भाषा लिखना नहीं आती! ख़ुद उसके पत्र में ढेरों ग़लतियाँ हैं। और ग़ुस्से में जॉर्ज रॉना ने उसे एक ऐसा पत्र लिखा, जिसे पढ़कर उस स्वीडनवासी का ख़ून खौल जाये। परंतु तभी वह ठहर गया। उसने ख़ुद से कहा, "ज़रा एक मिनट। क्या पता यह आदमी सही हो ? मैंने स्वीडिश भाषा सीखी ज़रूर है, परंतु यह मेरी मातृभाषा नहीं है। इसलिये हो सकता है कि मुझसे कुछ ऐसी ग़लतियाँ हो जाती हों, जिनके बारे में मुझे पता ही न हो। अगर ऐसा है, तो निश्चित रूप से मुझे ज़्यादा अध्ययन करना चाहिये ताकि मुझे नौकरी मिल सके। शायद इस आदमी ने मेरी ग़लती बताकर मुझ पर एहसान किया है, हालाँकि उसका ऐसा कोई इरादा नहीं था। सिर्फ़ इसलिये कि उसकी लिखने की शैली अप्रिय है, उसके प्रति मेरी कृतज्ञता कम नहीं हो जाती। इसलिये मैं चिट्ठी लिखकर उसके इस एहसान के लिये उसे धन्यवाद दूँगा।"

फिर जॉर्ज रॉना ने अपने लिखे अपमानजनक पत्र को फाड़ दिया और दूसरा पत्र लिखा, "आपने पत्र लिखने का कष्ट किया, उसके लिये धन्यवाद, ख़ासकर तब जब आपको पत्राचार करने वाले व्यक्ति की आवश्यकता नहीं थी। मुझे ख़ेद है कि मुझे आपकी फ़र्म के बारे में ग़लत जानकारी दी गयी थी। मैंने आपको इसलिये चिट्ठी लिखी थी क्योंकि मैंने खोजबीन की थी और मुझे यह बताया गया कि आप अपने क्षेत्र में नंबर वन हैं। मुझे मालूम नहीं था कि मैंने अपने पत्र में व्याकरण की ग़लतियाँ की हैं। मुझे दुख है और अपनी ग़लतियों पर मैं शर्मिंदा हूँ। मैं अब स्वीडिश

भाषा सीखने में और ज़्यादा मेहनत करूँगा और अपनी ग़लतियाँ सुधारने की कोशिश करूँगा। आपके ही कारण मुझे आत्म-सुधार के पथ पर चलने की प्रेरणा मिली है, इसलिये मैं आपको धन्यवाद देना चाहता हूँ।"

कुछ ही दिनों में जॉर्ज रॉना को इस आदमी का पत्र मिला जिसमें उसने उन्हें मिलने के लिये बुलाया था। रॉना गये और उन्हें नौकरी मिल गयी। जॉर्ज रॉना ने इस घटना से यह सीखा, "मीठे जवाब से ग़ुस्सा शांत हो जाता है।"

हो सकता है कि हम इतने बड़े संत न हों कि अपने दुश्मनों से प्रेम करें, परंतु अपनी ख़ुद की सेहत और सुख के लिये हम कम से कम उन्हें माफ़ करके भूल तो सकते हैं। यही सबसे स्मार्ट तरीक़ा है। कन्फ़्यूशियस ने कहा था, "आपको चोट पहुँचायी जाये या लूट लिया जाये, तो इसमें कोई नुक़सान नहीं होता जब तक कि आप इसे लगातार याद रखने की कोशिश न करें।" मैंने एक बार जनरल आइज़नहॉवर के पुत्र जॉन से पूछा था कि क्या उसके पिता द्वेष पाले रखते थे। "नहीं," उसका जवाब था, "डैडी जिन लोगों को पसंद नहीं करते, उनके बारे में सोचकर वे एक मिनट भी बर्बाद नहीं करते।"

एक पुरानी कहावत है, जो आदमी कभी ग़ुस्सा नहीं हो सकता वह मूर्ख है, परंतु जो आदमी कभी ग़ुस्सा नहीं होता, वह समझदार है।

यही विलियम जे. गैनर की नीति थी, जो न्यूयॉर्क के पूर्व मेयर थे। अख़बारों में उनकी कटु भर्त्सना हुई और एक पागल ने गोली मारकर लगभग उन्हें मार ही डाला था। जब वे अस्पताल में जीवन के लिये संघर्ष कर रहे थे तो उन्होंने कहा : "हर रात मैं हर चीज़ और हर आदमी को माफ़ कर देता हूँ।" क्या यह कुछ ज़्यादा ही आदर्शवादी सोच थी ? कुछ ज़्यादा ही मधुर और हलका ? अगर ऐसा है तो हम सलाह लेने के लिये महान जर्मन दार्शनिक शॉपेनहार के पास चलें जो *स्टडीज़ इन पेसिमिज़्म* के लेखक हैं।

वे जीवन को एक निरर्थक और दर्दनाक अभियान मानते थे। जब वे चलते थे तो उदासी चारों तरफ़ से टपकती थी, परंतु अपनी निराशा की गहराइयों से शॉपेनहार चीख़े थे : *"अगर संभव हो तो किसी के प्रति शत्रुता न पाली जाये।"*

मैंने एक बार बर्नार्ड बरूच से पूछा था - जो छह राष्ट्रपतियों यानी विल्सन, हार्डिंग, कूलिज, हूवर, रूज़वेल्ट और ट्रूमैन के विश्वस्त सलाहकार थे - कि क्या वे कभी अपने शत्रुओं के आक्रमणों से विचलित हुये हैं। उनका जवाब था, "कोई आदमी मुझे अपमानित या विचलित नहीं कर सकता। मैं उसे इस बात की इजाज़त नहीं दूँगा।"

आपको और मुझे भी कोई अपमानित या विचलित नहीं कर सकता - *जब तक कि हम उसे ऐसा करने की इजाज़त न दें।*

छड़ियाँ और पत्थर मेरी हड्डियाँ तोड़ सकते हैं,
परंतु शब्द मुझे कभी चोट नहीं पहुँचा सकते।

सदियों से मानव जाति ईसा मसीह जैसे उन लोगों के सामने मोमबत्तियाँ जला रही है जिन्होंने अपने दुश्मनों के प्रति दुर्भावना नहीं रखी। मैं अक्सर कनाडा में जैस्पर नेशनल पार्क में खड़ा रहा हूँ और पश्चिमी जगत में सबसे सुंदर पहाड़ों में से एक को देखता रहा हूँ - वह पहाड़ जिसका नाम एडिथ कैवेल नाम की उस ब्रिटिश नर्स के नाम पर रखा गया जो 12 अक्टूबर 1915 को जर्मन फायरिंग स्क्वाड के सामने किसी संत की तरह मरी। उसका अपराध ? उसने अपने बेल्जियन घर में घायल फ्रांसीसी और अँग्रेज सैनिकों को छुपाया था, उनका इलाज किया था, उन्हें भोजन दिया था और हॉलैंड तक निकल भागने में उनकी मदद की थी। जब अँग्रेज चैपलेन अक्टूबर की उस सुबह को ब्रुसेल्स के सैनिक कारागार में उसकी कोठरी में घुसे ताकि उसे मौत के लिये तैयार कर सकें तो एडिथ कैवेल ने दो वाक्य कहे जो काँसे और ग्रेनाइट में सँजोये गये हैं : "मुझे एहसास है कि देशभक्ति

पर्याप्त नहीं है। मुझे किसी के प्रति नफ़रत या कटुता नहीं रखना चाहिये।" चार साल बाद उनका शरीर इंग्लैंड ले जाया गया और वेस्टमिंस्टर एबे में उसे समारोहपूर्वक दफ़नाया गया। मैंने एक बार लंदन में एक साल गुज़ारा। मैं अक्सर एडिथ कैवेल की मूर्ति के सामने खड़ा रहा हूँ जो नेशनल पोर्ट्रेट गैलरी के सामने है और मैंने पत्थर पर उकेरे गये उसके अमर शब्द पढ़े हैं : "मुझे एहसास है कि देशभक्ति पर्याप्त नहीं है। मुझे किसी के प्रति नफ़रत या कटुता नहीं रखना चाहिये।"

अपने दुश्मनों को माफ़ करने और उन्हें भूलने का एक अचूक तरीक़ा है किसी ऐसे कार्य में जुट जाना जो हमसे बहुत बड़ा हो। तब हम अपमानों और शत्रुताओं की परवाह नहीं करेंगे क्योंकि हम अपने *विराट लक्ष्य* के अलावा बाक़ी हर चीज़ भूल जायेंगे। उदाहरण के लिये हम एक अत्यंत नाटकीय घटना को लेते हैं जो 1918 में मिसिसिपी के देवदार के जंगलों में घटी। भीड़ एक आदमी को मारने वाली थी! अश्वेत शिक्षक और उपदेशक लॉरेंस जोन्स के सामने मौत खड़ी थी। कुछ साल पहले मैं उस स्कूल में गया जिसे लॉरेंस जोन्स ने स्थापित किया था - पाइनी वुड्स कंट्री स्कूल - और मैं विद्यार्थियों के समूह के सामने बोला भी। आज यह स्कूल देश भर में मशहूर है, परंतु मैं जो घटना बताने जा रहा हूँ वह प्रथम विश्वयुद्ध के अति भावुक दिनों में घटी थी। मध्य मिसिसिपी में एक अफ़वाह फैली कि जर्मन लोग अश्वेतों को उकसा रहे थे और विद्रोह के लिये प्रेरित कर रहे थे। लॉरेंस जोन्स यानी कि वह आदमी जिसे भीड़ मारने वाली थी, जैसा मैंने पहले ही कहा है, स्वयं एक अश्वेत था और उस पर अपने समूह को विद्रोह के लिये भड़काने का आरोप लगाया गया। श्वेत व्यक्तियों के एक समूह ने चर्च के बाहर खड़े होकर यह सुना कि लॉरेंस जोन्स भीड़ के सामने चिल्ला रहे थे : "जीवन एक संग्राम है जिसमें हर अश्वेत व्यक्ति को अपना कवच पहन लेना चाहिये और बचे रहने तथा सफल होने के लिये *लड़ना* चाहिये।"

"संग्राम!" "कवच!" "लड़ना!" बस इतना काफ़ी था! रात के अँधेरे में घोड़े पर सवार इन रोमांचित युवकों ने भीड़ जमा की, चर्च में वापस आये, उपदेशक के चारों तरफ़ रस्सी बाँधी, उसे एक मील तक सड़क पर घसीटकर ले गये, उसे जलती हुई लकड़ियों के ढेर पर खड़ा किया और वे उसे एक साथ फाँसी पर लटकाने और जलाने के लिये तैयार थे कि तभी किसी ने चीख़कर कहाः "इससे पहले कि हम उसे जलायें हमें उसकी उकसाने वाली चर्चा तो सुन लेने दो। भाषण! भाषण!" लॉरेंस जोन्स ने जलती लकड़ियों के ऊपर खड़े होकर, जबकि उनकी गर्दन में रस्सी बँधी थी, अपने जीवन और अपने *लक्ष्य* के लिये भाषण दिया। वे आयोवा युनिवर्सिटी से 1907 में स्नातक हुये थे। उनका दृढ़ चरित्र, उनकी स्कॉलरशिप और संगीत निपुणता ने उन्हें विद्यार्थियों और स्टाफ़ दोनों में ही लोकप्रिय बना दिया। स्नातक होने के बाद उन्होंने एक होटल वाले का प्रस्ताव ठुकरा दिया जिसने उन्हें बिज़नेस में स्थापित करने का प्रस्ताव रखा था और उन्होंने एक अमीर आदमी द्वारा प्रायोजित संगीत शिक्षा का प्रस्ताव भी ठुकरा दिया। क्यों ? क्योंकि उनके मन में प्रबल सपना था। बुकर टी. वाशिंगटन के जीवन की कहानी पढ़ने के बाद उन्हें यह प्रेरणा मिली कि वे अपने जीवन को अपनी प्रजाति के ग़रीब, निरक्षर लोगों को शिक्षित करने के लिये समर्पित करें। तो वे दक्षिण में उस सबसे पिछड़े इलाक़े में गये जो उन्हें मिल सकता था - एक ऐसी जगह जो जैक्सन, मिसिसिपी से पच्चीस मील दक्षिण में थी। अपनी घड़ी को 1.65 डॉलर में गिरवी रखकर उन्होंने खुले जंगल में अपना स्कूल शुरू किया। डेस्क की जगह पर एक लकड़ी थी। लॉरेंस जोन्स ने मारने पर आमादा इन क्रुद्ध लोगों को उस संघर्ष के बारे में बताया जो उन्होंने इन अशिक्षित लड़के और लड़कियों को शिक्षित करने के लिये किया था, उन्हें अच्छे किसान, मैकेनिक, कुक और हाउसकीपर बनने का प्रशिक्षण दिया था। उन्होंने उन श्वेत लोगों का ज़िक्र भी किया जिन्होंने पाइनी वुड्स कंट्री स्कूल

स्थापित करने के उनके संघर्ष में उनकी मदद की थी – श्वेत लोग जिन्होंने उन्हें ज़मीन, सामान, सुअर, गाय और धन दिया ताकि वे अपना शैक्षणिक कार्य जारी रख सकें।

जब लॉरेंस जोन्स से बाद में किसी ने पूछा कि क्या उन्होंने उन लोगों से नफ़रत नहीं की, जिन्होंने उन्हें सड़क पर घसीटा था तथा जो उन्हें फाँसी पर लटकाना चाहते थे और जलाना चाहते थे, तो उनका जवाब था कि *वे अपने लक्ष्य को लेकर इतने व्यस्त थे कि उनके पास नफ़रत करने की फ़ुरसत नहीं थी – वे अपने से बहुत विराट चीज़ में संलग्न थे।* उनका कहना था, *"मेरे पास लड़ने के लिये समय नहीं है, न ही अफ़सोस करने के लिये समय है। कोई भी आदमी मुझे इतना नीचे नहीं गिरा सकता कि मैं उससे नफ़रत करने लगूँ।"*

जब लॉरेंस जोन्स ने गंभीर और मर्मस्पर्शी वाकपटुता से भाषण दिया, तथा जब उन्होंने अपनी नहीं, बल्कि अपने लक्ष्य की पैरवी की तो भीड़ नरम पड़ने लगी। आख़िरकार, भीड़ में से एक बूढ़ा व्यक्ति बोला : "मुझे यक़ीन है कि यह लड़का सच कह रहा है। उसने जिन श्वेत लोगों के नाम लिये हैं, मैं उन्हें जानता हूँ। वह एक अच्छा काम कर रहा है। हमसे ग़लती हुई है। हमें उसे फाँसी पर लटकाने के बजाय उसकी मदद करना चाहिये।" बूढ़े व्यक्ति ने अपने हैट को भीड़ में बढ़ाया और उन्हीं लोगों से बावन डॉलर और चालीस सेंट जमा कर लिये जो पाइनी वुड्स कंट्री स्कूल के संस्थापक को फाँसी पर लटकाने के लिये जमा हुये थे – वह आदमी जो कहता था : "मेरे पास लड़ने के लिये समय नहीं है, न ही अफ़सोस करने के लिये समय है। कोई भी आदमी मुझे इतना नीचे नहीं गिरा सकता कि मैं उससे नफ़रत करने लगूँ।"

एपिक्टेटस ने उन्नीस सदी पहले यह संकेत दिया था कि हम जो बोते हैं, वही काटते हैं और भाग्य किसी न किसी तरह हमें अपने बुरे कर्मों की सज़ा हमेशा देता है। एपिक्टेटस ने कहा था, "लंबे समय में हर आदमी को अपने बुरे कामों की सज़ा

भुगतना होती है, जो आदमी याद रखेगा कि वह किसी पर नाराज़ नहीं होगा, किसी से नहीं चिढ़ेगा, किसी की निंदा नहीं करेगा, किसी को दोष नहीं देगा, किसी को चोट नहीं पहुँचायेगा, किसी से नफ़रत नहीं करेगा।"

अमेरिका के इतिहास में शायद लिंकन से अधिक नफ़रत और आलोचना किसी दूसरे व्यक्ति की नहीं हुई है। परंतु हर्नडन की अमर जीवनी के अनुसार लिंकन ने "कभी लोगों को अपनी पसंद या नापसंद के आधार पर नहीं चुना। अगर कोई काम किया जाना था, तो उनमें यह समझ थी कि उनका शत्रु भी इस काम को अच्छी तरह से कर सकता था। अगर किसी आदमी ने उनकी आलोचना की थी या वह व्यक्तिगत दुर्व्यवहार का दोषी था, परंतु वह उस पद के लिये सबसे योग्य व्यक्ति था, तो लिंकन उसे वह पद उतनी ही तत्परता से दे देते थे, जितनी तत्परता से अपने किसी मित्र को...। मुझे नहीं लगता कि उन्होंने कभी किसी आदमी को सिर्फ़ इसलिये हटाया हो क्योंकि वह उनका शत्रु था या वे उसे पसंद नहीं करते थे।"

जिन लोगों को लिंकन ने ऊँचे पदों पर नियुक्त किया था - मैक्लेलन, सेवर्ड, स्टैंटन और चेज़ जैसे लोग - उन्हीं ने लिंकन का अपमान किया और उनकी आलोचना की। परंतु लिंकन के कानूनी पार्टनर हर्नडन के अनुसार, लिंकन का विश्वास था कि "किसी भी आदमी के काम के लिये उसका गुणगान नहीं करना चाहिये, न ही उसके किसी काम को करने या न करने के लिये उसकी ज़्यादा आलोचना करना चाहिये, क्योंकि हम सभी स्थितियों, परिस्थितियों, माहौल, शिक्षा, सीखी हुई आदतों और आनुवंशिकता के शिशु हैं जो मनुष्यों को उसी रूप में ढालती हैं जैसे वे होते हैं और हमेशा रहेंगे।"

शायद लिंकन सही थे। अगर आपमें और मुझमें वही शारीरिक, मानसिक तथा भावनात्मक लक्षण होते जो हमारे शत्रुओं को विरासत में मिले हैं और अगर जीवन ने हमारे साथ वही किया होता जो उनके साथ किया है, तो हम बिलकुल उसी तरह व्यवहार

करते जैसा वे करते हैं। हम शायद कुछ और कर ही नहीं सकते थे। हमें इतना उदार होना चाहिये कि हम सियॉक्स इंडियन्स की प्रार्थना दोहरा सकें : "हे महान आत्मा, मुझे किसी आदमी का निर्णय करने और उसकी आलोचना करने से दूर रखना, जब तक कि मैं उसके जूतों में दो सप्ताह तक न चल लूँ।" तो अपने शत्रुओं से नफ़रत करने के बजाय उन पर दया करें और ईश्वर को धन्यवाद दें कि जीवन ने हमें उनकी तरह नहीं बनाया है। अपने शत्रुओं पर आलोचना और प्रतिशोध की बारिश करने के बजाय हम उन्हें अपनी समझ, अपनी सहानुभूति, अपनी सहायता, क्षमा और प्रार्थनायें दें।

मैं एक ऐसे परिवार में बड़ा हुआ जो बाइबल पढ़ता था और हर रात बाइबल की पंक्तियाँ दोहराता था और फिर झुककर "पारिवारिक प्रार्थनायें" करता था। मैं अब भी अपने पिताजी की आवाज़ सुन सकता हूँ जो मिसूरी के उस एकाकी फ़ार्महाउस में ईसा मसीह के इन शब्दों को दोहराते थे – वे शब्द जो तब तक दोहराये जाते रहेंगे जब तक इन्सान उनके आदर्शों को संजोये रखेगा : "अपने शत्रुओं से प्रेम करो, जो तुम्हें शाप देते हैं उन्हें आशीर्वाद दो, जो तुमसे नफ़रत करते हैं उनकी भलाई करो और जो तुम्हारा शोषण तथा अपमान करते हैं उनके लिये प्रार्थना करो।"

मेरे पिताजी ने ईसा मसीह के इन शब्दों को जीने की कोशिश की और इन शब्दों ने उन्हें ऐसी आंतरिक शांति दी जिसे पाने का निरर्थक प्रयास इस धरती के सेनापतियों और सम्राटों ने अक्सर किया है।

अगर आप सुख–शांति का मानसिक रवैया विकसित करना चाहते हैं, तो दूसरा नियम याद रखें :

अपने दुश्मनों से बदला लेने की कोशिश न करें, क्योंकि ऐसा करते समय हम उन्हें जितना नुक़सान पहुँचाते हैं, उससे ज़्यादा नुक़सान खुद को पहुँचाते हैं। इसकी जगह हम वह करें जो जनरल आइज़नहॉवर करते थे : जिनको हम पसंद नहीं करते, उनके बारे में सोचने में एक मिनट भी बर्बाद न करें।

14

अगर आप यह करेंगे तो आपको कृतघ्नता की चिंता कभी नहीं सतायेगी

हाल ही में मैं टैक्सॉस में एक बिज़नेसमैन से मिला, जो ग़ुस्से के मारे जल-भुन रहा था। मुझे पहले ही बता दिया गया था कि मुलाक़ात के पंद्रह मिनट के भीतर ही वह मुझे अपनी रामकहानी सुनाने लगेगा। उसने ऐसा ही किया। जिस घटना पर वह ग़ुस्सा था, वह ग्यारह महीने पहले हुई थी, परंतु वह अब भी उसके बारे में आगबबूला हो रहा था। वह किसी और विषय पर बात ही नहीं कर रहा था। उसने अपने चौंतीस कर्मचारियों को क्रिसमस के बोनस में दस हज़ार डॉलर दिये थे - लगभग तीन सौ डॉलर प्रति व्यक्ति - परंतु किसी ने उसे धन्यवाद भी नहीं दिया था। उसने कटुता से शिकायत की, "मुझे अब इस बात पर अफ़सोस हो रहा है कि मैंने उन्हें एक पाई भी दी!"

कन्फ्यूशियस ने कहा था, "नाराज़ आदमी हमेशा ज़हर से भरा होता है।" इस आदमी में इतना ज़हर भरा था कि मुझे सचमुच उस पर तरस आ रहा था। वह लगभग साठ साल का था। जीवन बीमा कंपनियाँ मानती हैं कि हमारी वर्तमान आयु और अस्सी साल के बीच में जितना अंतर है, औसतन हम लोग उससे दो तिहाई से थोड़ा अधिक जियेंगे। तो अगर इस आदमी

की क़िस्मत अच्छी होगी तो वह शायद चौदह–पंद्रह साल और जी सकता था। फिर भी उसने अपने बचे हुये कुछ सालों में से लगभग एक पूरा साल अपनी कड़वाहट और द्वेष की वजह से बर्बाद कर लिया था, उस घटना के लिये जो घट चुकी थी और लौटकर नहीं आने वाली थी। मुझे उस पर तरस आया।

नफ़रत और कड़वाहट में डुबकियाँ लगाने के बजाय उसे ख़ुद से यह पूछना चाहिये था कि उसकी तारीफ़ *क्यों* नहीं हुई। शायद उसने अपने कर्मचारियों से ज़्यादा काम लेकर उन्हें कम वेतन दिया था। शायद कर्मचारियों ने क्रिसमस के बोनस को उपहार न समझकर अपनी कमाई का हिस्सा समझा हो। शायद उन्हें वह इतना आलोचक और तानाशाह लगता हो कि उसे धन्यवाद देने की हिम्मत या इच्छा किसी की न हुई हो। शायद उन्हें यह लगा हो कि उसने बोनस सिर्फ़ इसलिये दिया, क्योंकि कंपनी के मुनाफ़े का बहुत बड़ा हिस्सा तो टैक्स में वैसे भी चला जाता।

दूसरी तरफ़ यह भी हो सकता है कि कर्मचारी स्वार्थी, ओछे और असभ्य हों। ऐसा भी हो सकता है। वैसा भी हो सकता है। मैं इस बारे में उतना ही जानता हूँ जितना कि आप। परंतु मैं यह भी जानता हूँ कि डॉ. सैम्युअल जॉनसन ने यह कहा था, "कृतज्ञता बहुत मेहनत से उगाया जाने वाला फल है। यह घटिया लोगों में नहीं पायी जाती।"

मैं जो कहने की कोशिश कर रहा हूँ वह यह है : ***इस आदमी ने कृतज्ञता की आशा करके बहुत ही मानवीय और दुखद भूल की थी।*** उसे मानवीय स्वभाव का ज्ञान नहीं था।

अगर आप किसी आदमी की ज़िंदगी बचाते हैं तो क्या आप उससे कृतज्ञता की उम्मीद करेंगे? शायद हाँ - परंतु जज बनने से पहले फौजदारी मामलों के वकील सैम्युअल लीबोविट्ज़ ने *अठहत्तर* लोगों को फाँसी के फँदे से बचाया! आपको क्या लगता है इनमें से कितने सैम्युअल लीबोविट्ज़ को धन्यवाद देने

के लिये रुके होंगे या उन्होंने उसे क्रिसमस पर कार्ड भेजा होगा? कितनों ने? अंदाज़ा लगाइये ... सही कहा - एक ने भी नहीं।

ईसा मसीह ने एक दोपहर में दस कोढ़ियों को ठीक किया था - परंतु उनमें से कितने कोढ़ी उन्हें धन्यवाद देने के लिये रुके। सिर्फ़ एक। संत ल्यूक का अध्याय देखें। जब ईसा मसीह अपने शिष्यों की तरफ़ मुड़े और उन्होंने पूछा, "बाक़ी के नौ कहाँ हैं?" वे सब भाग गये थे। बिना धन्यवाद दिये ग़ायब हो गये थे! अब मैं आपसे एक सवाल पूछना चाहता हूँ : आप और हम - या टैक्सॉस का यह बिज़नेसमैन - *अपने* छोटे-मोटे एहसानों के बदले में ईसा मसीह से ज़्यादा धन्यवाद पाने की उम्मीद कैसे कर सकते हैं?

और धन संबंधी प्रकरणों में क्या होता है! वहाँ पर स्थिति और भी निराशाजनक है। चार्ल्स श्वाब ने मुझे बताया कि एक बार उन्होंने एक बैंक कैशियर को बचाया, जिसने बैंक का पैसा शेयर बाज़ार में लगा दिया था। अगर श्वाब अपनी जेब से पैसे नहीं भरते, तो वह कैशियर निश्चित रूप से जेल की हवा खा रहा होता। क्या कैशियर कृतज्ञ हुआ? हाँ, कुछ समय तक। फिर वह श्वाब का विरोधी बन गया, उनकी आलोचना करने लगा - उसी आदमी की, जिसने उसे जेल जाने से बचाया था!

अगर आप अपने किसी रिश्तेदार को दस लाख डॉलर दें, तो क्या आप उससे कृतज्ञता की उम्मीद करेंगे? एन्ड्र्यू कारनेगी ने बिलकुल यही किया था। परंतु अगर एन्ड्र्यू कारनेगी कुछ समय बाद अपनी क़ब्र से वापस लौटकर आते तो उन्हें यह देखकर सदमा लगता कि उनका वही रिश्तेदार उन्हें गालियाँ दे रहा था! क्यों? क्योंकि बूढ़े एंडी ने 36.5 करोड़ डॉलर चैरिटी में दे दिये थे - और रिश्तेदार को, उसी के शब्दों में, "केवल दस लाख डॉलर का टुकड़ा पकड़ा दिया था।"

तो यही इन्सान की फ़ितरत है। इन्सान का स्वभाव हमेशा ऐसा ही रहा है। और शायद यह आपके जीवन में नहीं बदलने

वाला। तो फिर क्यों न इसे स्वीकार कर लिया जाये? क्यों न हम भी मार्कस ऑरेलियस की तरह यथार्थवादी बन जायें, जो रोमन साम्राज्य पर शासन करने वाले सबसे बुद्धिमान व्यक्तियों में से एक थे। उन्होंने एक दिन अपनी डायरी में लिखा, "मैं आज ऐसे लोगों से मिलूँगा जो बहुत ज़्यादा बोलते हैं – जो स्वार्थी, घमंडी और कृतघ्न हैं। परंतु मैं आश्चर्यचकित या विचलित नहीं होऊँगा, क्योंकि ऐसे लोगों के बिना मैं इस संसार की कल्पना नहीं कर सकता।"

समझदारी की बात लगती है, है ना? अगर आप और मैं कृतघ्नता के बारे में बड़बड़ाते हैं, तो इसमें दोष किसका है? यह मानवीय स्वभाव है – या यह मानवीय स्वभाव के बारे में हमारा अज्ञान है? हमें कृतज्ञता की आशा नहीं करना चाहिये। फिर, अगर हमें कभी-कभार थोड़ी-बहुत कृतज्ञता मिलेगी, तो हमें सुखद आश्चर्य होगा। परंतु अगर हमें कृतज्ञता नहीं मिलेगी, तो हम विचलित नहीं होंगे।

मैं इस अध्याय में जो पहला सूत्र देना चाहता हूँ, वह यह है : *कृतज्ञता को भूल जाना लोगों के लिये स्वाभाविक सी बात है, इसलिये अगर हम कृतज्ञता की आशा करते हुये चारों तरफ़ घूमेंगे, तो हम दुखी होने की राह पर आगे बढ़ रहे हैं।*

मैं न्यूयॉर्क की एक महिला को जानता हूँ जो हमेशा इस बात की शिकायत करती है कि वह अकेली है। उसका कोई रिश्तेदार उसके पास नहीं आना चाहता – और इसमें हैरानी की कोई बात नहीं है। अगर आप उससे मिलने जायें तो वह आपको घंटों तक बतायेगी कि उसने अपनी भतीजियों के लिये उनके बचपन में क्या कुछ नहीं किया; उसने चेचक, गलसुआ और कुकुर खाँसी की बीमारियों में उनका इलाज किया, उसने उनके बोर्डिंग स्कूल का ख़र्च उठाया, उसने उनमें से एक को बिज़नेस स्कूल में भिजवाया और दूसरी को उसकी शादी होने तक घर दिया।

क्या उसकी भतीजियाँ उससे मिलने आती हैं? हाँ, कभी-कभार, परंतु केवल कर्तव्यपरायणता की भावना के कारण। उससे मिलने आने से वे घबराती हैं क्योंकि वे जानती हैं कि उन्हें घंटों तक बैठकर कड़वी बातें सुनना पड़ेंगी, आत्मकरुणा की आहों का सिलसिला झेलना पड़ेगा। और जब यह महिला अपनी भतीजियों को मिलने आने के लिये बाध्य या मजबूर नहीं कर पाती, तो उसे दिल का दौरा पड़ जाता है।

क्या दिल का दौरा वास्तविक होता है? हाँ। डॉक्टर कहते हैं कि उस महिला का दिल कमज़ोर है और उसे अतिस्पंदन की बीमारी है। परंतु डॉक्टर यह भी कहते हैं कि वे उसके मामले में कुछ नहीं कर सकते - उसकी समस्या भावनात्मक है।

वास्तव में यह महिला प्रेम और ध्यान चाहती है। परंतु वह इसे "कृतज्ञता" का नाम देती है। और चूँकि वह कृतज्ञता या प्रेम की माँग कर रही है, इसलिये उसे यह कभी नहीं मिल पायेगा। उसे लगता है कि यह उसका हक़ है, जो उसे मिलना ही चाहिये।

इस महिला की तरह लाखों लोग हैं, जो "कृतघ्नता", अकेलेपन और तिरस्कार की वजह से बीमार हैं। वे चाहते हैं कि उनसे प्रेम किया जाये, परंतु प्रेम पाने का इकलौता रास्ता यही है कि वे इसकी माँग करना छोड़ दें और बिना प्रतिदान की आशा के प्रेम बाँटना शुरू कर दें।

क्या यह आपको कोरा, अव्यावहारिक और काल्पनिक आदर्शवाद लगता है? परंतु ऐसा नहीं है। यह तो सामान्य बुद्धि है। यह आपके और मेरे लिये मनचाहा सुख पाने का एक अच्छा तरीक़ा है। मैं जानता हूँ। मैंने इसे अपने ख़ुद के परिवार में होते देखा है। मेरे माता-पिता दूसरों की मदद करके ख़ुश होने के लिये दान देते थे। हम ग़रीब थे - हमेशा कर्ज़ में डूबे रहते थे। परंतु ग़रीब होने के बावज़ूद मेरे माता-पिता हर साल आयोवा के द क्रिश्चियन होम इन काउंसिल ब्लफ्स अनाथाश्रम के लिये पैसे भेजने की हमेशा व्यवस्था कर लेते थे। वे उस अनाथाश्रम

में कभी नहीं गये। शायद किसी ने उनके भेजे पैसों के लिये उन्हें धन्यवाद भी नहीं दिया - सिवाय पत्र में धन्यवाद देने के - परंतु उन्हें इसका बहुत अधिक प्रतिदान मिला, क्योंकि उन्हें छोटे बच्चों की मदद करने का सुख मिला था - बदले में कृतज्ञता की आशा या इच्छा किये बिना।

जब मैंने घर छोड़ा, तो मैं हमेशा क्रिसमस पर अपने माता-पिता को चेक भेजता था और उनसे आग्रह करता था कि वे इसे ख़ुद की विलासिताओं पर ख़र्च करें। परंतु उन्होंने शायद ही कभी ऐसा किया हो। जब मैं क्रिसमस के कुछ दिन पहले घर आता था, तो पिताजी मुझे बताते थे कि उन्होंने किसी "विधवा औरत" के लिये कोयले और किराना ख़रीद दिया, क्योंकि उसके बहुत से बच्चे थे परंतु उसके पास अनाज और ईंधन ख़रीदने के लिये पैसे नहीं थे। उन्हें यह उपहार देने से बेहद सुख मिलता था - बदले में कुछ हासिल करने की उम्मीद किये बिना देने का सुख!

मुझे विश्वास है कि मेरे पिताजी अरस्तू के आदर्श पुरुष होने की परिभाषा के लिये लगभग उपयुक्त थे - ऐसा मनुष्य जो सुखी होने योग्य था। अरस्तू ने कहा था, "आदर्श मनुष्य दूसरों की मदद करके सुख हासिल करता है।"

मैं इस अध्याय में जो दूसरी बात कहना चाहता हूँ, वह यह है : *अगर हम सुख पाना चाहते हैं, तो हम कृतज्ञता या कृतघ्नता के बारे में सोचना बंद कर दें और सिर्फ़ देने की खुशी हासिल करने के लिये दें।*

माता-पिता अपने बच्चों की कृतघ्नता को लेकर दस हज़ार सालों से अपने बाल नोंचते आ रहे हैं।

यहाँ तक कि शेक्सपियर का किंग लियर भी रोया था, "कृतघ्न बच्चे साँप के दाँत से ज़्यादा पैने होते हैं।"

परंतु बच्चे कृतज्ञ कैसे होंगे, जब तक कि हम उन्हें कृतज्ञ होना न सिखायें। कृतघ्नता स्वाभाविक है - खरपतवार की तरह।

कृतज्ञता गुलाब के फूल की तरह है। इसे खाद-पानी देना पड़ता है, इसकी देखभाल करनी पड़ती है, इसे प्रेम और सुरक्षा देना पड़ती है।

अगर हमारे बच्चे कृतघ्न हैं, तो इसमें दोष किसका है ? शायद हमारा। अगर हमने उन्हें कभी यह सिखाया ही नहीं कि दूसरों के प्रति कृतज्ञता व्यक्त की जाती है, तो हम उनसे यह उम्मीद कैसे कर सकते हैं कि वे हमारे प्रति कृतज्ञ होंगे ?

मैं शिकागो के एक आदमी को जानता हूँ जिसके पास अपने सौतेले बेटों की कृतघ्नता की शिकायत करने का पर्याप्त कारण था। वह एक बॉक्स फैक्ट्री में घिसटता रहता था और शायद ही कभी एक सप्ताह में चालीस डॉलर से अधिक कमाता था। उसने एक विधवा से शादी की और उस महिला ने उसे राजी किया कि वह पैसे उधार लेकर उसके दो बड़े बेटों को कॉलेज भेज दे। चालीस डॉलर प्रति सप्ताह की उसकी तनख़्वाह से उसे भोजन, किराये, ईंधन, कपड़ों और उधार ली गयी रक़म के ब्याज का भुगतान करना पड़ता था। उसने चार साल तक ऐसा किया, कुली की तरह काम किया और उफ तक नहीं की।

क्या उसे किसी ने धन्यवाद दिया ? नहीं, उसकी पत्नी ने इसे स्वाभाविक माना - और उस महिला के पुत्रों ने भी ऐसा ही माना। उन्होंने कभी कल्पना भी नहीं की कि वे अपने सौतेले पिता के ऋणी हैं, उन्होंने धन्यवाद देना भी ज़रूरी नहीं समझा।

दोष किसका था ? लड़कों का ? हाँ, परंतु उनकी माँ उनसे भी ज़्यादा दोषी थीं। माँ ने सोचा कि यह शर्म की बात है कि बच्चों के युवा जीवन को "कर्ज़ के एहसास" के बोझ से लाद दिया जाये। वह अपने बच्चों से "कर्ज़ में" जीवन शुरू करवाना नहीं चाहती थी। इसलिये उसने यह कहने की बात कभी सपने में भी नहीं सोची : "तुम्हारे सौतेले पिता कितने महान हैं जो तुम्हें कॉलेज भेजने में इतना ख़र्च कर रहे हैं!" इसके बजाय उसका नज़रिया था : "अरे, कम से कम इतना तो वे कर ही सकते हैं।"

उसने सोचा होगा कि ऐसा करके वह अपने बच्चों की भलाई कर रही है, परंतु दरअसल वह उन्हें जीवन के मैदान में इस ख़तरनाक विचार के साथ भेज रही थी कि दुनिया उनकी देनदार है। और यह एक ख़तरनाक विचार *था* - क्योंकि इनमें से एक पुत्र ने अपने मालिक से "उधार लेने" की कोशिश की और अंत में उसे जेल जाना पड़ा।

हमें याद रखना चाहिये कि हमारे बच्चे काफ़ी हद तक वैसे ही बनते हैं, जैसा हम उन्हें बनाते हैं। उदाहरण के लिये मेरी मौसी यानी मिनीपोलिस की वायला अलैक्ज़ेंडर उस तरह की महिला का अच्छा उदाहरण हैं, जिनके पास बच्चों की "कृतघ्नता" की शिकायत करने का कोई कारण नहीं है। जब मैं छोटा था तो मौसी ने उनकी माँ को अपने घर में रखा, उन्हें प्रेम दिया व उनकी देखभाल की। और उन्होंने अपने पति की माँ के लिये भी यही किया। मैं आज भी अपनी आँखें बंद करके देख सकता हूँ कि वे दोनों बूढ़ी महिलायें वायला मौसी के फ़ार्महाउस की अँगीठी के सामने बैठी हुई हैं। क्या उनके कारण वायला मौसी को "परेशानी" हुयी ? मुझे लगता है अक्सर हुई होगी। परंतु उनके नज़रिये से आप इसका अंदाज़ा नहीं लगा सकते थे। वे इन बूढ़ी महिलाओं से *प्रेम करती थीं* - इसलिये वे उन्हें लाड़ करती थीं, बिगाड़ती थीं और घरेलू वातावरण प्रदान करती थीं। इसके अलावा, वायला मौसी के अपने छह बच्चे थे, परंतु उन्हें यह कभी नहीं लगा कि वे कोई विशेष महान कार्य कर रही हैं या इन बूढ़ी महिलाओं को अपने घर में रखने की वजह से उन्हें कोई दैवी उपाधि मिलना चाहिये। उनके लिये यह स्वाभाविक चीज़ थी, सही चीज़ थी, वह चीज़ थी जो वे करना चाहती थीं।

आज वायला मौसी कहाँ हैं ? वे लगभग बीस साल से विधवा हैं और उनके पाँच बड़े-बड़े बच्चे हैं, जो पाँच अलग-अलग घरों में रह रहे हैं। सभी चाहते हैं कि वायला मौसी उनके साथ रहें। उनके बच्चे उन पर जान छिड़कते हैं, उन्हें अपने से दूर

नहीं करना चाहते। कृतज्ञता के कारण? बकवास! यह प्रेम है – *विशुद्ध प्रेम*। इन बच्चों को बचपन में मानवीय दयालुता और प्रेम की गर्माहट मिली थी। इसमें हैरानी की क्या बात है कि अब जब स्थिति पलट गयी है तो वे प्रेम की उष्णता को *लौटा रहे* हैं।

हमें यह नहीं भूलना चाहिये कि बच्चों को कृतज्ञ बनाने के लिये हमें कृतज्ञ होना पड़ेगा। हमें याद रखना चाहिये कि "दीवारों के भी कान होते हैं" – और हमें अपने शब्दों के प्रति सावधान रहना चाहिये। उदाहरण के लिये – अगली बार जब अपने बच्चों के सामने किसी की दयालुता की हँसी उड़ाने का मन हो, तो ठहर जायें। हम यह कभी न कहें, "हमारी कज़िन स्यू ने क्रिसमस पर यह टेबल क्लॉथ भिजवाया है। उसने इसे घर पर ही बुना है। इसमें उसका एक भी पैसा ख़र्च नहीं हुआ।" यह वाक्य हमें बहुत छोटा लगेगा – परंतु बच्चे सुन रहे हैं। इसलिये इसके बजाय बेहतर यह होगा कि हम कहें, "कज़िन स्यू ने इसे बनाने में कितने घंटे मेहनत की होगी? वह कितनी अच्छी है! चलो, हम अभी उसे धन्यवाद की चिट्ठी लिखते हैं।" और हमारे बच्चे अनजाने में ही तारीफ़ करने की आदत सीख जायेंगे।

द्वेष से बचने और कृतघ्नता की चिंता को दूर करने के लिये, यह रहा तीसरा नियम :

1. **कृतघ्नता के बारे में चिंता करने के बजाय हम इसकी उम्मीद करें। हमें याद रखना चाहिये कि ईसा मसीह ने एक दिन में दस कोढ़ियों को ठीक किया था – और केवल एक ने ही उन्हें धन्यवाद दिया था। हम ईसा मसीह से ज़्यादा कृतज्ञता पाने की आशा कैसे कर सकते हैं?**
2. **हमें याद रखना चाहिये कि सुख पाने का इकलौता रास्ता यह नहीं है कि हम कृतज्ञता की अपेक्षा रखें, बल्कि यह है कि हम देने की खुशी के लिये दें।**

3. हमें याद रखना चाहिये कि कृतज्ञता को "जतन से पालना" पड़ता है, इसलिये अगर हम अपने बच्चों को कृतज्ञ बनाना चाहते हैं तो हमें उन्हें कृतज्ञ बनने का प्रशिक्षण देना होगा।

• • •

15

आपके पास जो है, क्या आप उसके बदले में दस लाख डॉलर लेना चाहेंगे?

वेब सिटी, मिसूरी में रहने वाले हैराल्ड एबॉट को मैं बरसों से जानता हूँ। वे मेरे लेक्चर मैनेजर थे। एक दिन वे और मैं कान्सस सिटी में मिले और वे मुझे कार से बेल्टन, मिसूरी के मेरे फ़ार्म तक ले गये। उस कार यात्रा के दौरान मैंने उनसे पूछा कि वे किस तरह चिंता से दूर रहते हैं और उन्होंने मुझे एक प्रेरक कहानी सुनायी जिसे मैं कभी नहीं भूल पाऊँगा :

"मैं पहले बहुत चिंता किया करता था, परंतु 1934 की वसंत में एक दिन मैं वेब सिटी में वेस्ट डफर्टी स्ट्रीट पर पैदल चल रहा था कि तभी मैंने एक ऐसा दृश्य देखा जिसने मेरी सारी चिंता ख़त्म कर दी। यह सब सिर्फ़ दस सेकंड में हो गया, परंतु उन दस सेकंडों के दौरान मैंने शायद जीने के बारे में उससे अधिक सीखा जो मैंने पिछले दस सालों में सीखा था। दो साल से मैं वेब सिटी में एक किराने की दुकान चला रहा था। इसमें न सिर्फ़ मेरी सारी बचत ख़त्म हो गयी, बल्कि मुझ पर ऐसे कर्ज़ लद गये जिन्हें चुकाने में मुझे सात साल लग गये। मेरी किराने की दुकान पिछले शनिवार को ही बंद हुई थी और अब मैं उधार लेने

के लिये मर्चेन्ट्स एंड माइनर्स बैंक जा रहा था ताकि मैं नौकरी की तलाश करने कान्सस सिटी जा सकूँ। मैं हारे हुये आदमी की तरह चल रहा था और अपनी सारी शक्ति तथा आस्था खो चुका था। तभी अचानक मैंने सामने से एक आदमी को आते देखा, जिसके पैर नहीं थे। वह रोलर स्केट्स वाले पटिये पर बैठा था, जिसके नीचे पहिये लगे थे। वह अपने दोनों हाथ में लकड़ी के टुकड़े लेकर ख़ुद को सड़क पर धका रहा था। मैंने उसे तब देखा जब उसने सड़क पार की ही थी और वह सड़क से फुटपाथ पर चढ़ने के लिये ख़ुद को कुछ इंच उठाना शुरू कर रहा था। जब उसने लकड़ी के अपने छोटे प्लेटफ़ॉर्म का कोण बनाया तो हमारी नज़रें मिलीं। उसने चौड़ी मुस्कान से मेरा अभिवादन किया। "गुड मॉर्निंग सर, आज का दिन कितना बढ़िया है," उसने उत्साह से कहा। जब मैंने उसकी तरफ़ देखा तो मुझे महसूस हुआ कि मैं कितना अमीर था। मेरे पास दो पैर थे, मैं चल सकता था। तब मुझे अपनी आत्मकरुणा पर शर्म आयी। मैंने ख़ुद से कहा अगर वह पैरों के बिना इतना ख़ुश, सुखी और विश्वासपूर्ण हो सकता है, तो मैं पैर होने के बावज़ूद क्यों नहीं हो सकता। अचानक मुझे महसूस हुआ जैसे मेरे सीने से एक भारी बोझ उतर गया। पहले मेरा इरादा मर्चेन्ट्स एंड माइनर्स बैंक से सिर्फ़ सौ डॉलर माँगने का था। परंतु अब मुझमें *दो* सौ डॉलर माँगने की हिम्मत आ गयी। पहले मैं नौकरी *ढूँढ़ने* की कोशिश के लिये कान्सस सिटी जा रहा था। परंतु अब मैंने विश्वास के साथ घोषणा की कि मैं नौकरी *हासिल करने* के लिये कान्सस सिटी जाना चाहता था। मुझे लोन मिल गया और मुझे नौकरी भी मिल गयी।

"मैंने अपने बाथरूम के शीशे पर यह शब्द लिखवा लिये हैं और हर सुबह शेविंग करते समय उन्हें पढ़ता हूँ :

> ***मेरे पास जूते नहीं थे, मैं इस बात को लेकर तब तक दुखी रहा जब तक मुझे सड़क पर वह आदमी नहीं दिखा, जिसके पैर नहीं थे।"***

मैंने एक बार एड्डी रिकेनबैकर से पूछा जब वे इक्कीस दिनों तक प्रशांत महासागर में खो गये थे और अपने साथियों के साथ जीवनरक्षक बेड़े पर तैरते रहे थे तो उन्होंने सबसे बड़ा सबक़ क्या सीखा। उनका जवाब था, "उस अनुभव से मैंने सबसे बड़ा सबक़ यह सीखा कि अगर आपके पास पीने के लिये ताज़ा पानी और खाने के लिये भोजन हो तो आपको किसी चीज़ के बारे में शिकायत नहीं करना चाहिये।"

टाइम मैग्ज़ीन ने एक सार्जेन्ट की कहानी छापी थी, जो ग्वाडेलकैनेल में घायल हो गया था। बम का टुकड़ा आकर उसके गले में लगा था और इस सार्जेन्ट को सात बार ख़ून चढ़ाया जा चुका था। उसने अपने डॉक्टर से लिखकर पूछा, "क्या मैं ज़िंदा रहूँगा?" डॉक्टर ने जवाब दिया, "हाँ।" फिर उसने दूसरा वाक्य लिखकर पूछा, "क्या मैं बोल पाऊँगा?" डॉक्टर ने दुबारा जवाब दिया, "हाँ।" फिर उसने यह लिखा, ***"तो फिर मैं किस बात की चिंता कर रहा हूँ?"***

आप भी थोड़ा ठहरकर ख़ुद से यह क्यों नहीं पूछते, "तो फिर मैं किस बात की चिंता कर रहा हूँ?" आपको शायद यह लग जायेगा कि आपको जिस चीज़ की चिंता हो रही है, वह तुलनात्मक रूप से महत्वहीन और तुच्छ है।

हमारे जीवन में 90 प्रतिशत चीज़ें सही रहती हैं और लगभग 10 प्रतिशत चीज़ें ही ग़लत रहती हैं। अगर हम ख़ुश रहना चाहते हैं, तो हमें सिर्फ़ यह करना है कि हम उन नब्बे प्रतिशत सही चीज़ों पर अपना ध्यान केंद्रित करें और दस प्रतिशत ग़लत चीज़ों को अनदेखा कर दें। परंतु अगर हम चिंतित, कटु और पेट में अल्सर के साथ रहना चाहें, तो हमें सिर्फ़ यह करना है कि हम उन दस प्रतिशत चीज़ों पर अपना ध्यान केंद्रित कर लें जो ग़लत हैं और नब्बे प्रतिशत अच्छी चीज़ों को अनदेखा कर दें।

इंग्लैंड के कई क्रॉमवेलियन चर्चों में यह वाक्य लिखा है : "सोचो और धन्यवाद दो।" ये शब्द हमारे दिलों पर भी लिखे होने

चाहिये : "सोचो और धन्यवाद दो।" उन सब चीज़ों के बारे में सोचें जिनके लिये हमें कृतज्ञ होना चाहिये और फिर ईश्वर को उसकी कृपा और वरदानों के लिये धन्यवाद दें।

गुलिवर्स ट्रैवल्स के लेखक जॉनैथन स्विफ़्ट अँग्रेजी साहित्य में सबसे ज़्यादा निराशावादी लेखक थे। अपने पैदा होने पर वे इतने दुखी थे कि वे अपने जन्मदिन पर काले कपड़े पहनते थे और उपवास रखते थे, परंतु निराशा के बावज़ूद अँग्रेजी साहित्य का यह परम निराशावादी लेखक ख़ुशी और सुख की स्वास्थ्यप्रद शक्तियों की सराहना करता था। उन्होंने कहा था, "दुनिया में सबसे अच्छे डॉक्टर हैं - डॉक्टर भोजन, डॉक्टर शांति और डॉक्टर ख़ुशदिल।"

आपको और मुझे "डॉक्टर ख़ुशदिल" की सेवायें चौबीसों घंटे मुफ़्त मिल सकती हैं, बशर्ते हम अपना ध्यान अपनी अविश्वसनीय नियामतों पर केंद्रित करें - ऐसी नियामतें जो अलीबाबा के वैभवशाली ख़ज़ाने से भी ज़्यादा क़ीमती हैं। क्या आप एक बिलियन डॉलर के लिये अपनी दोनों आँखें बेचेंगे ? आप अपने दोनों पैरों के बदले में क्या लेंगे ? अपने हाथों के बदले में ? अपनी सुनने की शक्ति के बदले में ? अपने बच्चों ? अपने परिवार के बदले में ? अपनी संपत्तियों को जोड़ें और आप पायेंगे कि आप अपने पास की यह चीज़ें रॉकफेलर, फोर्ड और मॉरगन की इकट्ठी दौलत के बदले में भी नहीं बेचेंगे।

परंतु क्या हमें इसका मोल समझ में आता है ? नहीं। जैसा शॉपेनहॉर ने कहा था : "हम हमेशा इस बारे में सोचते हैं कि हमारे पास क्या नहीं है। हम इस बारे में बहुत कम सोचते हैं कि हमारे पास कितना कुछ है।" हाँ, हमारी यही प्रवृत्ति दुनिया की सबसे बड़ी त्रासदी है कि "हम हमेशा इस बारे में सोचते हैं कि हमारे पास क्या नहीं है। हम इस बारे में बहुत कम सोचते हैं कि हमारे पास कितना कुछ है।" इस प्रवृत्ति ने शायद इतिहास के सभी युद्धों और बीमारियों से अधिक दुख दिया है।

इसकी वजह से जॉन पामर "एक सामान्य आदमी से बूढ़े खूसट" में बदल गया और उसका घर लगभग तबाह हो गया। मैं जानता हूँ क्योंकि उसी ने मुझे यह बताया है।

पामर पैटरसन, न्यू जर्सी में रहते हैं। उन्होंने कहा, "सेना से लौटने के कुछ समय बाद मैंने अपना बिज़नेस शुरू किया। मैंने दिन-रात कड़ी मेहनत की। सब कुछ ठीक-ठाक चल रहा था। तभी समस्या शुरू हो गयी। मुझे पुर्ज़े और सामान नहीं मिल रहे थे। मुझे डर था कि मुझे अपना बिज़नेस बंद करना पड़ेगा। मैं इतना चिंतित था कि मैं एक सामान्य आदमी से बूढ़े खूसट में बदल गया। मैं इतना कटु और चिड़चिड़ा हो गया कि - बहरहाल, मैं यह बात तब नहीं जानता था, परंतु अब मुझे एहसास है कि मैं अपने सुखी घर को बर्बाद करने की कगार पर आ गया था। तभी एक दिन मेरे लिये काम करने वाले एक युवा, अपंग अनुभवी व्यक्ति ने, मुझसे कहा, 'जॉनी, तुम्हें अपने आप पर शर्म आनी चाहिये। तुम्हें तो ऐसा लगता है जैसे दुनिया में सिर्फ़ तुम्हारे सामने ही मुश्किलें हैं। मान लो तुम्हें कुछ समय के लिये दुकान बंद करनी पड़े - तो उससे क्या फ़र्क़ पड़ता है ? जब स्थिति सामान्य हो जायेगी तो तुम दुबारा शुरू कर सकते हो। तुम्हें बहुत सी चीज़ों के लिये कृतज्ञ होना चाहिये। परंतु तुम हमेशा गुर्राते रहते हो। मेरी कितनी इच्छा है काश मैं तुम्हारी जगह होता! मेरी तरफ़ देखो। मेरा सिर्फ़ एक हाथ है और मेरा आधा चेहरा हमले में ग़ायब हो गया था, इसके बावज़ूद मैं शिकायत नहीं कर रहा हूँः अगर तुम गुर्राना और बड़बड़ाना नहीं छोड़ोगे, तो तुम न सिर्फ़ अपना बिज़नेस, बल्कि अपनी सेहत, अपना घर और अपने दोस्त भी गँवा दोगे!'

"इन बातों ने मुझे बीच रास्ते में ही रोक दिया। इन्हें सुनकर मुझे यह एहसास हुआ कि मैं कितने अच्छे हाल में था। मैंने तभी यह संकल्प कर लिया कि मैं बदल जाऊँगा तथा पहले की तरह हो जाऊँगा और मैंने ऐसा ही किया।"

मेरी एक दोस्त लूसिल ब्लेक को त्रासदी की कगार पर काँपना पड़ा तब जाकर उन्होंने अपनी कमियों पर चिंतित होने के बजाय अपनी नियामतों पर सुखी होना सीखा।

मैं लूसिल से बरसों पहले मिला था, जब हम कोलंबिया युनिवर्सिटी स्कूल ऑफ जर्नेलिज़्म में लघुकथा लेखन का अध्ययन कर रहे थे। कुछ साल पहले उन्हें बहुत बड़ा सदमा लगा। वे तब टक्सन, एरिझोना में रहती थीं। यह रही उनकी कहानी जो उन्होंने मुझे सुनायी :

"मैं किसी भँवर में रह रही थी : एरिजोना विश्वविद्यालय में पढ़ाई कर रही थी, शहर में स्पीच क्लीनिक चला रही थी और डेज़र्ट विलो रैंच में, जहाँ मैं रहती थी, संगीत की क्लास पढ़ा रही थी, मैं पार्टियों, डांस, घुड़सवारी में भी जाती थी। एक सुबह मैं गिर गयी। हे भगवान! 'तुम्हें एक साल तक बिस्तर पर लेटकर पूरी तरह आराम करना होगा,' डॉक्टर ने कहा। उन्होंने मुझे यह विश्वास नहीं दिलाया कि मैं फिर कभी ताक़तवर हो सकती हूँ।

"एक साल तक बिस्तर में! अपाहिज बनकर - शायद मर भी सकती हूँ! मैं दहशत में थी! यह सब मेरे ही साथ क्यों होना था? मैंने ऐसा क्या किया था जिसका मुझे यह फल मिल रहा था? मैं रोयी और चीख़ी-चिल्लायी। मैं कटु और विद्रोही बन गयी। परंतु डॉक्टर की सलाह मानकर बिस्तर पर चली गयी। मेरे एक पड़ोसी मिस्टर रूडॉल्फ जो एक चित्रकार हैं, ने मुझसे कहा, "आपको अभी लग रहा है कि एक साल तक बिस्तर में पड़े रहना एक त्रासदी होगी। परंतु ऐसा नहीं होगा। आपको सोचने और ख़ुद को जानने का समय मिलेगा। आप अगले कुछ महीनों में उससे अधिक आध्यात्मिक विकास कर पायेंगी जितना आपने अपने पूरे जीवन में किया है।" मैं सामान्य हो गयी और जीवनमूल्यों का एक नया एहसास विकसित करने की कोशिश की। मैंने प्रेरक पुस्तकें पढ़ीं। एक दिन मैंने सुना कि रेडियो पर कोई कह रहा था : "आप सिर्फ़ वही व्यक्त कर सकते हैं जो आपकी अपनी

चेतना में है।" मैंने इस तरह के शब्द पहले भी कई बार सुने थे, परंतु अब वे सीधे मेरे दिल को छू गये और उन्होंने जड़ें जमा लीं। मैंने संकल्प किया कि मैं केवल वही विचार सोचूँगी जिनके साथ मैं जीना चाहती हूँ : सुख, ख़ुशी, सेहत के विचार। हर रोज़ सुबह जागने के बाद मैं ख़ुद को वे सारी चीज़ें याद दिलाती थी जिनके लिये मुझे कृतज्ञ होना था। कोई दर्द नहीं। एक सुंदर युवा लड़की। मेरी आँखें। मेरी सुनने की शक्ति। रेडियो पर बजता मधुर संगीत। पढ़ने के लिये समय। अच्छा भोजन। अच्छे दोस्त। मैं इतनी ख़ुश रहने लगी और मुझसे इतने लोग मिलने आने लगे कि डॉक्टर को एक बोर्ड टाँगना पड़ा कि एक समय में एक ही मिलने वाले को मेरे केबिन में आने दिया जायेगा - और वह भी निश्चित घंटों के भीतर।

"तब से कई साल गुज़र गये हैं और अब मैं पूरी तरह सक्रिय जीवन जी रही हूँ। अब मैं उस साल के लिये हृदय से आभारी हूँ जो मैंने बिस्तर में बिताया था। एरिजोना में बिताया गया वह मेरा सबसे मूल्यवान और सुखद वर्ष था। हर सुबह अपने वरदान गिनने की जो आदत मैंने तब डाली थी, वह अब भी बरकरार है। यह मेरी सबसे मूल्यवान धरोहरों में से एक है। मुझे यह एहसास है और मुझे इस बात पर शर्म आती है कि मैंने तब तक सचमुच जीना नहीं सीखा जब तक मुझे यह डर नहीं सताने लगा कि मैं मरने वाली हूँ।"

मेरी प्यारी लूसिल ब्लेक, आपको शायद इस बात का एहसास नहीं है, परंतु आपने वही सबक़ सीखा है जो डॉ. सैम्युअल जॉनसन ने दो सौ साल पहले सीखा था। डॉ. जॉनसन ने कहा था, "हर घटना के सबसे अच्छे पहलू को देखने की आदत साल में एक हज़ार पॉउंड की कमाई से अधिक मूल्यवान है।"

ध्यान दें, यह शब्द किसी स्थायी आशावादी ने नहीं कहे थे, बल्कि एक ऐसे आदमी ने कहे थे जिसने बीस साल चिंता, चिथड़े और भूख में गुज़ारे थे - और जो आख़िरकार अपनी पीढ़ी

के सबसे प्रख्यात लेखकों में से एक बना था और सार्वकालिक महान वक्ता भी।

लॉगन पियर्सल स्मिथ ने कुछ शब्दों में बहुत सी समझदारी भर दी थी, जब उन्होंने कहा, "ज़िंदगी में दो लक्ष्य होने चाहिये : पहला, जो आप चाहते हैं उसे हासिल करना और दूसरा, उसका आनंद लेना। केवल अधिक समझदार लोग ही दूसरे लक्ष्य को हासिल कर पाते हैं।"

क्या आप जानना चाहेंगे कि किचन के सिंक में बर्तन धोने को एक रोमांचक अनुभव कैसे बनाया जाये? अगर ऐसा है तो आप बॉर्गहिल्ड डहल के अविश्वसनीय साहस की प्रेरक पुस्तक पढ़ें। इसका शीर्षक है *आई वांटेड टु सी*।

यह पुस्तक उस महिला ने लिखी है जो पचास साल तक लगभग अंधी रहीं। वे लिखती हैं, "मेरी सिर्फ़ एक आँख थी और इसमें इतने गहरे निशान थे कि मैं सिर्फ़ बायीं तरफ़ के छोटे छेद से देख सकती थी। मैं किसी पुस्तक को सिर्फ़ तभी देख सकती थी जब मैं उसे अपने चेहरे से सटा लूँ और अपनी एक आँख पर बायीं तरफ़ जितना ज़ोर डाल सकती थी, डालूँ।"

परंतु उन्होंने दयनीय जीवन जीने से, "अलग" समझे जाने से इंकार किया। बचपन में वे दूसरे बच्चों के साथ हॉपस्कॉच खेलना चाहती थीं, परंतु उन्हें निशान नहीं दिखते थे। इसलिये जब दूसरे बच्चे घर चले जाते थे, तो वे ज़मीन पर झुकती थीं और अपनी आँखों को निशान के क़रीब रखकर रेंगती थीं। उन्होंने ज़मीन के उस टुकड़े को पूरी तरह याद कर लिया जहाँ वे और उनकी सहेलियाँ खेलती थीं और जल्दी ही वे दौड़ वाले खेलों में विशेषज्ञ बन गयीं। उन्होंने घर पर पढ़ने का काम किया। वे बड़े अक्षरों की किताब को अपनी आँखों के इतने क़रीब रखती थीं कि उनकी पलकें पेजों से छूती थीं। उन्होंने दो कॉलेज डिग्रियाँ लीं : मिनेसोटा युनिवर्सिटी से ए.बी. और कोलंबिया युनिवर्सिटी से एम.ए. की डिग्री।

उन्होंने ट्विन वैली, मिनेसोटा के छोटे गाँव में पढ़ाना शुरू किया और ऊपर उठती चली गयीं जब तक कि वे सिऑक्स फॉल्स, साउथ डकोटा के ऑगस्टाना कॉलेज में पत्रकारिता और साहित्य की प्रोफ़ेसर नहीं बन गयीं। उन्होंने वहाँ तेरह वर्षों तक पढ़ाया, महिलाओं के क्लबों में भाषण दिये और पुस्तकों तथा लेखकों के बारे में रेडियो वार्तायें दीं। वे लिखती हैं, "मेरे दिमाग़ के अंदर पूरे अंधे होने का डर हमेशा मौज़ूद था। इसे जीतने के लिये मैंने जीवन के प्रति एक ख़ुशनुमा, लगभग हँसमुख नज़रिया विकसित कर लिया।"

फिर 1943 में जब वे बावन साल की थीं तो एक चमत्कार हो गया : प्रसिद्ध मेयो क्लीनिक में ऑपरेशन। वे अब पहले से चालीस गुना अच्छी तरह देख सकती थीं।

सुंदरता का एक नया और रोमांचक संसार उनके सामने खुल गया। अब उन्हें किचन के सिंक में बर्तन धोना भी रोमांचक अनुभव लग रहा था। "मैं बर्तन में सफ़ेद झाग के साथ खेलती थी। मैं बुलबुलों में अपने हाथ डुबाती थी और साबुन के छोटे-छोटे बुलबुलों को उठा लेती थी। मैं उन्हें रोशनी के सामने करती थी और उनमें से हर एक में मुझे चमकदार रंगों का एक छोटा इन्द्रधनुष दिखाई देता था।"

जब वे किचन सिंक के ऊपर की खिड़की से देखती थीं, तो उन्हें दिखता था कि "गौरैया के भूरे-काले पंख बर्फ़ के गिरते हुये मोटे टुकड़ों के बीच से फड़फड़ाते हुये जा रहे थे।"

साबुन के बुलबुलों और गौरैयों को देखने में उन्हें इतना असीम आनंद मिला कि उन्होंने अपनी पुस्तक का अंत इन शब्दों से किया : "प्रिय ईश्वर," मैं हौले से कहती हूँ, "स्वर्ग में बैठे परम पिता, मैं तुम्हें धन्यवाद देती हूँ। मैं तुम्हें धन्यवाद देती हूँ।"

कल्पना कीजिये कि ईश्वर को इसलिये धन्यवाद दिया जा रहा है क्योंकि आप बर्तन देख सकते हैं, बुलबुलों में इन्द्रधनुष देख सकते हैं और बर्फ़ में गौरैयों को उड़ते देख सकते हैं!

आपको और मुझे ख़ुद पर शर्म आनी चाहिये। हम इतनी सुंदर दुनिया में इतने सालों से रह रहे हैं, परंतु हम इतने अंधे हैं कि इसकी सुंदरता को नहीं देख पाते, हम इतने मूर्ख हैं कि इसका आनंद नहीं ले पाते।

अगर हम चिंता को छोड़कर सुख से जीना चाहते हैं, तो चौथा नियम है :

अपनी नियामतें गिनो, अपने कष्ट नहीं!

• • •

16

अपने स्वरूप को पहचानें : याद रखें आपके जैसा इस दुनिया में कोई नहीं है

मेरे सामने माउन्ट एयरी, नॉर्थ कैरोलिना की मिसेज़ एडिथ एलरेड की चिट्ठी रखी है। वे लिखती हैं, "बचपन में मैं बहुत संवेदनशील और शर्मीली थी। मैं मोटी थी और मेरे गाल इतने फूले रहते थे कि मैं जितनी मोटी थी, उससे भी ज़्यादा मोटी दिखती थी। मेरी माँ पुराने ज़माने की थीं और उनका मानना था कि सुंदर कपड़े पहनना मूर्खता है। वे हमेशा कहती थीं, 'चौड़े कपड़े ज़्यादा चलते हैं, जबकि तंग कपड़े जल्दी फट जाते हैं' और वे मुझे इसी सिद्धांत के अनुसार कपड़े पहनाती थीं। मैं कभी पार्टियों में नहीं गयी; मैंने कभी किसी मौज-मस्ती के कार्यक्रम में भाग नहीं लिया; स्कूल में भी मैंने दूसरे बच्चों की तरह बाहरी गतिविधियों में भाग नहीं लिया, एथलेटिक्स में भी नहीं। मैं बुरी तरह शर्माती थी। मुझे लगता था जैसे मैं सबसे 'अलग-थलग' हूँ और मुझे कोई नहीं चाहता।

"जब मैं बड़ी हुई, तो मेरे शादी मुझसे कई साल बड़े आदमी से हुई। परंतु मैं नहीं बदली। मेरे ससुराल वाले बहुत ही आत्मविश्वासी और संतुलित लोग थे। वे बिलकुल उसी तरह

के थे जिस तरह मैं होना चाहती थी, परंतु थी नहीं। मैंने उनके जैसा बनने की अपनी तरफ़ से पूरी कोशिश की, परंतु नहीं बन सकी। वे मुझे बाहर निकालने की जितनी कोशिश करते थे, मैं अपने खोल में उतना ही अंदर घुस जाती थी। मैं नर्वस और चिड़चिड़ी हो गयी। मैं अपने सभी दोस्तों से कतराने लगी। मेरी हालत इतनी ख़राब थी कि घंटी बजने की आवाज़ से भी डरने लगी। मैं हार हो चुकी थी। मैं यह बात जानती थी और मुझे डर था कि मेरे पति को भी यह पता चल जायेगा। इसलिये जब भी हम कहीं जाते थे, मैं हमेशा ज़्यादा ख़ुश दिखने की कोशिश करती थी और हमेशा ओवरएक्टिंग कर देती थी। मैं जानती थी कि मुझ से ओवरएक्टिंग हुई है और मैं इसकी वजह से कई दिनों तक दुखी रहती थी। आख़िरकार मैं इतनी ज़्यादा दुखी हो गयी कि मैंने सोचा ऐसी ज़िंदगी जीने से क्या फ़ायदा। मैं आत्महत्या करने के बारे में सोचने लगी।"

इस दुखी महिला की ज़िंदगी में बदलाव कैसे आया? सिर्फ़ एक यूँ ही सुने गये वाक्य से!

"एक सामान्य टिप्पणी ने मेरी पूरी ज़िंदगी बदलकर रख दी। मेरी सास एक दिन मुझे बता रही थीं कि उन्होंने अपने बच्चों की परवरिश किस तरह से की और उन्होंने कहा, 'चाहे स्थितियाँ कैसी भी रही हों, मैंने हमेशा इस बात पर ज़ोर दिया कि वे वैसे ही दिखें, जैसे वे सचमुच थे।' इसी वाक्य ने चमत्कार कर दिया! एक ही झटके में मुझे महसूस हुआ कि सारे दुख मैंने ख़ुद ही मोल लिये थे क्योंकि मैं अपने आपको एक ऐसे साँचे में फिट करने की कोशिश कर रही थी, जिसे मेरा असली स्वरूप स्वीकार नहीं करता था।

"मैं रातोरात बदल गयी! मैंने अपने असली स्वरूप के हिसाब से रहना शुरू किया। अपने व्यक्तित्व का विश्लेषण करने की कोशिश की। यह जानने की कोशिश की *कि मैं क्या थी*। मैंने अपने अच्छे गुणों का अध्ययन किया। रंगों तथा स्टाइलों

के बारे में वह सब सीखा जो मैं सीख सकती थी, और मैं उस तरह के कपड़े पहनने लगी जो मेरे हिसाब से मुझ पर जँचते थे। मैं दोस्त बनाने के अभियान में जुट गयी। मैं एक संगठन से जुड़ी - शुरुआत में एक छोटे संगठन से - और डर के मारे मेरी जान निकल गयी जब उन्होंने मुझे भाषण देने के लिये खड़ा कर दिया। परंतु जब भी मैं मंच से बोलती थी, हर बार मेरी हिम्मत थोड़ी बढ़ जाती थी। इसमें बहुत समय लगा - परंतु आज मैं इतनी ख़ुश हूँ जिसकी मैंने सपने में भी कल्पना नहीं की थी। अपने बच्चों को पालते समय मैंने उन्हें हमेशा यही सबक़ सिखाया है, जो मैंने इतने कटु अनुभव के बाद सीखा था, *'चाहे स्थितियाँ कैसी भी हों, आप जैसे हैं वैसा ही व्यवहार करें!'* "

डॉ. जेम्स गॉर्डन गिल्की के अनुसार अपने असली स्वरूप में रहने की इच्छा से संबंधित समस्या "उतनी ही पुरानी है जितना कि इतिहास, और उतनी ही शाश्वत है जितना कि इन्सान का जीवन।" अपने असली स्वरूप में रहने की अनिच्छा की यह समस्या कई न्यूरॉसिस, साइकॉसिस और कॉम्प्लेक्सेस के तालों की छुपी हुई चाबी है। एन्जेलो पात्री ने बच्चों के प्रशिक्षण पर तेरह किताबें और हज़ारों सिंडिकेटेड अख़बारी लेख लिखे हैं और वे कहते हैं : "कोई भी इतना दुखी नहीं है जितना कि वह इन्सान जो अपने बजाय कोई और बनना चाहता है तथा अपने शरीर और मस्तिष्क में वह जैसा है, उससे भिन्न कुछ और बनना चाहता है।"

आप जो नहीं हैं, वैसा बनने की यह इच्छा ख़ास तौर पर हॉलीवुड में बहुत आम है। हॉलीवुड के विख्यात फ़िल्म निर्देशक सैम वुड ने कहा कि उन्हें युवा अभिनेताओं के साथ सबसे बड़ी समस्या यही आती है : कि उन्हें अपने असली स्वरूप में रखें। वे सब के सब दूसरे नंबर के लाना टर्नर या तीसरे नंबर के क्लार्क गेबल बनना चाहते हैं। सैम वुड को उन्हें बार-बार बताना पड़ता है, "जनता उन लोगों का स्वाद पहले ही चख चुकी है, अब जनता कुछ और चाहती है।"

गुडबाय, मिस्टर चिप्स और *फॉर हूम द बेल टोल्स* जैसी फ़िल्मों का निर्देशन करने से पहले सैम वुड ने रियल एस्टेट बिज़नेस में सेल्स प्रतिभा विकसित करने में कई साल लगाये। उनका दावा है कि बिज़नेस की दुनिया में भी वही सिद्धांत काम करते हैं जो फ़िल्मी जगत में करते हैं। आप बंदर की तरह नक़ल करके कहीं नहीं पहुँच पायेंगे। आप तोते नहीं बन सकते। "अनुभव ने मुझे सिखाया है," सैम वुड कहते हैं, "सबसे सुरक्षित तरीक़ा यह है कि ऐसे लोगों को जितनी जल्दी संभव हो निकाल बाहर किया जाये, जो वह होने का नाटक करते हैं जो वे नहीं होते।"

एक बड़ी तेल कंपनी के रोज़गार निदेशक पॉल बॉइन्टन से मैंने पूछा कि लोग रोज़गार के लिये आवेदन देते समय सबसे बड़ी ग़लती कौन सी करते हैं। उन्हें यह मालूम होना चाहिये, आख़िर उन्होंने साठ हज़ार से अधिक लोगों के इंटरव्यू लिये हैं और एक पुस्तक भी लिखी है *'नौकरी हासिल करने के छह तरीक़े'*। उनका जवाब था: "नौकरी के लिये आवेदन देने में लोग सबसे बड़ी ग़लती यह करते हैं कि वे अपने असली स्वरूप में नहीं रहते। अपने असली व्यक्तित्व में रहने और पूरी तरह खुलकर बताने के बजाय वे अक्सर ऐसे जवाब देने की कोशिश करते हैं जो उनके हिसाब से आप सुनना चाहते हैं।" परंतु यह तरीक़ा सफल नहीं होता, क्योंकि कोई भी नक़ली चीज़ नहीं चाहता। कोई भी जाली सिक्का नहीं चाहता।

एक बस कंडक्टर की लड़की ने यह सबक़ बहुत मुश्किलों के बाद सीखा। वह गायिका बनना चाहती थी। परंतु उसका चेहरा उसके दुर्भाग्य का कारण था। उसका मुँह बड़ा था और उसके दाँत बाहर की तरफ़ निकले हुये थे। जब उसने पहली बार एक न्यू जर्सी नाइट क्लब में लोगों के सामने गाया, तो उसने ऊपरी होंठ से अपने बाहर निकलते दाँतों को छुपाने की कोशिश की। उसने "ग्लैमरस" दिखने की कोशिश की। परिणाम ? उसने ख़ुद को मूर्ख साबित किया। उसे असफल होना ही था।

बहरहाल, उस नाइट क्लब में एक आदमी बैठकर उस लड़की का गाना सुन रहा था और उसे लगा कि उसमें प्रतिभा थी। उसने साफ़ शब्दों में उसे बता दिया, "मैं आपका गाना सुन रहा था और मैं जानता हूँ कि आप क्या छुपाने की कोशिश कर रही थीं? आपको अपने दाँतों पर शर्म आ रही थी!" लड़की शरमा गयी, परंतु उस आदमी ने आगे कहा, "तो इससे क्या फ़र्क़ पड़ता है? क्या दाँतों का बाहर निकलना कोई अपराध है? उन्हें छुपाने की कोशिश मत करो। अपना मुँह खोलो और जब दर्शक देखेंगे कि आप शर्मिंदा नहीं हैं, तो वे भी आपको पसंद करेंगे। इसके अलावा," उसने मुस्कराते हुये कहा, "जिन दाँतों को आप छुपाने की कोशिश कर रही हैं, हो सकता है किसी दिन ये आपकी क़िस्मत बदल दें।"

कैस डेली ने उस आदमी की सलाह मान ली और वह अपने दाँतों को भूल गयी। *इस घटना के बाद* वह सिर्फ़ अपने दर्शकों के बारे में ही सोचती थी। वह अपना मुँह पूरी तरह खोलती थी और इतने उत्साह व आनंद के साथ गाती थी कि वह फ़िल्मों और रेडियो की चोटी की गायिका बन गयी। दूसरे कॉमेडियन उसकी नक़ल करने की कोशिश करने लगे।

प्रख्यात विलियम जेम्स उन्हीं लोगों के बारे में बोल रहे थे जो अपने असली स्वरूप को नहीं जान पाते, जब उन्होंने कहा था कि औसत आदमी अपनी निहित मानसिक योग्यताओं का सिर्फ़ दस प्रतिशत ही विकसित कर पाता है। उन्होंने लिखा है, "हमें जो होना चाहिये, उसकी तुलना में हम आधे ही जाग्रत हैं। हम अपने शारीरिक और मानसिक संसाधनों का बहुत थोड़ा हिस्सा ही इस्तेमाल करते हैं। मोटे तौर पर कहा जाये तो इन्सान अपनी संभावनाओं का बहुत कम दोहन कर पाते हैं। उनके पास ऐसी बहुत सी शक्तियाँ होती हैं, जिनका उपयोग करने में वे आदतन असफल रहते हैं।"

आपमें और मुझमें इस तरह की योग्यतायें हैं, इसलिये इस बात की चिंता करने में एक पल भी बर्बाद न करें कि हम दूसरे लोगों की तरह नहीं हैं। आप इस संसार में एक़दम अनूठे हैं। दुनिया शुरू होने से लेकर आज तक न तो कोई पहले आप जैसा हुआ है, न ही आने वाली सदियों में कोई भविष्य में बिलकुल आपकी तरह का होगा। आनुवंशिक विज्ञान हमें बताता है कि आप जो हैं वह पूरी तरह से आपके पिता के तेइस क्रोमोसोम और आपकी माता के तेइस क्रोमोसोम की देन है। इन छियालिस क्रोमोसोमों में हर वह चीज़ शामिल है जो आपकी विरासत निर्धारित करती है। एमरैम शीनफेल्ड कहते हैं कि हर क्रोमोसोम में "दर्जनों से लेकर सैकड़ों जीन्स हो सकते हैं – और कई बार तो एक जीन इन्सान के पूरे जीवन को बदलने की क्षमता रखता है।" सच बात है, हमें "भयावह और अद्‌भुत" तरीक़े से बनाया गया है।

आपके माता–पिता के मिलने और समागम के बाद आपकी तरह का निश्चित इन्सान पैदा होने की संभावना तीन लाख बिलियन में से एक थी। दूसरे शब्दों में, अगर आपके तीन लाख बिलियन भाई–बहन होते, तो वे सब के सब आपसे अलग हो सकते थे। क्या यह अनुमान है ? नहीं। यह एक वैज्ञानिक तथ्य है। अगर आप इस बारे में अधिक पढ़ना चाहते हैं तो एमरैम शीनफेल्ड की पुस्तक *यू एंड हेरिडिटी* पढ़ें।

अपने असली स्वरूप में रहने के विषय में मैं इतने विश्वास से इसलिये बात कर सकता हूँ क्योंकि मैं इसे अपने दिल की गहराइयों में महसूस करता हूँ। मैं जानता हूँ कि मैं किस बारे में बात कर रहा हूँ। मैं कटु और क़ीमती अनुभव से जानता हूँ। जब मैं पहली बार मिसूरी के मक्के के ख़ेतों से न्यूयॉर्क आया तो मैंने अमेरिकन एकेडमी ऑफ ड्रैमेटिक आर्ट्स में नाम लिखा लिया। मैं अभिनेता बनना चाहता था। मुझे लग रहा था कि मेरे दिमाग़ में एक बेहतरीन विचार था, सफलता का शॉर्टकट, एक विचार जो आसान था, फुलप्रूफ़ था और मेरी समझ में नहीं आ रहा था

कि हज़ारों महत्वाकांक्षी लोगों के दिमाग़ में यह विचार पहले क्यों नहीं आया। वह विचार यह था : मैं उस युग के सभी प्रसिद्ध अभिनेताओं का अध्ययन करूँगा – जॉन ड्र्यू, वाल्टर हैंपडेन और ओटिस स्किनर – कि वे अपनी छाप कैसे छोड़ते हैं। फिर मैं हर एक से उसके सबसे अच्छे गुण सीख लूँगा और अपने आपको उन सबका एक चमकता, विजयी समन्वय बना लूँगा। कितना मूर्खतापूर्ण विचार था! कितना वाहियात! दूसरे लोगों की नक़ल करने में कई साल बर्बाद करने के बाद मेरी मोटी खोपड़ी में यह बात घुसी कि मुझे अपने असली स्वरूप में रहना चाहिये क्योंकि मैं किसी दूसरे की तरह बन ही नहीं सकता।

इस दुखद घटना से मुझे सबक़ सीख लेना चाहिये था। परंतु मैंने नहीं सीखा। मैं बहुत मूर्ख था। मुझे यह सबक़ फिर से सीखना पड़ा। कई साल बाद मैंने एक ऐसी किताब लिखने की तैयारी की, जो मेरे हिसाब से बिज़नेसमैनों के लिये पब्लिक स्पीकिंग (सार्वजनिक संभाषण) की अब तक लिखी गयी पुस्तकों में सर्वश्रेष्ठ होगी। इस पुस्तक को लिखते समय भी मेरे दिमाग़ में वही मूर्खतापूर्ण विचार था, जो पहले अभिनय के बारे में था : मैं बहुत से लेखकों के विचार *उधार* ले लूँगा और उन सबको एक पुस्तक में पेश कर दूँगा – एक ऐसी पुस्तक जिसमें सब कुछ हो। इसलिये मैंने पब्लिक स्पीकिंग पर दर्जनों पुस्तकें जमा कीं और एक साल तक अपनी पुस्तक में उनके विचार उतारे। परंतु एक दिन आख़िरकार मुझे समझ में आ गया कि मैं कितनी बड़ी मूर्खता कर रहा था। दूसरों के विचारों की जो खिचड़ी मैंने लिखी थी, वह इतनी नक़ली थी, इतनी नीरस थी कि कोई बिज़नेसमैन उसे पूरा पढ़ने का कष्ट नहीं उठाता। इसलिये मैंने अपनी एक साल की मेहनत को रद्दी की टोकरी में डाल दिया और दुबारा शुरुआत की। इस बार मैंने ख़ुद से कहा : “तुम्हें डेल कारनेगी ही रहना होगा, उसकी ग़लतियों और सीमाओं के साथ। क्योंकि शायद आप किसी दूसरे के जैसे बन ही नहीं सकते।” इसलिये

मैंने दूसरों के विचारों के समन्वय की कोशिश छोड़ दी, अपनी बाँहें चढ़ायीं और वही किया जो मुझे शुरू में करना चाहिये थाः मैंने अपने ख़ुद के अनुभवों से पब्लिक स्पीकिंग पर पुस्तक लिखी। मुझे आशा है मैंने शायद हमेशा के लिये वह सबक़ सीख लिया जो सर वाल्टर रैले ने सीखा था। (मैं उन सर वाल्टर रैले की बात नहीं कर रहा हूँ जिन्होंने महारानी के क़दम रखने के लिये अपना कोट उतारकर कीचड़ में डाल दिया था। मैं उन सर वाल्टर रैले की बात कर रहा हूँ जो 1904 में ऑक्सफोर्ड में अँग्रेजी साहित्य के प्रोफ़ेसर थे) उन्होंने कहा था, "मैं शेक्सपियर जैसी किताब नहीं लिख सकता, परंतु मैं अपनी एक किताब ज़रूर लिख सकता हूँ।"

अपने असली स्वरूप में रहें। उस समझदारीपूर्ण सलाह पर चलें जो इरविंग बर्लिन ने स्वर्गीय जॉर्ज गर्शविन को दी थी। जब बर्लिन और गर्शविन पहली बार मिले, तो बर्लिन मशहूर थे, परंतु गर्शविन एक संघर्षशील युवा संगीतज्ञ थे, जो टिन पैन एली में पैंतीस डॉलर प्रति सप्ताह के वेतन पर काम कर रहे थे। गर्शविन की योग्यता से प्रभावित होकर बर्लिन ने उसके सामने अपना संगीत सचिव बनने का प्रस्ताव रखा, जिसकी तनख़्वाह उसकी वर्तमान तनख़्वाह से तीन गुनी थी। परंतु साथ में बर्लिन ने यह सलाह भी दी, "परंतु मेरे संगीत सचिव मत बनना। अगर तुम ऐसा करते हो, तो तुम दूसरे दर्जे के बर्लिन बन सकते हो। परंतु अगर तुम अपने असली स्वरूप में बने रहने पर दृढ़ता से डटे रहोगे तो किसी न किसी दिन तुम पहले दर्जे के गर्शविन बन जाओगे।"

गर्शविन ने उस चेतावनी पर ग़ौर किया और धीरे-धीरे ख़ुद को अपनी पीढ़ी के महान अमेरिकी संगीतज्ञों की श्रेणी में शामिल कर लिया।

चार्ली चैप्लिन, विल रॉजर्स, मैरी मार्गरेट मैक्ब्राइड, जीन ऑट्री और करोड़ों अन्य लोगों को वही सबक़ सीखना पड़ा, जो मैं इस अध्याय में सिखाने की कोशिश कर रहा हूँ। उन सभी ने कई मुश्किलें उठाने के बाद यह सबक़ सीखा – जिस तरह मैंने सीखा था।

जब चार्ली चैप्लिन फ़िल्मों में आये, तो फ़िल्मों के निर्देशक ने इस बात पर ज़ोर दिया कि चैप्लिन उस युग के एक लोकप्रिय जर्मन कॉमेडियन की नक़ल करें। परंतु चार्ली चैप्लिन को तब तक कामयाबी नहीं मिली, जब तक उन्होंने अपने असली स्वरूप में अभिनय नहीं किया। बॉब होप का अनुभव भी इसी तरह का था : उन्होंने नृत्य-संगीत के कार्यक्रमों में कई साल बर्बाद किये - परंतु वे तब तक कामयाब नहीं हुये जब तक वे अपने असली स्वरूप में आकर चुटकुले नहीं सुनाने लगे। विल रॉजर्स बिना एक शब्द बोले कई सालों तक वॉडेविल में रस्सी घुमाते रहे। वे तब तक कहीं नहीं पहुँच पाये, जब तक उन्हें अपनी अद्भुत हास्य-प्रतिभा का पता नहीं चला और रस्सी घुमाते समय उन्होंने बोलना शुरू नहीं किया।

जब मैरी मार्गरेट मैक्ब्राइड ने रेडियो पर पहली बार कार्यक्रम दिया तो उसने एक आइरिश कॉमेडियन की नक़ल करने की कोशिश की और वह असफल हुई। जब उसने अपने असली स्वरूप में बने रहने की कोशिश की - यानी कि मिसूरी से आयी एक सीधी-सादी देहाती लड़की - तो वह न्यूयॉर्क की बहुत लोकप्रिय रेडियो स्टार बन गयी।

जब जीन ऑट्री ने अपने टैक्सॉस के लहज़े को छुपाने और शहरी लड़कों जैसे कपड़े पहनकर यह साबित करने की कोशिश की कि वह न्यूयॉर्क से आया है, तो लोग उसकी पीठ पीछे उस पर हँसे। परंतु जब उसने अपने बेंजो को झंकारना शुरू किया और काऊबॉय बैलेड गाने की कोशिश की, तो जीन ऑट्री एक ऐसे कैरियर की राह पर चल पड़े जिसने उन्हें आगे चलकर दुनिया का सबसे मशहूर काऊबॉय बना दिया, फ़िल्मों में भी और रेडियो पर भी।

यह जान लें कि आप अनूठे हैं। इस बात पर ख़ुश हों। प्रकृति ने आपको जो दिया है, उसका अधिकतम लाभ उठायें। अंतिम विश्लेषण में समस्त कलायें आत्मकथात्मक है। आप वही

गा सकते हैं जो आपके भीतर है। आप वही पेंट कर सकते हैं जो आप हैं। आप वही होते हैं जो आपका अनुभव, माहौल और आनुवंशिकता आपको बनाती हैं। चाहे अच्छा हो या बुरा, आपको अपने छोटे से बगीचे को सँवारना ही चाहिये। चाहे अच्छा हो या बुरा, जीवन के ऑर्केस्ट्रा में आपको अपना छोटा सा वाद्ययंत्र बजाना ही चाहिये।

जैसा इमर्सन ने "सेल्फ-रिलायेंस" निबंध में कहा था, "हर आदमी की शिक्षा में एक ऐसा समय आता है जब वह इस निष्कर्ष पर पहुँचता है कि ईर्ष्या दरअसल अज्ञान है, कि नक़ल करना एक तरह की आत्महत्या है, कि अच्छा हो या बुरा उसे अपने आपको स्वीकार करना चाहिये, कि हालाँकि यह विराट सृष्टि अच्छाई से भरी है, परंतु पोषक मक्का का भुट्टा उसे तभी मिल सकता है जब वह उस ख़ेत के टुकड़े पर मेहनत करे, जो उसे जोतने के लिये दिया गया है। उसमें जो शक्ति निवास करती है वह प्रकृति में नयी है, और दूसरा कोई नहीं, सिर्फ़ वही जानता है कि वह क्या कर सकता है, और वह तब तक यह नहीं जानता जब तक कि वह कोशिश न कर ले।"

तो इमर्सन ने इस बात को इस तरह से कहा था। परंतु कवि डगलस मैलोक ने इसे इस तरह से कहा है –

अगर आप पहाड़ी की चोटी पर देवदार नहीं हो सकते,
तो घाटी में झाड़ी ही सही - परंतु बनो
सबसे बढ़िया झाड़ी नदी किनारे की;
एक झाड़ी बनो, अगर आप पेड़ नहीं बन सकते।

अगर आप झाड़ी नहीं बन सकते, तो घास ही बनो
और किसी राजमार्ग को ख़ुशनुमा बनाओ
अगर आप कस्तूरी नहीं बन सकते तो बेस ही सही–
परंतु झील में सबसे जीवंत बेस!

हम सभी कप्तान नहीं हो सकते, कुछ को नाविक भी
बनना पड़ता है।
हम सभी के लिये यहाँ कुछ न कुछ है।
करने के लिये बड़ा काम भी है और छोटा काम भी है
और जो काम हमें करना है वह क़रीब है।

अगर आप राजमार्ग न बन सकें, तो पगडंडी ही सही,
अगर आप सूरज न बन सकें, तो तारा ही सही;
आप आकार के हिसाब से सफल या असफल नहीं
होते –
आप जो भी हैं, जैसे भी हैं, सर्वश्रेष्ठ बनें!

सुख-शांति को उत्पन्न करने वाले मानसिक नज़रिये को विकसित करने और चिंता को दूर करने का पाँचवाँ नियम है :

दूसरों की नक़ल न करें।
अपने आपको जानें और अपने असली
स्वरूप में रहें।

• • •

17

अगर आपको नीबू मिले, तो आप नीबू का शर्बत बना लें

यह पुस्तक लिखते समय मैं एक दिन शिकागो युनिवर्सिटी गया और वहाँ के कुलपति रॉबर्ट मैनार्ड हचिन्स से पूछा कि वे किस तरह चिंताओं को दूर रखते हैं। उन्होंने जवाब दिया, "मैंने हमेशा स्वर्गीय जूलियस रोज़ेनवाल्ड की सलाह पर चलने की कोशिश की है, जो सियर्स, रोबक एंड कंपनी के प्रेसिडेंट थे, 'जब आपको नीबू मिले, तो आप नीबू का शर्बत बना लें।'"

हर महान आदमी यही करता है। परंतु मूर्ख इसका बिलकुल उलटा करता है। अगर उसे ज़िंदगी में नीबू मिलता है, तो वह हार मान लेता है और कहता है, "मैं हार चुका हूँ। मेरी तक़दीर ही ख़राब है। मैं किसी तरह सफल नहीं हो सकता।" फिर वह दुनिया को दोष देने लगता है और अपनी बेबसी का दुखड़ा रोने लगता है। परंतु जब समझदार आदमी को नीबू मिलता है, तो वह ख़ुद से कहता है, "मैं इस दुर्भाग्य से क्या सबक़ सीख सकता हूँ ? मैं किस तरह अपनी स्थिति सुधार सकता हूँ ? मैं किस तरह इस नीबू को नीबू के शर्बत में बदल सकता हूँ ?"

ज़िंदगी भर लोगों और उनकी शक्ति के छुपे हुये संग्रह का अध्ययन करने के बाद महान मनोवैज्ञानिक अल्फ्रेड एडलर

ने यह रहस्य उजागर किया कि इन्सान का एक आश्चर्यजनक गुण यह है कि उसमें "नकारात्मक को सकारात्मक में बदलने की शक्ति होती है।"

यहाँ मैं उस महिला की रोचक और प्रेरक कहानी बताने जा रहा हूँ जिसने ठीक यही किया था। उनका नाम है थेल्मा थॉम्पसन। उन्होंने मुझे अपना अनुभव सुनाते हुये कहा, "युद्ध के दौरान मेरे पति कैलिफोर्निया में मोजावे रेगिस्तान के निकट आर्मी ट्रेनिंग कैंप में तैनात थे। मैं उनके साथ रहने के लिये वहाँ गयी। मुझे उस जगह से नफ़रत थी। मुझे बहुत चिढ़ होती थी। मैं पहले कभी इतनी दुखी नहीं रही थी। मेरे पति को मोजावे रेगिस्तान में काम के लिये भेज दिया जाता था और मैं उस छोटी सी झोंपड़ी में अकेली रह जाती थी। गर्मी असहनीय थी - कैक्टस की छाया में 125 डिग्री। पास में बात करने के लिये कोई नहीं। हवा लगातार चलती थी और मैं जो खाना खाती थी, मैं जो साँस लेती थी, सबमें धूल, धूल, धूल भरी हुई थी!

"मैं इतनी दुखी थी, मुझे ख़ुद पर इतना तरस आ रहा था कि मैंने अपने माता-पिता को चिट्ठी लिखी। मैंने उन्हें बताया कि मैं हार मान रही हूँ और वापस घर लौट रही हूँ। मैंने कहा कि मैं वहाँ एक मिनट रहना बर्दाश्त नहीं कर सकती थी। इससे तो बेहतर था कि मैं किसी जेल में रहूँ! मेरे पिताजी ने चिट्ठी के जवाब में सिर्फ़ दो लाइनें लिखीं - दो लाइनें जो मुझे हमेशा याद रहेंगी - दो लाइनें जिन्होंने मेरी ज़िंदगी को पूरी तरह से बदल दिया :

दो लोगों ने जेल की सलाखों के पीछे से देखा,
एक ने कीचड़ देखा, दूसरे ने सितारे।

"मैंने उन दो लाइनों को बार-बार पढ़ा। मुझे ख़ुद पर शर्म आने लगी। मैंने फ़ैसला कर लिया कि मैं यह पता लगाऊँगी कि मेरी वर्तमान स्थिति में क्या अच्छी बातें थीं। मैं सितारों की तरफ देखूँगी।

"मैंने वहाँ के स्थानीय लोगों से दोस्ती की और उनकी प्रतिक्रिया देखकर मुझे हैरानी हुई। जब मैंने उनकी बुनाई और बर्तन बनाने में रुचि दिखायी तो उन्होंने अपनी सबसे अच्छी कलाकृतियों को मुझे तोहफ़े में दे दिया, जबकि वे इसे पर्यटकों को बेचने से इंकार कर देते थे। मैंने कैक्टस, युक्का और जोशुआ पेड़ों के रोचक आकारों का अध्ययन किया। मैंने प्रेरि कुत्तों के बारे में सीखा, रेगिस्तान का सूर्यास्त देखा और समुद्री सीपियों को खोजा जो वहाँ करोड़ों साल पहले छूट गयी थीं जब रेगिस्तान की रेत समुद्र की तलहटी हुआ करती थी।

"मुझमें यह आश्चर्यजनक परिवर्तन किस वजह से आया? मोजावे रेगिस्तान नहीं बदला था। परंतु मैं बदल गयी थी। मैंने अपना मानसिक नज़रिया बदल लिया था। और ऐसा करके मैंने एक दुखद अनुभव को अपने जीवन का बहुत ही रोमांचक अभियान बना लिया था। मैं अपने द्वारा खोजी गयी इस नयी दुनिया से रोमांचित भी थी और प्रेरित भी। मैं इतनी रोमांचित थी कि मैंने इस बारे में एक पुस्तक भी लिखी – ***ब्राइट रैम्पार्ट्स*** शीर्षक से प्रकाशित हुआ एक उपन्यास... मैंने अपनी ख़ुद की बनायी हुई जेल से बाहर झाँका और सितारे देख लिये।"

थेल्मा थॉम्पसन, आपने वह पुरानी सच्चाई खोजी थी जो ग्रीक दार्शनिकों ने ईसा मसीह के पैदा होने से पाँच सौ साल पहले सिखायी है : "सबसे अच्छी चीज़ें सबसे कठिन होती हैं।"

हैरी इमर्सन फॉस्डिक ने इसे बीसवीं सदी में दुबारा दोहराते हुये कहा है: "सुख अधिकांश मामलों में आनंद नहीं होता; यह अधिकांश मामलों में विजय होता है।" हाँ, विजय जो उपलब्धि, जीत, नीबुओं को नीबू के शर्बत में बदलने के एहसास से हासिल होती है।

मैं एक बार .फ्लोरिडा के एक सुखी किसान से मिला जिसने ज़हर भरे नीबू को भी नीबू के शर्बत में बदल दिया। जब उसे पहली बार ख़ेत मिला, तो वह निराश हुआ। ज़मीन इतनी ख़राब

थी कि वहाँ पर फल या फसल नहीं उगाई जा सकती थी, न ही वहाँ पर सुअर पाले जा सकते थे। वहाँ पर स्क्रब ओक और साँपों (rattlesnakes) के सिवाय कुछ नहीं था। तभी उसके दिमाग़ में एक विचार आया। वह अपनी बुरी स्थिति को अच्छी स्थिति में बदल देगा : वह इन साँपों से अधिकतम लाभ उठायेगा। हर व्यक्ति आश्चर्यचकित रह गया जब उसने साँपों का डिब्बाबंद गोश्त बेचना शुरू किया। जब मैं कुछ साल पहले उससे मिलने के लिये पहुँचा तो मैंने पाया कि उसके साँपों के फ़ार्म को देखने के लिये बीस हज़ार टूरिस्ट हर साल वहाँ आते थे। उसका धंधा बहुत अच्छा चल रहा था। मैंने देखा कि साँपों के दाँतों से ज़हर निकालकर उसे प्रयोगशालाओं में भी सप्लाई किया जाता था, ताकि उससे विषरोधी टीके बनाये जा सकें। महिलाओं के जूते और हैंडबैग बनाने के लिये साँप की चमड़ी ऊँचे दामों पर सप्लाई की जा रही थी। मैंने देखा कि ग्राहकों को साँप का डिब्बाबंद गोश्त पूरी दुनिया में भेजा जा रहा था। मैंने गाँव के स्थानीय पोस्ट ऑफ़िस में उस जगह का एक पिक्चर पोस्टकार्ड ख़रीदा और उसे पोस्ट कर दिया। उस गाँव का नाम अब "रैटलस्नेक, फ़्लोरिडा" रख दिया गया था, उस आदमी के सम्मान में, जिसने एक ज़हर भरे नीबू को नीबू के मीठे शर्बत में बदल दिया था।

जब मैंने समय-समय पर देश भर में इधर से उधर घूमते हुये यात्रायें कीं, तो मुझे ऐसे दर्जनों पुरुषों और महिलाओं से मिलने का सौभाग्य मिला, जिन्होंने "नकारात्मक को सकारात्मक में बदलने की शक्ति" प्रदर्शित की है।

ट्वेल्व अगेंस्ट द गॉड्स के लेखक स्वर्गीय विलियम बोलिथो ने इसे इस तरीक़े से कहा है, "अच्छी चीज़ों का लाभ उठाना ज़िंदगी में सबसे महत्वपूर्ण बात नहीं है। मूर्ख व्यक्ति भी ऐसा कर सकता है। असली महत्व की बात तो यह है कि आप अपने नुक़सानों से लाभ उठा सकें। इसमें बुद्धि की ज़रूरत होती है; और इसी से मूर्ख और समझदार के बीच का फ़र्क़ समझ में आता है।"

बोलिथो ने यह शब्द तब कहे थे जब वे एक रेल दुर्घटना में अपना एक पैर गँवा चुके थे। परंतु मैं एक ऐसे आदमी को जानता हूँ जिसने दोनों पैर गँवा दिये हैं और अपनी नकारात्मक स्थिति को सकारात्मक अनुभव में बदल लिया है। उसका नाम है बेन फोर्टसन। मैं उससे अटलांटा, जॉर्जिया में एक होटल की लिफ़्ट में मिला। जब मैंने लिफ़्ट में क़दम रखा तो मैंने देखा कि यह ख़ुशनुमा आदमी, जिसके दोनों पैर ग़ायब थे, लिफ़्ट के एक कोने में व्हील चेयर पर बैठा था। जब लिफ़्ट उसकी मंज़िल पर रुकी, तो उसने मुझसे हँसते हुये कहा कि अगर मैं एक कोने में खिसक जाऊँ तो वह अपनी चेयर को बेहतर तरीक़े से बाहर निकाल सकेगा। उसने कहा, "आपको असुविधा पहुँचाने के लिये मुझे ख़ेद है।" - और यह कहते समय उसके चेहरे पर गहरी, दिल को छूने वाली मुस्कराहट थी।

जब मैं लिफ़्ट से उतरा और अपने कमरे में गया, तो मैं इस ख़ुशनुमा अपंग के सिवाय किसी और के बारे में नहीं सोच पा रहा था। इसलिये मैंने उसे खोजा और उससे यह आग्रह किया कि वह मुझे अपनी कहानी सुनाये।

"यह 1929 की बात है," उसने मुस्कराहट के साथ मुझे बताया। "मैं अखरोट के पेड़ के ठूँठ को काटने के लिये गया था ताकि अपने बगीचे में बीन्स को खूँठ से बाँध सकूँ। मैंने अपनी कार में लट्ठ लाद दिये और घर की तरफ़ चल पड़ा। जब मैं एक अंधा मोड़ ले रहा था तो अचानक, एक लट्ठ कार के नीचे फिसल गया और इसने उसी क्षण स्टीयरिंग को जाम कर दिया। कार फुटपाथ पर चढ़ गयी और मैं पेड़ से टकरा गया। मेरी रीढ़ की हड्डी में चोट लगी थी। मेरे पैर अपाहिज हो गये।

"जब यह हादसा हुआ तब मैं चौबीस साल का था और तब से मैं एक क़दम भी नहीं चल पाया हूँ।"

चौबीस साल की उम्र में जीवन भर व्हील चेयर में रहने की सज़ा! मैंने उससे पूछा कि उसने इसका सामना इतनी बहादुरी से

किस तरह किया, तो वह बोला, "मैंने ऐसा नहीं किया।" उसने कहा कि वह ग़ुस्सा हुआ और उसने विद्रोह किया। उसने अपनी क़िस्मत पर लानतें भी भेजीं। परंतु जब साल गुज़रते गये तो उसने पाया कि उसके विद्रोह की वजह से उसे कड़वाहट के सिवाय कुछ भी हासिल नहीं हो रहा था। उसने कहा, "अंततः मैंने महसूस किया कि बाक़ी लोग मेरे प्रति दयालु और शिष्ट थे। तो मैं कम से कम यह कर सकता था कि मैं भी उनके प्रति दयालु और शिष्ट रहूँ।"

मैंने पूछा कि क्या इतने साल बीत जाने के बाद अब भी उसे यह लगता है कि उसकी दुर्घटना एक भयानक दुर्भाग्य थी। उसने तत्काल जवाब दिया, "नहीं, मैं अब लगभग ख़ुश हूँ कि यह दुर्घटना हुई।" उसने मुझे बताया कि जब उसने अपने सदमे और द्वेष पर विजय पा ली, तो एक अलग दुनिया में रहना शुरू कर दिया। उसने पुस्तकें पढ़ना शुरू किया और अच्छे साहित्य के प्रति प्रेम विकसित कर लिया। उसने कहा कि चौदह सालों में वह कम से कम चौदह सौ पुस्तकें पढ़ चुका होगा। इन पुस्तकों ने उसके लिये नये क्षितिज खोले और उसके जीवन को इतना समृद्ध बनाया, जिसकी उसने कल्पना भी नहीं की थी। उसने अच्छा संगीत सुनना भी शुरू किया और वह अब उन महान सिम्फ़नियों को सुनकर रोमांचित हो जाता है, जिन्हें सुनकर वह पहले बोर हो जाता था। परंतु सबसे बड़ा परिवर्तन यह था कि अब उसके पास सोचने के लिये समय था। उसने कहा, "अपनी ज़िंदगी में पहली बार मैं दुनिया की तरफ़ देखने में समर्थ हुआ हूँ और मुझे मूल्यों का वास्तविक एहसास हुआ है। मैंने यह महसूस करना शुरू किया कि पहले मैं जिन चीज़ों को पाने की कोशिश कर रहा था, उनमें से ज़्यादातर महत्वपूर्ण ही नहीं थीं।"

पढ़ने के परिणामस्वरूप वह राजनीति में दिलचस्पी लेने लगा, उसने सार्वजनिक प्रश्नों का अध्ययन किया, अपनी व्हील चेयर से भाषण दिये! लोगों से परिचय करने में उसे ख़ुशी होती

थी और लोग उसे जानने लगे। और - अपनी व्हील चेयर पर बैठे-बैठे ही - वह जॉर्जिया राज्य का सेक्रेटरी बन गया।

न्यूयॉर्क शहर में वयस्क शिक्षा की कक्षायें चलाने के दौरान मैंने यह पाया है कि बहुत से लोगों को इस बात का अफ़सोस होता है कि वे कभी कॉलेज में नहीं पढ़ पाये। वे सोचते हैं कि कॉलेज की शिक्षा के बिना जीवन में सफलता की संभावना कम है। मैं जानता हूँ कि यह पूरी तरह सच नहीं है, क्योंकि मैं ऐसे हज़ारों सफल लोगों को जानता हूँ जो कभी हाई स्कूल से आगे नहीं पढ़े। इसलिये मैं अक्सर अपने इन विद्यार्थियों को एक ऐसे आदमी की कहानी सुनाता हूँ जिसने कभी प्रारंभिक स्कूली शिक्षा भी पूरी नहीं की। वह बेहद ग़रीबी में पला-बढ़ा। जब उसके पिता मरे, तो उसके पिता के दोस्तों को चंदा करके उनके कफ़न का इंतज़ाम करना पड़ा। उसके पिता की मौत के बाद उसकी माँ छाता बनाने वाली एक फैक्ट्री में हर दिन दस घंटे की नौकरी करती थी तथा फिर घर पर भी काम ले आती थी और ग्यारह बजे रात तक घर पर सिलाई का काम करती थी।

इन परिस्थितियों में पाला गया यह लड़का अपने चर्च द्वारा आयोजित शौकिया नाट्यशाला में गया। उसे अभिनय करने में इतना मज़ा आया कि उसने पब्लिक स्पीकिंग के क्षेत्र में उतरने का फ़ैसला किया। इसके बाद वह राजनीति में उतरा। तीस साल का होने से पहले ही उसे न्यूयॉर्क राज्य विधानसभा के लिये चुन लिया गया। परंतु वह इस ज़िम्मेदारी के लिये क़तई तैयार नहीं था। उसने मुझे बताया कि दरअसल उसे यह समझ में ही नहीं आ रहा था कि माज़रा क्या था। उसने उन लंबे, जटिल विधेयकों का अध्ययन करने की कोशिश की जिस पर उसे वोट देना था - परंतु जहाँ तक उसका सवाल था, उसके पल्ले कुछ नहीं पड़ा। ऐसा लग रहा था जैसे वे अँग्रेज़ी में नहीं, बल्कि चॉकटॉ इंडियन्स की भाषा में लिखे हुये थे। जब उसे वन समिति का सदस्य बनाया गया तो वह परेशान हो गया क्योंकि उसने कभी जंगल में पैर

भी नहीं रखा था। जब उसे स्टेट बैंकिंग कमीशन का सदस्य बनाया गया तो वह परेशान और चिंतित था, क्योंकि उस समय तक उसने किसी बैंक में खाता भी नहीं खुलवाया था। उसने मुझे बताया कि वह इतना ज़्यादा हताश था कि अगर उसे अपनी माँ के सामने हार मानने में शर्म न आयी होती तो उसने विधानसभा से इस्तीफ़ा दे दिया होता। निराशा में उसने यह फ़ैसला किया कि वह हर दिन सोलह घंटे पढ़ेगा और अपने अज्ञान के नीबू से ज्ञान के नीबू का शर्बत बनायेगा। ऐसा करने की वजह से उसने अपने आपको स्थानीय राजनेता से राष्ट्रीय स्तर का नेता बना लिया और इतना लोकप्रिय बना लिया कि *द न्यूयॉर्क टाइम्स* ने उसे "न्यूयॉर्क के सर्वप्रिय नागरिक" का ख़िताब दिया।

मैं अल स्मिथ के बारे में बात कर रहा हूँ।

राजनीतिक आत्मशिक्षा का अपना अभियान शुरू करने के दस साल बाद अल स्मिथ न्यूयॉर्क के शासन पर महानतम जीवित विशेषज्ञ बन चुके थे। उन्हें चार बार न्यूयॉर्क का गवर्नर चुना गया - उस समय यह एक रिकॉर्ड था जो उनसे पहले कभी किसी व्यक्ति ने नहीं बनाया था। 1928 में वे राष्ट्रपति पद के लिये डेमोक्रेटिक पार्टी के उम्मीदवार बने। छह शीर्ष विश्वविद्यालयों ने, जिनमें कोलंबिया और हार्वर्ड भी शामिल थे, इस आदमी को मानद उपाधियों से विभूषित किया, जो कभी प्रारंभिक शिक्षा भी पूरी नहीं कर पाया था।

अल स्मिथ ने मुझे बताया कि इनमें से कोई चीज़ कभी नहीं हुई होती अगर उन्होंने हर दिन सोलह घंटे कड़ी मेहनत नहीं की होती ताकि अपनी नकारात्मक परिस्थिति को सकारात्मक अनुभव में बदल सकें।

नीत्शे का महान आदमी का फ़ॉर्मूला यह था, "आवश्यकता पड़ने पर सहन करना ही नहीं, बल्कि उससे प्रेम करने लगना।"

महान उपलब्धि हासिल करने वाले सफल व्यक्तियों के जीवन

का मैं जितना अधिक अध्ययन करता हूँ, मुझे उतना ही अधिक विश्वास होता जाता है कि उनमें से अधिकांश इसलिये सफल हुये क्योंकि उनकी राह में ऐसी बाधायें थीं जिन्होंने उन्हें महान प्रयास करने और महान पुरस्कार हासिल करने के लिये प्रेरित किया। जैसा विलियम जेम्स ने कहा था : "हमारी कमज़ोरियाँ ही अप्रत्याशित रूप से हमारी मदद करती हैं।"

हाँ, यह संभव है कि मिल्टन बेहतर कविता सिर्फ़ इसलिये लिख पाये हों, क्योंकि वे अंधे थे। और हो सकता है कि बीथोवन का संगीत सिर्फ़ इसलिये बेहतरीन था क्योंकि वे बहरे थे।

हेलन केलर का ज़बर्दस्त कैरियर उनके अंधेपन और बहरेपन की वजह से प्रेरित और संभव हुआ।

अगर चायकोवस्की कुंठित नहीं होते - और अपने दुखद विवाह के कारण लगभग आत्महत्या के कगार पर नहीं पहुँच चुके होते - उनका जीवन इतना करुण नहीं होता, तो शायद वे कभी अपनी अमर *"सिम्फनी पैथेटिक"* नहीं रच पाते।

अगर दोस्तोयवस्की और टॉल्स्टॉय यातना भरा जीवन नहीं गुज़ारते, तो शायद वे अपने अमर उपन्यास कभी नहीं लिख पाते।

जिस इन्सान ने इस धरती पर जीवन की वैज्ञानिक अवधारणा बदल दी, उसने लिखा है - "अगर मैं इतना अशक्त नहीं होता, तो इतना अधिक काम नहीं कर पाता जितना मैंने किया है।" यह चार्ल्स डार्विन की स्वीकारोक्ति थी कि उनकी कमज़ोरियों ने उनकी अप्रत्याशित रूप से मदद की थी।

जिस दिन डार्विन इंग्लैंड में पैदा हुये थे, उसी दिन एक और बच्चा केंटकी के जंगलों में लकड़ी के एक घर में पैदा हुआ। उसकी कमज़ोरियों ने भी उसकी मदद की। उसका नाम लिंकन था - अब्राहम लिंकन। अगर वह किसी अभिजात्य परिवार में पैदा हुआ होता और उसने हार्वर्ड से कानून की डिग्री हासिल की होती तथा वह सुखी विवाहित जीवन बिताता, तो शायद वह कभी

अपने दिल की गहराइयों में वे अविस्मरणीय शब्द नहीं खोज पाता जिन्हें उसने गेटिसबर्ग में अमर कर दिया, न ही वह पवित्र कविता लिख सकता था जो उसने अपने द्वितीय उद्घाटन–भाषण में कही थी – किसी भी शासक द्वारा कहे गये सबसे सुंदर और महान वाक्यों में से एक : "द्वेष किसी के लिये नहीं, सबके लिये उदारता..." ('With malice toward none; with charity for all...')

हैरी इमर्सन फॉस्डिक ने अपनी पुस्तक ***द पॉवर टु सी इट थ्रू*** में लिखा है, "एक स्कैंडिनेवियन कहावत है जिसे हममें से कई लोग अपने जीवन का सूत्रवाक्य बना सकते हैं : "उत्तरी हवा ने वाइकिंगो को बनाया है।" यह विचार हमारे मन में क्यों आता है कि सुरक्षित और सुखद जीवन, मुश्किलों का अभाव, आरामदेह जीवन अपने आप में लोगों को अच्छा या सुखी बना सकता है? इसके विपरीत जो लोग ख़ुद पर तरस खाते हैं वे उस वक़्त भी ख़ुद पर तरस खाते रहते हैं जब वे आरामदेह गद्दे पर लेटे होते हैं, परंतु इतिहास में हमेशा चरित्र और सुख, अच्छी, बुरी, उदासीन हर तरह की परिस्थितियों में मिलता है, बशर्ते लोग अपनी व्यक्तिगत ज़िम्मेदारी उठायें। इसलिये उत्तरी हवा बार–बार वाइकिंगो को बनाती है।"

मान लीजिये हम इतने निराश हो चुके हों कि हमें यह लगता हो कि अपने नीबू को नीबू के शर्बत में बदलना संभव नहीं है – परंतु फिर भी हमारे पास दो कारण होते हैं जिनकी वजह से हमें कोशिश करना चाहिये – दो ऐसे कारण जिनमें खोने के लिये हमारे पास कुछ नहीं है और पाने के लिये सब कुछ है।

पहला कारण : हम सफल हो सकते हैं।

दूसरा कारण : अगर हम सफल न भी हों, तो भी नकारात्मक को सकारात्मक में बदलने की कोशिश से ही हमें पीछे हटने के बजाय आगे बढ़ने की प्रेरणा मिलेगी। इससे हमारे मन में नकारात्मक विचारों की जगह सकारात्मक विचार ले लेंगे, इससे

रचनात्मक ऊर्जा मुक्त होगी और यह हमें इतना व्यस्त रखेगी कि हमारे पास गुज़री हुई बातों पर अफ़सोस करने की न तो इच्छा होगी, न ही समय।

एक बार जब विश्वप्रसिद्ध वायलिनवादक ओल बुल पेरिस में कार्यक्रम कर रहे थे, तब अचानक उनके वायलिन का ए तार टूट गया। परंतु ओल बुल ने धुन को तीन तारों पर ही समाप्त किया। "यही जीवन है," हैरी इमर्सन फॉस्डिक कहते हैं, "कि आपका ए तार टूट जाये तो आप तीन तारों पर समाप्त करें।"

यह जीवन नहीं है। यह जीवन से *अधिक* है। यह विजयी जीवन है!

अगर मेरे वश में होता, तो मैं विलियम बोलिथो के इन अमर शब्दों को काँसे में खुदवा देता और इस देश के हर स्कूल में टँगवा देता :

"अच्छी चीज़ों का लाभ उठाना ज़िंदगी में सबसे महत्वपूर्ण बात नहीं है। कोई मूर्ख व्यक्ति भी ऐसा कर सकता है। असली महत्व की बात तो यह है कि आप अपने नुक़सानों से लाभ उठा सकें। इसमें बुद्धि की ज़रूरत होती है; और इसी से मूर्ख और समझदार के बीच का फ़र्क़ समझ में आता है।"

सुख-शांति का मानसिक रवैया विकसित करने के लिये हमें छठवें नियम के बारे में कुछ करना चाहिये :

जब क़िस्मत हमें नीबू थमा दे,
तो हमें नीबू का शर्बत बनाने की कोशिश
करना चाहिये।

• • •

18

निराशा को चौदह दिन में कैसे दूर करें

जब मैंने यह पुस्तक लिखना शुरू की तो मैंने एक प्रतियोगिता आयोजित की। "मैंने चिंता को किस तरह जीता" विषय पर जो व्यक्ति असली ज़िंदगी की सबसे ज़्यादा प्रेरणादायक और सच्ची कहानी लिखेगा, उसे दो सौ डॉलर का पुरस्कार दिया जायेगा।

इस प्रतियोगिता के तीन निर्णायक थे : ईस्टर्न एयर लाइंस के प्रेसिडेंट एड्डी रिकनबैकर; लिंकन मेमोरियल युनिवर्सिटी के प्रेसिडेंट डॉ. स्टीवर्ट डब्ल्यू. मैक्लीलैंड; और रेडियो न्यूज़ विश्लेषक एच.वी. कैल्टेनबोर्न। बहरहाल, हमें दो कहानियाँ इतनी अच्छी मिलीं कि निर्णायकों को उनके बीच चुनाव करना असंभव प्रतीत हुआ। इसलिये हमने उन दोनों को ही प्रथम पुरस्कार दे दिया। यह उन दो कहानियों में से एक है जिसे प्रथम पुरस्कार मिला - सी.आर. बर्टन की कहानी (जो स्प्रिंगफील्ड, मिसूरी में व्हिज़र मोटर सेल्स में काम करते थे)।

"जब मैं नौ साल का था तो मेरी माँ चली गयीं और बारह साल की उम्र में मेरे पिताजी गुज़र गये," मिस्टर बर्टन ने मुझे बताया। "मेरे पिताजी की मौत हो गयी, परंतु मेरी माँ उन्नीस साल पहले एक दिन अचानक घर छोड़कर चली गयीं, और मैंने

उन्हें तब से नहीं देखा। न ही मैंने अपनी दोनों छोटी बहनों को देखा, जिन्हें वे अपने साथ ले गयी थीं। जाने के सात साल बाद तक उन्होंने मुझे कोई ख़त नहीं लिखा। माँ के घर छोड़कर जाने के तीन साल बाद मेरे पिता एक दुर्घटना में मर गये। उन्होंने और उनके पार्टनर ने मिसूरी के एक छोटे कस्बे में एक कॉफी हाउस ख़रीदा था और जब मेरे पिता एक बिज़नेस टूर पर बाहर गये थे, तो उनके पार्टनर ने कॉफी हाउस को बेच दिया और शहर छोड़कर चला गया। एक दोस्त ने पिताजी को तार देकर उनसे जल्दी घर लौटने को कहा और जल्दबाज़ी में पिताजी सैलिनास, कांसस में एक कार एक्सीडेंट में मर गये। मेरे पिता की दो गरीब, बूढ़ी और बीमार बहनों ने हममें से तीन बच्चों को अपने घर में रख लिया। कोई भी मुझे और मेरे छोटे भाई को नहीं रखना चाहता था। हम शहर की दया पर ज़िंदा छोड़ दिये गये। हमें यह डर सताता था कि हमें अनाथ कहा जायेगा और हमसे वैसा ही व्यवहार किया जायेगा। हमारे डर जल्दी ही हक़ीक़त में बदल गये। मैं कुछ समय तक शहर के एक ग़रीब परिवार के साथ रहा। परंतु वे मुश्किल दिन थे और परिवार के मुखिया की नौकरी छिन गयी, इसलिये वे मेरा पेट पालने की स्थिति में नहीं थे। फिर मिस्टर और मिसेज लॉफ्टिन ने मुझे अपने फ़ार्म पर रख लिया, जो शहर से ग्यारह मील दूर था। मिस्टर लॉफ्टिन सत्तर साल के थे और दाद से बुरी तरह पीड़ित होने की वजह से बिस्तर पर पड़े रहते थे। उन्होंने मुझसे कहा कि मैं वहाँ तब तक रह सकता हूँ जब तक 'मैं झूठ न बोलूँ, चोरी न करूँ, और मुझसे जो कहा जाये, वह करता रहूँ।' यह तीन आदेश मेरे जीवन की बाइबल बन गये। मैं पूरी तरह उनके अनुसार जीने लगा। मैं स्कूल जाने लगा, परंतु पहले ही सप्ताह छोटे बच्चे की तरह रोता हुआ घर वापस आया। दूसरे बच्चों ने मेरी लंबी नाक की हँसी उड़ायी थी, मुझे गूँगा कहा था और 'अनाथ बच्चा' कहकर चिढ़ाया था। मुझे इतनी चोट पहुँची कि मैं उनसे लड़ाई करना चाहता था, परंतु मिस्टर लॉफ्टिन यानी

मुझे अपने घर पर रखने वाले किसान ने मुझे समझाया, 'हमेशा ध्यान रखना कि लड़ने के लिये जितनी बहादुरी की ज़रूरत होती है, लड़ाई से बचने के लिये उससे भी ज़्यादा बहादुरी की ज़रूरत होती है।' मैं तब तक नहीं लड़ा, जब तक कि एक बच्चे ने स्कूल के अहाते से मुर्गों की खाद उठाकर मेरे चेहरे पर नहीं फेंकी। मैंने उसका भुर्ता बना दिया और मेरे दो दोस्त बन गये। उन्होंने कहा कि उन्हें पता था ऐसा एक न एक दिन होना ही था।

"मुझे अपनी नयी टोपी पर गर्व था, जो मिसेज़ लॉफ्टिन मेरे लिये ख़रीदकर लायी थीं। एक दिन एक बड़ी लड़की ने मेरे सिर से टोपी झटके से उतारी और इसमें पानी भरकर बर्बाद कर दिया। उसका कहना था कि उसने इसमें पानी इसलिये भरा ताकि 'पानी मेरी मोटी खोपड़ी को गीला कर दे और मेरे पॉपकॉर्न मस्तिष्क को बाहर निकलने से रोके।'

"मैं स्कूल में कभी नहीं रोया, परंतु घर पर अक्सर चीख़ता-चिल्लाता रहता था। फिर एक दिन मिसेज़ लॉफ्टिन ने मुझे ऐसी सलाह दी जिससे मेरी सारी समस्यायें और चिंतायें ख़त्म हो गयीं और दुश्मन भी दोस्त बन गये। उन्होंने मुझे समझाया, 'राल्फ, अगर तुम उनमें दिलचस्पी लोगे और उनकी मदद करोगे, तो लोग तुम्हें "अनाथ बच्चा" कहना बंद कर देंगे और तुम्हें चिढ़ाना भी छोड़ देंगे।' मैंने उनकी सलाह मान ली। मैंने मेहनत से पढ़ाई की और हालाँकि मैं जल्दी ही कक्षा में सबसे आगे पहुँच गया, परंतु कोई भी मुझसे ईर्ष्या नहीं करता था, क्योंकि मैं हमेशा आगे बढ़कर सबकी मदद करता था।

"मैंने निबंध लिखने में कई बच्चों की मदद की। मैंने कई लड़कों के लिये वाद-विवाद का पूरा मसौदा लिखा। एक बच्चे को तो अपने परिवार वालों को यह बताने में शर्म आती थी कि वह मुझसे मदद ले रहा है। इसलिये वह अपनी माँ से कहता था कि वह शिकार पर जा रहा है। फिर वह मिस्टर लॉफ्टिन के यहाँ आता था और अपने कुत्तों को बाहर बाँध देता था, इसके बाद मैं

पढ़ाई में उसकी मदद करता था। मैंने एक साथी के लिये पुस्तक समीक्षायें लिखीं और गणित में एक लड़की की मदद करने के लिये अपनी कई शामें लगायीं।

"तभी हमारे पड़ोस में मौत ने दस्तक दी। दो बुज़ुर्ग किसान मर गये और एक महिला का पति उसे छोड़कर चला गया। हम चार परिवारों में मैं ही एकमात्र पुरुष था। मैंने दो साल तक इन विधवाओं की मदद की। स्कूल आते-जाते समय मैं उनके फ़ार्म पर रुकता था, उनके लिये लकड़ियाँ काटता था, उनकी गाय का दूध निकालता था और उनके मवेशियों को दाना-पानी देता था। अब मुझे चिढ़ाने के बजाय लोग मुझे दुआयें देने लगे। मुझे हर आदमी अपना दोस्त मानने लगा। जब मैं नैवी से लौटकर घर वापस आया, तब मुझे एहसास हुआ कि मेरे प्रति लोगों की वास्तविक भावनायें क्या थीं। जिस दिन मैं घर आया, दो सौ से .ज्यादा किसान मुझसे मिलने आये। उनमें से कई तो अस्सी मील की यात्रा करके आये थे और मेरे प्रति उनका स्नेह सच्चा था। चूँकि मैं दूसरों की मदद करने की कोशिश करने में इतना व्यस्त और सुखी रहा हूँ, इसलिये मेरे पास बहुत कम चिंतायें रही हैं और मुझे तेरह साल से किसी ने भी 'अनाथ बच्चा' नहीं कहा।"

सी.आर. बर्टन के लिये तीन तालियाँ! उन्हें पता है कि दोस्त कैसे बनाये जाते हैं! और उन्हें यह भी पता है कि चिंता को कैसे छोड़ा जाये और सुख से कैसे जिया जाये।

यही सियेटल, वॉशिंगटन के डॉ. फ्रैंक लूप भी जानते थे। वे तेईस साल से बिस्तर पर थे। आर्थ्राइटिस। फिर भी *सियेटल स्टार* के स्टुअर्ट व्हिटहाउस ने मुझे बताया, "मैंने डॉ. लूप का कई बार इंटरव्यू लिया और *मैंने आज तक कोई दूसरा इन्सान नहीं देखा जो उनसे .ज्यादा निःस्वार्थ हो या जिसने जीवन में उनसे .ज्यादा हासिल किया हो।"*

बिस्तर पर पड़े इस मरीज़ ने किस तरह जीवन से इतना कुछ हासिल किया ? मैं चुनने के लिये आपको दो विकल्प देता

हूँ। क्या उन्होंने शिकायत और आलोचना करके ऐसा किया? नहीं... आत्म-दया में डूबते हुये और यह माँग करते हुये कि सब उनकी तरफ़ ध्यान दें और हर आदमी उन्हीं की बात माने? नहीं... अब भी गलत। उन्होंने प्रिंस ऑफ वेल्स के सूत्रवाक्य को अपने जीवन में उतारकर ऐसा किया, जो है *"मैं सेवा करता हूँ।"* उन्होंने दूसरे मरीज़ों के नाम और पते इकट्ठे किये और उन्हें ख़ुशनुमा, प्रोत्साहित करने वाले ख़त लिखे। इस तरह उन्होंने दूसरों को भी ख़ुशी दी और ख़ुद को भी सुखी बनाया। दरअसल, उन्होंने मरीज़ों के लिये एक पत्र-लेखन क्लब की स्थापना की, जिसमें मरीज़ एक-दूसरे को ख़त लिखा करते थे। अंततः उन्होंने शट-इन सोसायटी नामक राष्ट्रीय संस्था की स्थापना की।

बिस्तर में पड़े-पड़े उन्होंने हर साल औसतन 1400 चिट्ठियाँ लिखीं और इसके अलावा मरीज़ों को रेडियो और पुस्तकें उपलब्ध करा के उन्होंने हज़ारों मरीज़ों को सुखी किया।

डॉ. लूप और बाक़ी लोगों में प्रमुख अंतर क्या था? सिर्फ़ इतना : डॉ. लूप में उस इन्सान की आंतरिक चमक थी, जिसका एक मक़सद था, एक लक्ष्य था। उन्हें यह जानकर सुख मिलता था कि वे एक ऐसे विचार में अपने आपको झोंक रहे हैं जो उनसे अधिक उदात्त और महत्वपूर्ण था, बजाय इसके कि (शॉ के शब्दों में) वे ख़ुद को, "आत्मकेंद्रित, बीमारियों और शिकायतों का पुलिंदा बना लें, जो हमेशा शिकायत करता था कि दुनिया उसे सुखी बनाने के लिये समर्पित नहीं है।"

यह रहा वह सबसे आश्चर्यजनक वक्तव्य जो मैंने किसी भी महान मनोविश्लेषक की पुस्तक में पढ़ा है। यह वक्तव्य अल्फ्रेड एडलर का है। वे अपने मैलेनकोलिया नामक मानसिक बीमारी के मरीज़ों से कहा करते थे : "अगर आप इस नुस्ख़े पर अमल करेंगे, तो चौदह दिन में ठीक हो सकते हैं। हर दिन यह सोचने की कोशिश करें कि आप किसी को कैसे ख़ुश कर सकते हैं।"

यह *वक्तव्य* इतना अविश्वसनीय है कि मुझे लगता है इसे समझाने के लिये मुझे डॉ. एडलर की अद्भुत पुस्तक ***व्हाट लाइफ शुड मीन टु यू*** में से दो पृष्ठों का कोटेशन देना चाहिये :

"मैलेनकोलिया दूसरों के प्रति लंबे समय तक पाली गयी नफ़रत और ग़ुस्से की तरह है, हालाँकि इसका लक्ष्य होता है सावधानी, सहयोग और ध्यान हासिल करना, परंतु मरीज़ सिर्फ़ अपने ख़ुद के अपराधबोध की वजह से निराश रहता है। मैलेनकोलियाक की पहली याद आम तौर पर इस तरह की होती है, "मुझे याद है कि मैं बिस्तर पर लेटना चाहता था, परंतु मेरा भाई पहले से ही वहाँ लेटा हुआ था। मैं इतना रोया कि उसे वहाँ से उठना ही पड़ा।"

मैलेनकोलियाक लोगों में आत्महत्या करके बदला लेने की प्रवृत्ति अक्सर देखने में आती है और डॉक्टर को सबसे अधिक ध्यान इस बात का रखना पड़ता है कि उन्हें आत्महत्या के लिये कोई बहाना न दिया जाये। इलाज के पहले नियम के रूप में तनाव को कम करने की कोशिश करते हुये मैं ख़ुद उनके सामने प्रस्ताव रखता हूँ, "आप जो पसंद नहीं करते, वह न करें।" यह बहुत ही छोटा सा उपाय लगता है, परंतु यह समस्या की जड़ पर चोट करता है। अगर मैलेनकोलियाक आदमी जो चाहता है, वही कर सकता है तो फिर वह किसे दोष दे सकता है ? फिर वह किस बात के लिये अपने आप से प्रतिशोध लेगा ? मैं उससे कहता हूँ, "अगर आप थियेटर जाना चाहते हैं या छुट्टियाँ मनाने जाना चाहते हैं, तो चले जायें। अगर रास्ते में आपको लगता है कि आप अब नहीं जाना चाहते, तो लौट आयें।" यह वह सर्वश्रेष्ठ स्थिति है जो किसी के लिये भी हो सकती है। सुपीरियॉरिटी की उसकी लालसा इससे संतुष्ट होती है। वह ईश्वर की तरह है और जो चाहे कर सकता है। दूसरी तरफ़, यह उसकी जीवनशैली में आसानी से फिट नहीं बैठता। वह रौब जमाना और दूसरों को दोष देना चाहता है और अगर वे उससे सहमत हो जाते हैं तो उसके पास रौब जमाने का कोई तरीक़ा ही नहीं बचता। यह नियम एक बहुत बड़ी राहत है और मेरे एक भी मरीज़ ने आज तक आत्महत्या नहीं की।

आम तौर पर मरीज़ जवाब देता है, "परंतु मुझे तो कुछ करना ही पसंद नहीं है।" मैं इस जवाब के लिये तैयार रहता हूँ, क्योंकि मैं इसे बहुत बार सुन चुका हूँ। "तो आप ऐसा करें कि आप जिन कामों को नापसंद करते हैं, उन्हें न करें।" कई बार वह इस तरह का जवाब देगा, "मुझे सारा दिन बिस्तर में लेटे रहना पसंद है।" मैं जानता हूँ कि अगर मैं उसे इस बात की अनुमति दे दूँगा तो वह कभी ऐसा नहीं करना चाहेगा। मैं यह भी जानता हूँ कि अगर मैं उसे रोकूँगा तो वह झगड़ने लगेगा। इसलिये मैं हमेशा सहमत हो जाता हूँ।

यह पहला नियम है। दूसरा नियम उनकी जीवनशैली पर सीधे तरीक़े से आक्रमण करता है, *"अगर आप इस नुस्ख़े पर अमल करेंगे, तो चौदह दिन में ठीक हो सकते हैं। हर दिन यह सोचने की कोशिश करें कि आप किसी को कैसे ख़ुश कर सकते हैं।"* देखिये इसका उनके लिये क्या मतलब होता है क्योंकि हर समय उनके मन में तो यही विचार चलता रहता है, "मैं किसी को चिंतित कैसे कर सकता हूँ ?" जवाब बहुत रोचक होते हैं। कुछ लोग कहते हैं, "यह मेरे लिये बहुत आसान होगा। मैंने सारी ज़िंदगी यही तो किया है।" हालाँकि उन्होंने ऐसा कभी नहीं किया। मैं उनसे इस बारे में विचार करने के लिये कहता हूँ, परंतु वे इस पर विचार नहीं करते। मैं उन्हें यह सुझाव देता हूँ, "जब आपको नींद न आ रही हो, तो उस समय का उपयोग यह सोचने में करें कि आप किस तरह किसी को ख़ुश कर सकते हैं और यह आपके स्वस्थ होने की दिशा में एक बड़ा क़दम होगा।" जब मैं उनसे अगले दिन मिलता हूँ और पूछता हूँ, "मैंने जो सुझाव दिया था, क्या आपने उस पर विचार किया ?" इस पर वे जवाब देते हैं, "पिछली रात मैं जैसे ही बिस्तर पर लेटा, सो गया।" ज़ाहिर है कि यह सब बहुत ही विनम्र और दोस्ताना ढंग से किया जाना चाहिये, जिसमें सुपीरियॉरिटी की झलक भी न हो।

दूसरे लोग यह जवाब देंगे, "मैं ऐसा कभी नहीं कर सकता। मैं इतना चिंतित रहता हूँ।" मैं उनसे कहता हूँ, "चिंता करना मत छोड़िये; परंतु इसके साथ-साथ आप कभी-कभार दूसरों के बारे में

सोचिये।" मैं उनकी रुचि को हमेशा उनके साथी इन्सानों की तरफ़ ले जाना चाहता हूँ। कई लोग कहते हैं, "मैं दूसरों को ख़ुश क्यों करूँ ? दूसरे तो मुझे ख़ुश करने की कोशिश नहीं करते।" मेरा जवाब होता है, आपको अपने स्वास्थ्य के बारे में सोचना चाहिये। दूसरों को इसके परिणाम बाद में मिलेंगे।" बहुत कम बार ऐसा हुआ है कि किसी मरीज़ ने मुझसे कहा हो, "मैंने आपके सुझाव पर विचार किया था।" मेरा पूरा प्रयास मरीज़ की सामाजिक रुचि बढ़ाने की तरफ़ लगा रहता है। मैं जानता हूँ कि उसके रोग का असली कारण सहयोग का अभाव है और मैं चाहता हूँ कि वह भी इसे समझ ले। जैसे ही वह अपने आपको समान और सहयोगी स्तर पर अपने साथी इन्सानों के तालमेल में ले आयेगा, वह ठीक हो जायेगा... धर्म हमें जो सबसे महत्वपूर्ण काम सिखाता है, वह है "अपने पड़ोसी से प्रेम करो।"... जिस आदमी की दूसरे लोगों में रुचि नहीं होती उसे जीवन में सबसे ज़्यादा कठिनाइयाँ आती हैं और वह दूसरों को सबसे ज़्यादा नुकसान पहुँचाता है। इसी तरह के आदमी ही सबसे ज़्यादा असफल देखे गये हैं... हम किसी इन्सान से यही चाहते हैं और हम उसकी सबसे बड़ी प्रशंसा यही कर सकते हैं कि वह एक अच्छा सहकर्मी हो, दूसरे लोगों का दोस्त हो और प्रेम तथा विवाह में एक सच्चा साथी हो।

डॉ. एडलर हमें हर दिन एक अच्छा काम करने को कहते हैं। और अच्छे काम की परिभाषा क्या है ? प्रॉफ़ेट मोहम्मद ने कहा था, "अच्छा काम वह है जो सामने वाले के चेहरे पर ख़ुशी की मुस्कान ले आये।"

हर दिन एक अच्छा काम करने से हमें इतने आश्चर्यजनक परिणाम क्यों मिलते हैं ? क्योंकि दूसरों को ख़ुश करने की कोशिश हमें अपने बारे में सोचने से रोकती है : वही चीज़ जो चिंता, डर और मैलेनकोलिया को उत्पन्न करती है।

मिसेज़ विलियम टी. मून न्यूयॉर्क में मून सेक्रेटरियल कोर्स चलाती थीं। उन्होंने यह सोचने में दो सप्ताह का समय भी नहीं

लगाया कि उन्हें अपनी निराशा दूर हटाने के लिये किसी को किस तरह ख़ुश करना था। वे अल्फ्रेड एडलर से एक क़दम आगे चली गयीं - नहीं, वे एडलर से *तेरह* क़दम आगे चली गयीं। उन्होंने अपनी निराशा को चौदह दिन में नहीं, बल्कि एक ही दिन में भगा दिया, सिर्फ़ यह सोचकर कि किस तरह दो अनाथ बच्चों को ख़ुश किया जाये।

ऐसा इस तरह हुआ : "पाँच साल पहले, दिसंबर में," मिसेज़ मून कहती हैं, "मैं दुख और आत्म-दया के भाव में खोयी हुई थी। कई वर्ष के सुखी विवाहित जीवन के बाद मेरे पति मुझसे छिन गये थे। जब क्रिसमस की छुट्टियाँ पास आयीं, तो मेरा दुख बढ़ने लगा। मैंने अपने जीवन में कभी अकेले क्रिसमस नहीं मनाया था और मैं क्रिसमस को पास आते देखकर घबरा रही थी। दोस्तों ने मुझे अपने साथ क्रिसमस मनाने के लिये आमंत्रित किया। परंतु मेरे अंदर ख़ुशी या उत्साह नहीं था। मैं जानती थी कि मैं किसी भी पार्टी के मूड को बिगाड़ दूँगी। इसलिये मैंने उनके दयालुतापूर्ण आमंत्रणों को अस्वीकार कर दिया। क्रिसमस की पूर्व संध्या पर मैं आत्मदया से और अधिक पीड़ित हो गयी। दरअसल मुझे कई चीज़ों के लिये कृतज्ञ होना चाहिये था, क्योंकि हम सबके पास ऐसी कई चीज़ें होती हैं जिनके लिये हमें कृतज्ञ होना चाहिये। क्रिसमस के एक दिन पहले मैं दोपहर में तीन बजे अपने ऑफ़िस से निकली और फिफ़्थ एवेन्यू में बेमतलब घूमने लगी, इस उम्मीद से कि आत्मदया और निराशा किसी तरह से मेरा पीछा छोड़ दें। एवेन्यू ख़ुशनुमा लोगों की भीड़ से खचाखच भरा था - ऐसे दृश्य जो उन सुखी वर्षों की बीती यादें ताज़ा कर देते थे, जो गुज़र चुकी थीं। मैं अकेले और सूने अपार्टमेंट में जाने के बारे में सोचना सहन नहीं कर सकती थी। मैं उलझन में थी। मुझे समझ में नहीं आ रहा था कि क्या करूँ। मुझसे आँसू रोके नहीं जा रहे थे। लगभग एक घंटे तक बेमतलब घूमने के बाद मैंने अपने आपको बस स्टैंड के सामने पाया। मुझे याद आया कि मेरे पति और मैं अक्सर

रोमांच के लिये किसी अनजानी बस में बैठ जाते थे, इसलिये मुझे स्टैंड पर जो पहली बस मिली, मैं उसमें बैठ गयी। जब बस ने हडसन नदी को पार कर लिया, तो कुछ समय बीतने के बाद मुझे बस कंडक्टर की आवाज़ सुनायी दी, "आख़िरी स्टॉप।" मैं उतर गयी। मैं उस जगह का नाम भी नहीं जानती थी। यह शांत छोटी सी जगह थी। घर जाने के लिये अगली बस का इंतज़ार करते हुये मैं एक रहवासी सड़क पर चलने लगी। जब मैं एक चर्च के सामने से गुज़री, तो मैंने "साइलेंट नाइट" की सुंदर तानें सुनीं। मैं अंदर गयी। मधुर धुन बजाने वाले ऑर्गनिस्ट को छोड़कर चर्च ख़ाली थी। मैं एक कुर्सी पर चुपचाप बैठ गयी। सुंदर तरीक़े से सजे हुये क्रिसमस ट्री से आती रोशनी की वजह से ऐसा लग रहा था जैसे बहुत से सितारे चाँदनी में नाच रहे हों। संगीत की लंबी खिंचती तानों और सुबह से भूखी रहने के कारण मैं उनींदी होने लगी। मैं थकी हुई थी, इसलिये सो गयी।

"जब मैं जागी, तो मैं नहीं जानती थी कि मैं कहाँ थी। मैं आतंकित थी। तभी मैंने अपने सामने दो छोटे बच्चों को देखा जो स्पष्ट रूप से क्रिसमस ट्री को देखने के लिये आये थे। उनमें से एक यानी कि छोटी लड़की मेरी तरफ़ इशारा करके कह रही थी, "कहीं इन्हें सांता क्लॉज़ ने तो नहीं भेजा है।" जब मैं जागी तो बच्चे डर गये। मैंने उन्हें आश्वस्त किया कि मैं उन्हें कोई नुक़सान नहीं पहुँचाऊँगी। उन्होंने फटे-पुराने कपड़े पहने थे। मैंने उनसे पूछा कि उनके माता- पिता कहाँ हैं। उन्होंने जवाब दिया, "हमारे माता-पिता नहीं हैं।" यहाँ पर दो छोटे अनाथ बच्चे थे, जिनकी हालत मुझसे भी ख़राब थी। मुझे अपने दुख और आत्मदया पर शर्म आने लगी। मैंने उन्हें क्रिसमस ट्री दिखाया, एक होटल में ले जाकर नाश्ता कराया और उनके लिये कुछ मिठाइयाँ तथा तोहफ़े भी ख़रीदे। मेरा अकेलापन जैसे जादू से ग़ायब हो गया। इन दो अनाथों ने मुझे महीनों बाद सच्ची ख़ुशी दी और मैं सुखी थी, क्योंकि मैं ख़ुद को भूल गयी थी। जब मैं उनके साथ बातें

कर रही थी, तो मैंने महसूस किया कि मैं कितनी ख़ुशनसीब थी। मैंने ईश्वर को धन्यवाद दिया कि बचपन में मेरा हर क्रिसमस माता-पिता के प्रेम और कोमलता से भरा हुआ था। मैंने इन दो छोटे अनाथ बच्चों के लिये जितना किया, उससे अधिक इन्होंने मेरे लिये किया। इस अनुभव ने मुझे एक बार फिर याद दिलाया कि ख़ुद सुखी होने के लिये दूसरों को सुखी करना ज़रूरी है। मैंने पाया कि ख़ुशी संक्रामक होती है। कुछ देने से ही हमें कुछ हासिल होता है। किसी की मदद करके और प्रेम देकर मैंने चिंता, दुख और आत्मदया को जीत लिया और मुझे ऐसा लगा जैसे मेरा नया जीवन शुरू हुआ। और मैं सचमुच एक नया जीवन शुरू कर रही थी – न सिर्फ़ उस समय, बल्कि उसके बाद आने वाले वर्षों में भी।"

मैं उन लोगों की कहानियों से पुस्तक भर सकता हूँ जिन्होंने अपने आपको भूलकर स्वास्थ्य और सुख हासिल किया। उदाहरण के तौर पर हम मार्गरेट टैलर येट्स का प्रकरण लें, जो युनाइटेड स्टेट्स नैवी की अत्यंत लोकप्रिय महिला हैं।

मिसेज़ येट्स उपन्यास-लेखिका हैं, परंतु उनकी रहस्यपूर्ण कथायें उतनी दिलचस्प नहीं हो सकतीं, जितनी कि वह सच्ची कहानी, जो उनके साथ उस ऐतिहासिक सुबह को घटी, जब जापानियों ने पर्ल हार्बर में बेड़े पर हमला किया था। मिसेज़ येट्स एक साल से भी अधिक समय से बिस्तर पर पड़ी थीं : कमज़ोर हृदय के कारण। वे चौबीस में से बाईस घंटे बिस्तर पर लेटी रहती थीं। उनकी सबसे लंबी यात्रा तब होती थी, जब वे सनबाथ लेने के लिये बगीचे में चलकर जाती थीं, वह भी अपनी नौकरानी के कंधों का सहारा लेकर। उन्होंने मुझे बताया कि उन दिनों वे सोचती थीं कि उनका बाक़ी जीवन भी बिस्तर पर पड़े-पड़े ही गुज़रेगा। उनका कहना था, "अगर जापानियों ने पर्ल हार्बर पर हमला नहीं किया होता और मेरे आराम में खलल नहीं डाला होता, तो मैं सचमुच दुबारा नहीं जी पायी होती।

"जब हमला हुआ तो हर तरफ़ हाहाकार और अफरा-तफरी का माहौल हो गया। एक बम मेरे घर के इतने पास गिरा कि इसके झटके से मैं बिस्तर से नीचे गिर गयी। सैनिकों की पत्नियों और बच्चों को पब्लिक स्कूलों में लाने के लिये सेना के ट्रक हिकैम फील्ड, स्कॉफील्ड बैरेक्स और कैनिओहे बे एयर स्टेशन की तरफ़ भागे। रेड क्रॉस ने उन लोगों को फोन किया जिनके पास अतिरिक्त कमरे थे और उनसे अनुरोध किया कि वे उन्हें अपने घर में जगह दे दें। रेड क्रॉस के कर्मचारी जानते थे कि मेरे बिस्तर के पास टेलीफोन था, इसलिये उन्होंने मुझे सूचना संप्रेषण करने का काम सौंपा। मुझे यह जानकारी रखना थी कि सैनिकों की पत्नियों और बच्चों को कहाँ रखा गया है और रेड क्रॉस ने सभी सैनिकों को निर्देश दिये कि वे अपने परिवारों का पता लगाने के लिये मुझे फोन करें।

"मैंने जल्दी ही जान लिया कि मेरे पति कमांडर रॉबर्ट रैले येट्स सुरक्षित थे। मैंने उन पत्नियों का मनोबल बढ़ाने की कोशिश की जिन्हें पता नहीं था कि उनके पति जीवित भी हैं या नहीं; और मैंने उन विधवाओं को सांत्वना देने की भी कोशिश की जिनके पति मर चुके थे - और ऐसी महिलायें बहुत थीं। नैवी और मैरीन कॉर्प्स में सूचीबद्ध 2117 अफ़सर और जवान शहीद हुये थे तथा 960 लापता थे।

"पहले तो मैं बिस्तर पर पड़े-पड़े ही फोन का जवाब देती थी। फिर मैं बिस्तर पर बैठकर फोन सुनने लगी। अंत में मैं इतनी व्यस्त और रोमांचित हो गयी कि अपनी कमज़ोरी के बारे में पूरी तरह से भूलकर बिस्तर से उतरकर कुर्सी पर आ गयी। अपने से बुरी हालत में रह रहे दूसरे लोगों की मदद करने की वजह से मैं अपने बारे में सब कुछ भूल गयी और मैं तब से हर रात आठ घंटे की नियमित नींद के अलावा कभी बिस्तर पर नहीं लेटी। मुझे अब यह एहसास होता है कि अगर जापानियों ने पर्ल हार्बर पर हमला न किया होता, तो मैं शायद पूरी ज़िंदगी बिस्तर

पर ही पड़ी रहती। मैं बिस्तर पर पूरे आराम में थी। चौबीसों घंटे मेरी देखभाल होती थी और अब मुझे एहसास है कि अचेतन मन में दुबारा ठीक होने की मेरी इच्छा कम होती जा रही थी।

"पर्ल हार्बर पर हमला अमेरिकी इतिहास की बहुत बड़ी दुर्घटना है, परंतु जहाँ तक मेरा सवाल है यह मेरे साथ घटी सबसे अच्छी घटनाओं में से एक है। इस भयानक संकट ने मुझे वह शक्ति दी जिसके अस्तित्व का मुझे सपने में भी एहसास नहीं था। इसने ख़ुद पर से मेरा ध्यान हटाया और उसे दूसरों पर केंद्रित कर दिया। इसने मुझे जीने के लिये एक बड़ा और महत्वपूर्ण मक़सद दिया। अब मेरे पास ख़ुद के बारे में सोचने या दुखी होने का समय ही नहीं बचा था।"

जो लोग मनोविश्लेषकों के पास मदद के लिये भागते हैं, उनमें से एक तिहाई शायद अपना इलाज कर सकते हैं अगर वे भी वही कर सकें जो मार्गरेट येट्स ने किया : दूसरों की मदद करने में रुचि लेना। ये मेरा विचार है? नहीं, यह कार्ल युंग का विचार है। और उन्हें पता होना चाहिये - क्योंकि उनसे अधिक कौन जान सकता है। उन्होंने कहा था : "मेरे एक-तिहाई मरीज़ स्पष्ट रूप से चिकित्सा द्वारा परिभाषित न्यूरॉसिस से पीड़ित नहीं हैं, बल्कि अपने जीवन की अर्थहीनता और ख़ालीपन की वजह से पीड़ित हैं।" इसे दूसरे तरीक़े से कहा जाये, तो हम जीवन में लिफ़्ट माँगने की कोशिश करते रहते हैं - और कारवाँ हमारे पास से गुज़र जाता है। इसलिये लोग अपनी छोटी, अर्थहीन, अनुपयोगी ज़िंदगियों को लेकर मनोविश्लेषकों के पास दौड़ते हैं। उनकी नाव छूट गयी है, वे किनारे पर खड़े होकर अपने अलावा हर आदमी को दोष दे रहे हैं और यह अपेक्षा रख रहे हैं कि दुनिया उनकी स्वार्थी इच्छाओं को पूरा करे।

आप इस समय शायद ख़ुद से यह कह रहे होंगे : "मैं इन कहानियों से प्रभावित नहीं हुआ। अगर क्रिसमस की पूर्व संध्या पर दो अनाथ बच्चे मुझे मिले होते तो मेरी भी उनमें रुचि जाग जाती

और अगर मैं पर्ल हार्बर के समय होता तो मैंने भी ख़ुशी–ख़ुशी वही किया होता जो मार्गरेट टैलर येट्स ने किया था। परंतु मेरी स्थिति बिलकुल अलग है। मैं साधारण बोरिंग ज़िंदगी जीता हूँ। मैं हर दिन आठ घंटे नीरस नौकरी करता हूँ। मेरी ज़िंदगी में कोई भी नाटकीय घटना नहीं होती। मैं किस तरह दूसरों की मदद करने में रुचि ले सकता हूँ। और मुझे ऐसा क्यों करना चाहिये ? मुझे इससे क्या फ़ायदा होगा ?"

सवाल जायज़ है। मैं इसका जवाब देने की कोशिश करूँगा। आपकी ज़िंदगी कितनी ही बोरिंग हो, परंतु यह तो तय है कि आप अपने जीवन में हर दिन *कुछ* लोगों से तो मिलते होंगे। आप उनके बारे में क्या करते हैं ? क्या आप उन्हें सिर्फ़ घूरते हैं या फिर आप यह पता लगाने की कोशिश करते हैं कि उनके जीवन में क्या महत्वपूर्ण है ? उदाहरण के लिये आपका पोस्टमैन – हर साल वह सैकड़ों मील की यात्रा करता है, आपकी डाक लाता है; परंतु क्या आपने कभी यह पता लगाने की कोशिश की कि *वह* कहाँ रहता है या कभी उससे उसकी पत्नी और बच्चों का फ़ोटो दिखाने का आग्रह किया ? क्या आपने कभी उससे पूछा कि कहीं वह थक तो नहीं जाता या उसे बोरियत तो नहीं होती ?

किराने की दुकान वाला लड़का, अख़बार बाँटने वाला, फुटपाथ पर बैठने वाला वह आदमी जो आपके जूते चमकाता है ? ये लोग भी इन्सान हैं – इनके भीतर भी समस्यायें, सपने और निजी महत्वाकांक्षायें हैं। वे इन्हें किसी को सुनाने के लिये छटपटा रहे हैं। परंतु क्या आप उन्हें ऐसा करने देते हैं ? क्या आप उनके जीवन में सचमुच उत्साहपूर्ण और सच्ची रुचि दिखाते हैं ? मेरा मतलब इस तरह की चीज़ों से है। दुनिया को सुधारने के लिये आपको फ्लोरेंस नाइटिंगेल या समाजसुधारक बनने की ज़रूरत नहीं है; आप तो सिर्फ़ अपनी निजी दुनिया भर सुधार लें; आप उन लोगों से शुरुआत कर सकते हैं, जिनसे आप कल सुबह मिलेंगे।

आपको इससे क्या फ़ायदा होगा ? .ज्यादा बड़ा सुख! .ज्यादा बड़ी संतुष्टि और अपने आप पर गर्व! अरस्तू ने इस तरह के नज़रिये को "उदात्त स्वार्थ" का नाम दिया था। ज़ोरोआस्ट्र ने कहा था, "दूसरों का भला करना एक कर्तव्य नहीं है। यह तो एक ख़ुशी है, क्योंकि यह आपके अपने स्वास्थ्य और सुख को बढ़ाती है।" और बेंजामिन फ्रैंकलिन ने बहुत आसान शब्दों में इसका सार बताया था, "जब आप दूसरों का भला करते हैं, तो आप अपना सबसे .ज्यादा भला करते हैं।"

न्यूयॉर्क में साइकोलॉजिकल सर्विस सेंटर के डायरेक्टर हेनरी सी. लिंक ने लिखा है, "आधुनिक मनोविज्ञान की कोई भी खोज मेरे विचार से इतनी महत्वपूर्ण नहीं है जितनी यह कि उपलब्धि और सुख के लिये आत्म-त्याग या अनुशासन की आवश्यकता होती है।"

दूसरों के बारे में सोचने से आप न सिर्फ़ अपने बारे में चिंता करने से बचे रहेंगे, बल्कि यह बहुत से दोस्त बनाने और बहुत सा आनंद लेने में भी आपको मदद मिलेगी। कैसे ? मैंने एक बार येल के प्रोफ़ेसर विलियम ल्यॉन फेल्प्स से पूछा था कि उन्होंने ऐसा कैसे किया और उनका जवाब यह था :

"जब भी मैं किसी होटल या नाई की दुकान या स्टोर में जाता हूँ तो मैं वहाँ मिलने वाले हर आदमी से कोई न कोई अच्छी बात कहे बिना वापस नहीं आता। मैं ऐसा कुछ कहने की कोशिश करता हूँ जिससे मैं उससे इन्सान की तरह पेश आऊँ, न कि किसी मशीन के पुर्ज़े की तरह। मैं सेल्सगर्ल को बताता हूँ कि उसकी आँखें या उसके बाल बहुत सुंदर हैं। मैं नाई से पूछता हूँ कि क्या सारा दिन खड़े रहने से वह थक नहीं जाता। मैं उससे पूछता हूँ कि वह किस तरह से नाई बना - वह कितने सालों से इस धंधे में है और अंदाज़न कितने लोगों के बाल काट चुका होगा। मैं इसका अनुमान लगाने में उसकी मदद करता हूँ। मैंने पाया है कि लोगों में रुचि लेने पर वे ख़ुशी से दमकने लगते हैं। मैं अक्सर

उस कुली से हाथ मिलाता हूँ जो मेरा सामान उठाता है। इससे उसे नया उत्साह मिलता है और उसका पूरा दिन ताज़गी से भर जाता है। एक बहुत गर्म दिन की बात है, मैं न्यू हैवन रेलवे की डाइनिंग कार में लंच लेने गया। भीड़ भरी डाइनिंग कार भट्टी की तरह तप रही थी और सर्विस थोड़ी धीमी थी। जब वेटर आख़िरकार मुझे मीनू थमाने आया तो मैंने उससे कहा : 'बेचारे रसोइये तो आज गर्म किचन में उबल रहे होंगे।' वेटर कोसने लगा। उसकी आवाज़ में कड़वाहट थी। पहले तो मुझे लगा कि वह ग़ुस्सा हो गया था। उसने कहा, 'हे परमपिता ईश्वर! लोग यहाँ आते हैं और खाने के बारे में शिकायत करते हैं। वे धीमी सर्विस के बारे में चिल्लाते हैं, गर्मी और क़ीमतों के बारे में हल्ला मचाते हैं। मैंने उन्नीस सालों तक उनकी आलोचना सुनी है और आप पहले और इकलौते इन्सान हैं जिन्होंने उबलते किचन में काम करने वाले रसोइयों के प्रति सहानुभूति प्रकट की है। मैं ईश्वर से यही दुआ करता हूँ कि हमें आप जैसे यात्री और मिलें।'

"वेटर हैरान था क्योंकि मैंने रसोइयों को इन्सान समझा था, उनके बारे में सोचा था और उन्हें एक बड़ी रेलवे कंपनी की मशीन का पुर्ज़ा नहीं समझा था।" प्रोफ़ेसर फेल्प्स ने आगे कहा, "लोग यह चाहते हैं कि उनकी तरफ़ इन्सानों की तरह थोड़ा अधिक ध्यान दिया जाये। जब मैं सड़क पर किसी आदमी को सुंदर कुत्ते के साथ देखता हूँ तो मैं हमेशा कुत्ते की सुंदरता की तारीफ़ करता हूँ। आगे जाने के बाद जब मैं पीछे पलटकर देखता हूँ तो अक्सर मुझे दिखता है कि वह आदमी अपने कुत्ते को थपथपा रहा है और उसे प्रशंसा भरी नज़रों से देख रहा है। मेरी प्रशंसा से उसकी प्रशंसा एक बार फिर से ताज़ा हो गयी।

"एक बार मैं इंग्लैंड में एक चरवाहे से मिला और मैंने उसके बड़े, समझदार कुत्ते की सच्ची प्रशंसा की। मैंने उससे पूछा कि उसने अपने कुत्ते को किस तरह प्रशिक्षित किया। जब मैं आगे बढ़ा और पीछे घूमकर देखा तो पाया कि कुत्ता चरवाहे के

कंधों पर पंजा टिकाये खड़ा था और चरवाहा उसे थपथपा रहा था। चरवाहे और उसके कुत्ते में थोड़ी सी रुचि लेने से मैंने चरवाहे को ख़ुश किया, कुत्ते को ख़ुश किया और अपने आपको ख़ुश किया।"

क्या आप कल्पना कर सकते हैं कि यह आदमी जो कुलियों के साथ हाथ मिलाता है, तपते किचन में काम करने वाले रसोइयों के प्रति सहानुभूति दिखाता है - और लोगों को यह बताता है कि वह उनके कुत्तों से कितना प्रभावित हुआ है - क्या आप कल्पना कर सकते हैं कि इस तरह का आदमी कभी कटु और चिंतित हो सकता है या उसे मनोविश्लेषक की सेवाओं की आवश्यकता पड़ सकती है? आप ऐसा नहीं कर सकते, है ना? नहीं, बिलकुल नहीं। एक चीनी कहावत इसे इस तरह से कहती है, "कुछ ख़ुशबू हमेशा उस हाथ में भी रह जाती है, जो आपको गुलाब देता है।"

आपको यह बात येल के बिली फेल्प्स को बताने की ज़रूरत नहीं है। वे जानते थे। वे इसी तरीक़े से जीते थे।

अगर आप पुरुष हैं तो इस पैराग्राफ़ को न पढ़ें। इसमें आपको मज़ा नहीं आयेगा। यह आपको बतायेगा कि किस तरह एक चिंतित और दुखी लड़की ने कई युवकों से विवाह के प्रस्ताव हासिल किये। जिस लड़की ने यह किया था, वह अब दादी बन चुकी है। कुछ साल पहले मैंने उसके और उसके पति के घर में रात गुज़ारी। मैं उसके कस्बे में एक लेक्चर दे रहा था और अगली सुबह न्यूयॉर्क सेन्ट्रल की मेन लाइन पर ट्रेन पकड़ने के लिये वह मुझे लगभग पचास मील तक कार से छोड़ने आयी। हम दोस्त बनाने के बारे में बात करने लगे और उसने कहाः "मिस्टर कारनेगी, मैं आपको आज वह बात बताने जा रही हूँ जो मैंने आज तक किसी को भी नहीं बतायी - अपने पति को भी नहीं।" उसने मुझे बताया कि वह फिलाडेल्फिया में एक ग़रीब परिवार में बड़ी हुई। उसने कहा, "ग़रीबी मेरी किशोरावस्था और जवानी की त्रासदी थी। मैं उस तरह से लोगों का स्वागत नहीं कर सकती थी, जिस तरह से मेरे सामाजिक स्तर की बाक़ी लड़कियाँ करती

थीं। मेरे कपड़े कभी बहुत अच्छी क्वालिटी के नहीं रहे। मेरे कपड़े बहुत जल्दी छोटे हो जाते थे, क्योंकि मैं बड़ी हो रही थी; मेरे कपड़ों की फिटिंग इस वजह से ठीक नहीं रहती थी और वे लेटेस्ट फ़ैशन के नहीं होते थे। मैं इतनी अपमानित और शर्मिंदा थी कि अक्सर सोते समय रोने लगती थी। आख़िरकार, सिर्फ़ हताशा में मेरे दिमाग़ में यह विचार आया कि डिनर पार्टियों में मैं अपने पार्टनर से उसके अनुभव, उसके विचार और उसकी भविष्य की योजनाओं के बारे में सवाल पूछूँगी। मैं यह सवाल इसलिये नहीं पूछती थी क्योंकि जवाबों में मुझे कोई ख़ास दिलचस्पी थी। मैं तो ऐसा सिर्फ़ इसलिये करती थी ताकि मेरा पार्टनर मेरे घटिया कपड़ों की तरफ़ ध्यान न दे। परंतु एक अजीब बात हुई : जब मैंने इन युवकों को बोलते सुना और जब मुझे उनके बारे में ज़्यादा पता चला, तो मैं सचमुच उनकी बातों में दिलचस्पी लेने लगी। मैं इतनी दिलचस्पी लेने लगी कि कई बार तो मैं ख़ुद ही अपने कपड़ों के बारे में भूल जाती थी। परंतु आश्चर्यजनक बात यह थी : चूँकि मैं एक अच्छी श्रोता थी और युवकों को उनके बारे में बोलने के लिये प्रोत्साहित करती थी, इसलिये उन्हें मुझसे बात करने में सुख मिलता था और धीरे-धीरे मैं अपने सामाजिक समूह की सबसे लोकप्रिय लड़की बन गयी और इनमें से तीन युवकों ने मेरे सामने शादी का प्रस्ताव रखा।"

इस अध्याय को पढ़ने वाले कुछ लोग यह कह रहे होंगे : "दूसरों में रुचि लेने के बारे में यह सारी बातें बिलकुल बकवास हैं! कोरे धार्मिक सिद्धांत! मैं इस जाल में नहीं फँसने वाला। मैं अपने पैसे अपने पर्स में ही रखूँगा। मैं जितना झपट सकता हूँ, झपट लूँगा – और मैं ऐसा अभी करूँगा – परोपकारी उपदेशक भाड़ में जायें!"

अच्छा, अगर यह आपका विचार है तो आपको इस तरह से सोचने का हक़ है, परंतु अगर आप सही हैं तो इतिहास की शुरुआत से लेकर आज तक के सभी महान दार्शनिक और

उपदेशक - ईसा मसीह, कन्फ़्यूशियस, बुद्ध, प्लेटो, अरस्तू, सुकरात, सेंट फ्रांसिस - सब के सब ग़लत थे। परंतु चूँकि आप धर्म गुरुओं की शिक्षाओं से सहमत नहीं हैं, तो हम सलाह के लिये कुछ नास्तिकों के पास चलते हैं। पहले तो हम कैम्ब्रिज युनिवर्सिटी के प्रोफ़ेसर ए.ई. हाउसमैन के पास चलते हैं जो अपनी पीढ़ी के बहुत प्रसिद्ध विद्वान थे। 1936 में उन्होंने कैम्ब्रिज युनिवर्सिटी में "कविता का नाम और प्रकृति" पर एक भाषण दिया। इस भाषण में उन्होंने यह दावा किया "आज तक की सबसे गहन नैतिक खोज और सबसे महान सच्चाई ईसा मसीह के इन शब्दों में छुपी है : 'जो अपने जीवन को पा लेता है वह इसे गँवा देगा : और जो मेरे लिये अपना जीवन गँवाता है, वह इसे पा लेगा।'"

हमने उपदेशकों को सारी ज़िंदगी यही कहते सुना है। परंतु हाउसमैन एक नास्तिक थे, निराशावादी थे, एक ऐसे इन्सान थे जिन्होंने आत्महत्या करने के बारे में सोचा था, और इसके बाद भी उन्हें लगता था कि वह आदमी जो सिर्फ़ अपने बारे में सोचता है, जीवन में अधिक हासिल नहीं कर पायेगा। वह दुखी ही रहेगा। परंतु जो इन्सान दूसरों की सेवा में ख़ुद को भूल जायेगा, वह जीवन के सुख को हासिल कर लेगा।

अगर आप ए.ई. हाउसमैन के कथन से प्रभावित नहीं हैं, तो हम सलाह के लिये बीसवीं सदी के सबसे प्रख्यात अमेरिकी नास्तिक की ओर मुड़ें : थियोडोर ड्रेज़र। ड्रेज़र सभी धर्मों को परीकथायें कहकर उनका उपहास उड़ाते थे और यह मानते थे कि जीवन "एक मूर्ख द्वारा सुनायी जाने वाली कहानी है, जिसमें बहुत होहल्ला और आवेश है, पर जो दरअसल महत्वहीन और अर्थहीन है।" परंतु ड्रेज़र ने ईसा मसीह द्वारा सिखाये गये एक सिद्धांत की वकालत की - दूसरों की सेवा। "अगर इन्सान को अपने जीवनकाल में ज़रा भी ख़ुशी हासिल करना है तो उसे न सिर्फ़ अपने लिये, बल्कि दूसरों के लिये भी चीज़ें बेहतर बनाने के बारे में सोचना चाहिये और इसकी योजना बनाना चाहिये, क्योंकि

उसकी ख़ुशी दूसरों में उसकी ख़ुशी पर और अपने में दूसरों की ख़ुशी पर निर्भर करती है।"

अगर हम "दूसरों के लिये चीज़ें बेहतर बनाने" जा रहे हैं - जैसा ड्रेज़र ने सुझाव दिया है - तो हम इस काम को जितनी जल्दी शुरू कर सकें, कर दें। समय हमारे हाथ से फिसल रहा है। "मैं इस रास्ते से सिर्फ़ एक ही बार गुज़रूँगा। इसलिये मैं जितनी भी भलाई कर सकता हूँ या जितनी भी दयालुता दिखा सकता हूँ - वह मुझे इसी समय दिखा देना चाहिये। मैं इसे टालूँगा नहीं, नज़रअंदाज़ नहीं करूँगा, क्योंकि मैं इस रास्ते से दुबारा कभी नहीं गुज़रूँगा।"

तो अगर आप अपनी चिंता दूर भगाना चाहते हैं और सुख-शांति भरा जीवन बिताना चाहते हैं तो सातवाँ नियम है :

दूसरों में रुचि लेकर ख़ुद को भूल जायें।
हर दिन एक अच्छा काम करें जिससे किसी
के चेहरे पर ख़ुशी की मुस्कराहट
आ जाये।

• • •

खंड चार संक्षेप में

सुख–शांति का मानसिक नज़रिया विकसित करने के सात तरीक़े

पहला नियम : हम अपने मस्तिष्क को शांति, साहस, स्वास्थ्य और आशा के विचारों से भर दें, क्योंकि "हमारे विचारों से ही हमारी ज़िंदगी बनती है।"

दूसरा नियम : हम अपने दुश्मनों से बदला लेने की कोशिश न करें, क्योंकि इससे हम उनकी बजाय ख़ुद को ज़्यादा नुक़सान पहुँचाते हैं। हम जनरल आइज़नहॉवर के फ़ॉर्मूले को अपना लें : जिनको हम पसंद नहीं करते, उनके बारे में सोचने में अपना एक मिनट भी बर्बाद न करें।

तीसरा नियम :

1. कृतघ्नता के बारे में चिंता करने के बजाय हम इसकी उम्मीद करें। हमें याद रखना चाहिये कि ईसा मसीह ने एक दिन में दस कोढ़ियों को ठीक किया था – और सिर्फ़ एक ने ही उन्हें धन्यवाद दिया। हम ईसा मसीह से ज़्यादा कृतज्ञता पाने की उम्मीद कैसे कर सकते हैं ?
2. हमें याद रखना चाहिये कि सुख पाने का एकमात्र रास्ता यह नहीं है कि हम कृतज्ञता की अपेक्षा रखें, बल्कि यह है कि हम देने के आनंद के लिये दें।

3. हमें याद रखना चाहिये कि कृतज्ञता "विकसित किया गया" गुण है, इसलिये अगर हम अपने बच्चों को कृतज्ञ बनाना चाहते हैं तो हमें उन्हें कृतज्ञ होने का प्रशिक्षण देना होगा।

चौथा नियम : अपनी नियामतें गिनो, अपने कष्ट नहीं!

पाँचवाँ नियम : हम दूसरों की नक़ल न करें, बल्कि अपने असली स्वरूप को पहचानें और उसी रूप में रहें, क्योंकि "ईर्ष्या अज्ञान है" और "नक़ल करना आत्महत्या" है।

छठवाँ नियम : जब क़िस्मत हमें नीबू थमा दे, तो हम नीबू का शर्बत बनाने की कोशिश करें।

सातवाँ नियम : दूसरों को थोड़ा सुख पहुँचाने की कोशिश में हम अपने दुख को भूल जायें। "जब आप दूसरों का भला करते हैं, तो आप अपना सबसे ज़्यादा भला करते हैं।"

खंड पाँच

चिंता को जीतने का आदर्श तरीक़ा

19

मेरे माता–पिता ने चिंता को कैसे जीता

जैसा मैं बता चुका हूँ, मैं मिसूरी के फ़ार्म पर पैदा हुआ और वहीं मेरी परवरिश हुई। उस ज़माने के ज़्यादातर किसानों की तरह मेरे माता-पिता भी कड़ी मेहनत करते थे। माँ गाँव में स्कूल टीचर थीं और पिताजी फ़ार्म पर काम करके बारह डॉलर प्रति माह कमाते थे। माँ न सिर्फ़ मेरे कपड़े सिलती थीं, बल्कि उन्हें धोने के लिये वह घर पर ही साबुन भी बनाती थीं।

हमारे पास शायद ही कभी नक़द पैसा रहता था, सिवाय उस सीज़न के जब हम अपने सुअर बेचते थे। जब हम किराने की दुकान से आटा, शकर, कॉफी ख़रीदते थे, तो बदले में दुकान वाले को अपने घर का बटर और अंडे दे देते थे। मैं बारह साल का हो चुका था, परंतु ख़ुद पर ख़र्च करने के लिये मुझे साल भर में पचास सेंट भी नहीं मिले। मुझे आज भी याद है जब हम 4 जुलाई के स्वतंत्रता दिवस उत्सव में गये थे तब पिताजी ने मुझे दस सेंट दिये थे, जिसे मैं अपनी मर्ज़ी से ख़र्च कर सकता था। मुझे ऐसा लगा जैसे मुझे दुनिया भर की दौलत मिल गयी हो।

एक कमरे के देहाती स्कूल में पढ़ने के लिये मैं एक मील पैदल चलकर जाता था। जब बर्फ़ गहरी होती थी और तापमान

शून्य से अट्ठाईस डिग्री नीचे होता था तब भी मैं पैदल ही जाता था। चौदह साल की उम्र तक मेरे पास कभी रबर के जूते या ओवरशू नहीं रहे। लंबे, बर्फ़ीले जाड़े में मेरे पैर हमेशा नम और ठंडे रहते थे। बचपन में मैंने कभी सपने में भी नहीं सोचा था कि ठंड में किसी के पैर सूखे और गर्म भी हो सकते हैं।

मेरे माता-पिता हर दिन सोलह घंटे कड़ी मेहनत करते थे, इसके बावज़ूद हम लगातार कर्ज़ में डूबे रहे और बदक़िस्मती ने हमारा पीछा नहीं छोड़ा। मेरी सबसे शुरुआती यादों में से एक है - 102 नदी की बाढ़ का पानी हमारी मक्के की फ़सल और चारे के खेतों के ऊपर बह रहा था और इसने सब कुछ नष्ट कर दिया। सात में से छह साल बाढ़ ने हमारी फ़सलें चौपट कर दीं। हर साल हमारे सुअर हैजे के कारण मर जाते थे और हम उन्हें जला देते थे। आज भी मैं अपनी आँखें बंद करके जलते हुये सुअर के गोश्त की तीखी बदबू याद कर सकता हूँ।

एक साल बाढ़ नहीं आयी। हमने मक्का की ज़ोरदार फ़सल उगायी, मवेशियों के लिये चारा ख़रीदा और मक्का खिला-खिलाकर उन्हें मोटा किया। परंतु इससे तो अच्छा होता कि उस साल भी बाढ़ आकर हमारी फ़सल डुबा देती, क्योंकि शिकागो के बाज़ार में मोटे मवेशियों की क़ीमत घट गयी और मवेशियों को खिलाने तथा मोटा करने के बाद जब हमने उन्हें बेचा, तो उन्हें ख़रीदने की क़ीमत से हमें सिर्फ़ तीस डॉलर ज़्यादा ही मिले। पूरे एक साल की मेहनत के बदले में सिर्फ़ तीस डॉलर!

हम जो भी करते थे, हमें उसमें नुक़सान होता था। मुझे अब भी याद है कि पिताजी ने एक बार खच्चर ख़रीदे। हमने उन्हें तीन साल तक खिलाया-पिलाया, उन्हें प्रशिक्षित करने के लिये लोगों को पैसे दिये, फिर उन्हें मेम्फिस, टेनेसी भिजवाया - और उन्हें बेचकर हमें जो क़ीमत मिली, वह उस क़ीमत से कम थी जिसमें हमने उन्हें तीन साल पहले ख़रीदा था।

दस साल की कड़ी, दमतोड़ मेहनत के बाद भी हम न सिर्फ़ कंगाल थे, बल्कि गले तक कर्ज़ में डूबे हुये थे। हमारा फ़ार्म गिरवी रखा था। लाख कोशिशों के बाद भी हम उसका ब्याज तक नहीं चुका पा रहे थे। गिरवी रखने वाली बैंक मेरे पिता को अपमानित करती थी, उनके साथ बुरा व्यवहार करती थी और फ़ार्म छीनने की धमकी देती थी। पिताजी सैंतालीस साल के थे। तीस साल से ज़्यादा की कड़ी मेहनत के बदले में उन्हें कर्ज़ और अपमान के सिवाय कुछ भी नहीं मिला था। उनसे यह सहन नहीं हुआ। वे चिंता करने लगे। उनकी सेहत ख़राब हो गयी। दिन भर खेत में कड़ी शारीरिक मेहनत करने के बावज़ूद उन्हें भूख नहीं लगती थी और उन्हें भूख बढ़ाने वाली गोलियाँ लेनी पड़ीं। वे दुबले हो गये। डॉक्टर ने मेरी माँ से कह दिया कि वे सिर्फ़ छह महीने और ज़िंदा रह पायेंगे। पिताजी इतने ज़्यादा चिंतित थे कि वे ज़िंदा नहीं रहना चाहते थे। मैंने अक्सर अपनी माँ को कहते सुना कि जब पिताजी घोड़ों को दाना खिलाने और गाय को दुहने के लिये अस्तबल जाते थे और कुछ देर में नहीं लौटते थे तो वे ख़ुद अस्तबल पहुँच जाती थीं। उन्हें यह डर सताता था कि पिताजी का शरीर रस्सी से लटकता मिलेगा। एक दिन वे बैंकर से मिलने मैरीविले गये, जहाँ बैंकर ने एक बार फिर फ़ार्म नीलाम करने की धमकी दी। जब पिताजी वापस घर लौट रहे थे तो उन्होंने 102 नदी का पुल पार करते समय अपने घोड़ों को रोका, गाड़ी से उतरे और पानी की तरफ़ देखते हुये लंबे समय तक खड़े रहे। ज़ाहिर है, वे इस कशमकश में थे कि क्यों न छलाँग लगाकर सब झँझट ख़त्म कर ली जाये।

बरसों बाद पिताजी ने मुझे बताया कि उस रात वे नदी में सिर्फ़ इसलिये नहीं कूदे, क्योंकि मेरी माँ का यह गहरा, दृढ़ और सुखद विश्वास था कि अगर हम ईश्वर को प्रेम करेंगे और उसके दिखाये रास्ते पर चलेंगे तो एक दिन सब कुछ ठीक हो जायेगा। माँ सही थीं। अंत में सब कुछ ठीक हो गया। पिताजी इसके

बाद बयालीस साल जिये और 1941 में नवासी साल की उम्र में मरे।

संघर्ष और दुख के उन वर्षों में भी मेरी माँ कभी चिंतित नहीं रहीं। प्रार्थना करते समय वे अपनी मुश्किलों को भगवान के सामने रख देती थीं। हर रात हमारे बिस्तर पर जाने से पहले माँ बाइबल का एक अध्याय पढ़कर हमें सुनाती थीं। अक्सर माँ या पिताजी ईसा मसीह के यह सांत्वनादायक शब्द पढ़ते थे : "मेरे पिता के घर में कई महल हैं... मैं तुम्हारे लिये जगह तैयार करने चलता हूँ... ताकि जहाँ मैं हूँ, वहीं तुम भी रह सको।" फिर हम सब उस सूने मिसूरी फ़ार्म हाउस में अपनी कुर्सियों के सामने झुकते थे और ईश्वर के प्रेम व कृपा के लिये प्रार्थना करते थे।

जब विलियम जेम्स हार्वर्ड में फ़िलॉसफ़ी के प्रोफ़ेसर थे, तो उन्होंने कहा था, "यह सही है, चिंता दूर करने का सबसे अचूक उपाय धार्मिक आस्था है।"

आपको यह जानने के लिये हार्वर्ड युनिवर्सिटी जाने की ज़रूरत नहीं है। मेरी माँ ने यह बात मिसूरी के फ़ार्म पर ही जान ली थी। न तो बाढ़, न ही कर्ज़, न ही विपत्तियाँ मेरी माँ की सुखी, प्रज्वलित और विजयी आस्था को डिगा पायीं। मैं अब भी वह गीत सुन सकता हूँ जो वे काम करते समय गुनगुनाती रहती थीं :

शांति, शांति, अद्‌भुत शांति,
ऊपर बैठे मेरे पिता की ओर से प्रवाहित होकर
चिरकाल के लिये मेरी आत्मा में प्रविष्ट होती है।
मैं प्रेम की गहरी लहरों में प्रार्थना करती हूँ।

मेरी माँ चाहती थीं कि मैं अपने जीवन को धार्मिक कार्यों में समर्पित करूँ। मैंने विदेशी मिशनरी बनने के बारे में गंभीरता से सोचा। फिर मैं कॉलेज गया और कई साल तक मुझमें धीरे-धीरे एक बदलाव आया। मैंने जीवविज्ञान, विज्ञान, फ़िलॉसफ़ी और तुलनात्मक धर्मों का अध्ययन किया। मैंने पुस्तकें पढ़ीं कि

बाइबल किस तरह लिखी गयी। मैं इसके कई सिद्धांतों पर शक करने लगा। मैं उस युग के ग्रामीण उपदेशकों द्वारा सिखाये जाने वाले कई संकीर्ण सिद्धांतों पर संदेह करने लगा। मैं भ्रमित था। वाल्ट व्हिटमैन की तरह, मैं "अपने भीतर उत्सुक, अजीब सवालों की हलचल महसूस करने लगा।" मैं नहीं जानता था कि किस पर विश्वास किया जाये। मुझे जीवन का कोई उद्देश्य नज़र नहीं आ रहा था। मैंने प्रार्थना करना छोड़ दिया। मैं एक अज्ञेयवादी (agnostic) बन गया। मुझे विश्वास होने लगा कि ज़िंदगी का कोई लक्ष्य नहीं है, उसकी कोई योजना नहीं है। मैं यह मानने लगा कि बीस करोड़ साल पहले धरती पर विचरण करने वाले डायनासौर की तरह मनुष्य के जीवन का भी कोई दैवी उद्देश्य नहीं है। मुझे लगता था कि एक दिन मानव जाति भी डायनासौर की तरह इस धरती से लुप्त हो जायेगी। मैं जानता था कि विज्ञान के अनुसार सूर्य धीरे-धीरे ठंडा हो रहा था और जब इसका तापमान दस प्रतिशत कम हो जायेगा, तो धरती पर किसी तरह का जीवन नहीं बचेगा। मैं इस विचार पर हँसने लगा कि कोई दयालु ईश्वर है, जिसने मनुष्य को अपने ही रूप में बनाया है। मुझे विश्वास था कि काले, ठंडे, बेजान अंतरिक्ष में घूम रहे अनगिनत सूर्य किसी अंधी शक्ति द्वारा रचे गये हैं। शायद उन्हें किसी ने बनाया ही नहीं। शायद वे हमेशा से ही मौज़ूद हैं - जिस तरह समय और अंतरिक्ष हमेशा से मौज़ूद हैं।

क्या मैं यह दावा करता हूँ कि अब मैं इन सभी सवालों के जवाब जान गया हूँ ? नहीं। कोई भी जीवित व्यक्ति सृष्टि के रहस्य को - जीवन के रहस्य को - अब तक समझा नहीं पाया है। हम चारों तरफ़ से रहस्य से घिरे हुये हैं। आपके शरीर की कार्यप्रणाली एक गहरा रहस्य है। आपके घर की बिजली भी एक रहस्य है। दीवार की दरार में उग रहा फूल भी। आपकी खिड़की के बाहर उग रही हरी घास भी। जनरल मोटर्स रिसर्च लेबोरेटरी के महान मार्गदर्शक चार्ल्स एफ. केटरिंग ने एन्टियॉक कॉलेज को

अपनी जेब से हर साल तीस हज़ार डॉलर यह पता लगाने के लिये दिये कि घास हरी क्यों होती है। उनका यह दावा था कि अगर हम यह जान जायें कि घास किस तरह सूर्य की रोशनी, पानी और कार्बन डाइऑक्साइड को खाद्य शर्करा में बदलती है, तो इससे मानव जाति का भविष्य ही बदल जायेगा।

आपकी कार के इंजन का चलना भी एक गहरा रहस्य है। जनरल मोटर्स रिसर्च लेबोरेटरीज़ ने यह खोजने की कोशिश में बरसों तक करोड़ों डॉलर ख़र्च किये कि सिलिंडर में एक चिंगारी से वह विस्फोट क्यों और किस तरह होता है, जिससे आपकी कार चलती है।

हम अपने शरीर या बिजली या गैस इंजन के रहस्यों को पूरी तरह से नहीं समझते हैं, परंतु इसके बाद भी हम इनका उपयोग करते हैं और इनका आनंद लेते हैं। इसी तरह हालाँकि मैं प्रार्थना और धर्म के रहस्यों को नहीं समझ पाता, परंतु धर्म से मिलने वाले अधिक समृद्ध, अधिक सुखी जीवन का आनंद लेने में यह बात आड़े नहीं आती। आख़िरकार, मैं संतायन के शब्दों की बुद्धिमत्ता को महसूस कर पाया : "मनुष्य का जन्म जीवन को समझने के लिये नहीं, बल्कि उसका आनंद लेने के लिये हुआ है।"

मैं एक बार फिर मुड़ा - वैसे मैं कहने जा रहा था कि मैं एक बार फिर धर्म की ओर मुड़ा, परंतु यह पूरी तरह सही नहीं होगा। मैं धर्म की एक नयी अवधारणा की ओर *आगे बढ़ा*। मुझे अब चर्चों को बाँटने वाले संप्रदायों की मत भिन्नताओं में कोई दिलचस्पी नहीं है। बल्कि अब मैं इस बात में बहुत दिलचस्पी लेता हूँ कि धर्म मेरे लिये क्या करता है, उसी तरह जिस तरह मैं इस बात में दिलचस्पी लेता हूँ कि बिजली, अच्छा भोजन और पानी मेरे लिये क्या करते हैं। ये सभी अधिक समृद्ध, पूर्ण और सुखी जीवन जीने में मेरी मदद करते हैं। परंतु धर्म इससे बहुत अधिक करता है। इससे मुझे आध्यात्मिक मूल्य मिलते हैं। यह मुझे, जैसा विलियम जेम्स ने कहा था, ***"जीवन के प्रति नया उत्साह...***

अधिक जीवन; अधिक विराट, समृद्ध, संतुष्टिदायक जीवन प्रदान करता है।" यह मुझे आस्था, आशा और साहस प्रदान करता है। यह मेरे जीवन से तनावों, चिंताओं, डरों और परेशानियों को दूर हटाता है। यह मेरे जीवन को अर्थ देता है – और दिशा भी। इससे मेरा सुख कई गुना बढ़ जाता है। इससे मेरी सेहत भी बहुत अच्छी रहती है। इससे मुझे ख़ुद के लिये "जीवन की रेतीली उथल–पुथल के बीच शांति का नख़लिस्तान बनाने" में मदद मिलती है।

फ्रांसिस बेकन सही थे, जब उन्होंने तीन सौ साल से अधिक पहले कहा था, "थोड़े से ज्ञान से मनुष्य का मस्तिष्क नास्तिकता की तरफ़ झुकता है, परंतु जब वह ज़्यादा ज्ञानी हो जाता है तो उसका मस्तिष्क धर्म की तरफ़ झुक जाता है।"

मुझे वे दिन याद हैं जब लोग विज्ञान और धर्म के आपसी टकराव की बातें करते थे। परंतु अब ऐसा नहीं है। सभी विज्ञानों में नवीनतम विज्ञान यानी मनोविश्लेषण वही सिखा रहा है जो ईसा मसीह ने सिखाया था। क्यों? क्योंकि मनोविश्लेषक यह महसूस करते हैं कि प्रार्थना और दृढ़ धार्मिक आस्था से चिंतायें, परेशानियाँ, दबाव और डर हमसे दूर भाग जायेंगे, जिनकी वजह से हमारी आधी से ज़्यादा समस्यायें पैदा होती हैं। जैसा प्रसिद्ध मनोविश्लेषक डॉ. ए.ए. ब्रिल कहते हैं, मनोविश्लेषक जानते हैं "किसी भी सच्चे धार्मिक इन्सान को कभी न्यूरॉसिस नहीं होता।"

अगर धर्म सच नहीं है, तो जीवन अर्थहीन है। यह एक दुखद मज़ाक़ है।

मैंने हेनरी फोर्ड की मौत से कुछ साल पहले उनका इंटरव्यू लिया। उनसे मिलने से पहले मुझे लग रहा था कि दुनिया का महान बिज़नेस साम्राज्य बनाने और चलाने में उन्होंने वर्षों तक जो कठोर मेहनत की है, उसकी लकीरें मुझे उनके चेहरे पर दिखायी देंगी। परंतु मैं यह देखकर हैरान रह गया कि वे अठहत्तर वर्ष की उम्र में भी बहुत शांत और स्वस्थ दिख रहे थे। जब मैंने उनसे पूछा कि क्या वे कभी चिंता करते थे, तो उन्होंने जवाब दिया,

"नहीं। मुझे विश्वास है कि ईश्वर दुनिया चला रहा है और उसे मेरी सलाह की कोई ज़रूरत नहीं है। जब दुनिया ईश्वर के हाथ में है तो मुझे यक़ीन है कि सब कुछ अंत में अच्छा ही होगा। फिर चिंता किस बात की?"

आज कई मनोविश्लेषक भी आधुनिक पादरी बनते जा रहे हैं। वे हमसे धार्मिक जीवन जीने का आग्रह इसलिये नहीं कर रहे हैं ताकि हम अगली दुनिया की नरक की आग से बच सकें, बल्कि इसलिये कर रहे हैं ताकि हम पेट के अल्सर, एन्जाइना पेक्टोरिस, नर्वस ब्रेकडाउन और पागलपन की नरक की आग से बच सकें। हमारे मनोवैज्ञानिक और मनोविश्लेषक क्या सिखा रहे हैं, इस बारे में विस्तार से जानने के लिये डॉ. हेनरी सी. लिंक की पुस्तक *द रिटर्न टु रिलीजन* पढ़ें।

हाँ, ईसाई धर्म प्रेरक और स्वास्थ्यवर्धक गतिविधि है। ईसा मसीह ने कहा था : "मैं इसलिये आया हूँ ताकि तुम्हें जीवन मिल सके और अधिक प्रचुरता से मिल सके।" ईसा मसीह ने अपने युग के धर्म के नाम पर चल रहे मुर्दा कर्मकांडों और पाखंडों की निंदा करते हुये उन पर आक्रमण किया। वे एक विद्रोही थे। उन्होंने एक नये तरह के धर्म का उपदेश दिया - एक ऐसा धर्म जिसमें दुनिया को बदलने का दम था। इसीलिये उन्हें सलीब पर लटकाया गया। उन्होंने सिखाया कि धर्म का अस्तित्व मनुष्य के लिये है, मनुष्य का धर्म के लिये नहीं; कि सबाथ इन्सान के लिये बनाया गया है, इन्सान सबाथ के लिये नहीं। उन्होंने पाप के बारे में जितना कहा, उससे ज्यादा डर के बारे में कहा। *ग़लत तरह का डर पाप है,* आपके स्वास्थ्य के विरुद्ध पाप है, ईसा मसीह द्वारा प्रतिपादित अधिक समृद्ध, अधिक पूर्ण, अधिक सुखी, साहसिक जीवन के ख़िलाफ़ पाप है। इमर्सन ख़ुद को "ख़ुशी के विज्ञान का प्रोफ़ेसर" कहते थे। ईसा मसीह भी "ख़ुशी के विज्ञान" के उपदेशक थे। उन्होंने अपने शिष्यों को आदेश दिया कि वे "आनंदित हों और ख़ुशी से उछलें।"

ईसा मसीह ने दावा किया कि धर्म के बारे में सिर्फ़ दो ही बातें महत्वपूर्ण हैं : पूरे दिल से ईश्वर से प्रेम करना और अपने पड़ोसी से अपनी तरह प्रेम करना। जो इन्सान यह करता है वह सच्चे अर्थों में धार्मिक है चाहे उसे इस बात का पता न हो। टुलसा, ओक्लाहोमा में रहने वाले मेरे ससुर हेनरी प्राइस इसका एक अच्छा उदाहरण हैं। वे स्वर्णिम नियम के हिसाब से जीने की कोशिश करते हैं और वे कभी कोई घटिया, स्वार्थपूर्ण या बेईमानी का काम नहीं करते। बहरहाल वे चर्च नहीं जाते और ख़ुद को अज्ञेयवादी मानते हैं। बकवास! कौन सी बात इन्सान को ईसाई बनाती है? मैं जॉन बेली को इस बात का जवाब देने दूँगा। वे एडिनबरा युनिवर्सिटी में थियोलॉजी के प्रतिष्ठित प्रोफ़ेसर हैं। उन्होंने कहा : "वह चीज़, जो किसी इन्सान को ईसाई बनाती है, किन्हीं निश्चित विचारों के प्रति उसकी बौद्धिक स्वीकृति नहीं है, न ही किसी निश्चित नियम पर चलना है, बल्कि उसके अंदर की एक निश्चित भावना है और एक निश्चित जीवनशैली में उसकी हिस्सेदारी है।"

अगर यह बात किसी इन्सान को ईसाई बनाती है, तो हेनरी प्राइस एक महान ईसाई हैं।

आधुनिक मनोविज्ञान के पितामह विलियम जेम्स अपने मित्र प्रोफ़ेसर थॉमस डेविडसन को लिखते हैं कि जैसे–जैसे साल गुज़रते जाते हैं, उन्हें लगता है कि वे "ईश्वर के बिना उतना ही कम चल पायेंगे।"

इस पुस्तक में पहले मैं बता चुका हूँ कि जब निर्णायकों ने मेरे विद्यार्थियों द्वारा भेजी कहानियों में चिंता पर लिखी सर्वश्रेष्ठ कहानी चुनने की कोशिश की, तो उन्हें दो उत्कृष्ट कहानियों में से एक को चुनने में इतनी मुश्किल आयी कि दोनों को ही प्रथम पुरस्कार देना पड़ा। यहाँ पर वह दूसरी कहानी दी जा रही है जिसे प्रथम पुरस्कार बाँटना पड़ा था - उस महिला का अविस्मरणीय अनुभव, जिसने बहुत कठिनाई के बाद यह जाना कि "वह ईश्वर के बिना नहीं चल सकती थी।"

मैं इस महिला को मैरी कुशमैन के नाम से पुकारूँगा, हालाँकि यह उसका असली नाम नहीं है। उसके बच्चे और नाती-पोते उसकी कहानी के छपने से परेशान न हों, इसलिये मैं उसका नाम-पता छुपाने को राज़ी हो गया। बहरहाल, महिला वास्तविक है - बहुत ही वास्तविक। यह रही उसकी कहानी :

"मंदी के दिनों में मेरे पति की औसत तनख़्वाह अठारह डॉलर प्रति सप्ताह थी। कई बार हमें इतना भी नहीं मिलता था क्योंकि जब वे बीमार होते थे तो उन्हें तनख़्वाह नहीं मिलती थी - और ऐसा अक्सर होता था। उनके साथ छुटपुट दुर्घटनायें लगातार होती रहती थीं; गलसुआ, स्कार्लेट फीवर और इन्फ़्लुएंजा के लगातार होने वाले अटैक भी उन्हें परेशान करते थे। हमने वह छोटा सा घर भी गँवा दिया, जिसे हमने अपने हाथों से बनाया था। हम पर किराने की दुकान का पचास डॉलर का कर्ज़ चढ़ा था - और पाँच बच्चों का पेट पालना था। मैंने पड़ोसियों के कपड़े धोने और प्रेस करने का काम लिया, और साल्वेशन आर्मी स्टोर से सेकंड हैंड कपड़े लाकर अपने बच्चों को पहनाये। चिंता कर-करके मैंने ख़ुद को बीमार बना डाला। जिस किराने की दुकान का पचास डॉलर का कर्ज़ हमें चुकाना था, उसके मालिक ने एक दिन मेरे ग्यारह वर्ष के बेटे पर दो पेंसिल चुराने का इल्ज़ाम लगा दिया। मेरा बेटा मुझे यह घटना सुनाते समय रो रहा था। मैं जानती थी कि वह ईमानदार और संवेदनशील था - और मैं जानती थी कि दूसरे लोगों के सामने वह अपमानित और लज्जित हुआ होगा। यह आख़िरी तिनका था। मैंने उन सब दुखों के बारे में सोचा जो हमने सहे थे और मुझे भविष्य के लिये कोई आशा नहीं दिख रही थी। शायद मैं चिंता के कारण कुछ समय के लिये पागल हो गयी थी, क्योंकि मैंने अपनी वाशिंग मशीन बंद की, अपनी पाँच साल की छोटी बेटी को लेकर बेडरूम में आयी और खिड़कियों की दरारों पर काग़ज़ और चिथड़े लगाकर उन्हें बंद कर दिया। मेरी बेटी ने मुझसे पूछा, "मम्मी, आप क्या कर रही हैं ?" मैंने जवाब दिया,

"अंदर बहुत नमी है।" फिर मैंने बेडरूम में रखे गैस हीटर की गैस चालू कर दी - पर उसे जलाया नहीं। जब मैं बिस्तर पर अपनी छोटी बेटी के पास लेटी तो वह बोली, "मम्मी, कितनी अजीब बात है - हम अभी थोड़ी देर पहले ही तो सोकर उठे थे!" परंतु मैंने कहा, "कोई बात नहीं, हम एक झपकी ले लेते हैं।" फिर मैंने अपनी आँखें बंद कीं और हीटर से गैस निकलने की आवाज़ सुनती रही। मैं उस गैस की बदबू को कभी नहीं भूल पाऊँगी...

"अचानक मुझे कहीं से संगीत सुनाई दिया। मैं सुनती रही। मैं किचन में चल रहे रेडियो को बंद करना भूल गयी थी। अब उससे कोई फ़र्क़ नहीं पड़ता था। परंतु संगीत बजता रहा और कुछ ही देर में मैंने सुना कि रेडियो पर एक पुराना भजन बज रहा था :

ईसा मसीह में हमारा कितना बड़ा मित्र है,
हमारे सभी पापों और दुखों को सहन करने के लिये!
कितना बड़ा अधिकार है
हर चीज़ को उठाकर ईश्वर के सामने प्रार्थना में रख देना।
अरे, हम कितनी शांति गँवाते हैं,
अरे, हम कितने अनावश्यक कष्ट उठाते हैं
सिर्फ़ इसलिये क्योंकि हम हर चीज़ को
प्रार्थना में ईश्वर के सामने नहीं रख पाते हैं।

जब मैंने यह भजन सुना, तो मुझे महसूस हुआ जैसे मुझसे एक दुखद ग़लती हो गयी थी। मैंने अकेले ही अपने सारे भयानक युद्ध लड़ने की कोशिश की थी। मैंने प्रार्थना में ईश्वर के सामने हर चीज़ नहीं रखी थी... मैं झटके से खड़ी हुई, गैस बंद की, दरवाज़ा खोला और खिड़कियाँ ऊपर उठा दीं।

"मैं रोयी और पूरे दिन प्रार्थना करती रही। मैंने सिर्फ़ मदद के लिये प्रार्थना नहीं की - इसके बजाय मैंने ईश्वर की दी हुई नियामतों के लिये उसे दिल से धन्यवाद दिया। उसने मुझे दिये थे : पाँच बेहतरीन बच्चे - जो सभी स्वस्थ और अच्छे थे, जिनके

शरीर और दिमाग़ मज़बूत थे। मैंने ईश्वर से वायदा किया कि मैं फिर कभी कृतघ्नता का परिचय नहीं दूँगी। और मैंने अपना वायदा निभाया।

"जब हमने अपना घर गँवा दिया और हमें पाँच डॉलर प्रति माह के किराये पर एक छोटे देहाती स्कूलहाउस में रहना पड़ा, तब भी मैंने इसके लिये ईश्वर को धन्यवाद दिया। मैंने उसे इस बात के लिये धन्यवाद दिया कि हमें गर्म और सूखा रखने के लिये कम से कम हमारे सिर पर छत तो थी। मैंने सच्चे दिल से ईश्वर को धन्यवाद दिया कि स्थितियाँ इससे बुरी नहीं थीं - और मुझे विश्वास है कि उसने मेरी बात सुन ली। क्योंकि समय के साथ स्थितियाँ सुधर गयीं - ऐसा रातोरात नहीं हुआ, परंतु जब मंदी का असर कम होने लगा तो हमारे पास थोड़ा ज़्यादा पैसा आने लगा। मैंने एक बड़े देहाती क्लब में हैट-चेक गर्ल की नौकरी कर ली और ख़ाली समय में मोज़े बेचे। कॉलेज की फ़ीस भरने के लिये मेरे एक बेटे ने मेरी मदद की और वह एक फ़ार्म पर काम करने लगा, जहाँ उसे सुबह-शाम तेरह गायों का दूध निकालना पड़ता था। आज मेरे बच्चे बड़े हो चुके हैं और सब शादी-शुदा हैं। मेरे तीन सुंदर पोते हैं। और, अब जब मैं उस भयानक दिन के बारे में सोचती हूँ जब मैंने गैस चालू की थी, तो ईश्वर को बार-बार धन्यवाद देती हूँ कि मैं समय रहते "जाग गयी।" अगर मैंने आत्महत्या कर ली होती, तो मैं कितनी ख़ुशियों से वंचित रह जाती! मैंने कितने अद्भुत वर्ष हमेशा के लिये गँवा दिये होते! अब जब भी मैं किसी के बारे में सुनती हूँ जो अपने जीवन का अंत करना चाहता है, तो मुझे लगता है कि उससे चिल्लाकर कहूँ : "ऐसा मत करो! मत करो!" गहरी निराशा के क्षण बस कुछ पल के लिये ही रह सकते हैं - और फिर भविष्य आ जाता है..."

अमेरिका में औसतन हर पैंतीस मिनट में एक व्यक्ति आत्महत्या करता है। औसतन हर दो मिनट में कोई न कोई पागल होता है। इनमें से ज़्यादातर आत्महत्यायें - और शायद

पागलपन की ज़्यादातर घटनायें – रोकी जा सकती थीं, बशर्ते इन लोगों ने धर्म और प्रार्थना में पायी जाने वाली सांत्वना और शांति का सहारा लिया होता।

प्रख्यात मनोविश्लेषक डॉ. कार्ल युंग ने *मॉडर्न मैन इन सर्च ऑफ ए सोल* पुस्तक के पृष्ठ 264 पर लिखा है, "पिछले तीस सालों के दौरान दुनिया के सभी सभ्य देशों के लोगों ने मुझसे परामर्श लिया है। मैंने सैकड़ों मरीज़ों का उपचार किया है। मेरे जो मरीज़ जीवन के उत्तरार्द्ध में थे – यानी पैंतीस साल से अधिक के थे – उनमें ऐसा एक भी नहीं था जिसकी समस्या अंतिम विश्लेषण में जीवन के प्रति धार्मिक दृष्टिकोण से न जुड़ी हो। यह कहना ग़लत नहीं होगा कि वे सभी बीमार इसलिये पड़े, क्योंकि उन्होंने वह खो दिया था जो हर युग में जीवंत धर्मों ने अपने अनुयायियों को दिया था, और उनमें से कोई भी तब तक सचमुच ठीक नहीं हो पाया, जब तक उसने अपना धार्मिक नज़रिया दुबारा हासिल नहीं कर लिया।"

यह वक्तव्य इतना महत्वपूर्ण है कि मैं इसे मोटे अक्षरों में दोहराना चाहूँगा। डॉ. कार्ल युंग ने कहा :

> **"पिछले तीस सालों के दौरान दुनिया के सभी सभ्य देशों के लोगों ने मुझसे परामर्श लिया है। मैंने सैकड़ों मरीज़ों का उपचार किया है। मेरे जो मरीज़ जीवन के उत्तरार्द्ध में थे – यानी पैंतीस साल से अधिक के थे – उनमें ऐसा एक भी नहीं था जिसकी समस्या अंतिम विश्लेषण में जीवन के प्रति धार्मिक दृष्टिकोण से न जुड़ी हो। यह कहना ग़लत नहीं होगा कि वे सभी बीमार इसलिये पड़े, क्योंकि उन्होंने वह खो दिया था जो हर युग में जीवंत धर्मों ने अपने अनुयायियों को दिया था, और उनमें से कोई भी तब तक सचमुच ठीक नहीं हो पाया, जब तक उसने अपना धार्मिक नज़रिया दुबारा हासिल नहीं कर लिया।"**

विलियम जेम्स ने लगभग यही बात कही थी, *"आस्था उन शक्तियों में से एक है, जिनके द्वारा मनुष्य जीवित रहते हैं और इसके पूर्ण अभाव का अर्थ है धराशायी हो जाना।"*

बुद्ध के बाद महानतम भारतीय प्रणेता स्वर्गीय महात्मा गाँधी धराशायी हो गये होते अगर उन्हें प्रार्थना की शक्ति का सहारा नहीं मिला होता। मैं कैसे जानता हूँ ? क्योंकि गाँधी ने ख़ुद कहा था। उन्होंने लिखा है, "बिना प्रार्थना के तो मैं कब का पागल हो चुका होता।"

हज़ारों लोग इसी तरह की बात कह रहे हैं। जैसा मैंने पहले ही कहा है, मेरे अपने पिता ने डूबकर आत्महत्या कर ली होती अगर उन्हें मेरी माँ की प्रार्थनाओं और आस्था का ख़्याल न होता। हमारे पागलख़ानों में इस समय जो हज़ारों लोग टॉर्चर हो रहे हैं और चीख़ रहे हैं, शायद उन्हें बचाया जा सकता था, अगर उन्होंने जीवन की लड़ाइयों को अकेले लड़ने के बजाय किसी अधिक ऊँची शक्ति से मदद माँगी होती।

जब हम परेशान होते हैं और हमारी शक्ति चुकने लगती है, तो हममें से कई हताशा में ईश्वर की शरण में जाते हैं - "फॉक्सहोल में कोई नास्तिक नहीं रहता।" परंतु हम हताश होने का इंतज़ार क्यों करें ? क्यों न हम हर दिन अपनी शक्ति नयी कर लें ? रविवार तक भी इंतज़ार क्यों करें ? बरसों से मेरी आदत है कि मैं किसी भी दोपहर को ख़ाली चर्च में चला जाता हूँ। जब मुझे लगता है कि मैं इतनी हड़बड़ी या जल्दबाज़ी में हूँ कि मेरे पास आध्यात्मिक चीज़ों के बारे में सोचने के लिये कुछ मिनट का भी ख़ाली समय नहीं है, तो मैं ख़ुद से कहता हूँ : "एक मिनट ठहरो, डेल कारनेगी, एक मिनट ठहरो। इतनी तूफ़ानी जल्दबाज़ी और हड़बड़ी क्यों ? तुम्हें थोड़ा ठहरने और नया दृष्टिकोण हासिल करने की ज़रूरत है।" ऐसे समय मैं अक्सर उस पहले चर्च में चला जाता हूँ जो मुझे खुला दिखता है। हालाँकि मैं प्रोटेस्टेंट हूँ, पर मैं अक्सर *सप्ताह की दोपहरों में* फिफ़्थ एवेन्यू में बने सेंट पैट्रिक

चर्च में चला जाता हूँ और ख़ुद को याद दिलाता हूँ कि तीस साल के भीतर मैं मर जाऊँगा, जबकि सभी चर्चों द्वारा सिखायी जाने वाली महान आध्यात्मिक सच्चाइयाँ अमर रहेंगी। मैं अपनी आँखें बंद कर लेता हूँ और प्रार्थना करता हूँ। मैंने पाया है कि ऐसा करने से मेरी मानसिक स्थिति शांत हो जाती है, मेरे शरीर को आराम मिलता है, मेरा नज़रिया स्पष्ट होता है और मेरे जीवनमूल्यों का नये सिरे से मूल्यांकन करने में मदद मिलती है। क्या मैं आपको भी यह तरकीब सुझा सकता हूँ ?

पिछले छह सालों में यह पुस्तक लिखते समय मैंने सैकड़ों उदाहरण और सच्ची घटनायें इकट्ठी की हैं, जिनमें बताया गया है कि किस तरह पुरुषों और महिलाओं ने अपने डरों और चिंताओं को प्रार्थना द्वारा जीता। मेरे दराज़ सच्ची घटनाओं की फाइलों से ठसाठस भरे हैं। आइये हम हाउस्टन, टैक्सॉस के हताश और निराश पुस्तक सेल्समैन जॉन आर. एन्थॉनी का उदाहरण देखें। उन्होंने मुझे जो कहानी सुनायी, वह यह थी :

"बाईस साल पहले मैंने अपना प्राइवेट लॉ ऑफ़िस बंद किया ताकि मैं एक अमेरिकी कानूनी पुस्तक कंपनी का राज्य प्रतिनिधि बन जाऊँ। मेरी विशेषज्ञता वकीलों को कानून की पुस्तकें बेचने में थी - ऐसी पुस्तकें जो लगभग अनिवार्य थीं।

"मुझे इस काम का अच्छा प्रशिक्षण दिया गया था। मैं सभी डायरेक्ट सेल्स चर्चायें जानता था और मेरे पास सभी संभावित आपत्तियों का सटीक जवाब तैयार रहता था। संभावित ग्राहक से मिलने जाने से पहले मैं उसके बारे में बहुत कुछ पता कर लेता था : वकील के रूप में उसकी छवि, उसकी वकालत की प्रकृति, उसकी राजनीति और रुचियाँ। अपने इंटरव्यू के दौरान मैं इस जानकारी का चतुराई के साथ इस्तेमाल करता था। परंतु कोई चीज़ गड़बड़ थी। मुझे ऑर्डर नहीं मिल पा रहे थे!

"मैं हताश हो गया। दिन और हफ़्ते गुज़रते गये, मैंने अपने प्रयासों को दुगुना कर लिया, परंतु फिर भी मैं इतना माल नहीं बेच

पा रहा था कि मेरा ख़र्च चल जाये। मेरे भीतर डर और दहशत की भावनायें बढ़ने लगी। मैं ग्राहकों से मिलने जाने में डरने लगा। संभावित ग्राहक के ऑफ़िस में घुसने से पहले मैं इतनी दहशत में रहता था कि दरवाज़े के बाहर इधर से उधर चक्कर काटता था या बाहर जाकर बिल्डिंग या ब्लॉक के चारों तरफ़ चक्कर लगाता था। मैं अपना क़ीमती समय बर्बाद करता था और तब कहीं जाकर सिर्फ़ इच्छाशक्ति द्वारा अपने भीतर साहस जगाता था। इसके बाद मैं काँपते हाथों से ऑफ़िस का दरवाज़ा खोलने का साहसिक अभिनय करता था - इस आशा के साथ कि मेरा संभावित ग्राहक ऑफ़िस में न हो।

"मेरे सेल्स मैनेजर ने मुझे धमकी दी कि अगर मैं ज़्यादा ऑर्डर नहीं लाऊँगा तो वह मुझे एडवांस देना बंद कर देगा। घर पर मेरी पत्नी मुझसे आग्रह करती थी कि मैं उसके और हमारे तीन बच्चों के किराने के लिये उसे अधिक पैसे दूँ। चिंता मुझ पर हावी हो गयी। दिनबदिन मैं ज़्यादा हताश होने लगा। मुझे समझ में नहीं आता था कि मैं क्या करूँ। जैसा मैं पहले ही बता चुका हूँ, मैंने घर पर अपना प्राइवेट लॉ ऑफ़िस बंद कर दिया था और अपने ग्राहकों को छोड़ दिया था। अब मैं दिवालिया हो चुका था। मेरे पास अपने होटल का बिल देने के लिये पैसे नहीं थे। मेरे पास घर लौटने का टिकट ख़रीदने के लिये भी पैसे नहीं थे और अगर टिकट ख़रीदने के पैसे होते भी, तो भी मुझमें इतनी हिम्मत नहीं थी कि मैं हारे हुये आदमी के रूप में घर लौटता। आख़िरकार, एक और दुखद दिन बीतने के बाद मैं अपने होटल के कमरे में वापस आया - और मैं सोच रहा था कि यह आख़िरी बार होगा। जहाँ तक मेरा सवाल था, मैं पूरी तरह हार चुका था। मैं दुखी था, निराश था और यह नहीं जानता था कि मदद के लिये किसके पास जाऊँ। मुझे अपनी ज़िंदगी की कोई परवाह नहीं थी। मुझे अफ़सोस हो रहा था कि मैं क्यों पैदा हुआ। उस रात डिनर में मैंने सिर्फ़ एक गिलास गर्म दूध पिया। और यह भी मेरी जेब की

पहुँच से बाहर था। मैं उस रात समझा कि हताश लोग होटल की खिड़की खोलकर उससे क्यों कूदते हैं। अगर मुझमें हिम्मत होती तो मैं ख़ुद यह काम कर चुका होता। मैं सोचने लगा जीवन का लक्ष्य क्या था। मैं नहीं जानता था। मुझे कुछ नहीं सूझ रहा था।

"चूँकि सहायता कहीं और से नहीं मिल सकती थी, इसलिये मैं ईश्वर की तरफ़ मुड़ा। मैंने प्रार्थना करना शुरू किया। मैंने ईश्वर से आग्रह किया कि वह मेरे चारों तरफ़ मौज़ूद हताशा के घने, गहन जंगल में मुझे प्रकाश, समझ और मार्गदर्शन प्रदान करे। मैंने ईश्वर से कहा कि वह पुस्तकों के ऑर्डर लेने में मेरी मदद करे और मुझे अपनी पत्नी तथा बच्चों का पेट पालने लायक पैसे दिलाये। प्रार्थना के बाद मैंने अपनी आँखें खोलीं और मेरी निगाह होटल के उस वीरान कमरे में ड्रेसिंग टेबल पर पड़ी गिडियन बाइबल पर पड़ी। मैंने उसे खोला और ईसा मसीह के सुंदर, अमर वायदों को पढ़ा जिन्होंने युगों–युगों से एकाकी, चिंतित और पराजित लोगों की असंख्य पीढ़ियों को प्रेरित किया है – एक ऐसी चर्चा जिसमें ईसा मसीह ने अपने शिष्यों को समझाया था कि चिंता से कैसे दूर रहें :

> *अपने जीवन के बारे में चिंता मत करो कि तुम क्या खाओगे या क्या पियोगे, न ही अपने शरीर की चिंता करो कि तुम क्या पहनोगे ? क्या जीवन सिर्फ़ देह से अधिक नहीं है और क्या शरीर आवरण से अधिक नहीं है ? हवा में उड़ते पक्षियों को देखो : वे बोते नहीं हैं, वे फ़सल काटते भी नहीं हैं, न ही वे खलिहानों में अनाज इकट्ठा करते हैं, फिर भी स्वर्ग में बैठा तुम्हारा पिता उनका पेट पालता है। क्या वे तुमसे बेहतर हैं ?... परंतु पहले तुम ईश्वर का साम्राज्य, उसकी धार्मिकता को खोजो और यह सब चीज़ें तुम्हें भी मिल जायेंगी।*

"जब मैंने प्रार्थना की और यह शब्द पढ़े, तो एक चमत्कार हो गया : मेरा तनाव ग़ायब हो गया। मेरी चिंतायें, डर और तनाव अब साहस, आशा और विजयी आस्था में बदल गये।

"मैं ख़ुश था, हालाँकि अब भी मेरे पास अपने होटल का बिल चुकाने लायक पैसे नहीं थे। मैं बिस्तर पर लेटा और गहरी नींद सोया - बेफ़िक्री से - जो कई सालों से नहीं हुआ था।

"अगली सुबह, मुझसे अपने संभावित ग्राहकों के ऑफ़िस खुलने का इंतज़ार नहीं हो रहा था। उस सुंदर, ठंडे और बारिश भरे दिन में मैं साहसिक और सकारात्मक क़दमों से अपने पहले संभावित ग्राहक के ऑफ़िस के दरवाज़े तक पहुँचा। मैंने दरवाज़े का हैंडल दृढ़ और स्थिर पकड़ के साथ घुमाया। अंदर घुसने के बाद मैं सिर ऊँचा करके और उचित आत्मसम्मान व मुस्कराहट के साथ ऊर्जावान तरीक़े से अपने ग्राहक की तरफ़ बढ़ा : 'गुड मॉर्निंग, मिस्टर स्मिथ! मैं ऑल अमेरिकन लॉ बुक कंपनी का जॉन आर. एन्थॉनी हूँ।'

'अरे, हाँ, हाँ,' उसने मुस्कराते हुये जवाब दिया और वह अपना हाथ बढ़ाते हुये अपनी कुर्सी से उठा। 'मुझे आपसे मिलकर ख़ुशी हुई। बैठिये!'

"मैंने उस दिन इतनी ज़्यादा पुस्तकें बेचीं, जितनी कई सप्ताह में नहीं बेची थीं। उस शाम को मैं अपने होटल में किसी विजेता हीरो की तरह गर्व से लौटा! मुझे ऐसा लग रहा था जैसे मैं अब नया इन्सान बन गया हूँ। और मैं सचमुच नया बन गया था, क्योंकि मेरा मानसिक नज़रिया नया और विजयी बन चुका था। उस रात को मैंने गर्म दूध का डिनर नहीं लिया। नहीं, सर! मैंने स्टीक खाया। उस दिन से मेरी बिक्री आसमान छूने लगी।

"अमेरिलो, टैक्सॉस के उस छोटे से होटल में बाईस साल पहले उस हताश रात को मेरा पुनर्जन्म हुआ। हालाँकि अगले दिन भी मेरी बाहरी स्थिति वैसी ही थी, जैसी कि असफलता के

सप्ताहों में थी, परंतु मेरे भीतर एक अद्‌भुत परिवर्तन हुआ था। मैं अचानक ईश्वर के साथ अपने संबंध के बारे में जागरूक हो गया था। अकेले इन्सान को आसानी से हराया जा सकता है, परंतु जिस इन्सान में ईश्वर की शक्ति प्रवाहित हो रही हो, उसे कोई नहीं हरा सकता। मैं जानता हूँ। मैंने इसे अपने ख़ुद के जीवन में होते देखा है।

'माँगो, और यह तुम्हें दिया जायेगा; खोजो, और तुम्हें मिल जायेगा; खटखटाओ, और यह तुम्हारे लिये खोल दिया जायेगा।''

जब हाईलैंड, इलिनॉय की मिसेज़ एल.जी. बेयर्ड का सामना दुर्भाग्यपूर्ण त्रासदी से हुआ तो उन्होंने पाया कि घुटने टेककर प्रार्थना करने से उन्हें शांति मिल सकती है, "हे ईश्वर, मेरी नहीं, तेरी इच्छा ही पूरी हो।"

"एक शाम को हमारा टेलीफोन बजा," वे एक पत्र में लिखती हैं, जो मेरे सामने रखा हुआ है। "यह चौदह बार बजा तब जाकर मुझमें रिसीवर उठाने की हिम्मत आयी। मैं जानती थी कि फोन अस्पताल से आया था और मैं दहशत में थी। मुझे डर था कि हमारा छोटा बच्चा मर जायेगा। उसे मेनिंजाइटिस हो गया था। उसे पहले ही पेनिसिलीन दिया जा चुका था, परंतु इससे उसके शरीर का तापमान गड़बड़ा गया और डॉक्टरों को डर था कि बीमारी उसके मस्तिष्क तक पहुँच चुकी थी और इससे शायद ब्रेन ट्यूमर विकसित हो जायेगा, जिसका परिणाम होगा – मौत। फोन पर वही कहा गया, जिसका मुझे डर था। फोन अस्पताल से ही था और डॉक्टरों ने हमें तत्काल आने के लिये कहा।

"शायद आप उस पीड़ा की कल्पना कर सकते हैं, जिससे मैं और मेरे पति वेटिंग रूम में बैठे समय गुज़रे होंगे। बाक़ी सबके पास बच्चे थे, सिर्फ़ हमारी ही गोद सूनी थी और हम यह सोच रहे थे कि क्या हम कभी अपने बच्चे को गले लगा पायेंगे। जब हमें आख़िरकार डॉक्टर के प्राइवेट ऑफ़िस में बुलाया गया तो उसके चेहरे के भाव देखकर हमारे दिल धक्क रह गये। उसके शब्दों ने

हमें और ज़्यादा आतंकित कर दिया। उसका कहना था कि हमारे बच्चे के बचने की संभावना सिर्फ़ पच्चीस प्रतिशत थी। उसने यह भी कहा कि अगर हम किसी दूसरे डॉक्टर को जानते हों, तो मेहरबानी करके उसे भी मदद के लिये बुलवा लें।

"घर लौटते समय मेरे पति टूट गये और अपनी मुट्ठी तानते हुये उन्होंने स्टियरिंग व्हील को ठोकते हुये कहा, 'बेट्स, मैं उस बच्चे को कैसे भूल सकता हूँ?' क्या आपने कभी किसी मर्द को रोते देखा है? यह बहुत दर्दनाक अनुभव होता है। हमने कार रोकी और कुछ देर तक स्थिति पर विचार करने के बाद चर्च में रुकने और प्रार्थना करने का फ़ैसला किया कि अगर ईश्वर की यही इच्छा है कि वह हमारे बच्चे को अपने पास बुला ले, तो हम अपनी इच्छा को उसकी इच्छा के सामने समर्पित कर देंगे। मैं चर्च में गिर गयी और मेरे गालों पर आँसू ढुलकने लगे, जब मैंने कहा, 'मेरी नहीं, तेरी इच्छा ही पूरी हो।'

"जैसे ही मैंने ये शब्द कहे, मुझे अच्छा लगने लगा। मुझे ऐसी शांति का अनुभव हुआ जो मुझे लंबे समय से नसीब नहीं हुई थी। घर लौटते समय मैं बार-बार यही दोहराती रही, 'हे प्रभु, मेरी नहीं, तेरी इच्छा ही पूरी हो।' एक सप्ताह में पहली बार मैं उस रात गहरी नींद सोयी। कुछ दिन बाद डॉक्टर का फोन आया और उसने कहा कि बॉबी ख़तरे से बाहर था। मैंने ईश्वर को धन्यवाद दिया क्योंकि उसी की कृपा से आज चार साल का सशक्त और स्वस्थ बच्चा हमारे पास है।"

मैं ऐसे लोगों को जानता हूँ जो मानते हैं कि धर्म औरतों, बच्चों और उपदेशकों के काम की चीज़ है। वे इस बात पर गर्व करते हैं कि वे "ही-मैन" की तरह अपनी लड़ाई अकेले ही लड़ सकते हैं।

उन्हें यह जानकर कितनी हैरानी होगी कि दुनिया भर के बहुत से मशहूर "ही-मैन" हर रोज़ प्रार्थना करते हैं। उदाहरण के लिये, "ही-मैन" जैक डेम्प्सी ने मुझे बताया कि वे बिना प्रार्थना

किये कभी बिस्तर पर सोने नहीं जाते। उन्होंने बताया कि वे ईश्वर को धन्यवाद दिये बिना कभी भोजन नहीं करते। मुक्केबाज़ी का प्रशिक्षण लेते समय और मुक़ाबला करते समय वे हर दिन प्रार्थना करते थे। यही नहीं, वे हर राउंड की बेल बजने से ठीक पहले प्रार्थना करते थे। उनका कहना था, "प्रार्थना ने साहस और विश्वास के साथ लड़ने में मेरी मदद की।"

"ही–मैन" कॉनी मैक ने मुझे बताया कि वे प्रार्थना किये बिना सो नहीं सकते थे।

"ही–मैन" एड्डी रिकनबैकर ने मुझे बताया कि उन्हें विश्वास था कि प्रार्थना की वजह से उनकी जान बची थी। वे हर दिन प्रार्थना करते थे।

जनरल मोटर्स और युनाइटेड स्टेट्स स्टील के पूर्व उच्च अधिकारी तथा पूर्व सेक्रेटरी ऑफ स्टेट "ही–मैन" एडवर्ड आर. स्टेटिनियस ने मुझे बताया कि वे बुद्धि और मार्गदर्शन के लिये हर दिन सुबह–शाम प्रार्थना करते थे।

अपने युग के महानतम फाइनैंसर "ही–मैन" जे. पियरपॉन्ट मॉर्गन अक्सर शनिवार की दोपहर वॉल स्ट्रीट के छोर पर बने ट्रिनिटी चर्च में अकेले जाते थे और प्रार्थना करते हुये सिर झुकाते थे।

जब "ही–मैन" आइज़नहॉवर ब्रिटिश और अमेरिकी सेनाओं के सुप्रीम कमांडर बनने के लिये इंग्लैंड रवाना हुये तो वे हवाई जहाज़ में अपने साथ सिर्फ़ एक ही पुस्तक ले गये थे - बाइबल।

"ही–मैन" जनरल मार्क क्लार्क ने मुझे बताया कि वे युद्ध के दौरान हर दिन बाइबल पढ़ते थे और सिर झुकाकर प्रार्थना करते थे। यही च्यांग काई शेक और जनरल मॉन्टगोमेरी - "अल अलामेन के मॉन्टी" - किया करते थे। यही ट्रॉफैलगर के लॉर्ड नेल्सन किया करते थे। यही जनरल वॉशिंगटन, रॉबर्ट ई. ली, स्टोनवाल जैक्सन और दर्जनों अन्य बड़े सैन्य अधिकारी किया करते थे।

इन सबने जिन्हें "ही-मैन" कहा जाता था, विलियम जेम्स के कथन की सच्चाई को जान लिया था, "ईश्वर और हमारा एक-दूसरे के साथ गहरा संबंध है, और ख़ुद को उसके प्रभाव में लाने से हमारी गहनतम तक़दीर सँवर जाती है।"

बहुत से "ही-मैन" अब इस बात को जान रहे हैं। आज 7.2 करोड़ अमेरिकावासी चर्च के सदस्य हैं - जो एक सार्वकालिक रिकॉर्ड है। जैसा मैं पहले ही कह चुका हूँ, वैज्ञानिक भी धर्म की ओर मुड़ रहे हैं। उदाहरण के लिये डॉ. अलेक्सिस कैरेल को लें, जिन्होंने *मैन, द अननोन* पुस्तक लिखी है और किसी वैज्ञानिक को दिया जाने वाला महानतम पुरस्कार यानी नोबल पुरस्कार जीता है। डॉ. कैरेल ने ***रीडर्स डाइजेस्ट*** के एक लेख में कहा था : "प्रार्थना किसी के द्वारा उत्पन्न ऊर्जा का सबसे सशक्त रूप है। यह शक्ति उतनी ही वास्तविक है जितनी कि गुरुत्वाकर्षण की शक्ति। एक डॉक्टर होने के नाते मैंने देखा है कि सभी चिकित्साओं के असफल हो जाने के बाद भी लोग प्रार्थना के शांत प्रयास द्वारा अपने दुख और रोग से मुक्त हो गये ... प्रार्थना रेडियम की तरह चमकदार, अपने आप उत्पन्न होने वाली ऊर्जा है... प्रार्थना में इन्सान समस्त ऊर्जा के अनंत स्रोत के संपर्क में आकर अपनी सीमित ऊर्जा को बढ़ा सकता है। जब हम प्रार्थना करते हैं तो हम अपने आपको उस अविनाशी शक्ति के साथ जोड़ लेते हैं जो पूरे ब्रह्मांड को चलाती है। हम प्रार्थना करते हैं ताकि इस शक्ति का एक हिस्सा हमारी आवश्यकताओं को पूरी करने के लिये काम में आये। सिर्फ़ माँगने से ही हमारी मानवीय कमज़ोरियाँ दूर हो जाती हैं और हम शक्तिशाली और सुदृढ़ बनकर उठते हैं... जब भी हम दिल से प्रार्थना करते हुये ईश्वर को संबोधित करते हैं, हम अपनी आत्मा और शरीर दोनों को बेहतर बना लेते हैं। ऐसा नहीं हो सकता कि कोई भी आदमी या औरत एक पल के लिये भी प्रार्थना करे और उसे इसका बेहतर परिणाम न मिले।"

"जब हम प्रार्थना करते हैं तो हम अपने आपको उस अविनाशी शक्ति के साथ जोड़ लेते हैं जो पूरे ब्रह्मांड को चलाती है," इस बात का अर्थ एडमिरल बर्ड बख़ूबी समझते थे। ऐसा करने की उनकी योग्यता ने उन्हें जीवन की सबसे मुश्किल परिस्थिति से बाहर निकाला। वे अपनी पुस्तक *एलोन* में अपनी कहानी बताते हैं। 1934 में उन्होंने अंटार्कटिका में रॉस बैरियर के आइसकैप के नीचे दफ़न एक झोंपड़ी में पाँच महीने गुज़ारे। वे अठहत्तर डिग्री दक्षिणी अक्षांश में इकलौते जीवित प्राणी थे। उनकी झोंपड़ी के ऊपर बर्फ़ीले तूफ़ान गरजते थे, पारा शून्य से बयासी डिग्री नीचे जा चुका था, उनके चारों तरफ़ कभी ख़त्म न होने वाली रात थी। और तभी अचानक वे जब उन्हें पता चला दहशत में आ गये कि उनके स्टोव से निकलने वाली कार्बन मोनोऑक्साइड गैस उन्हें धीरे–धीरे मौत के मुँह में धकेल रही थी। वे क्या कर सकते थे? निकटतम सहायता 123 मील दूर थी, और कई महीनों तक उन तक नहीं पहुँच सकती थी। उन्होंने अपने स्टोव और वेंटिलेटिंग सिस्टम को सुधारने की कोशिश की, परंतु धुआँ फिर भी निकलता रहा। उसके कारण वे अक्सर बेहोश हो जाते थे और फ़र्श पर पूरी तरह अचेतन अवस्था में पड़े रहते थे। वे खाना नहीं खा सकते थे, सो नहीं सकते थे और वे इतने कमज़ोर हो चुके थे कि अपने बंकर से मुश्किल से बाहर निकल पाते थे। उन्हें अक्सर डर लगता था कि वे सुबह तक नहीं जी पायेंगे। उन्हें विश्वास था कि वे उस केबिन में मर जायेंगे और उनका शरीर लगातार गिर रही बर्फ़ के नीचे दबा रह जायेगा।

उनकी ज़िंदगी किसने बचायी? एक दिन निराशा की गहराइयों में वे अपनी डायरी तक पहुँचे और उन्होंने अपने जीवन की फ़िलॉसफ़ी लिखने की कोशिश की। "मानव जाति ब्रह्मांड में अकेली नहीं है।" उन्होंने ऊपर मौज़ूद सितारों, नक्षत्रों और ग्रहों के सुसंयोजित भ्रमण को देखा और यह भी कि शाश्वत सूर्य अपने समय पर रोशनी देने के लिये दक्षिण

ध्रुवीय क्षेत्रों में भी आयेगा। और उन्होंने अपनी डायरी में लिखा, *"मैं अकेला नहीं हूँ।"*

यह एहसास कि वे अकेले नहीं थे - धरती के छोर पर बर्फ़ के छेद में भी नहीं - सिर्फ़ इसी एहसास के कारण रिचर्ड बर्ड बच गये। "मैं जानता हूँ कि इसी ने मुझे बचाया," वे कहते हैं। "बहुत कम लोग जीवन में अपने भीतर मौज़ूद संसाधनों का पूरा उपयोग करके उन्हें समाप्त कर सकते हैं। हमारे भीतर शक्ति के गहरे कुएँ हैं जिनका हम प्रयोग नहीं कर पाते।" रिचर्ड बर्ड ने जाना कि इन शक्ति के कुओं का दोहन कैसे किया जाये, इन संसाधनों का प्रयोग कैसे किया जाये - ईश्वर की ओर मुड़कर।

ग्लेन ए. अरनॉल्ड ने इलिनॉय के मक्के के खेतों के बीच में वही सबक़ सीखा जो एडमिरल बर्ड ने ध्रुवीय आइसकैप में सीखा था। चिलीकोथे, इलिनॉय के बीमा ब्रोकर अरनॉल्ड ने चिंता को जीतने पर अपना भाषण इस तरह शुरू किया : "आठ साल पहले मैंने अपने अगले दरवाज़े के ताले में चाबी घुमायी और मुझे विश्वास था कि मैं अपने जीवन में ऐसा आख़िरी बार कर रहा हूँ। फिर मैं अपनी कार में बैठा और नदी की तरफ़ चल दिया। मैं असफल हो चुका था। एक महीने पहले मेरी पूरी दुनिया टूटकर मेरे सिर पर गिर चुकी थी। बिजली के यंत्रों का मेरा बिज़नेस ठप्प हो गया था। मेरे घर में मेरी माँ मृत्युशैया पर पड़ी थीं। मेरी पत्नी हमारे दूसरे बच्चे को जन्म देने वाली थी। डॉक्टरों के बिल बढ़ रहे थे। बिज़नेस शुरू करने के लिये हमने अपनी हर चीज़ गिरवी रख दी थी - हमारी कार और हमारा फ़र्नीचर भी। मैंने अपनी बीमा पॉलिसियों पर भी लोन ले रखा था। अब सब कुछ चला गया था। अब मुझसे यह सहन नहीं हो रहा था। इसलिये मैं अपनी कार में बैठा और नदी की तरफ़ चल दिया - इस संकल्प के साथ कि मैं इस दुखद ज़िंदगी को ख़त्म कर दूँगा।

"मैं देहात में कुछ मील गया, सड़क से उतरा, बाहर निकला और ज़मीन पर बैठकर बच्चों की तरह रोने लगा। फिर

मैंने सचमुच सोचना शुरू किया - बजाय इसके कि मैं चिंता के भँवर में फँसकर गोल-गोल घूमता रहूँ, मैंने थोड़े रचनात्मक ढंग से सोचने की कोशिश की। मेरी स्थिति कितनी ख़राब थी ? क्या यह इससे बुरी नहीं हो सकती थी ? क्या यह सचमुच निराशापूर्ण थी ? क्या मैं इसे बेहतर बनाने के लिये कुछ कर सकता था ?

"मैंने उसी क्षण यह फ़ैसला कर लिया कि मैं पूरी समस्या को ईश्वर के सामने रख दूँगा और उनसे आग्रह करूँगा कि वे इसे सुलझायें। मैंने प्रार्थना की। मैंने जमकर प्रार्थना की। मैंने प्रार्थना की मानो मेरा जीवन इस बात पर निर्भर हो - जो कि यह सचमुच था। तभी एक अजीब बात हुई। जैसे ही मैंने अपनी सभी समस्याओं को अपने से बड़ी शक्ति के सामने रखा, मैंने तत्काल ऐसी मानसिक शांति महसूस की जो मुझे महीनों बाद नसीब हुयी थी। मैं वहाँ आधे घंटे तक बैठा रहा, रोता रहा और प्रार्थना करता रहा। फिर मैं घर गया और किसी बच्चे की तरह सो गया।

"अगली सुबह मैं विश्वास के साथ उठा। अब मुझे किसी बात का डर नहीं था, क्योंकि मैं ईश्वर से मार्गदर्शन ले रहा था। उस सुबह मैं एक स्थानीय डिपार्टमेंट स्टोर में अपना सिर ऊँचा करके अंदर गया और वहाँ विद्युत डिपार्टमेंट में सेल्समैन की नौकरी की बात करते समय विश्वास के साथ बोला। मैं जानता था कि मुझे नौकरी मिल जायेगी। और मुझे यह मिल गयी। और मैंने यहाँ अच्छा काम किया जब तक कि युद्ध के कारण विद्युत यंत्रों का बिज़नेस ठप्प नहीं हो गया। फिर मैंने जीवन बीमा बेचना शुरू किया - और अब भी मैं अपने महान मार्गदर्शक के संरक्षण में था। यह पाँच साल पहले की बात है। आज मेरे सभी बिलों का भुगतान हो चुका है, मेरा सुखी परिवार है जिसमें तीन बुद्धिमान बच्चे हैं, मेरा ख़ुद का घर है, एक नयी कार है और जीवन बीमा में मैं पच्चीस हज़ार डॉलर का स्वामी हूँ।

"जब मैं पीछे पलटकर देखता हूँ तो अब मुझे ख़ुशी होती है कि मैंने सब कुछ गँवा दिया था और निराश होकर नदी की तरफ़ चल पड़ा था - क्योंकि उसी त्रासदी ने मुझे ईश्वर पर भरोसा रखना सिखाया और अब मुझमें वह शांति, वह आत्मविश्वास है जिसकी मैंने सपने में भी कल्पना नहीं की थी।"

धार्मिक आस्था हमें इतनी शांति और सहनशक्ति क्यों देती है। मैं विलियम जेम्स को इसका जवाब देने दूँगा। वे कहते हैं : *"व्यग्र सतह की तूफ़ानी लहरें समुद्र की गहराई के हिस्सों को विचलित नहीं कर पातीं। जो व्यक्ति अधिक विराट और अधिक स्थायी सत्य को पकड़े रहता है, उसकी व्यक्तिगत तक़दीर के क्षणिक उतार–चढ़ाव उसे तुलनात्मक रूप से महत्वहीन लगते हैं। इसी तरह सच्चा धार्मिक व्यक्ति अविचलित और शांति से भरा रहता है और शांति से हर उस कर्तव्य के लिये तैयार रहता है जो दिन में उसके सामने आयेंगे।"*

अगर हम दुखी और परेशान हैं - तो क्यों न ईश्वर को आज़मायें ? जैसा इमैनुअल कांट ने कहा था, "हमें ईश्वर में विश्वास इसलिये करना होगा, क्योंकि हमें ऐसे विश्वास की ज़रूरत है।" क्यों न अपने आपको "उस अविनाशी शक्ति के साथ जोड़ लें, जो पूरे ब्रह्मांड को चलाती है ?"

चाहे आप प्रकृति या आदत की वजह से धार्मिक न हों, चाहे आप संदेहवादी हों - आप जितना सोचते हैं, प्रार्थना आपकी उससे ज्यादा मदद कर सकती है, क्योंकि यह एक *प्रैक्टिकल चीज़* है। प्रैक्टिकल से मेरा क्या मतलब है ? मेरा मतलब है कि प्रार्थना इन तीन बहुत ही मूलभूत मनोवैज्ञानिक ज़रूरतों को पूरा करती है, जो सभी में होती हैं, चाहे वे ईश्वर में विश्वास करते हों या नहीं :

1. प्रार्थना हमें अपनी समस्या को शब्दों में स्पष्ट करने में मदद करती है। हमने अध्याय चार में देखा है कि जब तक हमारी समस्या अस्पष्ट और धुँधली रहती है, तब तक उसे

सुलझाना लगभग असंभव होता है। प्रार्थना करना एक तरह से समस्या को काग़ज़ पर लिखने की तरह है। अगर हम समस्या सुलझाने के लिये मदद माँग रहे हैं - चाहे ईश्वर से ही - तो हमें इसके लिये शब्दों का इस्तेमाल तो करना ही पड़ेगा।

2. प्रार्थना हमें यह एहसास दिलाती है कि हम अकेले नहीं है, कोई है जो बोझ उठाने में हमारी मदद कर रहा है। हममें से बहुत कम लोगों में इतनी शक्ति होती है कि अपने दम पर मुश्किलों और मुसीबतों का बहुत भारी और दर्दनाक बोझ उठा सकें। कई बार हमारी चिंतायें इतनी अंतरंग क़िस्म की होती हैं कि हम उनके बारे में अपने नज़दीकी मित्रों या रिश्तेदारों से भी बात नहीं कर सकते। इसका हल है प्रार्थना। कोई भी मनोविश्लेषक आपको बता देगा कि जब हम तनाव में होते हैं, चिंतित होते हैं और हमारी आत्मा पर बोझ होता है, तो चिकित्सा की दृष्टि से यह लाभदायक है कि हम किसी को अपनी समस्यायें बता दें। अगर हम किसी और को नहीं बता सकते - तो हम ईश्वर को तो बता ही सकते हैं।

3. प्रार्थना कर्म के सक्रिय सिद्धांत को *कार्यरूप* में ले आती है। यह *कर्म* की तरफ़ पहला क़दम है। मुझे लगता है कि शायद ही किसी ने हर रोज़ प्रार्थना में कोई चीज़ माँगी हो और उसे इससे कोई लाभ न हुआ हो - दूसरे शब्दों में, उसने उसके लिये प्रयास न किया हो। विश्वप्रसिद्ध वैज्ञानिक डॉ. अलेक्सिस कैरेल का कहना है, "प्रार्थना इन्सान द्वारा उत्पन्न की जा सकने वाली ऊर्जा का सबसे सशक्त रूप है।" तो क्यों न हम इसका उपयोग करें ? चाहे आप इसे अल्लाह का नाम दे दें, ईश्वर कह लें, भगवान कह लें, परमात्मा कह लें - नाम पर बहस करने से क्या फ़ायदा, अगर प्रकृति की रहस्यमयी शक्तियाँ हमें अपने संरक्षण में ले लें ?

क्यों न आप अभी इस पुस्तक को बंद करें, दरवाज़ा बंद करें, घुटने टेककर बैठ जायें और अपने दिल का गुबार निकाल दें ? अगर आपकी आस्था ख़त्म हो गयी है, तो ईश्वर से प्रार्थना करें कि वह आपकी आस्था जगा दे। आप सात सौ साल पहले एसिसी के सेंट फ्रांसिस द्वारा लिखी यह सुंदर प्रार्थना दोहरायें : "हे ईश्वर, मुझे अपनी शांति का ज़रिया बना लें। जहाँ नफ़रत हो, वहाँ मुझे प्रेम के बीज बोने दें। जहाँ चोट हो, वहाँ मुझे क्षमा करने दें। जहाँ शंका हो, वहाँ मुझे विश्वास भरने दें। जहाँ निराशा हो, वहाँ आशा भरने दें। जहाँ अँधेरा हो, वहाँ उजाला करने दें। जहाँ दुख हो, वहाँ सुख लाने दें। हे ईश्वर, इतना कर दो कि सांत्वना हासिल करने के बजाय मैं सांत्वना देने का प्रयास करूँ, दूसरों को समझाने के बजाय ख़ुद समझने का प्रयास करूँ, दूसरों का प्रेम हासिल करने के बजाय दूसरों को प्रेम देने का प्रयास करूँ, क्योंकि देने से ही हमें मिलता है, माफ़ करने से ही हमें माफ़ किया जाता है और मरने से ही हमारे लिये अमर जीवन का द्वार खुलता है।"

• • •

खंड छह

आलोचना की चिंता से कैसे बचा जाये

20

याद रखें कोई भी मरे हुये कुत्ते को लात नहीं मारता

1929 में एक ऐसी घटना हुई जिससे देश भर के शिक्षा जगत में सनसनी फैल गयी। अमेरिका भर के विद्वान इस घटना को देखने के लिये शिकागो की तरफ़ चल पड़े। कुछ साल पहले रॉबर्ट हचिन्स नाम का युवक येल में पढ़ता था। फ़ीस जुटाने के लिये वह कभी वेटर का काम करता था, तो कभी लकड़हारे, ट्यूटर या कपड़ों के सेल्समैन का। इसके आठ साल बाद ही वह अमेरिका की चौथी सबसे अमीर युनिवर्सिटी यानी युनिवर्सिटी ऑफ शिकागो का प्रेसिडेंट बनने जा रहा था। उसकी उम्र ? तीस साल! अविश्वसनीय! बुज़ुर्ग शिक्षाविद् अपने सिर हिला रहे थे। आलोचनायें इस "वंडर बॉय" के सिर पर एक के बाद एक चट्टानों की तरह गिर रही थीं। उसमें ये कमी थी, उसमें वो कमी थी - वह बहुत छोटा था, अनुभवहीन था - उसके शिक्षा-संबंधी विचार अजीबोगरीब थे। यहाँ तक कि अख़बार भी इस हमले में शामिल हो गये।

जिस दिन उसे प्रेसिडेंट बनाया गया, उस दिन एक दोस्त ने रॉबर्ट मैनार्ड हचिन्स के पिता से कहा, "मैं आज सुबह अख़बार का संपादकीय पढ़कर सकते में आ गया; इसमें आपके पुत्र की ज़बर्दस्त आलोचना हुई है।"

"हाँ," पिता ने जवाब दिया, "आलोचना ज़बर्दस्त है, परंतु याद रखो, कोई भी मरे हुये कुत्ते को लात नहीं मारता।"

हाँ, और कुत्ता जितना महत्वपूर्ण होता है, लोगों को उसे लात मारने में उतना ही ज़्यादा मज़ा आता है। प्रिंस ऑफ वेल्स बाद में एडवर्ड अष्टम बने, परंतु उन्होंने यह सबक़ अपने पुट्ठों पर सीखा था। वे उस समय डेवॉनशायर में डार्टमाउथ कॉलेज में पढ़ते थे, जो अन्नापॉलिस में नौसैनिक अकादमी से जुड़ा है। प्रिंस उस समय चौदह साल के थे। एक दिन एक नौसैनिक अधिकारी ने उन्हें रोते देखा और उनसे इसका कारण पूछा। उन्होंने पहले तो बताने से इंकार कर दिया, परंतु आख़िरकार उन्होंने सच्चाई बता दी : सैनिक कैडेटों ने उन्हें लातें मारी थीं। कॉलेज के कप्तान ने कैडेटों को बुलवाया और उनसे कहा कि हालाँकि प्रिंस ने उनसे शिकायत नहीं की है, परंतु वे यह जानना चाहते थे कि इस तरह के दुर्व्यवहार के लिये प्रिंस को ही क्यों चुना गया।

काफ़ी हू-हा और पैर खुरचने के बाद कैडेटों ने आख़िरकार स्वीकार किया कि जब वे किंग्स नैवी में कमांडर और कैप्टेन बनेंगे तो वे यह कह सकेंगे कि उन्होंने सम्राट को लात मारी थी।

इसलिये जब आपको लात मारी जाये या आपकी आलोचना की जाये तो याद रखें, ऐसा अक्सर इसलिये किया जाता है क्योंकि इससे लात मारने वाले को महत्व का एहसास होता है। इसका अक्सर यह मतलब होता है कि आप कुछ ख़ास हासिल कर रहे हैं और लोगों का ध्यान अपनी ओर खींच रहे हैं। कई लोग अक्सर अपने से ज़्यादा शिक्षित या ज़्यादा सफल लोगों की धज्जियाँ उड़ाने में जंगली संतुष्टि का अनुभव करते हैं। उदाहरण के लिये जब मैं यह अध्याय लिख रहा था तो मुझे एक महिला का पत्र मिला जिसमें साल्वेशन आर्मी के संस्थापक जनरल विलियम बूथ की ज़बर्दस्त आलोचना की गयी थी। मैंने जनरल बूथ के बारे में एक प्रशंसात्मक रेडियो कार्यक्रम दिया था, इसलिये इस महिला ने मुझे पत्र लिखकर बताया कि जनरल बूथ ने ग़रीबों की मदद करने

के लिये जो धन इकट्ठा किया था उसमें से उन्होंने अस्सी लाख डॉलर का गबन किया था। ज़ाहिर है आरोप बेबुनियाद था। परंतु यह महिला सच्चाई की तलाश में नहीं थी। वह तो उस घटिया संतुष्टि की तलाश में थी जो उसे अपने से ऊपर के लोगों को घटिया साबित करने से हासिल होती थी। मैंने उसके आलोचना भरे पत्र को रद्दी की टोकरी में डाल दिया और ईश्वर को धन्यवाद दिया कि मेरी शादी इस महिला से नहीं हुई। उसके पत्र ने मुझे जनरल बूथ के बारे में तो कुछ नहीं बताया, परंतु उस महिला के बारे में बहुत कुछ बता दिया। शॉपेनहार ने बरसों पहले कहा था, "घटिया लोग महान लोगों की ग़लतियों और मूर्खताओं में बहुत आनंद लेते हैं।"

कोई भी नहीं सोच सकता कि येल का प्रेसिडेंट घटिया मानसिकता का होगा, परंतु येल के पूर्व प्रेसिडेंट टिमोथी ड्वाइट ने उस आदमी की आलोचना करने में बहुत आनंद लिया, जो अमेरिका के राष्ट्रपति के चुनाव में खड़े हो रहे थे। येल के प्रेसिडेंट ने चेतावनी दी कि अगर यह आदमी राष्ट्रपति चुन लिया गया तो "हमारी आँखों के सामने हमारी पत्नियाँ और बेटियाँ कानूनी वेश्यावृत्ति की शिकार होंगी, उन्हें अपमानित किया जायेगा, उन्हें दूषित किया जायेगा और उनकी नज़ाकत और पवित्रता को नष्ट किया जायेगा। वे ईश्वर तथा मनुष्य दोनों की नज़रों में घृणा का पात्र बन जायेंगी।"

ऐसा लगता है जैसे यह हिटलर की निंदा हो, है ना? परंतु ऐसा नहीं था। यह थॉमस जेफरसन की निंदा थी। *कौन* थॉमस जेफरसन? कहीं वही तो नहीं जो स्वतंत्रता के घोषणापत्र के लेखक थे, स्वतंत्रता के संरक्षक संत थे? हाँ, सचमुच, यह उसी आदमी की निंदा थी।

आपको क्या लगता है किस अमेरिकी को "पाखंडी", "धूर्त" और "हत्यारे से थोड़ा सा ही बेहतर" कहा गया होगा? एक अख़बार के कार्टून में उसे गिलोटीन पर खड़ा बताया गया

और बड़ा चाकू उसके सिर को क़लम करने के लिये तैयार था। जब वह सड़कों से अपने घोड़े पर गुज़र रहा था, तो भीड़ उस पर लानतें भेज रही थी। वह कौन था ? जॉर्ज वॉशिंगटन।

परंतु यह बहुत पहले की बात है। शायद मानव स्वभाव तब से सुधर गया हो। हम देखते हैं। आइये हम एडमिरल पियरी का उदाहरण लें - वे खोजी, जिन्होंने 6 अप्रैल 1909 को अपने कुत्ते के साथ उत्तरी ध्रुव तक पहुँचकर दुनिया को आश्चर्यचकित और रोमांचित कर दिया - एक ऐसा लक्ष्य जिसे हासिल करने के लिये सदियों तक बहादुर आदमियों ने कष्ट झेले, भूख से तड़पे और अपनी जान गँवा दी। पियरी भी ठंड और भूख के मारे लगभग मरते-मरते बचे और उनके पैर की आठ उँगलियाँ ठंड के मारे इतनी ठिठुर गयीं कि उन्हें काटना पड़ा। उन्हें इतनी विपत्तियों का सामना करना पड़ा कि वे डर रहे थे कि कहीं वे पागल न हो जायें। वॉशिंगटन में उनके वरिष्ठ नौसैनिक अफ़सर जल-भुन रहे थे क्योंकि पियरी को इतना प्रचार और इतनी शोहरत मिल रही थी। इसलिये उन्होंने उस पर यह आरोप लगाया कि उसने वैज्ञानिक अभियानों के लिये पैसा इकट्ठा किया और इसके बाद वह "आर्कटिक में पड़ा हुआ है और आवारागर्दी कर रहा है।" और शायद उन्हें इस बात पर विश्वास था, क्योंकि आप जो विश्वास करना चाहते हैं, उस पर विश्वास न करना लगभग असंभव होता है। पियरी को अपमानित करने और उसे नीचा दिखाने का उनका संकल्प इतना हिंसक था कि सिर्फ़ राष्ट्रपति मैक्किनले के सीधे आदेश की वजह से ही पियरी आर्कटिक में अपना अभियान जारी रख पाये।

अगर पियरी वॉशिंगटन में नौसैना विभाग में क्लर्क की नौकरी कर रहे होते, तो क्या उनकी इतनी ज़बर्दस्त आलोचना हुई होती ? नहीं। वे इतने महत्वपूर्ण नहीं होते कि लोग उनसे ईर्ष्या करते।

जनरल ग्रांट का अनुभव एडमिरल पियरी से भी बुरा था। जनरल ग्रांट ने 1862 में उत्तरी सेना के पक्ष में पहला बड़ा युद्ध जीता - यह विजय एक ही दोपहर में हासिल की गयी और इसने ग्रांट को रातोरात राष्ट्रीय हीरो बना दिया - एक ऐसी विजय जिसका पूरे यूरोप पर अत्यधिक प्रभाव पड़ा - एक ऐसी विजय जिसने चर्च की घंटियाँ बजवा दीं और मैन नदी से लेकर मिसिसिपी के तट तक आतिशबाज़ी करवा दी। पर यह महान विजय हासिल करने के छह सप्ताह बाद ही ग्रांट को - उत्तरी सेना के हीरो को - *गिरफ़्तार कर लिया गया और उनके हाथ से सेना की कमान छीन ली गयी। वे अपमान और निराशा की वजह से रोने लगे।*

विजय के शिखर पर जनरल यू.एस. ग्रांट को गिरफ़्तार क्यों किया गया ? इसलिये, क्योंकि उन्होंने अपने दंभी वरिष्ठ अधिकारियों की ईर्ष्या और द्वेष को जगा दिया था।

अगर हम अनुचित आलोचना के कारण चिंतित हों, तो इससे बचने का पहला नियम है :

याद रखें, अनुचित आलोचना दरअसल छुपी हुई प्रशंसा है।
याद रखें, कोई भी मरे हुये कुत्ते को लात नहीं मारता।

• • •

21

यह करें – और आपको आलोचना से चोट नहीं पहुँचेगी

मैंने एक बार मेजर जनरल स्मेडले बटलर का इंटरव्यू लिया – "जिमलेट- आई," "हेल-डेविल" बटलर का! आपको वे याद हैं? वे अमेरिकी मैरीन्स के प्रमुख बनने वाले सबसे रंगीन और दबंग जनरलों में से एक थे।

उन्होंने मुझे बताया कि जवानी के दिनों में वे लोकप्रिय होने के लिये बेहद उतावले थे और हर एक पर अच्छी छाप छोड़ना चाहते थे। उन दिनों थोड़ी सी भी आलोचना उन्हें घायल कर देती थी और चोट पहुँचाती थी। परंतु उन्होंने स्वीकार किया कि तीस साल तक मैरीन्स में रहने के बाद उनकी चमड़ी थोड़ी मोटी हो गयी है : "पीला कुत्ता, साँप और सियार कहकर मेरी आलोचना की गयी है, मुझे अपमानित किया गया है। विशेषज्ञों ने मुझे गालियाँ दी हैं। अँग्रेज़ी भाषा में न छापे जा सकने वाले गंदे शब्दों के जितने भी तालमेल संभव हैं, उन सबका इस्तेमाल मेरे लिये किया गया है। क्या इससे मुझे कोई परेशानी होती है? नहीं। अब जब भी मैं सुनता हूँ कि कोई मेरी बुराई कर रहा है, तो मैं अपना सिर घुमाकर भी नहीं देखता कि कौन बोल रहा है।"

शायद "जिमलेट-आई" बटलर आलोचना के प्रति कुछ ज़्यादा ही उदासीन हो गये थे, परंतु एक बात तो तय है : हममें से ज़्यादातर लोग आलोचना के छोटे-छोटे तीरों और भालों को ज़रूरत से ज़्यादा गंभीरता से लेते हैं। मुझे वह समय याद है जब कई साल पहले न्यूयॉर्क के *सन* अख़बार का एक रिपोर्टर मेरी वयस्क शिक्षा कक्षाओं की प्रदर्शन बैठक में आया और इसके बाद उसने अख़बार में मेरी और मेरे काम की हँसी उड़ायी? क्या मैं बौखला गया? मैंने इसे व्यक्तिगत अपमान की तरह लिया। मैंने *सन* की एक्ज़ीक्यूटिव कमेटी के चेयरमैन गिल हॉजेस को फोन किया और यह माँग की कि वे हँसी उड़ाने के बजाय तथ्यों को बताते हुये एक लेख छापें। मैंने संकल्प कर लिया था कि रिपोर्टर को उसके अपराध की उचित सज़ा दिलवाकर ही रहूँगा।

आज मुझे शर्म आती है कि मैंने उस तरह का व्यवहार किया। अब मुझे महसूस होता है कि अख़बार ख़रीदने वाले आधे लोगों ने तो उस लेख को देखा ही नहीं होगा। जिन लोगों ने इसे पढ़ा होगा, उनमें से आधों को यह हानिरहित मनोरंजन का स्रोत लगा होगा। जिन लोगों को इसे पढ़कर मज़ा आया होगा, उनमें से आधे इसे कुछ सप्ताह में भूल गये होंगे।

अब मुझे महसूस होता है कि लोग आपके या हमारे बारे में नहीं सोचते हैं, या वे इस बात की परवाह नहीं करते कि हमारे बारे में क्या कहा जाता है। वे तो अपने बारे में सोच रहे हैं - नाश्ते से पहले, नाश्ते के बाद और आधी रात गुज़रने के दस मिनट बाद तक। आपकी या मेरी मौत की ख़बर से हज़ार गुना ज़्यादा चिंता उन्हें अपने सिर के छुटपुट दर्द की होती है।

अगर आपको लगे कि आपके छह सबसे अंतरंग मित्रों में से एक ने आपके बारे में झूठ बोला है, आपकी हँसी उड़ायी है, आपको धोखा दिया है, पीठ के पीछे से वार करके छुरा घोंपा है - तो भी आप आत्म-करुणा में न डूबें। इसके बजाय हमें ख़ुद को याद दिलाना चाहिये कि ठीक यही ईसा मसीह के साथ हुआ

था। उनके बारह सबसे अंतरंग मित्रों में से एक ने रिश्वत लेकर उनके साथ विश्वासघात किया था और रिश्वत भी इतनी, जो आज के मान से उन्नीस डॉलर की होगी। जिस पल ईसा मसीह पर संकट आया, उनके बारह सबसे अंतरंग मित्रों में से एक अन्य मित्र ने उन्हें खुलेआम त्याग दिया और तीन बार यह घोषणा की कि वह तो ईसा मसीह को जानता ही नहीं था - और यह कहते समय उसने क़सम भी खायी। छह में से एक! यह ईसा मसीह के साथ हुआ था। आप और मैं उनसे बेहतर परिणामों की उम्मीद कैसे कर सकते हैं ?

मैंने बरसों पहले यह जान लिया था कि हालाँकि मैं लोगों को अपनी अनुचित आलोचना करने से नहीं रोक सकता, परंतु मैं उससे बहुत ज़्यादा महत्वपूर्ण काम कर सकता हूँ : मैं यह तय कर सकता हूँ कि मैं उस अनुचित आलोचना से विचलित होऊँगा या नहीं।

यह अच्छी तरह जान लें : मैं यह नहीं कह रहा हूँ कि आप सारी आलोचनाओं को नज़रअंदाज़ कर दें। ऐसा बिलकुल नहीं है। मैं सिर्फ़ *अनुचित आलोचना को नज़रअंदाज़* करने को कह रहा हूँ। मैंने एक बार एलीनोर रूज़वेल्ट से पूछा कि वे किस तरह आलोचना का सामना करती थीं - और ईश्वर जानता है कि उन्हें कितनी आलोचना का सामना करना पड़ा। व्हाइट हाउस में रहने वाली किसी अन्य महिला की तुलना में उनके प्रगाढ़ मित्रों और हिंसक शत्रुओं की संख्या शायद कहीं अधिक थी।

उन्होंने मुझे बताया कि किशोरावस्था में वे बेहद संकोची थीं और उन्हें इस बात का डर सताता रहता था कि लोग क्या कहेंगे। वे आलोचना से इतना डरती थीं कि एक दिन उन्होंने अपनी चाची यानी थियोडोर रूज़वेल्ट की बहन से सलाह ली। उन्होंने पूछा, "आंटी, मैं अमुक-अमुक काम करना चाहती हूँ। परंतु मैं डरती हूँ कि मेरी आलोचना होगी।"

टेडी रूज़वेल्ट की बहन ने उसकी आँखों में आँखें डालकर कहा, "जब तक तुम्हें दिल में यह विश्वास है कि तुम सही हो, तब तक इस बात की चिंता मत करो कि लोग क्या कहेंगे।" एलीनोर रूज़वेल्ट ने मुझे बताया कि यह सलाह बरसों बाद उनके लिये रॉक ऑफ जिब्राल्टर साबित हुई, जब वे व्हाइट हाउस में थीं। उन्होंने मुझे बताया कि हम एक ही तरीक़े से आलोचना से बच सकते हैं - यही कि हम ड्रेस्डन-चाइना की मूर्ति बन जायें और शेल्फ पर बने रहें। "आपको अपने दिल में जो सही लगता है वह करें - क्योंकि आपकी आलोचना तो वैसे भी होगी," उनकी सलाह थी। "अगर आप कुछ करेंगे तो भी आपकी आलोचना होगी और अगर आप कुछ नहीं करेंगे तो भी आपकी आलोचना होगी।"

जब स्वर्गीय मैथ्यू सी. ब्रश अमेरिकन इंटरनेशनल कॉरपोरेशन के प्रेसिडेंट थे, तब मैंने उनसे पूछा कि क्या वे कभी आलोचना के प्रति संवेदनशील रहे थे और उनका जवाब था, "हाँ, मैं अपने शुरुआती दिनों में बहुत संवेदनशील था। तब मैं उत्सुक था कि मेरे संगठन के सभी कर्मचारी यह सोचें कि मैं आदर्श था। अगर वे ऐसा नहीं सोचते थे, तो इससे मैं चिंतित हो जाता था। मैं उस पहले आदमी को ख़ुश करने की कोशिश करता था जो मेरे ख़िलाफ़ बोलता था, परंतु मैं उसके साथ संबंध सुधारने के लिये जो करता था, उससे कोई और पागल हो जाता था। फिर जब मैं उस दूसरे आदमी के साथ पटरी बैठाता था तो दो और लोग मधुमक्खियों की तरह भिनभिनाने लगते थे। मैंने अंत में यह जान लिया कि व्यक्तिगत आलोचना से बचने के लिये आहत भावनाओं को शांत करने और ठंडा करने की मैं जितनी ज़्यादा कोशिश करूँगा, मेरे दुश्मनों की संख्या उतनी ही बढ़ती जायेगी। आख़िरकार मैंने ख़ुद से कहा, 'अगर तुम अपना सिर भीड़ से ऊपर उठाते हो, तो तुम्हारी आलोचना होना तय है। इसलिये इसकी आदत डाल लो।' इससे मुझे बहुत मदद मिली। तब से मैंने यह नियम बना लिया

कि मैं अपनी तरफ़ से सबसे अच्छा काम करूँगा और फिर अपना पुराना छाता उठा लूँगा तथा आलोचना की बारिश को मौक़ा नहीं दूँगा कि वह मेरे गले से होते हुये नीचे आये।"

डीम्स टेलर थोड़ा और आगे चले गये : उन्होंने आलोचना की बारिश को अपने गले से होते हुये नीचे आने दिया और वे इस पर हँसे - सार्वजनिक रूप से। वे न्यूयॉर्क फिलहार्मोनिक-सिम्फनी ऑर्केस्ट्रा के रविवार दोपहर के रेडियो कन्सर्ट्स के मध्यांतर में बोल रहे थे और एक महिला ने इस बारे में उन्हें एक पत्र लिखा जिसमें उसने उन्हें "झूठा, धोखेबाज़, साँप और कमअक्ल" कहा था। मिस्टर टेलर अपनी पुस्तक *ऑफ मेन एंड म्यूज़िक* में कहते हैं : "मुझे संदेह है कि उस महिला की उस चर्चा में कोई रुचि नहीं थी।" अगले सप्ताह के ब्रॉडकास्ट में मिस्टर टेलर ने यह पत्र रेडियो पर लाखों-करोड़ों श्रोताओं के सामने पढ़ा - और कुछ दिनों बाद उन्हें उसी महिला का दूसरा पत्र मिला जिसमें उस महिला ने "अपना वही पुराना विचार दोहराते हुये कहा था कि मैं *अब भी* झूठा, धोखेबाज़, साँप और कमअक्ल था।" हम उस आदमी की तारीफ़ किये बिना नहीं रह सकते जिसने आलोचना को इस तरह से लिया। हम उनकी शांति, उनके अविचल संतुलन और उनके हास्यबोध की सराहना करते हैं।

जब चार्ल्स श्वाब प्रिंस्टन में विद्यार्थियों को संबोधित कर रहे थे तो उन्होंने स्वीकार किया कि उन्होंने ज़िंदगी का एक बहुत महत्वपूर्ण सबक़ उस बूढ़े जर्मन व्यक्ति से सीखा जो उन्हीं की स्टील मिल में काम करता था। युद्ध के दौरान यह बूढ़ा जर्मन एक दिन दूसरे स्टील कर्मचारियों के साथ गर्मागर्म बहस में उलझ गया और उन्होंने उसे नदी में फेंक दिया। "जब वह मेरे ऑफ़िस में आया," श्वाब ने कहा, "तो वह कीचड़ और पानी से तरबतर था। मैंने उससे पूछा कि जिन्होंने उसे नदी में फेंका था, उसने उन लोगों से बदले में क्या कहा और उसका जवाब था : "मैं सिर्फ़ हँस दिया।"

श्वाब का दावा है कि उन्होंने उस बूढ़े जर्मन के शब्दों को अपना सूत्रवाक्य बना लिया, "सिर्फ़ हँस दो।"

यह सूत्रवाक्य ख़ास तौर पर तब अच्छा है जब आप अनुचित आलोचना के शिकार हों। आप उस आदमी को तो जवाब दे सकते हैं जो आपको पलटकर जवाब दे, परंतु आप उस आदमी से क्या कह सकते हैं जो "सिर्फ़ हँस" दे ?

गृहयुद्ध के तनाव में लिंकन टूट ही गये होते अगर उन्होंने यह नहीं सीखा होता कि कटु निंदा का जवाब देने की कोशिश करना मूर्खता ही थी। आलोचकों का सामना उन्होंने किस तरह किया, इसका वर्णन एक साहित्यिक धरोहर है - एक अनमोल कृति है। युद्ध के दौरान जनरल मैकआर्थर के पास इसकी एक प्रति उनके हेडक्वार्टर की डेस्क के ऊपर टँगी थी और विन्स्टन चर्चिल ने चार्टवेल में अपनी स्टडी की दीवार पर इसकी एक प्रति मढ़वाकर टाँग रखी थी। यह सूत्र था, "अगर मैं अपनी सारी आलोचनायें पढ़ने की कोशिश करूँ (उनका जवाब देने की बात तो रहने ही दें) तो मैं कोई दूसरा काम कभी कर ही नहीं पाऊँगा। मैं अपनी समझ से सबसे अच्छा काम करता हूँ - अपनी क्षमता के हिसाब से सर्वश्रेष्ठ काम करता हूँ और मैं ऐसा अंत तक करता रहूँगा। अगर अंत में मैं सफल हो जाता हूँ, तो मेरी आलोचना का कोई अर्थ नहीं रह जायेगा। और अगर मैं असफल हो जाता हूँ, तो इससे कोई फ़र्क़ नहीं पड़ेगा कि दस देवदूत क़सम खाकर कहें कि मैं सही हूँ।"

जब मेरी और आपकी अनुचित आलोचना हो रही हो, तो यह दूसरा नियम याद रखें :

अपना सर्वश्रेष्ठ प्रदर्शन करने की कोशिश करें; और इसके बाद अपना छाता खोल लें ताकि आलोचना की बारिश आपके गले के पीछे से बहती हुई नीचे न आ पाये।

• • •

22

मैंने कितनी मूर्खतायें की हैं

मैंने अपने प्राइवेट फ़ाइलिंग कैबिनेट में एक फोल्डर रखा है जिस पर लिखा है "एफ टी डी", जो "Fool Things I Have Done" (मूर्खतायें जो मैंने की हैं) का शॉर्ट फॉर्म है। इस फोल्डर में मैं अपने द्वारा किये गये मूर्खतापूर्ण कामों का लिखित रिकॉर्ड रखता हूँ। मैं कई बार इन बातों को अपनी सेक्रेटरी से लिखवाता हूँ, परंतु कई बार ये इतनी व्यक्तिगत, इतनी मूर्खतापूर्ण होती हैं कि इन्हें लिखवाने में मुझे शर्म आती है, इसलिये मैं इन्हें अपने हाथों से ख़ुद लिखता हूँ।

मैं देख सकता हूँ कि मैंने पंद्रह साल पहले अपने "एफ टी डी" फोल्डर में डेल कारनेगी की आलोचना करते हुये क्या लिखा था। अगर मैं पूरी तरह से अपने बारे में ईमानदार होता तो मेरे पास आज एक ऐसा फाइलिंग कैबिनेट होता जो "एफ टी डी" के काग़ज़ों से लबालब भर चुका होता। मैं ईमानदारी से तीस सदियों पहले सम्राट सॉल द्वारा कही गयी बात दोहरा सकता हूँ : "मैंने मूर्ख की भूमिका अदा की है और मैंने बहुत ज़्यादा ग़लतियाँ की हैं।"

जब मैं अपने "एफ टी डी" फोल्डरों को उठाता हूँ और उन आलोचनाओं को दुबारा पढ़ता हूँ जो मैंने ख़ुद के बारे में लिखी हैं तो इससे मुझे अपने सामने मौज़ूद सबसे कठिन समस्या से निबटने में मदद मिलती है : डेल कारनेगी का मैनेजमेंट।

पहले मैं अपनी मुश्किलों के लिये दूसरों को दोष देता था, परंतु जैसे-जैसे मैं बड़ा - और आशा करता हूँ, समझदार - होता गया, मैंने यह महसूस किया कि अंतिम विश्लेषण में अपने ज़्यादातर दुर्भाग्यों के लिये मैं स्वयं दोषी हूँ। परिपक्वता की उम्र में ज़्यादातर लोग यह सबक़ सीखते हैं। नेपोलियन ने सेंट हेलेना में कहा था, "और कोई नहीं, बल्कि मैं ख़ुद अपने पतन के लिये दोषी हूँ। मैं अपना सबसे बड़ा दुश्मन हूँ - अपनी विनाशकारी बदक़िस्मती का सबसे बड़ा कारण मैं ख़ुद हूँ।"

मैं आपको अपने एक परिचित के बारे में बता दूँ जो आत्म-मूल्यांकन और आत्म-प्रबंधन के क्षेत्र में निपुण थे। उनका नाम एच.पी. हॉवेल था। जब 31 जुलाई 1944 के दिन यह ख़बर फैली कि हॉवेल अचानक न्यूयॉर्क के होटल एम्बैसेडर में मर गये, तो वॉल स्ट्रीट सकते में आ गयी, क्योंकि वे अमेरिकी फ़ाइनैंस के लीडर थे - कॅमर्शियल नेशनल बैंक और ट्रस्ट कंपनी के बोर्ड के चेयरमैन और कई बड़े कॉरपोरेशन्स के डायरेक्टर भी। उनकी औपचारिक शिक्षा नाममात्र की थी। शुरुआत में वे एक देहाती स्टोर में क्लर्क थे, बाद में वे यू.एस. स्टील में क्रेडिट मैनेजर बने - और फिर वे पद और शक्ति की राह पर चल पड़े।

जब मैंने मिस्टर हॉवेल से उनकी सफलता का राज़ पूछा, तो उन्होंने मुझे बताया, "वर्षों से मैं एक डायरी रख रहा हूँ जिसमें मेरे दिन भर के अपॉइंटमेंट लिखे रहते हैं। मेरा परिवार शनिवार की रात को मेरे लिये कोई योजना नहीं बनाता, क्योंकि सबको पता है कि मैं शनिवार की शाम को आत्मपरीक्षण करता हूँ और सप्ताह भर के अपने कामों का विश्लेषण करता हूँ। डिनर के बाद मैं अकेले बैठता हूँ, अपनी अपॉइंटमेंट डायरी खोलता हूँ और सोमवार की सुबह से हुये हर इंटरव्यू, चर्चा और मीटिंग पर विचार करता हूँ। मैं ख़ुद से पूछता हूँ : 'मैंने उस वक़्त कौन सी ग़लतियाँ की थीं ?' 'मैंने उस वक़्त कौन सा अच्छा काम किया था ? - और मैं अपना प्रदर्शन किस तरह सुधार सकता हूँ ?' 'मैं इस अनुभव

से क्या सबक़ सीख सकता हूँ ?' कई बार यह साप्ताहिक कार्यक्रम मुझे बहुत दुखी कर देता है। कई बार मैं अपनी भारी ग़लतियों पर हैरान हो जाता हूँ। ज़ाहिर है, कई सालों तक ऐसा करने की वजह से ग़लतियाँ धीरे-धीरे कम हो चुकी हैं। कई साल से चला आ रहा आत्म-विश्लेषण का यह सिस्टम मेरे लिये किसी दूसरी चीज़ से ज़्यादा फ़ायदेमंद साबित हुआ है।"

शायद एच.पी. हॉवेल ने यह विचार बेन फ्रैंकलिन से लिया हो। फ़र्क़ इतना था कि फ्रैंकलिन शनिवार की रात का इंतज़ार नहीं करते थे। वे हर रात ख़ुद का कठोर विश्लेषण करते थे। उन्होंने पाया कि उनमें तेरह गंभीर कमियाँ हैं। यहाँ उनमें से तीन बतायी जा रही हैं : समय बर्बाद करना, छोटी-छोटी बातों पर फ़ालतू सोचना, लोगों से बहस करना और उनका विरोध करना। समझदार बेन फ्रैंकलिन ने यह महसूस किया कि जब तक वे अपनी इन कमियों को दूर नहीं करेंगे, तब तक वे जीवन में बहुत आगे तक नहीं जा पायेंगे। इसलिये वे हर सप्ताह एक कमी से संघर्ष करते थे और हर दिन के मैच का रिकॉर्ड रखते थे कि उस दिन कौन जीता। अगले सप्ताह वे अपनी दूसरी बुरी आदत को लेते थे, अपने दस्ताने पहनते थे और जब घंटी बजती थी तो वे अपने कोने से आगे आकर उस बुरी आदत से लड़ना शुरू कर देते थे। फ्रैंकलिन दो साल से अधिक समय तक हर सप्ताह अपनी ग़लतियों से युद्ध करते रहे।

कोई हैरानी नहीं कि वे अमेरिका के अब तक के सर्वप्रिय और सबसे प्रभावी व्यक्तियों में से एक हैं!

अल्बर्ट हबार्ड कहते हैं, "हर आदमी हर दिन कम से कम पाँच मिनट मूर्ख होता है। समझदारी इसी में है कि इस अवधि को बढ़ने न दिया जाये।"

छोटा आदमी ज़रा सी आलोचना पर भड़क उठता है, परंतु समझदार आदमी उन लोगों से सीखने के लिये उत्सुक होता है जो उसकी आलोचना या निंदा करते हैं और उसके साथ किसी

मुद्दे पर विवाद करते हैं। वाल्ट व्हिटमैन इसे इस तरह से कहते हैं : "क्या आपने सिर्फ़ उन्हीं से सबक़ सीखा है जिन्होंने आपकी प्रशंसा की, जो आपके प्रति दयालु रहे और आपके लिये राह छोड़कर अलग खड़े रहे ? क्या आपने उन लोगों से महान सबक़ नहीं सीखा जिन्होंने आपको अस्वीकार किया, आपके विरोध में कमर कसी और राह चुनने के बारे में आपसे विवाद किया ?"

इस बात का इंतज़ार करने के बजाय कि हमारे दुश्मन हमारी या हमारे काम की आलोचना करें, हमें उन्हें इस काम में हरा देना चाहिये। हमें अपना सबसे कठोर आलोचक बनना चाहिये। हमें हमारी सारी कमज़ोरियों का पता लगाना चाहिये और उन्हें सुधार लेना चाहिये, इससे पहले कि हमारे दुश्मनों को एक शब्द बोलने का भी मौक़ा मिले। यही चार्ल्स डार्विन ने किया। दरअसल, उन्होंने अपनी आलोचना करने में पंद्रह साल लगा दिये - कहानी इस तरह है : जब डार्विन ने अपनी अमर पुस्तक ***द ऑरिजिन ऑफ स्पीशीज़*** की पांडुलिपि तैयार की तो उन्होंने महसूस किया कि सृष्टि की उनकी क्रांतिकारी अवधारणा का प्रकाशन बौद्धिक और धार्मिक जगत को हिलाकर रख देगा। इसलिये ***वे अपने खुद के आलोचक बन गये तथा उन्होंने पंद्रह साल और लगाये – अपने आँकड़ों की जाँच करने में, अपने तर्कों को चुनौती देने में और अपने निष्कर्षों की आलोचना करने में।***

मान लीजिये कोई आपको "महामूर्ख" कहकर अपमानित करता है - तो आप क्या करेंगे ? ग़ुस्सा होंगे ? तैश में आ जायेंगे ? लिंकन ने यह किया था : लिंकन के युद्ध सचिव एडवर्ड एम. स्टैंटन ने एक बार लिंकन को "महामूर्ख" कहा। स्टैंटन के भड़कने का कारण यह था कि लिंकन स्टैंटन के मामलों में हस्तक्षेप कर रहे थे। एक स्वार्थी राजनेता को ख़ुश करने के लिये लिंकन ने एक आदेश पर हस्ताक्षर कर दिये थे जिसमें कुछ रेजिमेंटों को इधर से उधर किया गया था। स्टैंटन ने न सिर्फ़ लिंकन के आदेशों का पालन करने से इंकार कर दिया, बल्कि यह भी कहा कि लिंकन

महामूर्ख थे जो उन्होंने ऐसे आदेशों पर हस्ताक्षर किये। फिर क्या हुआ ? जब लिंकन को बताया गया कि स्टैंटन ने क्या कहा था, तो लिंकन ने शांति से जवाब दिया : "अगर स्टैंटन ने कहा है कि मैं महामूर्ख हूँ, तो मैं निश्चित रूप से होऊँगा, क्योंकि वे लगभग हमेशा सही होते हैं। मैं ज़रा उनके पास जाता हूँ और ख़ुद हक़ीक़त देख लेता हूँ।"

लिंकन स्टैंटन से मिलने गये। स्टैंटन ने उनके सामने साबित कर दिया कि वह आदेश ग़लत था और लिंकन ने अपना आदेश वापस ले लिया। लिंकन आलोचना का स्वागत करते थे बशर्ते उन्हें लगे कि आलोचना गंभीर थी, ज्ञान पर आधारित थी और सहयोग की भावना के साथ की गयी थी।

आपको और हमें भी इस तरह की आलोचना का स्वागत करना चाहिये, क्योंकि हम चार में से तीन बार से ज़्यादा सही होने की आशा तो नहीं कर सकते। कम से कम व्हाइट हाउस में रहते समय थियोडोर रूज़वेल्ट का तो यही कहना था कि वे इतनी बार सही होने की ही आशा करते हैं। अपने समय के सबसे गंभीर चिंतक आइन्स्टीन ने स्वीकार किया था कि उनके निष्कर्ष निन्यानवे प्रतिशत ग़लत होते हैं।

ला रोशफूको ने कहा था, "हमारे बारे में हमारे दुश्मनों के विचार हमसे ज़्यादा सही होते हैं।"

मैं जानता हूँ कि यह कथन कई बार सच हो सकता है, परंतु अगर कोई मेरी आलोचना करना शुरू करता है तथा अगर मैं ख़ुद पर नज़र नहीं रखता हूँ तो मैं तत्काल अपने आप रक्षात्मक मुद्रा में कूद पड़ता हूँ - इससे पहले कि मुझे इस बात का हलका सा भी पता चले कि मेरा आलोचक क्या कहने जा रहा है। हर बार जब मैं ऐसा करता हूँ तो मैं ख़ुद से अप्रसन्न हो जाता हूँ। हम सबकी आदत होती है कि हम आलोचना से चिढ़ जाते हैं और प्रशंसा को लपककर गले लगा लेते हैं, चाहे आलोचना या प्रशंसा कितनी ही उचित या अनुचित क्यों न हो। हम तार्किक प्राणी नहीं

हैं। हम भावनात्मक प्राणी हैं। हमारा तर्क उस नाव की तरह है जो भावना के गहरे, काले, तूफ़ानी समुद्र में हिचकोले खाती है।

अगर हम सुनते हैं कि किसी ने हमारे बारे में बुरा बोला है, तो आइये हम ख़ुद का बचाव करने की कोशिश न करें। हर मूर्ख यह करता है। आइये हम मौलिक बनें – और विनम्र – और प्रतिभाशाली भी। हम अपने आलोचक को चकरा दें और यह कहकर अपने लिये प्रशंसा हासिल करें : "अगर मेरा आलोचक *मेरी बाक़ी सभी ग़लतियों* के बारे में जानता, तो वह इससे भी अधिक कठोरता से मेरी आलोचना करता।"

पिछले अध्यायों में मैंने इस बारे में बताया है कि जब आपकी अनुचित आलोचना हो, तब आपको क्या करना चाहिये। यहाँ पर एक और सुझाव दिया जा रहा है : अनुचित निंदा के कारण जब आपका क्रोध बढ़ रहा हो तो क्यों न ठहरकर कहा जाये : "एक मिनट... मैं आदर्श व्यक्ति नहीं हूँ। अगर आइन्स्टीन मानते हैं कि वे निन्यानवे प्रतिशत समय ग़लत रहते थे, तो शायद मैं कम से कम अस्सी प्रतिशत समय तो ग़लत होता ही होऊँगा। शायद यह आलोचना सही हो। अगर ऐसा है तो मुझे इसके लिये धन्यवाद देना चाहिये और इससे लाभ उठाने की कोशिश करना चाहिये।"

पेप्सोडेंट कंपनी के पूर्व प्रेसिडेंट चार्ल्स लकमैन ने बॉब होप को रेडियो पर प्रस्तुत करने के लिये दस लाख डॉलर प्रति वर्ष ख़र्च किये। वे कार्यक्रम के प्रशंसा भरे पत्रों को नहीं देखते थे, परंतु वे इस बात पर ज़ोर देते थे कि वे आलोचनात्मक पत्रों को पढ़ें। वे जानते थे कि उनसे वे कुछ सीख सकते थे।

फोर्ड कंपनी अपने मैनेजमेंट और कार्यप्रणाली की गड़बड़ियों का पता लगाने के लिये इतनी उत्साही थी कि इसने कर्मचारियों की वोटिंग करवायी और उन्हें कंपनी की आलोचना करने के लिये आमंत्रित किया।

मैं साबुन के एक पूर्व सेल्समैन को जानता हूँ जो आलोचना का *आग्रह* करता था। जब उसने कोलगेट के लिये साबुन बेचना शुरू किया तो ऑर्डर धीमे आ रहे थे। उसे नौकरी छूटने की चिंता सताने लगी। चूँकि वह जानता था कि साबुन या क़ीमत में कोई गड़बड़ी नहीं थी, इसलिये उसने अनुमान लगाया कि शायद गड़बड़ी उसी में थी। जब वह साबुन बेचने में असफल हो जाता था, तो वह अक्सर उस बिल्डिंग के चक्कर लगाता था और यह सोचता था कि ग़लती कहाँ हुई थी। क्या वह ठीक से समझा नहीं पाया था? क्या उसमें उत्साह की कमी थी? कई बार वह दुबारा उस व्यापारी के पास जाता था और कहता था : "मैं इस बार आपको साबुन बेचने के लिये यहाँ नहीं आया हूँ। मैं आपकी सलाह और आलोचना सुनने के लिये वापस आया हूँ। क्या आप कृपया मुझे बतायेंगे कि जब मैंने आपको कुछ मिनट पहले साबुन बेचने की कोशिश की थी, तो मुझसे क्या ग़लती हुई थी? आप मुझसे ज़्यादा अनुभवी और सफल व्यक्ति हैं। कृपया मेरे दोष बताइये। खुलकर बोलिये। अपने प्रहारों को नरमी से मत मारिये।"

इस नज़रिये से उसे बहुत से दोस्त मिले और अनमोल सलाह भी।

आपको क्या लगता है उसके साथ क्या हुआ? वह कोलगेट-पॉमोलिव- पीट सोप कंपनी का प्रेसिडेंट बना, जो दुनिया के सबसे बड़े साबुन निर्माताओं में से एक हैं। उसका नाम ई.एच. लिटिल था।

एच.पी. हॉवेल, बेन फ्रैंकलिन और ई.एच. लिटिल ने जो किया, वह करने के लिये किसी बड़े आदमी की ज़रूरत होती है। और अब, जबकि कोई देख नहीं रहा है, क्यों न आप दर्पण में देखें और ख़ुद से पूछें कि आप किस तरह के समुदाय में आते हैं!

आलोचना के बारे में चिंता से ख़ुद को बचाने का तीसरा नियम यह रहा :

हम अपनी मूर्खताओं का रिकॉर्ड रखें
और ख़ुद अपनी आलोचना करें।
चूँकि हम कभी आदर्श होने की आशा
नहीं कर सकते, इसलिये हम वही करें जो ई.एच.
लिटिल ने किया : निष्पक्ष, सहायक,
रचनात्मक आलोचना का आग्रह करें।

• • •

खंड छह संक्षेप में

आलोचना की चिंता से कैसे बचा जाये

पहला नियम : अनुचित आलोचना अक्सर छुपी हुई प्रशंसा होती है। प्रायः इसका यह मतलब होता है कि दूसरे आपकी सफलता से जलने लगे हैं। याद रखें कोई भी मरे हुये कुत्ते को लात नहीं मारता।

दूसरा नियम : अपना सर्वश्रेष्ठ प्रदर्शन करने की कोशिश करें; और इसके बाद अपना छाता खोल लें ताकि आलोचना की बारिश आपके गले से बहती हुई नीचे न आ पाये।

तीसरा नियम : हम अपनी मूर्खताओं का रिकॉर्ड रखें और ख़ुद अपनी आलोचना करें। चूँकि हम कभी आदर्श होने की आशा नहीं कर सकते, इसलिये हम वही करें जो ई. एच. लिटिल ने किया : निष्पक्ष, सहायक, रचनात्मक आलोचना का आग्रह करें।

खंड सात

थकान व चिंता रोकने और जोश व उर्जा बढ़ाने के छह तरीक़े

23

अपने जाग्रत जीवन के हर दिन में एक घंटा कैसे बढ़ायें

चिंता दूर करने वाली इस पुस्तक में मैं थकान दूर करने का तरीक़ा क्यों बता रहा हूँ ? इसलिये क्योंकि थकान से अक्सर चिंता पैदा होती है, या कम से कम इसके कारण आपकी चिंता करने की संभावना बढ़ जाती है। कोई भी मेडिकल स्टुडेन्ट आपको बता देगा कि थकान से आपकी शारीरिक प्रतिरोधक क्षमता कम हो जाती है, जिस वजह से आप सर्दी जैसी आम बीमारी के अलावा सैकड़ों दूसरी बीमारियों का प्रतिरोध नहीं कर पाते। और कोई भी मनोविश्लेषक आपको यह बता देगा कि थकान आपकी भावनात्मक शारीरिक प्रतिरोधक क्षमता को कम कर देती है जिस वजह से आप डर और चिंता जैसी भावनाओं का प्रतिरोध नहीं कर पाते। इसलिये थकान से बचने में चिंता से बचने का बीज छुपा हुआ है।

क्या मैंने कहा "चिंता से बचने का बीज *छुपा हुआ* है ?" यह थोड़ी कमज़ोर बात हो गयी। डॉ. एडमंड जैकबसन इससे बहुत आगे बढ़ गये। डॉ. जैकबसन ने रिलैक्सेशन पर दो पुस्तकें लिखी हैं : ***प्रोग्रेसिव रिलैक्सेशन*** और ***यू मस्ट रिलैक्स।*** युनिवर्सिटी ऑफ शिकागो लेबोरेटरी फॉर क्लीनिकल फिज़ियोलॉजी के डायरेक्टर

होने के नाते उन्होंने वर्षों तक यह खोज की कि मेडिकल प्रैक्टिस में एक तकनीक के रूप में विश्राम का कैसे इस्तेमाल किया जाये। उनका दावा है कि कोई भी मानसिक परेशानी या नकारात्मक भावनात्मक स्थिति "पूर्ण विश्राम की अवस्था में मौज़ूद रह ही नहीं सकती।" एक तरह से इसका मतलब है : *अगर आप विश्राम की अवस्था में हैं तो आप चिंतित नहीं रह सकते।*

इसलिये थकान और चिंता को दूर करने का पहला नियम है : अक्सर आराम करें। थकने से पहले ही आराम करें।

यह इतना महत्वपूर्ण क्यों है ? क्योंकि थकान आश्चर्यजनक तेज़ी से बढ़ती है। अमेरिकी सेना ने बार-बार किये गये परीक्षणों से पता लगाया है कि वर्षों के सैन्य प्रशिक्षण द्वारा कठोर हो चुके युवा लोग भी बेहतर तरह से मार्च कर सकते हैं और अधिक देर तक मुक़ाबला कर सकते हैं, अगर वे अपना बोझ उतारकर फेंक दें और हर घंटे दस मिनट आराम करें। इसलिये सैनिक अधिकारी उन्हें ऐसा करने के लिये विवश करते हैं। आपका हृदय भी अमेरिकी सेना जितना ही बुद्धिमान है। आपका हृदय हर रोज़ आपके शरीर में इतना ख़ून पंप करता है कि इससे एक रेलवे टैंक भर जाये। हर चौबीस घंटे में यह इतनी शक्ति का प्रयोग करता है कि इससे तीन फ़ुट के प्लेटफ़ॉर्म पर बीस टन कोयला जमा हो जाये। यह इतना अविश्वसनीय कार्य पचास, सत्तर या शायद नब्बे वर्ष तक करता है। यह इतना काम कैसे कर पाता है ? हार्वर्ड मेडिकल स्कूल के डॉ. वाल्टर बी. कैनन इसका कारण बताते हैं। वे कहते हैं : "ज़्यादातर लोगों को लगता है कि हृदय लगातार काम करता रहता है। सच तो यह है कि हर संकुचन के बाद हृदय कुछ समय के लिये आराम करता है। *सत्तर बार प्रति मिनट की औसत गति से धड़कते समय हमारा हृदय दरअसल चौबीस में से सिर्फ़ नौ घंटे ही काम करता है। कुल मिलाकर यह हर दिन पूरे पंद्रह घंटे आराम करता है।"*

द्वितीय विश्वयुद्ध के दौरान विन्स्टन चर्चिल की उम्र पैंसठ से ज़्यादा थी, परंतु फिर भी उन्होंने कई साल तक ब्रिटिश साम्राज्य के सैन्य प्रयासों का मार्गदर्शन करने में हर दिन सोलह घंटे काम किया। एक अद्‌भुत रिकॉर्ड। इसका रहस्य? वे हर दिन सुबह ग्यारह बजे तक बिस्तर में काम करते थे यानी रिपोर्ट पढ़ते थे, आदेश लिखाते थे, फोन करते थे और महत्त्वपूर्ण मीटिंग लेते थे। लंच के बाद वे एक बार फिर बिस्तर पर चले जाते थे और एक घंटे की नींद लेते थे। शाम को आठ बजे डिनर लेने से पहले वे एक बार फिर बिस्तर पर जाते थे और दो घंटे की नींद लेते थे। उन्होंने अपनी थकान का इलाज नहीं किया। उन्हें इसका इलाज करने की ज़रूरत ही नहीं थी। उन्होंने थकान होने ही नहीं दी। चूँकि वे अक्सर आराम कर लेते थे, इसलिये वे तरोताज़ा रहते हुये आधी रात के बहुत बाद भी काम करने में सक्षम थे।

जॉन डी. रॉकफेलर ने दो असाधारण रिकॉर्ड बनाये। उन्होंने इतनी दौलत इकट्‌ठी की, जितनी दुनिया में उस समय तक किसी ने नहीं की थी और वे अन्ठानवे साल तक जिये। उन्होंने ऐसा किस तरह किया? इसका प्रमुख कारण यह था कि लंबे जीवन की प्रवृत्ति उन्हें विरासत में मिली थी। दूसरा कारण यह था कि वे हर दिन दोपहर को अपने ऑफ़िस में आधे घंटे की झपकी लेते थे। वे ऑफ़िस के सोफ़े पर पसर जाते थे - और जब वे झपकी ले रहे होते थे तो अमेरिका का राष्ट्रपति भी फोन पर बात करने के लिये जॉन डी. को नहीं जगा सकता था।

अपनी बेहतरीन पुस्तक ***व्हाई बी टायर्ड*** में डैनियल डब्ल्यू. जॉसेलिन ने लिखा है : "आराम का यह मतलब नहीं है कि कुछ भी न किया जाये। *आराम का मतलब है मरम्मत*।" थोड़े से आराम में भी मरम्मत की इतनी शक्ति होती है कि पाँच मिनट की झपकी लेने से ही आपको थकान रोकने में मदद मिलेगी! बेसबॉल के पितामह कॉनी मैक ने मुझे बताया कि अगर वे मैच से पहले दोपहर में झपकी नहीं ले पाते थे तो वे पाँचवीं इनिंग

के आस-पास थक जाते थे। परंतु अगर वे सो लेते थे, चाहे सिर्फ़ पाँच मिनट के लिये ही, तो वे बिना थके पूरा मैच खेल सकते थे।

जब मैंने एलीनोर रूज़वेल्ट से पूछा कि व्हाइट हाउस में बारह सालों तक रहने के दौरान वे किस तरह इतनी थका देने वाली दिनचर्या को झेल पायीं तो उन्होंने कहा कि लोगों से मिलने से पहले या भाषण देने से पहले वे अक्सर किसी कुर्सी पर बैठ जाती थीं, अपनी आँखें बंद कर लेती थीं और बीस मिनट तक विश्राम करती थीं।

मैंने एक बार मैडिसन स्क्वैयर गार्डन में जीन ऑट्री के ड्रेसिंग रूम में उनका इंटरव्यू लिया, जहाँ वे दुनिया की चैंपियनशिप रोडियो में सितारा आकर्षण थे। मैंने उनके ड्रेसिंग रूम में एक सैनिक खटिया देखी। जीन ऑट्री ने कहा, "हर दोपहर को मैं यहाँ लेट जाता हूँ और प्रदर्शनों के बीच एक घंटे की नींद लेता हूँ। जब मैं हॉलीवुड में फ़िल्में बनाता हूँ, तो मैं अक्सर एक बड़ी आरामकुर्सी में विश्राम करता हूँ और हर दिन दो या तीन बार दस मिनट की झपकियाँ ले लेता हूँ। इनसे मुझे बहुत शक्ति मिलती है।"

एडिसन ने अपनी ऊर्जा और सहनशक्ति का श्रेय इच्छानुसार सोने की अपनी आदत को दिया।

हेनरी फोर्ड के अस्सीवें जन्मदिन के थोड़े दिन पहले मैंने उनका इंटरव्यू लिया। मैं यह देखकर हैरान था कि वे कितने तरोताज़ा और स्वस्थ दिख रहे थे। मैंने उनसे इसका रहस्य पूछा। उनका जवाब था, "जब मैं बैठ सकता हूँ, तो मैं कभी खड़ा नहीं रहता। और जब मैं लेट सकता हूँ, तो मैं कभी बैठा नहीं रहता।"

"आधुनिक शिक्षा के पिता" होरेस मैन ने भी उम्र बढ़ने के साथ-साथ यही काम किया। जब वे एन्टियॉक कॉलेज के प्रेसिडेंट थे, तो वे विद्यार्थियों का इंटरव्यू लेते समय अपने सोफ़े पर पसर जाते थे।

मैंने हॉलीवुड में एक फ़िल्म निर्देशक को इसी तरह की तकनीक का प्रयोग करने के लिये राज़ी किया। बाद में उन्होंने स्वीकार किया कि इसने चमत्कार कर दिया। मैं जैक चेरटॉक के बारे में बोल रहा हूँ जो हॉलीवुड के शीर्षस्थ निर्देशकों में से एक हैं। जब वे कई साल पहले मुझसे मिलने आये तो वे एम.जी.एम. के शॉर्ट-फीचर डिपार्टमेंट के प्रमुख थे। अपनी थकान से परेशान होकर उन्होंने हर नुस्ख़ा आज़माकर देखा था : टॉनिक, विटामिन, दवायें। किसी तरकीब से उन्हें ज़्यादा लाभ नहीं हुआ। मैंने सुझाव दिया कि वे हर दिन छुट्टी मनायें। किस तरह ? जब वे अपने स्टाफ लेखकों के साथ मीटिंग कर रहे हों तो अपने ऑफ़िस में पसर जायें, विश्राम करें।

जब मैंने दो साल बाद उन्हें दुबारा देखा तो उन्होंने कहा, "चमत्कार हो गया। मेरे डॉक्टर तो यही कहते हैं। शॉर्ट फीचर फ़िल्म के लिये विचार-विमर्श करते समय मैं अपनी कुर्सी पर तनाव में बैठा रहता था। अब मैं इन मीटिंगों में अपने ऑफ़िस के सोफ़े पर पसर जाता हूँ। पिछले बीस सालों में मेरी हालत कभी इतनी अच्छी नहीं रही, जितनी कि आज है। मैं अब हर दिन दो घंटे ज़्यादा काम करता हूँ, फिर भी मैं शायद ही कभी थकता हूँ।"

क्या आप इसका लाभ उठा सकते हैं ? अगर आप स्टेनोग्राफर हैं, तो आप अपने ऑफ़िस में झपकियाँ नहीं ले सकते, जिस तरह एडिसन या सैम गोल्डविन लेते थे। और अगर आप अकाउंटेंट हैं तो आप अपने सोफ़े पर लेटकर अपने बॉस के साथ फ़ाइनैंशियल स्टेटमेंट के बारे में चर्चा नहीं कर सकते। परंतु अगर आप छोटे शहर में रहते हों और लंच के लिये घर जाते हों, तो शायद आप लंच के बाद दस मिनट की झपकी ले सकते हैं। यही जनरल जॉर्ज सी. मार्शल किया करते थे। उन्होंने महसूस किया कि वे युद्धकाल में अमेरिकी सेना का मार्गदर्शन करने में इतने व्यस्त रहते हैं कि दोपहर में सोना उनके लिये *अनिवार्य था*। अगर आप पचास से ऊपर हों और इतनी जल्दबाज़ी में रहते हों कि

आप यह काम न कर सकें, तो जितना भी जीवन बीमा आपको मिल सकता हो, तत्काल ले लें। इन दिनों अचानक क्रियाकर्म में बहुत ख़र्च होता है और शायद आपकी पत्नी आपके बीमे का पैसा लेकर किसी अधिक युवा व्यक्ति से विवाह करना चाहती हो।

अगर आप दोपहर को झपकी न ले सकते हों, तो कम से कम शाम के भोजन से पहले एक घंटे लेटने की तरकीब तो आज़मा ही सकते हैं। यह कॉकटेल से सस्ता पड़ता है, और लंबे समय में यह 5467 गुना ज़्यादा असरदार है। अगर आप पाँच, छह या सात बजे के क़रीब एक घंटे सो सकें, तो अपने जाग्रत जीवन के हर दिन में एक घंटा बढ़ा सकते हैं। क्यों ? कैसे ? क्योंकि शाम के भोजन से पहले एक घंटे की झपकी में अगर रात की छह घंटे की नींद जोड़ दी जाये तो कुल मिलाकर आप सात घंटे की नींद लेंगे - जो लगातार आठ घंटे सोने से कई गुना बेहतर है।

अगर आराम के लिये अधिक समय निकाला जाये तो शारीरिक श्रम करने वाला व्यक्ति भी अधिक काम कर सकता है। फ्रेडरिक टैलर जब बेथलहम स्टील कंपनी में वैज्ञानिक मैनेजमेंट इंजीनियर के रूप में काम कर रहे थे, तो उन्होंने यह करके दिखाया। उन्होंने देखा कि मज़दूर हर दिन मालगाड़ियों में औसतन 12.5 टन कच्चा लोहा लाद रहे थे और वे दोपहर तक थक जाते थे। थकान के सभी तथ्यों का वैज्ञानिक अध्ययन करने के बाद उन्होंने यह दावा किया कि हर मज़दूर को हर दिन 12.5 टन कच्चा लोहा लादने के बजाय *सैंतालीस टन* लादना चाहिये! उन्होंने अनुमान लगाया कि जितना काम वे कर रहे थे, उससे लगभग चार गुना काम उन्हें करना चाहिये, और वह भी बिना थके। परंतु इसे साबित कैसे किया जाये!

टैलर ने शिमट नाम के मज़दूर को चुना जो स्टॉप वॉच के हिसाब से काम करने लगा। जिस आदमी के हाथ में स्टॉप वॉच थी, उसने शिमट से कहा, "अब 'लोहा' को उठाओ और चलो ... अब बैठ जाओ और आराम करो ... अब चलो ... अब आराम करो।"

क्या हुआ ? श्मिट हर दिन सैंतालीस टन कच्चा लोहा उठा लेता था जबकि बाक़ी लोग औसतन 12.5 टन लोहा ही उठा पाते थे। और फ्रेडरिक टैलर जब तक बेथलहम में रहे, तब तक यानी तीन साल तक श्मिट इस गति से काम करने में शायद ही कभी असफल हुआ हो। श्मिट ऐसा इसलिये कर पाया क्योंकि वह थकने से पहले ही आराम कर लेता था। वह हर घंटे औसतन 26 मिनट काम करता था और 34 मिनट आराम करता था। वह जितनी देर काम करता था, उससे *ज़्यादा* देर आराम करता था - फिर भी वह दूसरों की तुलना में लगभग चार गुना काम कर लेता था! क्या यह सुनी-सुनायी बात है ? नहीं, आप फ्रेडरिक विन्स्लो टैलर की लिखी पुस्तक ***प्रिंसिपल्स ऑफ साइंटिफिक मैनेजमेंट*** के पृष्ठ 41-62 पर यह रिकॉर्ड पढ़ सकते हैं।

मैं दोहरा दूँ : वही करें जो सेना करती है - अक्सर आराम करें। वही करें जो आपका हृदय करता है - थकने से पहले ही आराम करें और आप अपने जाग्रत जीवन के हर दिन में एक घंटा बढ़ा सकते हैं।

• • •

24

आप क्यों थकते हैं – और आप इस बारे में क्या कर सकते हैं

यहाँ एक आश्चर्यजनक और महत्वपूर्ण तथ्य बताया जा रहा है : सिर्फ़ मानसिक श्रम से आप नहीं थक सकते। हास्यास्पद लगता है। परंतु कुछ वर्ष पहले वैज्ञानिकों ने यह पता लगाने की कोशिश की कि मानवीय मस्तिष्क "कार्यक्षमता घटे बिना" कितने समय तक श्रम कर सकता है, जो थकान की वैज्ञानिक परिभाषा है। वैज्ञानिकों को यह जानकर आश्चर्य हुआ कि जब मस्तिष्क सक्रिय होता है तो इससे गुज़रने वाले रक्त में थकान के कोई चिन्ह नहीं होते। अगर आप किसी मज़दूर की नस से उस समय ख़ून निकालें जब वह काम कर रहा हो, तो आप पायेंगे कि उसमें "थकान के विषाक्त तत्व" और थकान के उत्पाद भरे हुये हैं। परंतु अगर आप अल्बर्ट आइन्स्टीन के मस्तिष्क से ख़ून की एक बूँद निकालें तो दिन के अंत में भी आपको इसमें थकान के विषाक्त तत्व नहीं दिखेंगे।

तो जहाँ तक दिमाग़ का सवाल है, यह "आठ या बारह घंटे बाद भी उतनी ही तेज़ी से काम कर सकता है, जितना कि यह पहले घंटे में कर सकता है।" आपका मस्तिष्क कभी नहीं थकता... तो फिर आप क्यों थक जाते हैं ?

मनोविश्लेषकों का दावा है कि हमारी अधिकांश थकान हमारे मानसिक और भावनात्मक नज़रियों के कारण उत्पन्न होती है। इंग्लैंड के प्रख्यात मनोविश्लेषक जे.ए. हैडफील्ड ने अपनी पुस्तक *द साइकोलॉजी ऑफ पॉवर* में कहा है : "हमारी ज़्यादातर थकान का उद्‌गम हमारे मस्तिष्क में होता है; दरअसल विशुद्ध शारीरिक कारणों से उत्पन्न थकान दुर्लभ होती है।"

अमेरिका के प्रख्यात मनोविश्लेषक डॉ. ए.ए. ब्रिल इससे भी आगे जाते हैं। उनका दावा है, "बैठकर काम करने वाले स्वस्थ लोगों की सौ प्रतिशत थकान मनोवैज्ञानिक तत्वों यानी भावनात्मक तत्वों की वजह से होती है।"

बैठकर काम करने वाले कर्मचारी को थकाने वाले भावनात्मक तत्व कौन से हैं ? ख़ुशी ? संतुष्टि ? नहीं! कभी नहीं! बोरियत, नफ़रत, सराहना का अभाव, निरर्थकता का एहसास, जल्दबाज़ी, तनाव, चिंता – यही वे भावनात्मक तत्व हैं जो बैठकर काम करने वाले कर्मचारी को थकाते हैं, सर्दी जैसी बीमारियों के प्रति उसकी प्रतिरोधक क्षमता को कम करते हैं, कार्य करने की उसकी क्षमता को कम करते हैं और उसे सिरदर्द से पीड़ित करके घर भेजते हैं। हाँ, हम थक जाते हैं क्योंकि भावनायें हमारे शरीर में मानसिक तनाव उत्पन्न कर देती हैं।

मेट्रोपोलिटन लाइफ इन्श्योरेंस कंपनी ने थकान पर एक पुस्तिका में इस ओर संकेत किया : "कड़ी मेहनत से शायद ही ऐसी थकान उत्पन्न होती हो, जिसका इलाज आराम या अच्छी नींद न कर पाती हो। चिंता, तनाव और भावनात्मक उथल-पुथल थकान के तीन सबसे बड़े कारण हैं। अक्सर यही दोषी होते हैं, जबकि शारीरिक या मानसिक श्रम को दोषी समझा जाता है... याद रखें कि तनावग्रस्त मांसपेशी एक काम कर रही मांसपेशी है। निश्चिंत रहो। महत्त्वपूर्ण कर्तव्यों के लिये ऊर्जा बचा कर रखो।"

आप जहाँ हैं, वहीं पर ठहर जायें और ख़ुद की जाँच करें। यह पंक्तियाँ पढ़ते समय क्या आप पुस्तक को घूर रहे हैं ? क्या आपको आँखों के बीच तनाव का अनुभव हो रहा है ? क्या आप कुर्सी में विश्राम की अवस्था में बैठे हैं ? या आप अपने कंधों पर तनाव डाल रहे हैं ? क्या आपके चेहरे की मांसपेशियाँ तनावग्रस्त हैं ? अगर आपका पूरा शरीर किसी पुराने चिथड़े की गुड़िया जितना नर्म और विश्रांत नहीं है, तो इसी क्षण आप नर्वस और मांसपेशीय तनाव उत्पन्न कर रहे हैं। ***आप नर्वस तनाव और नर्वस थकान उत्पन्न कर रहे हैं!***

हम मानसिक कार्य करने में अनावश्यक तनाव उत्पन्न क्यों करते हैं ? डेनियल डब्ल्यू. जोसेलिन कहते हैं : "मैंने पाया है कि प्रमुख बाधा... यह लगभग शाश्वत विश्वास है कि कड़ी मेहनत के लिये प्रयास का भाव आवश्यक है, वरना काम अच्छी तरह से नहीं हो सकता।" इसलिये जब हम एकाग्र होते हैं तो अपनी त्यौरियाँ चढ़ा लेते हैं। हम अपने कंधे तान लेते हैं। हम प्रयास करते समय अपनी उन मांसपेशियों को भी सक्रिय कर लेते हैं, जो काम करने में हमारे मस्तिष्क को किसी तरह से सहायता नहीं पहुँचातीं।

यहाँ एक आश्चर्यजनक और दुखद सच्चाई बतायी जा रही है : करोड़ों लोग जो डॉलर गँवाने की सपने में भी कल्पना नहीं कर सकते, अपनी ऊर्जा बर्बाद कर रहे हैं, गँवा रहे हैं, सिंगापुर के सात शराबी जहाज़ियों जितनी बेफ़िक्री से।

इस मानसिक थकान का जवाब क्या है ? विश्राम! विश्राम! विश्राम! ***जब आप काम कर रहे हों तो विश्राम करना सीखें!***

आसान ? नहीं। आपको शायद अपनी जीवन भर की आदतों को बदलना पड़ेगा। परंतु इसकी कोशिश करना ज़रूरी है, क्योंकि शायद इससे आपके जीवन में क्रांतिकारी परिवर्तन हो जायेगा! विलियम जेम्स ने अपने निबंध "द गॉस्पेल ऑफ रिलैक्सेशन" में लिखा था : "अमेरिकी अतितनाव, हड़बड़ी, आपाधापी, चेहरे की गहनता और दर्द ... *बुरी आदतें* हैं, न इससे कम, न इससे

अधिक।" *तनाव एक आदत है। विश्राम करना एक आदत है। और बुरी आदतें छोड़ी जा सकती हैं तथा अच्छी आदतें डाली जा सकती हैं।*

आप किस तरह विश्राम करते हैं? क्या आप अपने मस्तिष्क से शुरू करते हैं या आप अपनी नर्व्ज़ से शुरू करते हैं? आप दोनों में से किसी तरीक़े से शुरू नहीं करते। आप हमेशा अपनी *मांसपेशियों को विश्राम देने से* शुरू करते हैं!

आइये, कोशिश करें। यह बताने के लिये कि ऐसा कैसे किया जाता है, मान लीजिये हम आपकी आँखों से शुरू करें। इस पैरेग्राफ को पूरा पढ़ जायें और जब आप अंत तक पहुँचें तो पीछे टिक जायें, अपनी आँखें बंद कर लें और *आँखों से चुपचाप कहें*, "ढीला छोड़ो। ढीला छोड़ो। तनाव मत लो, त्यौरियाँ चढ़ाना बंद करो। ढीला छोड़ो। ढीला छोड़ो।" इसे एक मिनट तक बहुत धीरे-धीरे, बार-बार दोहरायें।

क्या आपने यह नहीं पाया कि कुछ सेकंड बाद आपकी आँखों की मांसपेशियों ने आपके *आदेश का पालन करना शुरू कर दिया*? क्या आपको नहीं लगा जैसे किसी हाथ ने सारा तनाव मिटा दिया? हाँ, यह अविश्वसनीय सा लगता है, परंतु आपने उस एक मिनट में विश्राम की कला की कुंजी और रहस्य को पूरी तरह जान लिया है। आप यही काम जबड़े, चेहरे, गले, कंधे या पूरे शरीर के साथ कर सकते हैं। परंतु शरीर का सबसे महत्वपूर्ण अंग है आँख। युनिवर्सिटी ऑफ शिकागो के डॉ. एडमंड जैकबसन ने तो यहाँ तक कहा है कि अगर आप अपनी आँखों की मांसपेशियों को पूरी तरह विश्राम करवा सकते हैं, तो आप अपनी सारी मुश्किलों को भूल सकते हैं! आँखें नर्वस टेंशन को राहत देने में इसलिये इतनी महत्वपूर्ण हैं क्योंकि वे शरीर द्वारा प्रयुक्त नर्वस ऊर्जा का एक चौथाई हिस्सा इस्तेमाल करती हैं। इसीलिये पूरी तरह अच्छी दृष्टि के बावज़ूद कई लोग "आँखों के तनाव" से पीड़ित होते हैं। वे अपनी आँखों पर तनाव डाल रहे होते हैं।

प्रसिद्ध उपन्यासकार विकी बॉम ने कहा कि जब वे बच्ची थीं तो उन्हें एक बूढ़ा आदमी मिला, जिसने उन्हें जीवन का एक महत्वपूर्ण सबक़ सिखाया। गिर जाने की वजह से उनके घुटने छिल गये थे और उनकी कलाई में चोट लग गयी थी। बूढ़े आदमी ने उन्हें उठाया। वह किसी ज़माने में एक सर्कस में जोकर था और उसने उनके कपड़ों से धूल झटकारते हुये कहा : "तुम्हें इस वजह से चोट लगी क्योंकि तुम यह नहीं जानती थीं कि किस तरह ख़ुद को ढीला छोड़ा जाये। तुम्हें ऐसा अभिनय करना था जैसे तुम किसी मोज़े की तरह नर्म हो, किसी पुराने, सिलवटों भरे मोज़े की तरह। आओ, मैं तुम्हें बताता हूँ ऐसा कैसे किया जाता है।"

बूढ़े आदमी ने विकी बॉम और दूसरे बच्चों को बताया कि कैसे गिरा जाता है, कैसे कलाबाज़ियाँ खायी जाती हैं और कैसे शरीर के करतब दिखाये जाते हैं। और हमेशा वह ज़ोर देता था, "अपने आपको किसी पुराने सिलवटों भरे मोज़े की तरह मानो। तब आपको विश्राम की अवस्था में आना ही होगा।"

आप लगभग हमेशा विश्राम कर सकते हैं, चाहे आप कहीं भी हों। सिर्फ़ विश्राम करने की कोशिश न करें। *विश्राम की अवस्था समस्त तनाव और प्रयास का अभाव है।* आराम और विश्राम के बारे में सोचें। अपनी आँखें और चेहरे की मांसपेशियों के शिथिल होने के बारे में सोचने से शुरू करें, बार-बार कहें, "ढीला छोड़ो... ढीला छोड़ो। ... ढीला छोड़ो और विश्राम करो।" अपने चेहरे की मांसपेशियों से अपने शरीर के केंद्र तक ऊर्जा को प्रवाहित होते हुये महसूस कीजिये। अपने आपको किसी बच्चे की तरह तनावरहित महसूस कीजिये।

यही महान गायक गैली-कर्की किया करती थीं। हेलन जैप्सन ने मुझे बताया कि वे गैली-कर्की को प्रदर्शन से पहले देखती थीं और वे एक कुर्सी पर अपनी सभी मांसपेशियाँ ढीली छोड़कर बैठती थीं और उनका निचला जबड़ा तो इतना ढीला रहता था कि यह सचमुच नीचे लटक जाता था। यह एक बहुत बढ़िया आदत

थी – इससे वे मंच पर आने से पहले नर्वस होने से बच जाती थीं; इससे वे थकान से भी बच जाती थीं।

यहाँ आपको चार सुझाव दिये जा रहे हैं, जिससे आपको विश्राम की कला सीखने में मदद मिलेगी :

1. अक्सर आराम करें। अपने शरीर को पुराने मोज़े की तरह बिलकुल ढीला छोड़ दें। अपनी काम करने वाली डेस्क पर मैं एक पुराना, मेहरून रंग का मोज़ा इसीलिये रखता हूँ ताकि मुझे याद रहे कि अपने आपको कितना ढीला छोड़ना है। अगर आपके पास मोज़ा नहीं है, तो एक बिल्ली से काम चल जायेगा। क्या आपने कभी किसी बिल्ली को सूरज की रोशनी में सोते देखा है ? अगर हाँ, तो आपने देखा होगा कि उसके दोनों कान उतने ही ढीले होकर लटक रहे होंगे जैसे कोई गीला अख़बार। भारत के योगी भी कहते हैं कि अगर आप विश्राम की कला में निपुण होना चाहते हैं तो बिल्ली का अध्ययन करें। मैंने कभी किसी बिल्ली को थकते नहीं देखा, किसी बिल्ली को नर्वस ब्रेकडाउन का शिकार होते नहीं देखा, किसी बिल्ली को अनिद्रा, चिंता या पेट के अल्सर से पीड़ित नहीं देखा। आप शायद इन सभी विपत्तियों से बच सकते हैं बशर्ते आप उस तरह से विश्राम करना सीख जायें, जिस तरह बिल्ली करती है।
2. जहाँ तक संभव हो, आरामदेह स्थिति में काम करें। याद रखें कि शरीर पर तनाव डालने से आपके कंधों में दर्द होने लगेगा और आप नर्वस थकान के शिकार हो जायेंगे।
3. हर दिन पाँच या छह बार अपनी जाँच करें और ख़ुद से पूछें, “यह काम जितना मुश्किल है, क्या मैं इसे उससे ज़्यादा मुश्किल बना रहा हूँ ? क्या मैं अपनी उन मांसपेशियों को तनाव में रख रहा हूँ जिनका उपयोग मैं

इस काम को करने में नहीं कर रहा हूँ ? इससे आपको विश्राम की *आदत* डालने में मदद मिलेगी और जैसा डॉ. डेविड हैरॉल्ड फिंक कहते हैं, "जो लोग मनोविज्ञान को बहुत अच्छी तरह जानते हैं, वे जानते हैं कि आदतें एक के मुक़ाबले दो पॉइंट से जीत जाती हैं।"

4. दिन के आख़िर में दुबारा जाँच करें और ख़ुद से पूछें, "मैं कितना थका हुआ हूँ ? अगर मैं थका हुआ हूँ, तो इसका मतलब यह नहीं है कि मैंने ज़्यादा मानसिक काम किया है, बल्कि इसका मतलब यह है कि मैंने अपना काम ठीक तरह से नहीं किया है।" डैनियल डब्ल्यू. जौसेलिन कहते हैं, "मैं अपनी उपलब्धि इस बात से नहीं नापता कि मैं कितना थका हुआ हूँ, बल्कि इस बात से नापता हूँ कि मैं कितना थका हुआ नहीं हूँ। जब मैं किसी दिन के आख़िर में विशेष थकान अनुभव करता हूँ या जब चिड़चिड़ेपन से यह साबित होता है कि मेरी नर्व्ज़ थकी हुई हैं तो बिना किसी संदेह के मैं समझ जाता हूँ कि उस दिन मेरे काम की क्वालिटी और क्वांटिटी दोनों ही संतोषजनक नहीं रही हैं।" अगर अमेरिका का हर बिज़नेसमैन यह सबक़ सीख ले, तो हाई ब्लड प्रेशर से मरने वालों की संख्या रातोरात घट जायेगी। और हम अपने सेनिटोरियम और पागलख़ानों को ऐसे लोगों से भरना बंद कर देंगे जो थकान और चिंता के कारण मानसिक रूप से टूट चुके हैं।

• • •

25

किस तरह थकान से बचें – और युवा दिखें

पिछले साल शरद ऋतु में एक दिन मेरी सहयोगी बॉस्टन में चलने वाली मेडिकल क्लास के एक सेशन में भाग लेने गयी, जो शायद दुनिया की सबसे अजीब मेडिकल क्लासों में से एक है। मेडिकल ? हाँ। यह सप्ताह के एक दिन बॉस्टन डिस्पेंसरी में लगती है और नियमित तथा पूर्ण चिकित्सकीय परीक्षणों से गुज़रने के बाद ही मरीज़ इसमें शामिल हो पाते हैं। परंतु दरअसल यह क्लास एक मनोवैज्ञानिक क्लीनिक है। हालाँकि इसे आधिकारिक रूप से एप्लाइड साइकोलॉजी की क्लास (पूर्व में विचार नियंत्रण क्लास - वह नाम जो प्रथम सदस्य ने सुझाया था) कहा जाता है, परंतु इसका असली उद्‌देश्य उन लोगों की समस्याओं को दूर करना है *जो चिंता की वजह से बीमार* हैं। और इन मरीज़ों में भावनात्मक रूप से विचलित कई गृहिणियाँ भी हैं।

चिंता करने वालों के लिये इस तरह की क्लास शुरू कैसे हुई ? 1930 में डॉ. जोसेफ एच. प्रैट ने - जो सर विलियम ऑस्लर के शिष्य थे - देखा कि बॉस्टन डिस्पेंसरी में आने वाले उनके कई मरीज़ों में शारीरिक रूप से कोई गड़बड़ी नहीं थी; फिर भी उनमें सभी शारीरिक लक्षण दिख रहे थे। एक महिला के हाथ

"आर्थ्राइटिस" की वजह से इतने कमज़ोर थे कि वह उनका प्रयोग नहीं कर पाती थी। दूसरी महिला "पेट के कैंसर" के दर्दनाक लक्षणों की वजह से तड़प रही थी। बाक़ियों को कमर या सिर में दर्द था या वे शारीरिक रूप से बहुत बुरी तरह थके थे या उन्हें अस्पष्ट दर्द होते थे। *वे सचमुच इस दर्द का अनुभव करते थे*। परंतु विस्तृत चिकित्सकीय परीक्षण करने के बाद भी नतीजा यही निकलता था कि इन लोगों के साथ शारीरिक दृष्टि से कोई गड़बड़ी नहीं थी। कई पुरातनपंथी डॉक्टरों ने कहा होता कि यह सब कल्पना की उपज है – "सिर्फ़ मन का वहम है।"

परंतु डॉ. प्रैट ने महसूस किया कि इन मरीज़ों को यह बताने से कोई फ़ायदा नहीं था कि वे "घर जायें और भूल जायें।" वे जानते थे कि इनमें से अधिकांश लोग बीमार नहीं होना चाहते थे; अगर बीमारियों को भूलना उनके लिये इतना ही आसान होता, तो वे ख़ुद ही यह काम कर चुके होते। तो क्या किया जा सकता था?

उन्होंने यह क्लास शुरू की – हाशिये पर खड़े चिकित्सकीय संदेहकारियों की शंकाओं के बावज़ूद। और इस क्लास ने जादू कर दिया! इसके शुरू होने के बाद से आज तक इसमें भाग लेने वाले हज़ारों मरीज़ों का "इलाज" हो चुका है। कई मरीज़ बरसों से आ रहे हैं – उतनी ही निष्ठा से, जितनी निष्ठा से वे चर्च जाते हैं। मेरी सहयोगी ने एक महिला से बात की जिसने पिछले नौ साल में एक भी क्लास नहीं छोड़ी थी। उसने कहा कि जब वह पहले इस क्लीनिक में आयी, तो उसे पूरा विश्वास था कि उसके साथ फ़्लोटिंग किडनी की समस्या थी और किसी तरह का हृदय रोग भी। वह इतनी चिंतित और तनावग्रस्त थी कि कभी-कभार उसकी आँखों की रोशनी चली जाती थी और उसे अंधेपन के दौरों का सामना करना पड़ता था। फिर भी आज वह आत्मविश्वासी और हँसमुख है तथा उसका स्वास्थ्य अच्छा है। वह सिर्फ़ चालीस साल की दिख रही थी, जबकि उसका पोता उसकी गोद में सो रहा था। "मैं अपनी पारिवारिक समस्याओं के बारे में इतनी चिंता

किया करती थी कि मेरी इच्छा होती थी कि मर जाऊँ। परंतु मैंने इस क्लीनिक में चिंता की निरर्थकता को पहचाना। मैंने इसे रोकना सीखा। और अब मैं ईमानदारी से कह सकती हूँ कि मेरी ज़िंदगी शांत है।"

क्लास के चिकित्सा सलाहकार डॉ. रोज़ हिलफर्डिंग ने कहा कि उनके विचार से चिंता कम करने की सबसे अच्छी दवाओं में से एक है "अपनी समस्याओं के बारे में किसी विश्वसनीय व्यक्ति से बात करना। हम इसे कैथारसिस कहते हैं," उनका कहना है। "जब मरीज़ यहाँ आते हैं, तो वे अपनी समस्याओं के बारे में विस्तार से बातें कर सकते हैं, जब तक कि चिंतायें उनके दिमाग़ से बाहर न निकल जायें। अपनी चिंताओं में अकेले घुलते रहने और उन्हें अपने दिमाग़ में ही रखने से हमें बहुत नर्वस टेंशन हो जाता है। हम सभी को अपनी समस्यायें बाँटना होती हैं। हमें चिंता को बाँटना होता है। हमें यह महसूस करना होता है कि इस दुनिया में कोई है जो हमारी बात सुनना और समझना चाहता है।"

मेरी सहयोगी इस बात की गवाह है क्योंकि उसने एक महिला को सिर्फ़ बोलकर अपनी चिंताओं के जाल से बाहर निकलते देखा। उसकी चिंतायें घरेलू थीं और जब उसने पहली बार बोलना शुरू किया तो वह हज़ारों बल पड़ी किसी स्प्रिंग की तरह थी। पर लगातार बोलने के बाद धीरे-धीरे वह शांत होने लगी। इंटरव्यू ख़त्म होने तक वह सचमुच मुस्करा रही थी। क्या समस्या सुलझ गयी थी ? नहीं, यह इतना आसान नहीं था। किसी से बात करने की वजह से बदलाव आया; थोड़ी सी सलाह और थोड़ी सी मानवीय सहानुभूति मिलने से बदलाव आया। जिस चीज़ से सचमुच बदलाव आया, वह थी – शब्दों में छुपी प्रबल उपचारक शक्ति!

साइकोएनालिसिस या मनोविश्लेषण कुछ हद तक शब्दों की उपचारक शक्ति पर आधारित है। फ्रायड के ज़माने से मनोविश्लेषक यह जानते हैं कि अगर कोई मरीज़ अपनी अंदरूनी परेशानियों के बारे में बोलता रहे, सिर्फ़ बोलता रहे तो इसी से

उसे राहत मिल जाती है। ऐसा क्यों होता है? शायद इसलिये क्योंकि बोल देने से हमें अपनी समस्याओं के बारे में बेहतर अंतर्दृष्टि प्राप्त होती है, बेहतर दृष्टिकोण मिलता है। कोई भी पूरा जवाब नहीं जानता। परंतु हम सभी जानते हैं कि "अपने दिल का ग़ुबार निकाल देने से" बोझ हल्का हो जाता है और हमें तत्काल राहत मिलती है।

जब भी अगली बार हमें कोई भावनात्मक समस्या सताये, तो क्यों न हम बात करने के लिये अपने चारों तरफ़ किसी को खोजें? मेरा यह मतलब नहीं है कि हम हर किसी से शिकायतें करने लगें या उसके सामने रोना रोकर अपने आपको असहनीय बना लें। हम किसी ऐसे आदमी को चुन लें जिस पर हम भरोसा कर सकते हों और फिर अपॉइंटमेंट ले लें। शायद कोई रिश्तेदार, डॉक्टर, वकील, पादरी या पुजारी। फिर उस व्यक्ति से कहें : "मुझे आपकी सलाह चाहिये, मेरी एक समस्या है और मैं चाहता हूँ कि जब मैं इसे शब्दों में कहूँ तो आप सुनें। शायद आप मुझे सलाह दे पायें। शायद आप इसका कोई ऐसा पहलू देख सकें जो मैं ख़ुद नहीं देख सकता। परंतु ऐसा न भी हो तो भी अगर आप बैठकर सिर्फ़ मेरी पूरी बात सुनेंगे तो भी आप मेरी बहुत मदद करेंगे।"

दिल का ग़ुबार निकालना बॉस्टन डिस्पेंसरी क्लास में प्रयुक्त होने वाली मुख्य चिकित्सा-विधियों में से एक है। यहाँ पर कुछ और विचार दिये जा रहे हैं जो हमने उस क्लास में सीखे – ऐसी चीज़ें जो आप अपने घर पर कर सकते हैं।

1. *"प्रेरणादायक" अध्ययन के लिये एक डायरी या नोटबुक रखें।* इसमें आप वे सारी कवितायें, छोटी प्रार्थनायें या कोटेशन लिख सकते हैं जो आपको अच्छे लगते हैं और जिनसे आपको प्रेरणा मिलती है। फिर जब भी किसी दिन आपका मनोबल कम हो और आप उदास हों, तो आपको इस डायरी में निराशा दूर करने

का नुस्ख़ा मिल सकता है। कई मरीज़ वर्षों से ऐसी डायरियाँ रख रहे हैं। उनका कहना है कि यह एक तरह का आध्यात्मिक "इंजेक्शन" है।

2. *दूसरों की कमियों के बारे में ज़्यादा देर तक न सोचें!* क्लास की एक महिला चिड़चिड़ी और ग़ुस्सैल पत्नी के रूप में विकसित हो रही थी तथा क्लीनिक में उससे यह सवाल पूछा गया, "अगर आपका पति मर जाये, तो आप क्या करेंगी?" इस विचार से उसे इतना सदमा लगा कि वह तत्काल बैठ गयी और उसने अपने पति के अच्छे गुणों की सूची बनायी। उसकी सूची लंबी थी। अगर आपको लगता है कि आपकी भी शादी किसी जल्लाद या तानाशाह से हुई है, तो क्यों न आप भी ऐसी ही सूची बनायें? शायद अपने पति के अच्छे गुणों की सूची बनाने के बाद आपको लगे कि आप ऐसे आदमी से मिलना चाहेंगी।

3. *लोगों में रुचि लें!* ऐसे लोगों में दोस्ताना और स्वस्थ रुचि लें, जो आपके साथ जुड़े हुये हैं। एक बीमार महिला अपने आपको इतनी "विशिष्ट" समझती थी कि उसका एक भी दोस्त या सहेली नहीं थी। उसे यह सलाह दी गयी कि वह अगली बार जिस भी व्यक्ति से मिले, उसके बारे में एक कहानी बनाने की कोशिश करे। उसने बस में यह काम शुरू किया और वहाँ उसे जो लोग दिखे, वह उनके बारे में सोचने लगी कि उनकी पृष्ठभूमियाँ और रहन-सहन कैसा होगा। उसने कल्पना करने की कोशिश की कि उनका जीवन कैसा होगा। इसके बाद एक अजीब चीज़ हुई, वह हर जगह लोगों से बात करने लगी – और आज वह सुखी, सजग और आकर्षक महिला है, जिसके "दर्द" का इलाज हो चुका है।

4. *रात को सोने जाने से पहले अगले दिन का टाइमटेबल बना लें।* क्लास ने पाया कि कई लोग काम के बोझ से दबे रहते हैं, अनगिनत काम के कारण तनावग्रस्त रहते हैं और इसके बाद भी वे काम पूरा नहीं कर पाते। घड़ी उन्हें दौड़ाती रहती है। इस जल्दबाज़ी के एहसास और चिंता का इलाज करने के लिये यह सुझाव दिया गया कि वे हर रात को अगले दिन का टाइमटेबल बना लें। क्या हुआ ? ज़्यादा काम, कम थकान, गर्व और उपलब्धि का एहसास। यही नहीं, विश्राम और आनंद के लिये समय भी बच गया।

5. *आख़िर में – थकान और तनाव से बचें। विश्राम करें! विश्राम करें!* तनाव और थकान आपको जितना जल्दी बूढ़ा बना देते हैं, शायद आप किसी और चीज़ से उतने बूढ़े नहीं दिखते। कोई दूसरी चीज़ आपके चेहरे की ताज़गी और सुंदरता को इतनी तेज़ी से कम नहीं कर सकती। जब मेरी सहयोगी बॉस्टन विचार नियंत्रण क्लास में एक घंटे तक बैठी, तो क्लास के डायरेक्टर प्रोफ़ेसर पॉल ई. जॉनसन ने विश्राम करने के कुछ सिद्धांत बताये जिनका ज़िक्र हम पिछले अध्याय में कर चुके हैं। मेरी सहयोगी ने भी सबके साथ विश्राम के व्यायाम किये और दस मिनट बाद जब यह व्यायाम ख़त्म हुये, तो वह अपनी कुर्सी पर बैठे-बैठे ही लगभग सो चुकी थी! इस शारीरिक विश्राम पर इतना ज़ोर क्यों दिया जाता है ? क्योंकि क्लीनिक जानता है –जैसा कि सभी डॉक्टर जानते हैं– कि अगर आप लोग चिंता के जाल से बाहर निकलना चाहते हैं तो उन्हें विश्राम करना ही पड़ेगा!

हाँ, आपको विश्राम करना ही पड़ेगा! अजीब बात यह है कि विश्राम करने के लिये एक अच्छी सख़्त फ़र्श किसी स्प्रिंग लगे

बिस्तर से ज़्यादा अच्छी होती है। इससे अधिक प्रतिरोध प्राप्त होता है। यह मेरुदंड के लिये अच्छी है।

ठीक है, तो यहाँ पर कुछ व्यायाम दिये जा रहे हैं जो आप कर सकते हैं। एक सप्ताह तक उन्हें आज़माइये – और देखिये कि आप अपनी सुंदरता और मनःस्थिति के लिये कितना कुछ कर पाते हैं!

1. जब भी थकान महसूस हो, फ़र्श पर लेट जायें। पूरी तरह लंबे होकर लेटें। अगर आप करवट बदलना चाहें तो बदल लें। दिन में दो बार ऐसा करें।
2. अपनी आँखें बंद कर लें। जैसा प्रोफ़ेसर जॉनसन सुझाव देते हैं, आप यह कह सकते हैं : "सूर्य ऊपर चमक रहा है। आसमान नीला और चमकीला है। प्रकृति शांत है और दुनिया के नियंत्रण में है – और मैं, प्रकृति का शिशु होने के नाते ब्रह्मांड के संयोजन में हूँ।" या – इससे भी बेहतर है – प्रार्थना करें।
3. अगर आप समय की कमी के कारण लेट नहीं सकते, तो कुर्सी पर सीधे बैठकर भी लगभग यही प्रभाव हासिल कर सकते हैं। विश्राम करने के लिये सख़्त, सीधी कुर्सी सबसे अच्छी होती है। कुर्सी पर सीधे तनकर बैठिये, मिस्र की किसी मूर्ति की तरह और अपने हाथों को आराम करने दीजिये – हथेलियाँ नीचे, आपकी जाँघों के ऊपर।
4. अब धीमे से अपने पैर के अँगूठों को तान लें – फिर उन्हें ढीला छोड़ दें। अपने पैर की मांसपेशियों को तान लें – और फिर उन्हें ढीला छोड़ दें। धीरे-धीरे ऊपर बढ़ते हुये पूरे शरीर की सभी मांसपेशियों के साथ ऐसा करें, जब तक कि आप गर्दन तक न पहुँच जायें। फिर अपने सिर को घुमाइये जैसे यह कोई

फुटबॉल हो। अपनी मांसपेशियों से कहिये (पिछले अध्याय की तरह), ढीला छोड़ो... ढीला छोड़ो...।"

5. धीमी, एक गति से साँस लेकर अपनी नर्व्ज़ को शांत कीजिये। गहराई से साँस लीजिये। भारत के योगी सच कहते थे : लयबद्ध श्वसन (प्राणायाम) नर्व्ज़ को शांत करने के सर्वश्रेष्ठ उपायों में से एक है।

6. अपने चेहरे की झुर्रियों और त्यौरियों के बारे में सोचें और उनकी सिलवटें मिटा लें। आपकी भौंहों के बीच और आपके मुँह के दोनों ओर जो चिंता की लकीरें बन गयी हैं, उन्हें मिटा लें। दिन में दो बार ऐसा करें और शायद आपको ब्यूटी पार्लर में जाकर मसाज कराने की कोई ज़रूरत नहीं पड़ेगी। शायद यह रेखायें बाहर से मिटने के बजाय अंदर से मिट जायेंगी।

• • •

26

काम करने की चार अच्छी आदतें जो थकान और चिंता को होने नहीं देंगी

काम करने की पहली अच्छी आदत :

अपनी टेबल से सारे काग़ज़ हटा दें, सिर्फ़ वही काग़ज़ रहने दें जो वर्तमान समस्या से संबंधित हैं।

शिकागो और नॉर्थवेस्टर्न रेलवे के प्रेसिडेंट रॉलैन्ड एल. विलियम्स ने एक बार कहा था, "जिस आदमी की टेबल पर बहुत से मामलों से संबंधित काग़ज़ों का अंबार लगा होता है, वह अधिक आसानी और कुशलता से तभी काम कर पायेगा जब वह अपनी टेबल से सारे काग़ज़ हटा दे और वहाँ पर सिर्फ़ तात्कालिक समस्या से संबंधित काग़ज़ रहने दे। मैं इसे अच्छी हाउसकीपिंग कहता हूँ और यह कार्यकुशलता की ओर पहला क़दम है।"

अगर आप वॉशिंगटन, डी.सी. में लाइब्रेरी ऑफ काँग्रेस में जायें, तो आप छत पर एक वाक्य लिखा देखेंगे – वह वाक्य जो पोप नाम कवि ने लिखा है :

"व्यवस्था ईश्वर का प्रथम नियम है।"

व्यवस्था बिज़नेस का पहला नियम भी होना चाहिये। परंतु क्या ऐसा है ? नहीं, औसत टेबल ऐसे काग़ज़ों से भरी रहती है जिन्हें कई सप्ताहों से नहीं देखा गया है। दरअसल न्यू ऑर्लियन्स के एक प्रकाशक ने एक बार मुझे बताया कि जब उसकी सेक्रेटरी ने एक बार उसकी मेज़ की सफ़ाई की, तो सफ़ाई में उसे वह टाइपराइटर मिला जो दो साल से लापता था।

डाक, रिपोर्ट और मेमो से भरी हुई मेज़ अपने आप में दुविधा, तनाव और चिंता उत्पन्न करने में सक्षम है। यह इससे भी बुरी है। लगातार यह याद दिलाये जाने की वजह से कि "दस लाख काम पड़े हैं और उन्हें करने का समय नहीं है" आपको चिंता कर-करके न सिर्फ़ तनाव और थकान हो सकती है, बल्कि हाई ब्लड प्रेशर, हृदय रोग और आमाशय के अल्सर भी हो सकते हैं।

पेनसिल्वैनिया युनिवर्सिटी के ग्रैजुएट स्कूल ऑफ़ मेडिसिन के प्रोफ़ेसर डॉ. जॉन एच. स्टोक्स ने अमेरिकन मेडिकल एसोसियेशन के राष्ट्रीय सम्मेलन में एक रिसर्च पेपर पढ़ा - जिसका शीर्षक था "फंक्शनल न्यूरॉसिस एज़ कॉम्प्लिकेशन्स ऑफ ऑरगैनिक डिसीज़"। इस रिसर्च पेपर में डॉ. स्टोक्स ने "मरीज़ की मानसिक अवस्था में क्या देखें" शीर्षक में ग्यारह शर्तों को सूचीबद्ध किया। यहाँ उस सूची की पहली शर्त दी जा रही है :

अनिवार्यता का भाव; आगे करने वाले कामों की अनंत शृंखला जिन्हें आपको करना ही है।

परंतु अपनी मेज़ ख़ाली करने और निर्णय लेने जैसे आसान उपाय से आप इस अति दबाव से, इस अनिवार्यता से, इस आगे करने वाले कामों की अनंत शृंखला से जिन्हें आपको करना ही है, कैसे बच सकते हैं ? प्रसिद्ध मनोविश्लेषक डॉ. विलियम एल. सैडलर ने एक मरीज़ के बारे में बताया जो इस आसान तकनीक का प्रयोग करके नर्वस ब्रेकडाउन का शिकार होने से बच गया। यह आदमी

एक बड़ी शिकागो फ़र्म में एक्ज़ीक्यूटिव था। जब वह डॉ. सैडलर के ऑफ़िस में आया तो वह तनावग्रस्त और चिंतित था। वह जानता था कि वह नर्वस ब्रेकडाउन की तरफ़ बढ़ रहा था, परंतु वह काम करना नहीं छोड़ सकता था। उसे मदद की ज़रूरत थी।

डॉ. सैडलर कहते हैं, "जब वह आदमी मुझे अपनी कहानी सुना रहा था, तभी टेलीफोन की घंटी बजी। हॉस्पिटल से फोन था और मामले को टालने के बजाय मैंने तभी निर्णय पर पहुँचने का समय लिया। मैं यथासंभव समस्याओं को हमेशा पहली ही बार में निबटा देता हूँ। जैसे ही मैंने फोन का रिसीवर रखा, फोन की घंटी दुबारा बजी। दुबारा एक अर्जेन्ट मामला, जिस पर चर्चा करने में मैंने एक बार फिर समय लिया। तीसरा व्यवधान तब आया जब मेरा एक सहकर्मी गंभीर रूप से बीमार मरीज़ के बारे में सलाह लेने के लिये मेरे पास आया। उसके साथ चर्चा ख़त्म करने के बाद मैं अपने मरीज़ की तरफ़ मुड़ा और उससे माफ़ी माँगने लगा कि उसे इतना इंतज़ार करना पड़ा। परंतु उसका चेहरा दमक रहा था। उसके चेहरे पर अब एक अलग ही भाव दिख रहा था।"

उस आदमी ने सैडलर से कहा, "माफ़ी मत माँगिये, डॉक्टर। मुझे लगता है, पिछले दस मिनट में मैं यह समझ गया हूँ कि मेरे साथ क्या गड़बड़ी है। मैं अब अपने ऑफ़िस जा रहा हूँ, अपनी काम करने की आदतों को बदलने जा रहा हूँ... परंतु जाने से पहले, अगर आप बुरा न मानें तो मैं आपकी डेस्क देखना चाहूँगा?"

डॉ. सैडलर ने अपनी डेस्क के दराज़ खोल दिये। सब ख़ाली थे – सप्लाई को छोड़कर। मरीज़ ने पूछा, "मुझे बतायें, आप अपने बचे हुये काम को कहाँ रखते हैं?"

"पूरा करके," सैडलर ने जवाब दिया।

"और आप अपनी वह डाक कहाँ रखते हैं जिसका जवाब आपने नहीं दिया है?"

"जवाब देकर!" सैडलर ने उसे बताया। "मेरा नियम है कि बिना जवाब दिये मैं कभी किसी पत्र को नीचे नहीं रखता। मैं तत्काल अपनी सेक्रेटरी को जवाब लिखवा देता हूँ।"

छह सप्ताह बाद इसी एक्ज़ीक्यूटिव ने डॉ. सैडलर को अपने ऑफ़िस में आने का निमंत्रण दिया। वह बदल गया था - और उसकी मेज़ भी। उसने अपनी डेस्क के दराज़ खोलकर दिखाये कि वहाँ कोई अधूरा काम नहीं पड़ा है। इस एक्ज़ीक्यूटिव ने कहा, "छह सप्ताह पहले मेरे पास दो अलग-अलग ऑफ़िसों में तीन अलग-अलग मेज़ें थीं - और वे मेरे काम के बोझ से दबी हुई थीं। मैं कभी काम पूरा नहीं कर पाता था। आपसे चर्चा करने के बाद मैं यहाँ आया और मैंने ट्रक भर रिपोर्टें और पुराने काग़ज़ साफ़ किये। अब मैं सिर्फ़ एक मेज़ पर काम करता हूँ, मामलों को सामने आते ही निपटा देता हूँ और अब अधूरे काम का पहाड़ मुझे डराता नहीं है, तनावग्रस्त नहीं करता, चिंतित नहीं करता। परंतु सबसे हैरानी की बात यह है कि मैं पूरी तरह ठीक हो चुका हूँ। अब मेरे स्वास्थ्य में किसी तरह की कोई गड़बड़ी नहीं है!"

अमेरिकी सुप्रीम कोर्ट के पूर्व मुख्य न्यायाधीश चार्ल्स इवान्स ह्यूज़ का कहना है, "आदमी ज़्यादा काम करने से नहीं मरते। वे चिंता और ग़लत आदतों की वजह से मरते हैं।" सच बात है - वे ग़लत आदतों की वजह से अपनी ऊर्जा को बर्बाद कर देते हैं - और हमेशा चिंता में घुलते रहते हैं क्योंकि उनका काम ख़त्म होने का नाम ही नहीं लेता।

काम करने की दूसरी अच्छी आदत :
कामों को उनके महत्व के क्रम से करें।

देशव्यापी सिटीज़ सर्विस कंपनी के संस्थापक हेनरी एल. डोहर्टी ने कहा था कि चाहे वे कितनी भी तनख़्वाह देने के लिये तैयार हों, उन्होंने पाया है कि दो योग्यताओं का मिलना लगभग असंभव है।

दो अनमोल योग्यतायें : पहली, सोचने की योग्यता, दूसरी, कामों को उनके महत्व के क्रम से करने की योग्यता।

चार्ल्स लकमैन ने शून्य से शुरुआत की परंतु बारह साल में वे पेप्सोडेंट कंपनी के प्रेसिडेंट पद पर पहुँच गये। उनकी सालाना तनख़्वाह एक लाख डॉलर थी - और इसके अलावा भी उन्होंने दस लाख डॉलर कमाये। उनका यह दावा है कि उनकी सफलता का काफ़ी कुछ श्रेय इन्हीं दो योग्यताओं को दिया जा सकता है, जिनका मिलना हेनरी एल. डोहर्टी के अनुसार लगभग असंभव है। चार्ल्स लकमैन ने कहा : "जहाँ तक पीछे मुड़कर मैं याद कर सकता हूँ, तब से मैं सुबह पाँच बजे उठता हूँ क्योंकि इस समय मैं सबसे अच्छी तरह सोच सकता हूँ - मैं इस समय बेहतर सोच सकता हूँ, अपने दिन की योजना बना सकता हूँ और कामों को उनके महत्व के क्रम से करने की योजना बना सकता हूँ।"

अमेरिका के सबसे सफल बीमा सेल्समैनों में से एक फ्रैंक बेटगर तो अपने दिन की योजना बनाने के लिये सुबह पाँच बजे का इंतज़ार भी नहीं करते थे। वे रात को सोने से पहले ही योजना बना लेते थे - अपने अगले दिन का लक्ष्य निर्धारित कर लेते थे - यह लक्ष्य कि वे उस दिन कितनी रक़म का बीमा करेंगे। अगर वे उस दिन उतना बीमा नहीं कर पाते थे, तो बची राशि अगले दिन की रक़म में जुड़ जाती थी - और इस तरह से सिलसिला चलता रहता था।

मैं लंबे अनुभव से जानता हूँ कि कामों को उनके महत्व के क्रम से करने में इन्सान हमेशा सफल नहीं होता, परंतु मैं यह भी जानता हूँ कि बिना किसी योजना के भटकते रहने से बेहतर है कि महत्वपूर्ण काम पहले निबटाने की एक योजना बना ली जाये।

अगर जॉर्ज बर्नार्ड शॉ ने महत्वपूर्ण कामों को पहले करने का कठोर नियम नहीं बनाया होता तो शायद वे लेखक के रूप में असफल हो गये होते और पूरी ज़िंदगी बैंक कैशियर ही बने रहते। उनकी योजना थी - हर दिन पाँच पेज लिखना। इस योजना

ने उन्हें प्रेरित किया कि वे नौ दुखद वर्षों तक रोज़ पाँच पेज लिखते रहें, हालाँकि उन नौ सालों में उन्हें इसके बदले में सिर्फ़ तीस डॉलर मिले – हर दिन के लिये लगभग एक पेनी। यहाँ तक कि रॉबिन्सन क्रूसो ने भी अपना टाइमटेबल बना रखा था कि वे दिन के हर घंटे में क्या करेंगे।

काम करने की तीसरी अच्छी आदत :
जब भी आपके सामने कोई समस्या आये उसे तत्काल सुलझा दें, बशर्ते आपके पास निर्णय लेने के लिये आवश्यक तथ्य हों। फ़ैसला भविष्य पर न टालें।

मेरे एक भूतपूर्व विद्यार्थी स्वर्गीय एच.पी. हॉवेल ने मुझे बताया कि जब वे यू.एस. स्टील के बोर्ड ऑफ डायरेक्टर्स में सदस्य थे तो बोर्ड की मीटिंगें लंबे समय तक चलती थीं – बहुत सी समस्याओं पर चर्चा होती थी, बहुत कम निर्णय लिये जाते थे। परिणाम : बोर्ड के हर सदस्य को घर पर पढ़ने के लिये बहुत सी फ़ाइलें ले जानी पड़ती थीं।

आख़िरकार, हॉवेल ने बोर्ड ऑफ डायरेक्टर्स को राज़ी कर लिया कि वे एक समय में एक समस्या को लें और उस पर तत्काल निर्णय लें। कोई टालमटोल नहीं – कोई अनिर्णय नहीं। निर्णय कुछ भी हो सकता था : अतिरिक्त तथ्यों की माँग करना, कुछ करना या कुछ नहीं करना। परंतु एक समस्या से दूसरी पर जाने से पहले कोई न कोई निर्णय लेना आवश्यक था। मिस्टर हॉवेल ने बताया कि इसके परिणाम आश्चर्यजनक और अच्छे थे : सारे मामले निबट गये। लंबित प्रकरणों का कैलेंडर साफ़-सुथरा हो गया। अब हर सदस्य को घर पर ढेर सारी फ़ाइलें ले जाने की कोई ज़रूरत नहीं थी। अब अधूरी समस्याओं की चिंता का एहसास ग़ायब हो गया था।

यह एक अच्छा नियम है, न सिर्फ़ यू.एस. स्टील के बोर्ड ऑफ डायरेक्टर्स के लिये, बल्कि आपके और मेरे लिये भी।

काम करने की चौथी अच्छी आदत : *व्यवस्थित रहना, सौंपना और निरीक्षण करना सीखें।*

बहुत से बिज़नेसमैन सिर्फ़ इसलिये जल्दी ही भगवान को प्यारे हो जाते हैं, क्योंकि वे अपने काम दूसरों को सौंपना कभी नहीं सीख पाते और हर काम ख़ुद करने पर ज़ोर देते हैं। परिणाम : विवरण और दुविधा उन पर हावी हो जाती है। जल्दबाज़ी, चिंता, तनाव और परेशानी का एहसास उन पर हावी हो जाता है। दूसरों को काम सौंपने की आदत डालना मुश्किल होता है। मैं जानता हूँ। यह मेरे लिये कठिन था, बहुत ही कठिन। मैं अनुभव से जानता हूँ कि ग़लत आदमियों को काम सौंपने की वजह से कितनी मुसीबतें आ सकती हैं। बहरहाल, हालाँकि ज़िम्मेदारी सौंपना मुश्किल तो होता है, परंतु अगर एक्ज़ीक्यूटिव्ज़ चिंता, तनाव और थकान से बचना चाहते हैं तो उन्हें ऐसा करना ही होगा।

जो एक्ज़ीक्यूटिव्ज़ बड़े बिज़नेस बना लेते हैं, परंतु व्यवस्थित रहना, काम सौंपना और निरीक्षण करना नहीं सीख पाते, वे पचास या साठ की उम्र में हृदय रोग से अपनी जान गँवा सकते हैं – तनाव और चिंताओं की वजह से होने वाले हृदय रोग से। क्या आपको कोई उदाहरण चाहिये ? अपने स्थानीय अख़बार में मौत की ख़बरें पढ़ लें।

• • •

27

उस बोरियत को कैसे दूर करें जो थकान, चिंता और चिढ़ पैदा करती है

थकान का एक प्रमुख कारण है बोरियत। हम एलिस का उदाहरण लेते हैं जो साधारण सी एक एक्ज़ीक्यूटिव है। एक रात वह अपनी नौकरी से थकी-हारी वापस लौटी। उसका व्यवहार *परेशान व्यक्ति* की तरह था। वह थकी हुई थी। उसके सिर में दर्द था। उसकी पीठ में दर्द था। वह इतनी थकी हुई थी कि डिनर का इंतज़ार किये बिना सो जाना चाहती थी। उसकी माँ ने उससे आग्रह किया.. वह कुर्सी पर बैठ गयी। तभी टेलीफोन बजा। बॉय फ्रेंड! डांस का आमंत्रण! उसकी आँखों में चमक आ गयी। उसका उत्साह आसमान छूने लगा। वह दौड़कर ऊपर की मंज़िल तक गयी, अपना एलिस-ब्लू गाउन पहना, सुबह तीन बजे तक डांस करती रही और जब वह आख़िरकार घर पहुँची तो उसे ज़रा भी थकान नहीं थी। दरअसल वह इतनी ख़ुश थी कि वह सो भी नहीं पा रही थी।

आठ घंटे पहले जब एलिस थकी दिख रही थी और थके व्यक्ति की तरह व्यवहार कर रही थी, तब क्या वह सचमुच और ईमानदारी से थकी हुई थी? बिलकुल। वह इसलिये थकी हुई

थी क्योंकि वह अपने काम से बोर हो चुकी थी, शायद अपनी ज़िंदगी से भी। दुनिया में ऐसी करोड़ों एलिस होंगी। शायद आप भी उनमें से एक हों।

यह एक सुपरिचित तथ्य है कि आपका भावनात्मक रवैया शारीरिक श्रम की तुलना में आम तौर पर थकान पैदा करने के लिये ज़्यादा ज़िम्मेदार होता है। कुछ साल पहले डॉ. जोसेफ ई. बारमैक ने *आर्काइव्ज़ ऑफ साइकोलॉजी* में अपने कुछ प्रयोगों की रिपोर्ट प्रकाशित की। इन प्रयोगों में यह सिद्ध किया गया था कि किस तरह बोरियत थकान पैदा करती है। डॉ. बारमैक ने विद्यार्थियों के समूह को ऐसे परीक्षणों की शृंखला से गुज़ारा, जिनमें उनकी ज़रा भी रुचि नहीं थी। परिणाम ? विद्यार्थी थक गये, उन्हें नींद आने लगी, वे सिरदर्द और आँखों के तनाव की शिकायत करने लगे, चिड़चिड़ा महसूस करने लगे। कई मामलों में तो उनके पेट भी गड़बड़ हो गये। क्या यह सिर्फ़ "कल्पना" थी। नहीं। इन विद्यार्थियों के "मेटाबोलिज़्म" टेस्ट भी किये गये। इन परीक्षणों से पता चला कि जब कोई इन्सान बोर होता है तो उसके शरीर का ब्लड प्रेशर और ऑक्सीजन की ख़पत सचमुच कम हो जाती है, पर जैसे ही उसे अपने काम में रुचि और आनंद आने लगता है पूरा मेटाबोलिज़्म तत्काल ठीक हो जाता है!

कोई रोचक और रोमांचक काम करते समय हम शायद ही कभी थकते हों। उदाहरण के तौर पर मैंने हाल ही में लुई लेक के पास कैनेडियन रॉकीज़ में छुट्टियाँ मनायीं। मैंने कई दिन तक कॉरल क्रीक में ट्राउट मछली पकड़ी - अपने सिर से ऊँची झाड़ियों के बीच में से गुज़रा, लकड़ियों के लट्ठों पर लड़खड़ाते हुये चला, गिरे हुये पेड़ों के बीच से संघर्ष करते हुये निकला - परंतु आठ घंटे तक यह काम करने के बाद भी मैं नहीं थका। क्यों ? क्योंकि मैं रोमांचित था, क्योंकि मैं ख़ुश था ? मुझे उपलब्धि का एहसास था : मैंने छह ट्राउट मछलियाँ पकड़ी थीं। परंतु मान लीजिये मुझे फिशिंग से बोरियत होती तो आपको क्या लगता है

मुझे कैसा महसूस हुआ होता? सात हज़ार फ़ुट की ऊँचाई पर इतना तनावपूर्ण काम करने से मैं थक गया होता।

पहाड़ चढ़ने जैसी थका देने वाली गतिविधियों में भी बोरियत आपको शारीरिक श्रम की तुलना में ज़्यादा थकाती है। उदाहरण के लिये, मिनीपॉलिस के फार्मर्स एंड मैकेनिक्स सेविंग्स बैंक के प्रेसिडेंट एस.एच. किंगमैन ने मुझे एक घटना बतायी जो इसका आदर्श उदाहरण है। जुलाई 1953 में कनाडा सरकार ने कनाडा आल्पाइन क्लब से कहा कि वह प्रिंस ऑफ वेल्स रेंजर्स के सदस्यों को पर्वतारोहण का प्रशिक्षण देने के लिये गाइड उपलब्ध कराये। किंगमैन उन पहले गाइडों में से थे जिन्हें इन सैनिकों को प्रशिक्षित करने के लिये चुना गया था। उन्होंने मुझे बताया कि किस तरह वे और अन्य गाइड - जो बयालीस से उनसठ वर्ष की उम्र के बीच थे - इन युवा सैनिकों को ग्लेशियरों और बर्फ़ के मैदानों के पार लंबी यात्रा पर ले गये। वे उन्हें चालीस फ़ुट की चट्टान के ऊपर ले गये, जहाँ उन्हें रस्सियों, छोटे फुटहोल्ड्स और ख़तरनाक हैंडहोल्ड के सहारे चढ़ना पड़ा। वे माइकल्स पीक, द वाइस प्रेसिडेंट पीक और कैनेडियन रॉकीज़ में लिटिल योहो वैली में कई अनाम चोटियों पर चढ़े। पंद्रह घंटे पहाड़ पर चढ़ने के बाद ये युवा सैनिक, जिनकी शारीरिक स्थिति बहुत अच्छी थी (उन्होंने हाल ही में कठोर कमांडो प्रशिक्षण का छह सप्ताह का कोर्स पूरा किया था), बुरी तरह थक चुके थे।

क्या उनकी थकान का कारण उन मांसपेशियों का प्रयोग था जो कमांडो प्रशिक्षण द्वारा कठोर नहीं हुई थीं? कमांडो प्रशिक्षण से गुज़रने वाला कोई भी आदमी इस मूर्खतापूर्ण सवाल पर नाक-भौं सिकोड़ लेगा! नहीं, वे पूरी तरह इसलिये थक गये थे क्योंकि वे पहाड़ पर चढ़ने से बोर हो गये थे। वे इतने थके हुये थे कि उनमें से कई तो खाने का इंतज़ार किये बिना ही सो गये। परंतु गाइड - जो इन सैनिकों की तुलना में दुगुनी या तिगुनी उम्र के थे - क्या वे थके हुये थे? हाँ, परंतु वे थकान से निढाल नहीं थे। गाइडों

ने डिनर लिया और इसके बाद भी वे घंटों तक जागते रहे, दिन के अनुभवों के बारे में बातें करते रहे। वे थकान से निढाल नहीं थे, क्योंकि इस काम में उनकी रुचि थी।

जब कोलंबिया के डॉ. एडवर्ड थॉर्नडिक थकान संबंधी प्रयोग कर रहे थे तो उन्होंने युवकों से लगातार दिलचस्पी के काम करवाकर उन्हें लगभग एक सप्ताह तक जगाये रखा। काफ़ी जाँच के बाद डॉ. थॉर्नडिक ने कहा : "बोरियत ही काम की मात्रा के घटने का इकलौता असली कारण है।"

अगर आप मानसिक काम करते हैं तो आप शायद ही कभी ज़्यादा काम करने की वजह से थकते हैं। आप उस काम की मात्रा की वजह से थक सकते हैं, जो आपने नहीं किया। उदाहरण के तौर पर आप पिछले सप्ताह के उस दिन को याद कीजिये जब आपके काम में लगातार बाधा डाली गयी। आप एक भी पत्र का जवाब नहीं दे पाये। अपाइंटमेंट गड़बड़ा गये। जिधर देखो उधर समस्या। उस दिन हर चीज़ गड़बड़ हुई थी। आप कुछ भी हासिल नहीं कर पाये, फिर भी आप जब घर पहुँचे, तो बुरी तरह थके हुये थे और आपके सिर में दर्द भी हो रहा था।

अगले दिन ऑफ़िस में हर काम सही तरीक़े से हुआ। आपने पिछले दिन की तुलना में चालीस गुना ज़्यादा काम किया। और जब आप घर पहुँचे तो खिले हुये गुलाब की तरह तरोताज़ा थे। आपको यह अनुभव भी हुआ होगा। मुझे भी हुआ है।

इससे हमें क्या शिक्षा मिलती है? यही कि अक्सर हमारी थकान काम के कारण नहीं, बल्कि चिंता, कुंठा और विद्वेष के कारण उत्पन्न होती है।

यह अध्याय लिखते समय मैं जेरोम कर्न की आनंददायक संगीतमय कॉमेडी *शो बोट* की पुनः प्रस्तुति देखने गया। *कॉटन ब्लॉसम* का कैप्टन एंडी अपने एक दार्शनिक प्रहसन में कहता है : "ख़ुशक़िस्मत लोग वे होते हैं जिन्हें वही काम करने को

मिल जाता है, जिसे करने में उन्हें मज़ा आता है।" ऐसे लोग ख़ुशक़िस्मत इसलिये होते हैं क्योंकि उनमें अधिक ऊर्जा, अधिक सुख, कम चिंता और कम थकान होती है। जहाँ आपकी रुचियाँ हैं, वहीं आपकी ऊर्जा भी है। चिड़चिड़ी पत्नी या पति के साथ दस क़दम दूर तक पैदल चलने से आप थक सकते हैं, जबकि अपने प्रेमी या प्रेमिका के साथ दस मील दूर चलने के बाद भी आप बिलकुल नहीं थकते।

तो फिर ? आप इस बारे में क्या कर सकते हैं ? वही जो एक स्टेनोग्राफर ने किया - यह स्टेनोग्राफर टुलसा, ओक्लाहोमा में एक ऑइल कंपनी के लिये काम कर रही थी। हर महीने कई दिनों तक वह सबसे नीरस कामों में से एक करती थी : ऑइल लीज़ के लिये प्रिंटेड फॉर्म में आँकड़े भरना। यह काम इतना बोरिंग था कि उसने बोरियत से बचने के लिये इसे रोचक बनाने का संकल्प किया। किस तरह ? उसने ख़ुद के साथ हर दिन एक प्रतियोगिता की। हर सुबह वह लंच तक जितने फॉर्म भरती थी, उनकी संख्या गिन लेती थी और फिर लंच के बाद वह उस संख्या से ज़्यादा फॉर्म भरने की कोशिश करती थी। शाम को वह पूरे दिन भरे गये फॉर्मों की संख्या गिन लेती थी और अगले दिन उससे ज़्यादा फॉर्म भरने की कोशिश करती थी। परिणाम ? जल्दी ही वह इन नीरस प्रिंटेड फॉर्मों को अपने ऑफ़िस की किसी अन्य स्टेनोग्राफर से ज़्यादा संख्या में भरने लगी। और इससे उसे क्या मिला ? प्रशंसा ? नहीं... धन्यवाद ? नहीं... प्रमोशन ? नहीं... बढ़ी हुई तनख़्वाह ? नहीं... परंतु इससे उसे वह थकान रोकने में मदद मिली जो बोरियत के कारण उत्पन्न होती है। इससे उसे मानसिक उत्प्रेरण मिला। चूँकि उसने एक नीरस काम को रोचक बनाने के लिये सर्वश्रेष्ठ प्रयास किया था, इसलिये उसमें अधिक ऊर्जा, अधिक उत्साह था और वह अपने ख़ाली घंटों में अधिक अच्छा महसूस करती थी।

मैं जानता हूँ कि यह कहानी सच है, क्योंकि मैंने उस स्टेनोग्राफर से शादी की है।

यहाँ एक और स्टेनोग्राफर की कहानी दी जा रही है जिसने पाया कि काम में रुचि लेने का अभिनय करना लाभदायक है। पहले वह अपने काम को मन मारकर करती थी। परंतु अब नहीं। वे एल्महर्स्ट, इलिनॉय की मिस वैली जी. गोल्डन हैं। यह रही उनकी कहानी, जो उन्होंने मुझे लिखी :

"मेरे ऑफ़िस में चार स्टेनोग्राफर हैं और हर एक को कई लोगों के डिक्टेशन लेने का काम सौंपा गया है। कभी-कभार हम इन कामों में उलझ जाते हैं। एक दिन, जब एक असिस्टेंट डिपार्टमेंट हेड ने ज़ोर दिया कि मैं एक लंबा पत्र दुबारा टाइप करूँ, तो मैंने विद्रोह करना शुरू कर दिया। मैंने उन्हें बताने की कोशिश की कि इस पत्र को दुबारा टाइप किये बिना भी सुधारा जा सकता है – और उन्होंने पलटकर जवाब दिया कि अगर मैं इसे दुबारा टाइप नहीं करूँगी तो वे किसी और को खोज लेंगे जो ऐसा करने को तैयार हो! मैं आगबबूला हो गयी! परंतु जब मैं इस पत्र को दुबारा टाइप कर रही थी तो अचानक मुझे यह एहसास हुआ कि बहुत से ऐसे लोग थे जो उस काम को करने का अवसर कूदकर ले लेते जो मैं कर रही थी। इसके अलावा, मुझे यही काम करने की तनख़्वाह मिल रही थी। मैं बेहतर अनुभव करने लगी। मैंने अचानक अपना मन बना लिया कि मैं इस तरह काम करूँगी जैसे मुझे सचमुच इसमें आनंद आ रहा हो – हालाँकि मैं इससे नफ़रत करती थी। फिर मैंने यह महत्वपूर्ण खोज की : अगर मैं अपना काम इस तरह करती थी, *जैसे* मैं सचमुच इसका आनंद ले रही हूँ तो मुझे कुछ हद तक इसमें आनंद का अनुभव भी होता था। मैंने यह भी पाया कि जब मैं अपने काम को ख़ुशी-ख़ुशी करती हूँ तो मैं इसे तेज़ी से कर सकती हूँ। इसलिये अब ऐसा बहुत कम होता है कि मुझे ओवरटाइम करने की ज़रूरत पड़े। मेरे इस नज़रिये की वजह से मेरी छवि एक अच्छी कर्मचारी की बन गयी। और जब

एक डिपार्टमेंट के सुपरिंटेंडेंट को प्राइवेट सेक्रेटरी की ज़रूरत पड़ी तो उन्होंने मुझे उस पद पर रख लिया – क्योंकि, उन्होंने कहा, मैं अतिरिक्त काम को बिना मुँह बनाये करने की इच्छुक थी। बदले हुये मानसिक रवैये की शक्ति मेरे लिये एक अत्यधिक महत्वपूर्ण खोज रही है। इसने मेरे लिये चमत्कार कर दिया!"

मिस गोल्डन ने प्रोफ़ेसर हैंस वाइहिंजर की *"जैसे"* की चमत्कारी फ़िलॉसफ़ी का प्रयोग किया। उन्होंने हमें इस तरह व्यवहार करना सिखाया *"जैसे"* हम ख़ुश हों इत्यादि।

अगर आप इस तरह व्यवहार करें *"जैसे"* आपको अपने काम में दिलचस्पी है तो यह अभिनय करते-करते आपकी दिलचस्पी वास्तविक हो जायेगी। इससे आपकी थकान, आपके तनाव और आपकी चिंतायें भी कम हो जायेंगी।

कुछ साल पहले हार्लन ए. हॉवर्ड ने एक फ़ैसला किया जिसने उनकी ज़िंदगी पूरी तरह बदल दी। उन्होंने एक नीरस काम को दिलचस्प बनाने का संकल्प किया – और उनका काम निश्चित रूप से नीरस था : प्लेटें धोना, काउंटर साफ़ करना और हाई स्कूल के लंचरूम में आइसक्रीम देना, जबकि दूसरे लड़के फुटबॉल खेलते थे या लड़कियों के साथ चुहलबाज़ी करते थे। हार्लन हॉवर्ड अपने काम से नफ़रत करते थे – परंतु चूँकि उन्हें यह करना ही था, इसलिये उन्होंने आइसक्रीम का अध्ययन करने का संकल्प किया – यह किस तरह बनायी जाती है, इसमें कौन से पदार्थों का प्रयोग किया जाता है, कुछ आइसक्रीमें दूसरी आइसक्रीमों से बेहतर क्यों होती हैं। उन्होंने आइसक्रीम के रसायनशास्त्र का अध्ययन किया और हाईस्कूल केमिस्ट्री कोर्स में सबसे आगे निकल गये। वे अब फूड केमिस्ट्री में इतनी रुचि रखने लगे कि वे मैसेच्यूसेट्स स्टेट कॉलेज में गये और उन्होंने "फूड टेक्नोलॉजी" विषय में डिग्री हासिल की। जब न्यूयॉर्क कोकोआ एक्सचेंज ने कोको और चॉकलेट पर सबसे अच्छे रिसर्च पेपर के लिये सौ डॉलर पुरस्कार की प्रतियोगिता रखी – जिसमें कॉलेज के सभी विद्यार्थी भाग ले

सकते थे – तो आपको क्या लगता है कौन जीता होगा ?... यह सही है। हार्लन हॉवर्ड।

जब उन्होंने पाया कि नौकरी मिलना मुश्किल है, तो उन्होंने एमहर्स्ट, मैसेच्यूसेट्स में अपने घर के तलघर में एक प्राइवेट प्रयोगशाला खोली। इसके कुछ समय बाद ही एक नया कानून पारित हुआ। दूध में बैक्टीरिया की संख्या गिनना अनिवार्य हो गया। हार्लन ए. हॉवर्ड जल्द ही एमहर्स्ट में दूध की चौदह कंपनियों के लिये बैक्टीरिया गिन रहे थे – और उन्हें दो सहायक रखने पड़े।

आज से पच्चीस साल बाद वे कहाँ होंगे ? जो लोग आज फूड केमिस्ट्री का बिज़नेस चला रहे हैं वे तब तक रिटायर हो जायेंगे या मर जायेंगे तथा उनकी जगह नये युवा लोगों द्वारा ले ली जायेगी जो उत्साह और संकल्प से भरे हुये हैं। आज से पच्चीस साल बाद हार्लन ए. हॉवर्ड शायद अपने व्यवसाय के शीर्ष व्यक्तियों में से होंगे, जबकि जिन सहपाठियों को वे काउंटर के पीछे से आइसक्रीम बेचा करते थे उनमें से कुछ दुखी व बेरोज़गार होंगे, सरकार को कोस रहे होंगे और मौक़ा न मिलने की शिकायत कर रहे होंगे। हार्लन ए. हॉवर्ड को भी कभी मौक़ा नहीं मिला होता अगर उन्होंने एक नीरस काम को रोचक बनाने का संकल्प नहीं किया होता।

बरसों पहले एक और युवक था जो फैक्ट्री में बोल्ट बनाने वाली लेथ मशीन पर खड़े रहने के अपने नीरस काम से बोर हो चुका था। उसका पहला नाम सैम था। सैम यह नौकरी छोड़ना चाहता था, परंतु उसे डर था कि उसे दूसरी नौकरी नहीं मिल पायेगी। चूँकि उसे यह नीरस काम करना ही था, इसलिये सैम ने फ़ैसला किया कि वह इसे रोचक बनायेगा। इसलिये उसने अपने पास वाली मशीन चला रहे मैकेनिक के साथ एक रेस लगायी। उनमें से एक को अपनी मशीन पर खुरदुरी सतह को समतल करना था, और दूसरे को बोल्टों को सही व्यास में ढालना था। वे कभी-कभार मशीनें बदल लेते थे और देखते थे कि कौन ज़्यादा बोल्ट निकाल सकता है। फोरमैन सैम की गति और कुशलता

से प्रभावित हुआ तथा उसने उसे एक बेहतर काम दिया। यह प्रमोशनों की एक लंबी श्रृँखला की शुरुआत थी। तीस साल बाद सैम - सैम्युअल वॉक्लैन - बाल्डविन लोकोमोटिव वर्क्स के प्रेसिडेंट थे। परंतु वे अपनी सारी ज़िंदगी मैकेनिक ही रहे होते, अगर उन्होंने अपने नीरस काम को रोचक बनाने का संकल्प नहीं किया होता।

प्रसिद्ध रेडियो न्यूज़ विश्लेषक एच.वी. काल्टेनबॉर्न ने एक बार मुझे बताया कि किस तरह उन्होंने एक नीरस काम को रोचक बनाया। जब वे बाईस साल के थे, तो उन्होंने कैटल बोट में अटलांटिक पार किया और बछड़ों को दाना-पानी दिया। साइकल से इंग्लैंड की यात्रा करने के बाद वे पेरिस पहुँचे, भूखे और दिवालिया। अपने कैमरे को पाँच डॉलर में गिरवी रखने के बाद उन्होंने *द न्यूयॉर्क हेराल्ड* के पेरिस संस्करण में एक विज्ञापन दिया और उन्हें स्टीरियोप्टिकॉन मशीनें बेचने का काम मिल गया। मैं उन पुरातनपंथी स्टीरियोस्कोप्स को याद कर सकता हूँ जिन्हें हमें अपनी आँखों के सामने रखना पड़ता था और हमें एक जैसी दो तस्वीरें दिखती थीं। परंतु हमारे देखते ही देखते एक चमत्कार होता था। स्टीरियोस्कोप में लगे दो लेंस इन दो तस्वीरों को थ्री-डाइमेंशनल इफैक्ट से एक दृश्य में बदल देते थे। हम दूरी देख सकते थे। हमें दृष्टिकोण का अद्भुत एहसास होता था।

तो, जैसा मैं कह रहा था, काल्टेनबॉर्न ने इन मशीनों को पेरिस में घर-घर जाकर बेचना शुरू किया - हालाँकि वे फ्रांसीसी भाषा नहीं बोल सकते थे। परंतु उन्होंने पहले ही साल में कमीशन के तौर पर पाँच हज़ार डॉलर कमाये और उस साल ख़ुद को फ्रांस के सबसे अधिक आमदनी वाले सेल्समैनों में से एक बना लिया। एच.वी. काल्टेनबॉर्न ने मुझे बताया कि इस अनुभव ने उनके अंदर सफलता के लिये आवश्यक गुणों को विकसित करने के लिये जितना किया उतना हार्वर्ड में एक साल की पढ़ाई के

बराबर था। आत्मविश्वास? उन्होंने स्वयं ही मुझे बताया कि इस अनुभव के बाद उन्हें लगा कि वे फ्रांसीसी गृहिणियों को *द कांग्रेशनल रिकॉर्ड* भी बेच सकते थे।

इस अनुभव ने उन्हें फ्रांसीसी जीवन की अंतरंग समझ दी जो बाद में उनके लिये अमूल्य साबित हुई जब उन्होंने रेडियो पर यूरोपी घटनाओं के दुभाषिये के रूप में काम किया।

अगर वे फ्रांसीसी भाषा नहीं बोल सकते थे तो फिर वे विशेषज्ञ सेल्समैन कैसे बन पाये? उन्होंने अपने नियोक्ता से अपनी सेल्स टॉक शानदार फ्रांसीसी भाषा में लिखवा ली और इसे याद कर लिया। वे दरवाज़े की घंटी बजाते थे, गृहिणी बाहर आती थी और काल्टेनबॉर्न अपनी रटी हुई सेल्स टॉक को ऊटपटांग उच्चारण करते हुये दोहराते थे, जिससे यह मज़ेदार बन जाती थी। फिर वे गृहिणी को अपनी तस्वीरें दिखाते थे और जब वह कोई सवाल पूछती थी, तो वे अपने कंधे उचकाते थे और कहते थे, "अमेरिकी हूँ ... अमेरिकी हूँ।" फिर वे अपना हैट उतारते थे और शानदार फ्रांसीसी भाषा में लिखी हुई सेल्स टॉक की प्रति की तरफ़ इशारा करते थे जो उन्होंने अपने हैट के ऊपर चिपका रखी थी। गृहिणी हँसती थी, वे हँसते थे - और उसे अधिक तस्वीरें दिखाते थे। जब एच.वी. काल्टेनबॉर्न ने मुझे इस बारे में बताया तो उन्होंने स्वीकार किया कि यह काम क़तई आसान नहीं था। उन्होंने मुझे बताया कि केवल एक ही गुण था जिसने उन्हें सफलता दिलायी : काम को रोचक बनाने का उनका संकल्प। हर सुबह बाहर निकलने से पहले वे शीशे में देखते थे और ख़ुद को एक पेप टॉक देते थे : *"काल्टेनबॉर्न, अगर तुम भोजन करना चाहते हो, तो तुम्हें यह करना ही होगा। चूँकि तुम्हें यह करना ही है – तो क्यों न इसे करते समय अच्छा समय बिताया जाये? क्यों न हर बार दरवाज़े की घंटी बजाते समय यह कल्पना करो कि तुम मंच पर रोशनियों के सामने खड़े एक अभिनेता हो और सामने बैठे दर्शक तुम्हारी तरफ़ देख रहे हैं? आख़िरकार, तुम जो कर रहे हो*

वह उतना ही मज़ेदार है जितना मंच पर हो सकता है। तो क्यों न इसमें बहुत सा आनंद और जोश डाल दिया जाये?"

काल्टेनबॉर्न ने मुझे बताया कि इन दैनिक पेप टॉक्स से उन्हें बहुत मदद मिली और जिस काम से वे नफ़रत करते थे और डरते थे, उसे वे एक ऐसे रोमांच में बदल पाये जिसे वे पसंद करते थे। और इससे उन्हें बहुत .ज्यादा फ़ायदा भी हुआ।

जब मैंने काल्टेनबॉर्न से पूछा कि क्या वे अमेरिका के सफल होने के लिये उत्सुक युवकों को कोई सलाह देना चाहते हैं, तो उन्होंने कहा : "हाँ, हर सुबह ख़ुद के साथ बैटिंग करो। हम शारीरिक व्यायाम के महत्व के बारे में तो बहुत बातें करते हैं ताकि हम उस अर्धनिद्रा से जाग जायें जिसमें हममें से बहुत से लोग घूमते रहते हैं। परंतु हमें इससे भी .ज्यादा ज़रूरत हर सुबह आध्यात्मिक और मानसिक व्यायाम की है जो हमें काम करने के लिये प्रेरित करे। हर दिन अपने आपको एक पेप टॉक दो।"

क्या हर दिन ख़ुद को पेप टॉक देना मूर्खतापूर्ण, सतही, बचपना लगता है? नहीं, इसके विपरीत, यह दमदार मनोविज्ञान का निचोड़ है। "हमारे विचारों से ही हमारी ज़िंदगी बनती है।" ये शब्द आज भी उतने ही सच हैं जितने कि ये अठारह सदी पहले थे, जब मार्कस ऑरेलियस ने उन्हें अपनी पुस्तक *मेडिटेशन्स* में लिखा था : "हमारे विचारों से ही हमारी ज़िंदगी बनती है।"

हर दिन, हर घंटे आप ख़ुद से बात करके अपने आपको मार्गदर्शन दे सकते हैं ताकि आप साहस और ख़ुशी के विचार सोचें, शक्ति और शांति के विचार सोचें। उन चीज़ों के बारे में ख़ुद से बातें करके – जिनके लिये आपको कृतज्ञ होना चाहिये – आप अपने मस्तिष्क को ऐसे विचारों से भर सकते हैं जो आसमान में उड़ते हैं और गाते हैं।

सही विचार सोचकर आप किसी भी काम को कम बोरिंग बना सकते हैं। आपका बॉस चाहता है कि आप अपने काम में

ज़्यादा रुचि लें; वह तो चाहेगा ही ताकि उसे ज़्यादा कमाई हो। पर हम यह भूल जायें कि आपका बॉस क्या चाहता है। सिर्फ़ यह सोचें कि अपने काम में दिलचस्पी लेने से आपको कितना फ़ायदा होगा। अपने आपको याद दिलायें कि ऐसा करने से जीवन से मिलने वाली आपकी ख़ुशी दुगुनी हो जायेगी क्योंकि आप अपने जागे हुये समय का आधा हिस्सा अपनी नौकरी में बिताते हैं और अगर आप अपने काम से ख़ुश नहीं हैं, तो आप कभी भी, कहीं भी ख़ुश नहीं रह सकते। अपने आपको याद दिलाते रहें कि अपने काम में दिलचस्पी लेने से आपका दिमाग़ आपकी चिंताओं पर से हट जायेगा और लंबे समय में शायद प्रमोशन और बढ़ी हुई तनख़्वाह भी दिलवायेगा। अगर यह ऐसा न भी कर पाये, तो भी यह आपकी थकान को तो घटा ही देगा और फ़ुरसत के घंटों का आनंद लेने में आपकी मदद करेगा।

• • •

28

अनिद्रा की चिंता को कैसे दूर करें

जब आप ठीक से नहीं सो पाते, तो क्या चिंतित होते हैं? अगर ऐसा है तो आपको शायद यह जानकारी रोचक लगे कि प्रसिद्ध अंतर्राष्ट्रीय वकील सैम्युअल अन्टरमायर अपने पूरे जीवन में एक रात भी ठीक से नहीं सो पाये।

जब सैम अन्टरमायर कॉलेज गये तो वे दो रोगों के बारे में चिंता करते थे - अस्थमा और अनिद्रा। चूँकि दोनों ही बीमारियाँ लाइलाज साबित हुईं, इसलिये उन्होंने अगला सर्वश्रेष्ठ काम करने का फ़ैसला किया - अपने जागते रहने से लाभ उठाना। बिस्तर पर करवटें बदलते रहने और चिंता कर-करके ब्रेकडाउन का शिकार बनने के बजाय वे उठ जाते थे और पढ़ते थे। परिणाम? वे अपनी कक्षा में सबसे अच्छे नंबर लाने लगे और न्यूयॉर्क के सिटी कॉलेज के सबसे प्रतिभाशाली विद्यार्थियों में से एक बन गये।

जब उन्होंने वकालत शुरू की, तब भी उनकी अनिद्रा ठीक नहीं हुई। परंतु अन्टरमायर ने चिंता नहीं की। उनका कहना था, "प्रकृति मेरा ध्यान रखेगी।" प्रकृति ने ध्यान रखा। हालाँकि वे बहुत कम सो पाते थे, परंतु उनका स्वास्थ्य अच्छा रहा और वे न्यूयॉर्क बार के युवा वकीलों की तरह कड़ी मेहनत कर सकते थे। वे बाक़ी वकीलों से ज़्यादा कड़ी मेहनत करते थे, क्योंकि वे तब भी काम करते थे जब बाक़ी वकील सो जाते थे!

इक्कीस साल की उम्र में सैम अन्टरमायर एक साल में पचहत्तर हज़ार डॉलर कमा रहे थे और दूसरे युवा वकील उनके तरीक़ों को सीखने के लिये अदालत में आते थे। 1931 में उन्हें एक केस के लिये शायद उस समय किसी वकील को दी जाने वाली सबसे ज़्यादा फ़ीस दी गयी : दस लाख डॉलर और वह भी नक़द।

अब भी उन्हें अनिद्रा की बीमारी थी। वे आधी रात तक पढ़ते थे और फिर सुबह पाँच बजे उठ जाते थे तथा चिट्ठियाँ डिक्टेट करवाते थे। जब ज़्यादातर लोग अपना काम शुरू करते थे, तब तक सैम के *दिन का* लगभग आधा काम ख़त्म हो जाता था। वे इक्यासी साल की उम्र तक जिये, वह आदमी जिसे शायद ही कभी रात को गहरी नींद आयी हो, परंतु अगर उन्होंने अनिद्रा के बारे में चिंता की होती, परेशान हुये होते तो शायद उन्होंने अपनी ज़िंदगी बर्बाद कर ली होती।

हम अपनी एक तिहाई ज़िंदगी सोने में बिताते हैं - परंतु कोई भी यह नहीं जानता कि नींद दरअसल क्या है। हम जानते हैं कि यह एक आदत है और विश्राम की ऐसी अवस्था है जिसमें प्रकृति हमारे शरीर में देखभाल का कवच बुनती है, परंतु हम नहीं जानते कि इन्सान को कितने घंटे की नींद की ज़रूरत होती है। हम तो यह भी नहीं जानते कि क्या हमें नींद की सचमुच *ज़रूरत* है।

कपोलकल्पना ? बहरहाल, पहले विश्वयुद्ध के दौरान एक गोली हंगरी के एक सैनिक पॉल कर्न के मस्तिष्क के अगले गोलार्द्ध के पार निकल गयी। उसका घाव तो भर गया, परंतु हैरानी की बात यह थी कि वह सो नहीं सकता था। चाहे डॉक्टर कुछ भी कर लें - और उन्होंने सब तरह की नींद की दवायें और नार्कोटिक, यहाँ तक कि सम्मोहन भी आज़माये - पॉल कर्न को सुलाया नहीं जा सका, यहाँ तक कि उसे उनींदा भी नहीं बनाया जा सका।

डॉक्टरों ने कहा कि वह ज़्यादा समय तक ज़िंदा नहीं रह पायेगा। परंतु उसने उन सबकी बात को ग़लत साबित कर दिया।

उसने नौकरी की और अच्छे स्वास्थ्य के साथ बरसों तक जीकर दिखाया। वह अपनी आँखें बंद कर लेता था और आराम करता था, परंतु उसे ज़रा भी नींद नहीं आती थी। उसका प्रकरण एक चिकित्सकीय रहस्य है जिसने नींद के बारे में हमारे कई विश्वासों को हिलाकर रख दिया।

कुछ लोगों को दूसरों से ज़्यादा नींद की ज़रूरत होती है। टॉस्कैनिनी के लिये रात में सिर्फ़ पाँच घंटे की नींद काफ़ी थी, जबकि कैल्विन कूलिज को इससे दुगुनी से भी ज़्यादा नींद की ज़रूरत थी। कूलिज चौबीस में से ग्यारह घंटे सोते थे। दूसरे शब्दों में, टॉस्कैनिनी ने अपनी ज़िंदगी का पाँचवाँ हिस्सा सोने में बिताया, जबकि कूलिज लगभग आधी ज़िंदगी सोते रहे।

अनिद्रा के बारे में चिंता करने से आपको अनिद्रा से ज़्यादा नुक़सान होगा। उदाहरण के लिये मेरी एक विद्यार्थी - रिजफील्ड पार्क, न्यू जर्सी की इरा सैन्डनर - दीर्घकालीन अनिद्रा की वजह से आत्महत्या करने के कगार पर आ गयी थीं।

"मुझे सचमुच लग रहा था कि मैं पागल हो रही थी," इरा सैन्डनर ने मुझे बताया। "समस्या यह थी कि शुरुआत में मैं *बहुत गहरी नींद* में सोती थी। जब अलार्म घड़ी बजती थी तो भी मेरी नींद नहीं खुलती थी और इस वजह से मैं सुबह देर से ऑफ़िस पहुँच पाती थी। मैं इस बारे में चिंतित थी - और दरअसल मेरे बॉस ने मुझे चेतावनी भी दे दी थी कि मुझे हर हालत में समय पर ऑफ़िस पहुँचना चाहिये। मैं जानती थी कि अगर मैं ज़्यादा देर तक सोती रही तो मेरी नौकरी छूट जायेगी।

"मैंने अपने मित्रों को इस बारे में बताया और एक ने मुझे सुझाव दिया कि मैं सोने जाने से पहले अलार्म घड़ी पर अपना पूरा ध्यान केंद्रित कर लूँ। इससे अनिद्रा शुरू हो गयी। वाहियात अलार्म घड़ी की टिक-टिक-टिक ने मुझे पागल कर दिया। इसने मुझे सारी रात जगाये रखा और मैं करवटें बदलती रही। जब

सुबह हुई तो मेरी हालत बीमारों जैसी थी। मैं थकान और चिंता की वजह से बीमार थी। यह आठ सप्ताह तक होता रहा। मैं शब्दों में बयान नहीं कर सकती कि मैंने किन यंत्रणाओं को भोगा। मुझे विश्वास था कि मैं पागल होने वाली हूँ। कई बार तो मैं घंटों तक फ़र्श पर चक्कर काटती रहती थी और मेरे मन में सचमुच यह विचार भी आया कि मैं खिड़की से छलाँग लगाकर यह सब झंझट ख़त्म कर दूँ!

"आख़िर, मैं एक डॉक्टर के पास गयी जिन्हें मैं लंबे समय से जानती हूँ। उन्होंने कहा : 'इरा, मैं तुम्हारी मदद नहीं कर सकता। कोई भी तुम्हारी मदद नहीं कर सकता, क्योंकि तुमने ही ख़ुद पर यह मुसीबत लादी है। रात को बिस्तर पर जाओ और अगर तुम सो नहीं सको, तो इस बारे में भूल जाओ। सिर्फ़ ख़ुद से कहो, "अगर मुझे नींद नहीं आती, तो मुझे इस बात की ज़रा भी परवाह नहीं। अगर मैं सुबह तक जागती भी रही तो भी मैं ठीक रहूँगी।" अपनी आँखें बंद करके ख़ुद से कहो, 'जब तक मैं सिर्फ़ शांत लेटी रहूँगी और इस बारे में चिंता नहीं करूँगी, मुझे वैसे भी आराम मिल ही जायेगा।'

"मैंने यही किया," सैन्डनर कहती हैं, "और मैं दो सप्ताह में ठीक से सोने लगी। एक महीने से भी कम समय में मैं आठ घंटे की नींद ले रही थी और मेरी नर्व्ज़ सामान्य हो चुकी थीं।"

अनिद्रा नहीं, बल्कि अनिद्रा की चिंता इरा सैन्डनर को सता रही थी।

शिकागो युनिवर्सिटी के प्रोफ़ेसर डॉ. क्लीटमैन ने नींद पर किसी अन्य व्यक्ति से अधिक शोध कार्य किया है। नींद के विशेषज्ञ के रूप में उन्होंने दावा किया कि वे ऐसे किसी इन्सान के बारे में नहीं जानते जो अनिद्रा की वजह से मरा हो। निश्चित रूप से कोई आदमी अनिद्रा के बारे में चिंता कर सकता है और अपनी प्रतिरोधक शक्ति को कम कर सकता है व कीटाणुओं का

शिकार हो सकता है। परंतु नुक़सान चिंता की वजह से होता है, अनिद्रा की वजह से नहीं।

डॉ. क्लीटमैन यह भी कहते हैं कि जो लोग अनिद्रा के बारे में चिंता करते हैं, वे आम तौर पर अपने अनुमान से कहीं अधिक सोते हैं। वह आदमी जो क़सम खाता है "पिछली रात को तो मुझे रत्ती भर भी नींद नहीं आयी" हो सकता है वह घंटों तक सोया हो और उसे इसका पता ही न चला हो। उदाहरण के तौर पर उन्नीसवीं सदी के महानतम चिंतकों में से एक हरबर्ट स्पेंसर अविवाहित बुज़ुर्ग थे, एक बोर्डिंगहाउस में रहते थे और अपनी अनिद्रा की बातें करके सबको बोर करते रहते थे। शोर को दूर रखने और अपनी नर्व्ज़ को शांत रखने के लिये वे अपने कान में रुई के फाये भी लगाते थे। कई बार नींद लाने के लिये वे अफ़ीम भी लिया करते थे। एक रात वे और ऑक्सफोर्ड के प्रोफ़ेसर सैस होटल के एक ही कमरे में सोये। अगली सुबह स्पेंसर ने घोषणा की कि उन्हें सारी रात रत्ती भर भी नींद नहीं आयी। सच तो यह था कि प्रोफ़ेसर सैस को सारी रात रत्ती भर भी नींद नहीं आयी थी। पूरी रात वे जागते रहे थे, क्योंकि स्पेंसर खर्राटे ले रहे थे!

अच्छी नींद की पहली ज़रूरत है सुरक्षा का भाव। हमें यह लगना चाहिये कि हमसे महान कोई शक्ति सुबह तक हमारी रक्षा करेगी। ग्रेट वेस्ट राइडिंग एसाइलम के डॉ. थॉमस हाइस्लॉप ने ब्रिटिश मेडिकल एसोसियेशन के सामने अपने भाषण में इस बिंदु पर ज़ोर दिया। उन्होंने कहा : "बरसों की प्रैक्टिस के अपने अनुभव से मैं जानता हूँ कि नींद लाने वाले सर्वश्रेष्ठ उपायों में से एक है – प्रार्थना। मैं यह बात पूरी तरह से डॉक्टर के नज़रिये से कह रहा हूँ। जो लोग आदतन प्रार्थना करते हैं, उनके लिये यह मस्तिष्क और नर्व्ज़ को शांत करने के समस्त उपायों में सबसे पूर्ण और सामान्य माना जाना चाहिये।"

"ईश्वर को याद करो – और सब उस पर छोड़ दो।"

जीनेट मैक्डॉनल्ड ने मुझे बताया कि जब वे हताश और चिंतित होती थीं और उन्हें सोने में कठिनाई होती थी, तो वे हमेशा तेईसवें भजन को दोहराकर "सुरक्षा का भाव" प्राप्त करती थीं : "ईश्वर मेरा मार्गदर्शक है; मुझे कोई कमी नहीं होगी। वह मुझे हरे चरागाहों में विश्राम करवाता है; वह मुझे शांत जलधाराओं के समीप ले जाता है...।"

परंतु अगर आप धार्मिक नहीं हैं और आपको कठिन तरीक़े से ही यह काम करना हो तो फिर शारीरिक माध्यम से रिलैक्स होना सीखें। डॉ. डेविड हेरॉल्ड फिंक, जिन्होंने *रिलीज़ फ्रॉम नर्वस टेंशन* लिखी है, कहते हैं कि ऐसा करने का सबसे अच्छा तरीक़ा ख़ुद के शरीर से बात करना है। डॉ. फिंक के अनुसार हर तरह के सम्मोहन में शब्द ही कुंजी हैं और अगर आप रोज़ाना सो नहीं पाते, तो इसका कारण यह है कि आपने ख़ुद से बातें करके अपने आपको अनिद्रा का रोगी बना लिया है। इसे दूर करने का तरीक़ा यह है कि इस सम्मोहन को तोड़ा जाये - और ऐसा करने के लिये आप अपने शरीर की मांसपेशियों से यह कहें, "ढीला छोड़ो, ढीला छोड़ो - और विश्राम करो।" हम पहले से ही जानते हैं कि जब मांसपेशियाँ तनाव में होती हैं तो मस्तिष्क और नर्व्ज़ विश्राम नहीं कर सकते - इसलिये अगर हम सोना चाहते हैं, तो हमें मांसपेशियों से शुरू करना चाहिये। डॉ. फिंक सुझाव देते हैं - और यह सचमुच काम करता है - कि पैरों के तनाव को राहत देने के लिये हम घुटनों के नीचे एक तकिया रख लें और इसी तरह से बाँहों के नीचे छोटे तकिये रख लें। फिर अपने जबड़े, आँखों, हाथों, पैरों को विश्राम करने के लिये कहकर हम आख़िरकार सो जाते हैं इससे पहले कि हम जान पायें कि हमारे साथ क्या हुआ है। मैंने इसे आज़माया है - मुझे पता है कि ऐसा ही होता है।

अनिद्रा के सबसे अच्छे इलाजों में से एक है ख़ुद को शारीरिक रूप से थका देना : तैराकी, बागवानी, टेनिस, गोल्फ, स्कीइंग या

सिर्फ़ शारीरिक रूप से थका देने वाला कोई भी काम करना। यही थियोडोर ड्रेज़र ने किया। जब वे संघर्षशील युवा लेखक थे तो वे अनिद्रा के बारे में चिंता करते थे, इसलिये उन्होंने न्यूयॉर्क सेंट्रल रेलवे में सेक्शन हैंड के रूप में नौकरी कर ली। दिन भर कील ठोंकने व पत्थर डालने के बाद वे इतने थक जाते थे कि रात को खाना खाने के समय तक भी वे मुश्किल से जाग पाते थे।

अगर हम पर्याप्त थक जाते हैं तो प्रकृति हमें सोने के लिये विवश कर देगी, चाहे हम जाग रहे हों। उदाहरण के लिये, जब मैं तेरह साल का था तो मेरे पिताजी गाड़ी भर मोटे सुअर सेंट जो, मिसूरी ले गये। चूँकि उन्हें दो मुफ़्त रेल पास मिले थे इसलिये वे मुझे भी अपने साथ ले गये। उस समय तक मैं कभी चार हज़ार से ज़्यादा आबादी वाले किसी शहर में नहीं गया था। जब मैं सेंट जो में उतरा - जो साठ हज़ार की आबादी वाला शहर था - तो मैं रोमांच से भरा हुआ था। मैंने छहमंज़िला इमारतें देखीं और - सबसे बड़ा आश्चर्य - मैंने स्ट्रीटकार भी देखी। मैं इस समय भी आँखें बंद कर सकता हूँ तथा अब भी उस स्ट्रीटकार को देख और सुन सकता हूँ। अपने जीवन के सबसे रोमांचक और रोचक दिन के बाद मेरे पिता और मैंने रेवनवुड, मिसूरी के लिये वापस ट्रेन पकड़ी। रात के दो बजे वहाँ पहुँचने के बाद हमें अपने खेत तक चार मील पैदल चलकर जाना था। और यही कहानी का असली बिंदु है : मैं इतना थका हुआ था कि मैं चलते-चलते ही सो गया और मैंने सपने भी देखे। मैं अक्सर घोड़े की पीठ पर सवारी करते-करते सो चुका हूँ। और मैं अब भी यह बताने के लिये ज़िंदा हूँ!

जब लोग बुरी तरह थके होते हैं तो वे युद्ध के कोलाहल, आतंक और ख़तरे के बीच भी सो सकते हैं। प्रसिद्ध न्यूरोलॉजिस्ट डॉ. फॉस्टर केनेडी ने मुझे बताया कि 1918 में फिफ्थ ब्रिटिश आर्मी के पीछे हटने के दौरान उन्होंने सैनिकों को इतना थका हुआ देखा कि वे जहाँ थे वहीं ज़मीन पर लुढ़क गये और इतनी

गहरी नींद में सो गये जैसे कोमा में चले गये हों। जब उन्होंने सैनिकों की पलकों को अपनी उँगलियों से खोला, तब भी वे नहीं जागे। और वे कहते हैं कि उन्होंने पाया कि उन सभी की आँखों की पुतलियाँ कटोरों में ऊपर की ओर चढ़ी हुई थीं। डॉ. केनेडी कहते हैं, "उसके बाद जब भी मुझे सोने में दिक़्क़त होती थी, मैं अपनी आँख की पुतलियों को उसी स्थिति में चढ़ा लेता था और मैंने पाया कि कुछ ही सेकंड में मैं जम्हाई लेने लगता था और उनींदा अनुभव करने लगता था। यह एक ऑटोमैटिक एक्शन थी, जिस पर मेरा कोई नियंत्रण नहीं था।"

सोने से इंकार करके आज तक किसी भी आदमी ने आत्महत्या नहीं की है और कोई ऐसा कभी कर भी नहीं पायेगा। मनुष्य की सारी इच्छाशक्ति के बावज़ूद प्रकृति उसे सोने के लिये विवश कर देगी। प्रकृति हमें भोजन या पानी के बिना तो ज़्यादा समय तक चलने देगी, परंतु नींद के बिना नहीं।

आत्महत्या की बात से मुझे वह प्रकरण याद आया, जो डॉ. हेनरी सी. लिंक ने अपनी पुस्तक *द रिडिस्कवरी ऑफ मैन* में बताया है। डॉ. लिंक द साइकोलॉजिकल कॉरपोरेशन के वाइस-प्रेसिडेंट थे और उन्होंने कई चिंतित और हताश लोगों से बातें कीं। अपने अध्याय "डर और चिंता को जीतना" में वे एक मरीज़ के बारे में बताते हैं जो आत्महत्या करना चाहता था। डॉ. लिंक जानते थे कि उससे बहस करने से मामला बिगड़ जायेगा, इसलिये उन्होंने उस आदमी से कहा, "अगर तुम आत्महत्या करना ही चाहते हो तो तुम कम से कम इसे एक नये अंदाज़ में करो। उस इमारत के चारों तरफ़ दौड़ो और तब तक दौड़ते रहो जब तक कि तुम मर न जाओ।"

उसने ऐसा करने की कोशिश की। एक बार नहीं, बल्कि कई बार और हर बार उसकी मांसपेशियों को नहीं, तो कम से कम उसके दिमाग़ को बेहतर अनुभव हुआ। तीसरी रात को उसे वह हासिल हो गया जो डॉ. लिंक का उद्देश्य था - वह शारीरिक

रूप से इतना थका हुआ था (और मनोवैज्ञानिक रूप से इतना शांत था) कि वह लकड़ी के लट्ठे की तरह सोया। बाद में वह एथलेटिक क्लब का सदस्य बन गया और उसने प्रतियोगी खेलों में हिस्सा लेना शुरू कर दिया। जल्दी ही उसे इतना अच्छा लगने लगा कि वह हमेशा ज़िंदा रहना चाहता था।

तो अनिद्रा की चिंता से बचने के पाँच नियम हैं :

1. *अगर आप सो नहीं सकते तो वही करें जो सैम्युअल अन्टरमायर ने किया था। उठ जायें और तब तक काम करें या पढ़ें जब तक कि आपको नींद न आने लगे।*
2. *याद रखें कि नींद की कमी के कारण आज तक कोई नहीं मरा। अनिद्रा की बजाय अनिद्रा की चिंता करते रहने से हमें ज़्यादा नुकसान होता है।*
3. *प्रार्थना का सहारा लें – या तेईसवें भजन को दोहरायें, जैसा जीनेट मैक्डॉनल्ड ने किया था।*
4. *अपने शरीर को ढीला छोड़ दें।*
5. *व्यायाम करें। अपने आपको शारीरिक रूप से इतना थका लें कि आप जागते न रह सकें।*

• • •

खंड सात संक्षेप में

थकान व चिंता रोकने और जोश व उर्जा बढ़ाने के छह तरीक़े

नियम 1 : थकने से पहले ही आराम कर लें।

नियम 2 : अपने काम में आराम करना सीखें।

नियम 3 : अपने घर पर आराम करना सीखें।

नियम 4 : काम करने की यह चार अच्छी आदतें अपनायें :

1. *अपनी टेबल से सारे काग़ज़ साफ़ कर दें सिवाय उनके जो उस तात्कालिक समस्या से संबंधित हों, जिस पर आप उसी दिन काम करने वाले हों।*
2. *कामों को उनके महत्व के क्रम से करें।*
3. *जब आपके सामने कोई समस्या आये और अगर आपके पास निर्णय पर पहुँचने के लिये सारे तथ्य मौज़ूद हों, तो उसे तत्काल सुलझा दें।*
4. *व्यवस्थित रहना, सौंपना और निरीक्षण करना सीखें।*

नियम 5 : चिंता और थकान से बचने के लिये अपने काम में उत्साह भरें।

नियम 6 : याद रखें, कोई भी आदमी नींद की कमी के कारण कभी नहीं मरा। अनिद्रा के बजाय इसकी चिंता करते रहने से हमें ज़्यादा नुक़सान होता है।